미래사회 WITH 블록체인

황정훈 · 서용모 · 정승욱
양영식 · 홍진욱 · 송인방

박영사

머리말 PREFACE

지금은 2020년 8월 말의 이른 아침 시간이다. 뜨거운 여름이 어느새 시원한 가을이 되어 간다. 계절이 변했나 보다. 아침 바람이 변화를 느끼게 한다. 보이지 않는 바람이 변화를 알게 해주는 지점이다. 변화는 보이지 않게, 느끼지 않게 오는 것인가?

변화는 늘 존재한다. 최근 빠른 속도의 디지털 혁신과 첨단 기술은 인류가 체험하지 못한 더 급격한 변화로써 뉴노멀 시대를 견인하고 있다. 뉴노멀이란 시대변화에 따라 새롭게 만들어지는 표준이라는 뜻이다. 뉴노멀이라는 말이 일상에서 자연스럽게 사용되고 있다. 새로운 표준이 생겨난다는 것은 변화로 인해서 사회적 삶이 이전처럼 돌아갈 수 없다는 의미이다.

필자가 존경하는 노교수께서 "인간 삶의 변화와 적응에 있어서 가장 근원적인 처방은 교육이다."라는 말씀을 자주 하신다. 진실로 인류는 사회적 격변이 도래할 때마다 새로운 교육적 처방을 준비하여 대처해 왔다. 우리는 4차 산업혁명이라는 사회적 변화를 맞이하고 있다. 그러나 우리는 아직 변화하는 사회에 대한 교육적 처방을 내리지 못하고 있다. 그 이유는 주입식 교육과 획일적 평가로 인식되는 전통적 교육에 집착하고 있기 때문이다. 이미 우리 곁에 와 있는 미래, 4차 산업혁명은 결코 쉽지않은 도전적 화두를 던지고 있다. 지금까지와는 전혀 다른 형태의 변화에 어떻게 대처하고 적응해야 하는지 모든 분야의 지혜를 요청하고 있다.

일반적인 사람들은 "현재 하고 있는 일에 따라 미래가 바뀐다."라고 말한다. 보통 사람들이 생각하는 관점(상식)으로 보면, '현재는 미래를 준비하는 시간'이었다. 이런 상식으로 살아가는 우리는 열심히 공부하면서 미래를 준비했다. 현재 열심히 공부하면 미래가 바뀐다는 생각이 상식이자 노멀(Normal)이었다. 다가올 미래도 이런 노멀이 통할까? 누구도 경험해 보지 못한 미래에 적응하기 위해서는 기존의 사고를 바꾸어야 할 것이다. 새로운 생각, 새로운 표준이 필요한 시대가 되었다. 앞 세대가 뒷 세대에게 과거의 지식을 일방적으로 전달하는 주입식 교육은 더 이상 의미가 없다. 새로운 문제 상황을 해결하기 위해 소통하고 다양한 시도를 해 보는 방식이 필요하다.

블록체인은 새로운 시대의 기반 기술로 주목 받고 있다. 뉴노멀로 그 모습을 드러내고 있는 것이다. 블록체인은 데이터(DATA)를 중앙서버에 저장하지 않고, 네트워크 참여자가 데이터를 함께 기록·관리해 나가는 분산형 데이터 활용 기술을 말한다. 또한, 암호화 기술을 적용하여 데이터의 위·변조를 원천적으로 불가능하게 하여 보안성을 높인 것을 특징으로 한다. 이러한 특성상 블록체인은 신뢰의 인터넷 또는 신뢰의 프로토콜(Trust Protocol)이라고 불린다. 인터넷이 언제 어디서든 원하는 정보에 접근을 가능하게 했다면 블록체인은 정보 신뢰성을 높인 것이다. 블록체인 기술은 금융 분야의 암호화폐뿐만 아니라 공공·보안 분야, 산업응용 분야, 거래·결재 분야 등 다양한 분야에서 활용이 가능하다. 이미 전 세계적으로 블록체인을 응용하는 많은 시스템이 연구, 개발되고 있다. 블록체인은 정보의 유효성과 부정방지 기능에 의해 금융산업 분야에 큰 영향을 줄 것이며, 의료 부분뿐만 아니라 정부기관과 같은 공공 분야도 블록체인의 큰 이용자가 될 수 있다.

빠른 변화와 낯선 표준들에 대해서 우리는 그동안 흩어져 있던 인류의 지성을 연결하고 활용할 수 있어야 할 것이다. 인류의 집단 지성을 형성하고 활용하기 위해 블록체인은 새로운 방식을 제공하게 될 것이다. 이 책은 "우리가 만나게 될 뉴노멀 사회에 새로운 연결을 가능하게 하는 블록체인은 어떤 모습일까?"에 대해서 각 분야의 전문가들이 자신의 연구 결과를 활용하여 대강의 그림으로 그려 보았다. 정승욱 교수(건양대)는 보안기술 분야에 대해서, 서용모 교수(한남대)는 비즈니스 분야에 대해서, 양영식 교수(한밭대)는 스마트계약 법률 분야에 대해서, 황정훈 교수(유원대)는 교육 분야에 대해서, 홍진욱 책임연구원(현대중공업)은 SNS 분야-특히 페이스북에 대해서, 마지막으로 송인방 교수

(경남과기대)는 지역 경제활동에 새로운 표준이 되는 지역화폐 분야에 대해서 소신있게 스케치해 보았다. 아직은 그림이 선명하게 보이지 않을지 모른다. 앞으로 좀 더 세밀하게 밑그림을 그리고 채색을 해야 윤곽이라도 알아 볼 수 있을 것이다. 다만, 보이지 않고 알 수 없는 미래에 대한 청사진을 누군가 제시해 볼 필요가 있기에 봄부터 뜨거운 여름을 각자의 연구실에서 시간을 보내왔을 것이다. 먼저 그동안 집필에 애써주신 공동 저자분들께 감사드린다.

그리고 봄과 여름 동안 특히 역대 최장의 장마와 코로나19 방역으로 어려움이 많았던 시기에도 불평없이 응원해 준 가족들에게 미안함과 고마움을 전하고 싶다. 또한, 필자를 비롯한 공동 저자들의 집필 작업에 숨은 노력으로 함께해주신 분들께 머리 숙여 감사를 드린다. 책의 전체적인 기획을 지원해 주신 ㈜위드블록 최윤진 대표이사님, '스마트계약 법률 분야' 집필에 도움을 준 ㈜에프에스 솔루션 한상철 대표이사님, 지역화폐 분야 집필에 '혁신도시형 지역화폐 모델'을 제언해 준 박재홍 군(경상대학교 대학원 박사과정)에게 감사 드린다. 마지막으로, 이 책이 적절한 시기에 출판할 수 있게 과감하게 결정하고 추진해주신 박영사 안종만 회장님, 임재무 상무님 그리고 꼼꼼하게 교정 작업을 해주신 김명희 차장님과 편집부 여러분에게도 감사한 마음을 전한다.

2020년 가을이 오는 문턱에서
저자들을 대표해서 **황정훈**

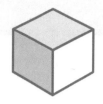

목차 CONTENTS

표 목차

그림 목차

미래사회
WITH
블록체인

1부

미래사회 With 블록체인

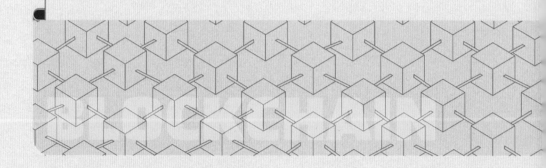

뉴노멀(New Normal)의 시대이다. 뉴노멀이란 시대변화에 따라 새롭게 만들어지는 표준이라는 뜻이다. 뉴노멀이라는 말이 일상에서 자연스럽게 사용되고 있다. 새로운 표준이 생겨난다는 것은 변화로 인해서 사회적 삶이 이전처럼 돌아갈 수 없다는 의미이다. 우리가 사는 세계는 지금까지 겪어보지 못한 새로운 변화를 피부로 느끼고 있다. 전 세계가 코로나바이러스 감염증(COVID19)에 의한 두려움에 삶의 변화는 선택이 아닌 필수가 되었다. 코로나19는 정치, 경제, 교육, 의료, 문화 등 사회 전반에 파고들며, 우리의 일상을 바꾸고 있다. 이러한 변화들은 잠깐 지나가는 일이 아니라, 지속적으로 영향을 미치며 하나의 표준이 될 것이다.

새로운 표준 가운데, 가장 확실한 것은 '언택트(Untact)'이다. 언택트는 '접촉하다'라는 의미의 '콘택트(contact)'에 부정적 의미인 '언(un)'을 합성하여 만들어진 신조어이다. 매장의 키오스크나 스마트폰의 애플리케이션을 활용하는 등 직원이나 다른 소비자와 접촉하지 않고 물건을 구매하는 소비 경향이나 배달, e커머스 소비까지 포함한다(네이버 지식백과). 최근 우스갯소리로, 디지털 혁신을 가져온 것은 CEO도 아니고, CTO도 아닌 COVID19라는 말이 있다. 코로나19는 직장과 학교에서 사람 간 접촉을 최소화하고 디지털 언택트를 강요하고 있다. 확진자가 급격하게 늘면서 기업들은 재택근무를 시행하였다. 또한, 비대면 화상회의 등의 디지털 인프라를 활용하는 것은 선택이 아닌 필수가 되고 있다. 학교에서도 사상 초유의 온라인 개학을 했다. 수업도 온라인 콘텐츠나 화상강의를 통해서 진행하고 있다. 이전과 다른 변화를 일상으로 받아들이고 있는 것이다.

여기서 확인해 볼 것이 있다. 코로나바이러스로 인해 '언택트(Untact)'라는 현상이 생겨난 것은 사실이다. 그렇지만, 실제로 변화된 환경에서 삶이 가능하게 한 것이 무엇인지? 사람들이 접촉하지 않는 상황에서 정상적인 삶을 살아갈 수 있게 한 것에 대한 탐색이 필요하다. 그것이 새로운 뉴노멀을 결정하는 요인일 것이다. 뉴노멀을 결정하는 요인을 키워드 방식으로 확인하고, 변화된 사회의 뉴노멀을 실현시키는 기술로써 블록체인에 대한 기본적인 내용을 이해해보자.

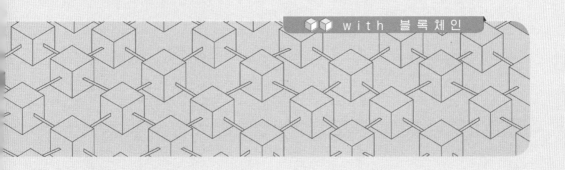

1장 뉴노멀 시대와 블록체인 출현

변화는 늘 존재한다. 최근 빠른 속도의 디지털 혁신과 첨단 기술은 인류가 체험하지 못한 더 급격한 변화로써 뉴노멀 시대를 견인하고 있다. 너무 빠른 변화와 낯선 표준들은 인간의 삶에 부작용을 가져올 수도 있다. 새로운 표준(뉴노멀)을 수용하지 못하거나 이해하지 못하는 사람들, 회사 그리고 정부는 사회에서 원만한 관계를 유지할 수 없을지도 모른다. 여기에서는 우리가 만나게 될 뉴노멀 사회의 모습과 새로운 연결을 가능하게 하는 블록체인이 어떻게 출현했는지 알아보자.

1-1   뉴노멀 시대와 Z세대

일반적인 사람들은 "현재 하고 있는 일에 따라 미래가 바뀐다."라고 말한다. 보통 사람들이 생각하는 관점(상식)으로 보면, '현재는 미래를 준비하는 시간'이었다. 이런 상식으로 살아가는 우리는 열심히 공부하면서, 일하면서 미래를 준비했다. 현재 열심히 공부(일)하면 미래가 바뀐다는 생각이 상식이자 노멀(Normal)이었다. 그러나 미래학자 토마스 프레이는 "미래가 현재를 결정한다."라고 했다. 프레이는 "과거의 지식을 공부하면서 미래를 준비하는 것은 뒷걸음으로 앞을 향해 뛰라는 것과 같다. 미친 짓이다."라며 혹평한다. 당장 미래를 향해 돌아서라고 충고한다[1]. 이처럼 미래를 준비하려면 미래를 향해 돌아서야 한다. 누구도 경험해 보지 못한 미래에 적응하기 위해서는 기존의 사고를 바꾸어야 할 것이다. 새로운 생각, 새로운 표준이 필요한 시대가 되었다. 앞 세대가 뒷 세대에게 과거의 지식을 일방적으로 전달하는 주입식 교육은 더 이상 의미가 없다. 새로운 문제 상황을 해결하기 위해 소통하고 다양한 시도를 해보는 방식이 필요하다.

코로나19 팬데믹(세계적 대유행)은 지금까지 경험하지 못한 세상으로 인류를 안내하고 있다. 사회적 거리두기가 일상이 되면서 세상은 언택트(Untact) 시대로 바뀌었다. 사회적 거리두기로 인해 사람과 사람 간의 거리는 멀어졌다. 비접촉 상황에서 다른 사람들과 소통하며 문제를 해결해나가야 할 필요가 생겨났다. 첨단 IT 기술을 통해 '비접촉─연결(contact)'로 사회적 삶을 살아가는 시대가 된 것이다. 언택트 시대라는 뉴노멀에 적응하는 인간을 'Z세대'라 표현하는 신조어가 등장했다. 최근, 언론 기사에 소개된 Z세대가 코로나19에 대응하는 방식을 다음에서 살펴보자.

#1. 공무원 시험을 준비하는 A(26)씨는 매일 아침 영상통화 앱 '페이스타임'을 켜는 것으로 공부를 시작한다. 신종 코로나바이러스 감염증(코로나19)으로 학원이나 독서실에 갈 수 없게 되자 A씨가 택한 공부법이다. A씨처럼 집에서 공부하는 사람들과 정해진 시간에 '페이스타임'을 틀고 스터디 모임을 갖는 것이다. 일종의 '가상 스터디'이지만 실제 모임처럼 자리를 오래 비우거나 스마트폰을 만져서는 안 된다. 약속을 반복해서 어길 경우 다음부터는 모임에 참여할 수 없다.

#2. 대학생 B(24)씨는 지난 주말 친구와 함께 영화를 감상했다. 코로나19로 영화관에 가는 대신 친구와 화상회의 앱 '행아웃'을 틀고 각자 영화를 본 것이다. B씨는 "혼자서 영화를 보려니 적적한데 영화관에 갈 수 없어 행아웃을 켰다."며 "각자 보고 싶은 영화를 보면서 잠깐씩 대화를 나눌 수 있고, 영화를 보는 친구의 반응을 살피는 것도 재미있다."라고 말했다.

출처: 세계일보(2020.04.25.)

본래, Z세대란 밀레니엄(Y2000) 세대(1980년대 중반부터 1990년대 중반 사이에 태어난 세대)를 뒤잇는 세대라고 한다. 인구통계학자들은 일반적으로 1990년대 중반에서 2000년대 중반까지 출생한 세대를 Z세대로 분류하지만 언제까지를 Z세대의 끝으로 간주할 지에 대해서는 통일된 의견이 없다. Z세대를 규정하는 가장 큰 특징은 '디지털 원주민(Digital native)', 2000년 초반 정보기술(IT) 붐과 함께 유년 시절부터 인터넷 등의 디지털 환경에 노출된 세대답게 신기술에 민감할 뿐만 아니라 이를 소비 활동에도 적극 활용한다는 점이다. 단적인 예로 옷이나 신발, 책, 음반은 물론 게임기 등 전자기기의 온라인 구매 비중이 모두 50%를 넘는다. 이들은 소셜미디어를 적극 활용, 신중하게 구매하는 경향도 강하다. 온라인 매체 비즈니스인사이더는 X, Y세대가 이상주의적인 반면, Z세대는 개인적이고 독립적이며 경제적 가치를 우선시하는 등 이전 세대와 다른 소비패턴을 보인다고 분석했다(네이버 지식백과).

이러한 Z세대들은 이전 세대와는 독특한 특징을 가진다. 최근 연구 결과[2]에 따르면, Z세대의 특징을 5가지로 제시하고 있다. 첫째, Z세대는 Y세대(밀레니엄)와는 달리 유년기 내내 긴축재정과 함께 성장 정체를 경험하였다. 둘째, 성공이나 희열에 집착하지 않고 안정성과 실용성을 추구하는 특징을 보인다. 셋째, 행복의 기준과 가치는 남이 아닌 내가 세우고 부여하며 따르는 것이라고 생각한다. 넷째, 자신을 드러내는 것을 두려워하지 않고 자신의 생각과 의견을 피력하는데 거침이 없으며, 취향 중심의 관계를 선호한다. 다섯째, SNS의 여러 가지 커뮤니티에 참여하고 취미를 공유하며 스스로가 중심이 되어 재확산한다.

Z세대는 코로나19로 변화된 세상의 표준이 된 비대면 소통의 주인공이 되었다. 그들은 스마트폰을 손에 쥐고 자랐기에 디지털 기기나 인터넷 환경에 익숙하다. Y(밀레니엄)세대나 X세대가 스마트폰의 등장을 '혁신'으로 생각했다면 Z세대에게는 그것이 자연스러운 일상이다. 앞 세대인 Y세대나 X세대에게는 음성통화나 문자메시지(SMS) 형태의 비대면 소통이 자연스럽다. Z세대는 영상을 더 선호한다. 선호라기보다 그냥 사용한다. 아니, 무조건 사용한다. Z세대는 영상을 제작하거나 소비하고, 그것을 실시간으로 타인과 공유하면서 소통하는 것, 그 자체가 삶을 살아가는 방식이고 표준이다. 그들은 그 자체를 적극적으로 즐긴다. Z세대는 사회적 거리두기라는 새로운 사회적 표준에서 정상적인 일상을 운영하기 위해 언제든 서로를 원활히 연결하는 언택트형 소통을 '뉴노멀'로 보편화한다. 즉, 새로 부상한 표준(뉴노멀)에 따라 새로운 삶의 방식(문화)을 만들어 가는 세대이다.

1-2 미래사회의 디지털 뉴노멀

새로운 표준이 제시되면 사람들은 변화된 사회 속에서 이전과는 다른 삶을 살아가게 된다. 스마트폰이 없던 시절에 택시를 타려면, 길거리로 나가 손을 흔들어 택시를 잡았다. 스마트폰을 손에 쥔 Z세대는 택시 앱을 손가락으로 몇 번 터치하기만 한다. 택시가 원하는 시간, 원하는 장소에 알아서 찾아온다. 돈을 송금할 때도 은행에 갈 필요가 없고, 집을 구할 때도 굳이 발품을 팔거나 부동산 중개소를 찾아가지 않아도 된다. 또 외국에 나가지 않고도 해외 어느 나라에서든 필요한 물건을 쉽게 찾아 구매할 수 있다. 이렇듯 생활을 편리하고 윤택하게 만드는 사회의 다양한 변화들이 이제는 더 이상 놀랍지도 않을 만큼 우리의 삶 속에 끊임없이, 그리고 빈번하게 일어나고 있다[3].

분명 Z세대들은 지금까지 살았던 앞선 세대들과 완전히 다른 삶을 살아간다. 그들은 새로운 방식으로 세상을 변화시키며 세상을 자신들에게 맞춘다. 그들이 세상을 자신들에게 맞추며 살아갈 수 있는 힘은 무엇일까? 돈일까, 지식일까? 아마도 새로운 시대의 원동력을 이용하는 힘이라고 생각된다. 그들의 힘을 확인해 보려면, 4차 산업혁명의 본질을 살펴볼 필요가 있다. 4차 산업혁명의 원동력은 '데이터(DATA)'라고 한다. 4차 산업혁명에 핵심 원료인 '데이터'를 이해하고 활용할 수 없는 사람들에게는 저장 공간과 전기 에너지만 잡아먹는 쓰레기에 불과하지만, 다양한 분야에서 활용할 수 있는 안목을 지닌 Z세대에게는 '유용한 재료'가 된다.

Z세대에게 세상은 모든 것이 손안에서 들여다 볼 수 있는 작고 편안한 곳이 되었다. 아마도 그들이 살아가는 작고 편안한 세상은 기계도 컴퓨터도 지능을 가지고 스스로 학습하고 조작하는 스마트 지능화 사회일 것이다. X세대, Y세대에게 이러한 세상은 지금까지 존재하지도 눈에 보이지도 않았다. 그들은 그런 세상을 가상세계라고 부르며 의미없는 세상으로 가볍게 무시하며 살았는지도 모른다. 사실, 디지털 뉴노멀 사회는 이미 4차 산업혁명을 통해 누구에게나 제시되었다. 다만, X세대, Y세대는 눈먼 장님이고, Z세대는 주인공으로 살아간다.

4차 산업혁명은 인공지능, 사물인터넷, 빅데이터, 모바일, 로봇 등 첨단 정보통신기술이 경제, 사회 전반에 융합되어 나타나는 혁신적 변화를 말한다. 여기에서 클라우스 슈바프(Klaus Schwab) 회장이 처음 언급하면서 화제가 되었던, 4차 산업혁명의 주요한 내용을 확인해 보자.

〈표 1-1〉 산업혁명의 변화

구분	시기	내용
1차 산업혁명	1784년	증기, 기계 생산
2차 산업혁명	1879년	전기, 노동 분업, 대량생산
3차 산업혁명	1969년	전자, 정보기술, 자동 생산
4차 산업혁명	(미확실)	사이버 공간과 물리 시스템의 결합

출처: Schwab(2016)

이미 우리 세상은 사물인터넷으로 모든 것이 연결되는 사회가 되고 있다. 세계 최고의 강좌를 온라인으로 수강할 수 있기 때문에 학생들은 더 이상 학교에 가지 않아도 되고, 동영상으로 질문하고 토론하는 '사이버 클래스(Cyber class)'가 보편화 되었다. 또 병원에서는 수술실에 설치된 로봇을 통해 원격으로 수술이 진행된다. 이에 따라 4차 산업혁명 시대에는 교수나 의사, 기자 같은 전문 직종의 사람들이 기계나 로봇으로 대체되어 지적재산권을 가진 세계 최고 권위자들만 살아남게 될 것이다[4].

4차 산업혁명 사회에서는 인간과 사물을 비롯한 사회 모든 시스템이 연결되며, 현실과 사이버가 융합되는 새로운 패러다임이 구축된다. 사물인터넷 환경에서 빅데이터가 산출되고, 이를 처리하고 활용하는 인공지능이 발전하게 된다. 또 현실 세계는 가상현실, 증강현실과 다시 연결되는데 이로 인해 공유를 기반으로 하는 '우버화(Uberization)'가 진행되고, 제조업의 서비스화가 이루어지게 된다. 《4차 산업혁명》이라는 책[5]에서 다음의 10가지의 키워드를 살펴보면 뉴노멀에 영향을 주는 요인들의 특징을 좀 더 쉽게 이해할 수 있다.

1) 연결(connectivity)

　　4차 산업혁명의 핵심은 무엇보다도 '연결(connectivity)'이라고 할 수 있다. 인간의 역사는 연결을 확대해 온 역사로도 설명된다. 인간은 테크놀로지의 발전과 융합을 통해서 연결의 폭과 깊이를 한층 더해 왔는데, 특히 물리적 연결은 그 속도를 빠르게 좁히고 있다. 불과 100년 전까지만 해도 서울에서 뉴욕까지 가는 데 1개월이 걸리던 것이 이제 비행기로 14시간 정도로 좁혀졌다. 앞으로 초음속 여객기 'X플레인(X-Plane)'이 등장하면 이 시간이 3시간으로 앞당겨질 것이라고 한다. 물리적 연결보다 가상 세계에서의 연결은 더욱 극적이다. 웨어러블 기술 등 인간과 인간의 연결뿐만 아니라 인간과 사물, 사물과 사물의 연결이 실현되고 있다.

2) 사이버-현실 융합

　　연결은 더 나아가 현실과 사이버를 융합시키는 결정적인 역할을 한다. 예전에는 현실과 사이버 세상이 서로 구분되고 상호 보완적인 것으로 여겨졌지만, 이제는 융합되는 방향으로 변화하고 있다. 사이버의 수요를 현실 공급자로 연결하는 비즈니스인 O2O(online to offline)가 등장하는 것이 대표적인 사례이다. 이것은 생활의 편의를 제공할 뿐만 아니라 라이프스타일을 바꾸고, 인식의 전환을 가져온다.

3) 사물인터넷

　　사물인터넷은 이러한 연결을 가능하게 하는 기반이다. 2025년까지 1조 개 이상의 센서가 인터넷에 연결될 것으로 예상된다[6]. 인간은 스마트한 센서를 갖춘 기기와 더욱 연결되고, 이는 우리 주변에 무한대로 도입된다. 가정, 액세서리, 교통, 도시, 에너지 등 모든 분야가 인터넷으로 연결된다. 심지어 센서가 인간의 몸에 주입되어 인터넷과 직접 연결해 소통할 수 있다. 이 경우 인간의 건강 상태를 항상 모니터해 질병을 예방할 수 있고, 실종된 사람을 찾는 데도 큰 도움을 줄 수 있다. 그러나 프라이버시가 침해되거나 조직 등에서 인간을 감시하는 데 이용될 여지도 커진다.

4) 인공지능

인공지능의 역사는 이미 오래됐지만, 최근 빅데이터의 출현과 기계 스스로가 학습할 수 있는 '딥러닝(deep learning)'이라는 알고리즘이 개발되면서 인공지능 분야가 급속히 발전하였다. 인터넷과 모바일은 텍스트, 동영상, 음성 등 엄청난 양의 데이터를 만들고 있는데, 예전에는 이런 데이터들을 분석할 수 있는 도구가 없었다. 그러나 스마트 기기들이 등장하고 딥러닝이 개발되면서 인공지능이 현실화 되고 있다.

그러나 인공지능의 발전에 따른 문제도 제기되고 있다. 인공지능에게 인간의 일을 빼앗기는 것은 아닌지, 인공지능에 의해 인류가 지배당하는 것은 아닌지에 대한 우려들이 이에 해당된다. 심지어 인간의 정신과 신체의 기계화 정도에 따라 인간이 다양한 종(種)으로 분화하는 것 아니냐는 목소리도 나오고 있다. 물론 이러한 우려는 시기상조로, 그렇게까지 발전하는 데에는 앞으로도 수십 년이 더 걸릴 것이다.

5) 가상현실

가상현실은 시·공간의 제약과 환경의 제약을 극복하는 삶을 가능하게 하여 인간 경험의 폭을 크게 확장시킨다. 현실보다 더 큰 재미를 주고, 현실에서 경험하지 못하는 것을 가능하게 하는 새로운 현실감을 가져다주는 것이다. 이로써 인간은 현실의 모든 대상뿐 아니라, 가상 환경의 모든 대상과도 연결되어 상호작용을 하게 된다. 기존의 가상현실은 시뮬레이션 형태로 일부 도입되어 왔지만 앞으로는 교육, 미디어, 의료 등의 분야에 더욱 커다란 변화를 일으킬 잠재력을 가지고 있다.

6) 우버화(Uberization)

연결이 확대됨에 따라 세상은 플랫폼 기반의 사회와 경제로 변화된다. 특히 스마트폰 앱으로 서비스를 원하는 이용자와 그 서비스 제공자를 연결해 주는 새로운 연결의 비즈니스가 발달하게 된다. 그 단초는 우버(Uber)가 제공했다. 우버는 모바일 차량 예약 이용 서비스로, 차를 가진 개인과 차가 필요한 이용자를 스마트폰 앱으로 연결해 비즈니스의 혁신을 불러일으켰다. 이제 우버 모델은 모든 서비스로 확대되고 있는 바, 사람들은 이것을 가리켜 '경제의 우버화'라고까지 부른다. 이는 곧 주문형(on-demand) 디지털 경제를 일컫는다.

그러나 우버는 기존의 경제 제도나 규제, 노동자 등과 충돌을 일으킨다. 예를 들어, 우버는 기존에 면허를 받은 택시 산업을 규정하고 있는 법을 위반하기 때문에 불법 여부의 문제를 두고 전 세계에서 논란이 되기도 했다. 또 미국 주요 도시는 이를 합법으로 인정한 반면, 한국에서는 불법으로 간주하고 있다. 게다가 우버 운전기사를 독립적인 사업자(우버의 계약자)로 볼 것인가, 아니면 실질적인 우버의 피고용인(직원)으로 볼 것인가와 같은 노동직의 분류를 놓고도 논란이 일고 있다. 하지만 우버화는 완전히 새로운 21세기형 비즈니스 모델로, 이를 20세기 구분법으로 재단하기는 어렵다.

7) 인더스트리 4.0

산업도 서로 연결을 증진함으로써 연결된 산업(connected industry)으로 발전한다. ICT(information & communications technology, 정보통신기술)와 제조업의 융합을 통해 산업 기기와 생산 과정이 연결되고, 상호 소통하면서 최적화, 효율화를 달성할 수 있다는 것이다. 기존의 전통적인 공장도 스마트 공장(smart factory)화로 혁신하는 것을 포함한다. 이를 독일 정부가 2011년 '하이테크 2020 전략'의 하나인 '인더스트리 4.0'으로 부름으로써 일반화되었다. 물론 이것이 단지 산업의 효율화만을 위한 것은 아니다. 결국 인간의 노동과 삶의 질 변화에 대한 문제라고 할 수 있다.

8) 일자리와 노동

4차 산업혁명이 가져오는 핵심 논란 중 가장 쟁점이 되는 것은 일자리에 관한 문제이다. 인공지능과 지능정보가 인간의 일자리를 빼앗는 것이 아니냐는 우려가 크다. 이것은 일자리 문제뿐만 아니라 노동 성격의 변화와도 관련이 깊다.

9) 지능정보사회

사물인터넷, 인공지능, 가상현실 등으로 연결이 극대화된 사회를 지능정보사회라고 할 수 있다. 기존의 정보사회가 지능이 결합되면서 연결을 한층 증진시키는 것이다. 이런 지능정보사회는 사회적으로 공동체와 결사체를 넘어 공감사회로 변화하며, 기술은 기계기술, 정보기술을 넘어 지능정보기술로 진화한다. 이에 따라 경제는 물질 경제를 넘어 서비스경제화로 가고, 더 나아가 공유경제와 체험경제로 발전한다. 사회의 지배 양식은 예전의 수직적인 위계적 지배 질서를 넘어 수직·수평의 혼계적 지배 질서로 변화하게 된다. 또한 문화는 다문화를 넘어 혼성문화로 변화한다.

10) 거버넌스

4차 산업혁명 사회, 지능정보사회에 걸맞은 거버넌스의 준비도 필요하다. 규제와 문화를 바꾸고, 공공 부문과 민간 부문의 역할도 달라져야 한다. 지금까지 한국의 규제는 포지티브 규제 시스템으로 운영되었다. 이것은 공업과 제조업 중심의 성장을 뒷받침하기 위한 제도로 만들어져 운영되었다. 하지만 4차 산업혁명 사회는 포지티브 규제 시스템과 충돌한다. 따라서 규제 시스템을 네거티브 규제로 바꾸지 않으면 안 되며, 공공 부문의 거버넌스도 다시 짜야 한다.

4차 산업혁명을 선도하는 기술과 코로나19 팬데믹(세계적 대유행)으로 세상의 표준은 언택트(Untact)로 바뀌었다. 이러한 '비접촉 연결' 또는 '비대면 소통'은 사회적 거리두기를 계기로 촉발되었지만, 데이터를 활용할 수 있는 기술과 장비를 필수 조건으로 한다. 코로나19가 비대면 소통을 이끌었지만 그것이 비대면 소통을 가능하게 하는 충분조건은 아니라는 것이다. 분명히, 언택트의 표준은 스마트폰이나 무선 통신 장비 그리고 소프트웨어의 발달이 이뤄졌기에 가능하다. 기술의 혜택을 누리지 못하는 환경에서는 비대면 소통도 어렵다. 실제로 코로나19로 인해 온라인 수업을 진행 중인 초·중·고교에서 태블릿이나 PC가 없는 학생들은 수업 참여가 어렵다. 반면 원격의료가 허용된 미국이나 중국에서는 X세대나 베이비붐 세대도 비대면 진료의 혜택을 받을 수 있다. 이와 같이 디지털 뉴노멀 미래 사회에서 사람들은 데이터를 수집, 분석하고 가치 있는 의미로 구조화하는 능력을 필수적으로 획득해야 한다. 데이터를 활용하는 기술과 장비를 획득하고 활용 방법을 익혀야 하는 시기가 도래한 것이다.

한편, 데이터와 스마트 IT기술을 이용하는 비대면 소통은 기존의 대면 소통에서 볼 수 없던 문제점을 만들고 있다. 코로나19로 스마트 기기와 화상 통신 소프트웨어 사용이 폭발적으로 늘어나면서 보안 문제와 사이버 공격으로 인한 피해가 속출되고 있다. 줌(Zoom)으로 화상채팅(회의)을 하는 상황에서 외부인이 무단으로 접속해 음란물을 배포하거나 욕설을 하는 '줌 폭탄(Zoom-bombing)' 테러가 발생하고 있다. 국가 간 주요 정보에 대한 통신에서도 줌의 서버 일부가 중국을 경유한다는 점에서 보안 문제가 거론되기도 했다. 금융보안 관련 화상회의 앱의 사이버 공격이나 보안 사고를 막으려면 회의 접근 코드를 설정하는 등의 예방이 필요하다. 즉, 공유되는 데이터의 신뢰나 해킹 등의 사이버 공격에 의한 보안의 취약성이 새로운 문제로 노출되고 있다.

1-3   블록체인의 출현과 변화[7]

1차 산업혁명은 증기기관 기반의 기계화, 2차 산업혁명은 전기 에너지 기반의 전기화, 3차 산업혁명은 컴퓨터와 인터넷 기반의 지식정보화이며, 4차 산업혁명은 인공지능과 정보의 결합으로 인한 지능정보기술화라고 한다. 3차 산업혁명의 결과, 컴퓨터와 인터넷을 통한 사이버 공간의 출현은 정보의 대중화, 민주화를 가능하게 했다. 지식정보화 사회에서 데이터(DATA)는 정보를 만들어 내는 핵심 재료가 되었다. 4차 산업혁명 시대에는 데이터들이 단순한 의미를 담는 수준을 넘어 사회적 지능을 획득하는 수준으로 복잡한 형태를 가지게 된다. 지능정보기술화란 데이터가 인공지능(AI), 사물인터넷(IoT), 블록체인(Blockchain) 등 4차 산업혁명의 첨단 기술과 결합하여 사회적 지능을 겸비한 가치를 획득하게 됨을 의미한다. 즉, 4차 산업혁명이 선도하는 지능정보사회에서는 데이터에 사회적 지능을 부여하는 집단사고의 과정이 필요하게 된다. 이것을 IT 분야 및 보안 분야의 기술로 구현해 낸 것이 블록체인이다. 블록체인은 데이터를 활용, 신뢰성을 판단하는 기술의 핵심이며, 블록체인을 현실에 실현시킨 첫 번째 사례가 암호화폐라고 할 수 있다. 블록체인 기술의 기초적 개념을 이해하고 발전 양상에 따른 특징을 살펴보자.

1) 블록체인(Blockchain)이란?

블록체인은 '블록'과 '체인'이라는 두 용어를 합성한 것으로, '블록을 체인(사슬)형태로 엮은 것'이라고 할 수 있다[8]. 블록체인은 전송하고자 하는 데이터를 '블록'이라고 하는 용기에 암호화 처리하여 담고, 이 블록을 P2P방식으로 상대에게 직접 전송하거나 수신하는 컴퓨터 통신 기술을 말한다. 그런데 이러한 데이터 송수신(거래) 내역이 네트워크에 참여한 모든 이용자들의 컴퓨터에 분산되어 저장된다. 기존 인터넷의 데이터 송수신 및 저장 방식과 구별되는 블록체인 특징은 데이터를 암호화하고, P2P방식으로 직접 송수신하며, 분산 저장에 따른 정보의 공개로 데이터에 신뢰성을 높이는 것이다. 이러한 특징을 공학적으로 정의하면, 블록체인(blockchain)이란 거래정보가 기록된 블록이 암호화되어 다음 블록에 순차적으로 기록됨으로써 연결되는 데이터베이스(database)라고 할 수 있다. 여기에서 말하는 블록은 거래정보가 기록되는 일종의 용기(container of data structure)이고, 체인은 모든 블록들을 연결(chain)시키는 묶음으로 이해할 수 있다[9]. 블록체인에서 데이터 송수신(거래) 기록을 분산 저장하는 이유는 누구라도 임의로 수정할 수 없고, 누구나 변경의 결과를 열람할 수 있는 원리로 데이터의 위·변조를 시스템적으로 차단할 수 있기 때문이다. 이러한 특성으로 블록체인을 '분산원장(거래장부)'이라고도 한다.

〈표 1-2〉 블록체인의 세대별 발전 양상

구분	1세대(1.0)	2세대(2.0)	3세대(3.0)
시기	2009~2014년	2015년~현재	미래
주요특징	• 경제적 가치 구현 • 암호화폐 시스템 • 자산으로 인식	• 스마트 컨트랙트 • 분산 앱(DApp) • 블록체인의 다양성 제시	• 사회 전반에 블록체인 적용 • 블록체인 간 상호 운용 • 사물인터넷 지원
한계점	• 낮은 확장성 • 느린 처리속도	• 의사결정 방식의 문제 • 데이터 증명방식 • 트랜잭션 용량 제한	
대표사례	비트코인	이더리움	다양한 블록체인 플랫폼

출처: Swan, M.(2015)

블록체인 개발 단계는 <표 1-2>와 같이 블록체인 1.0, 2.0, 3.0의 세 단계로 나눌 수 있다[10]. 블록체인 1.0은 P2P 현금 결제 시스템으로서의 암호화폐를 적용하는 것이다. 블록체인 2.0은 단순 현금 거래를 넘어 주식, 채권, 대출, 스마트 자산, 스마트 컨트랙트 등으로 확장된 블록체인 응용 프로그램이다. 블록체인 3.0은 통화, 금융, 시장을 뛰어넘어 정부, 보건, 과학, 리터러시(문해), 문화, 예술 분야 등에 블록체인을 응용하는 것이다. 세대별 블록체인의 특징을 제시하면 다음과 같다.

2) 블록체인 1.0: 비트코인

일반적으로 인터넷을 정보의 바다라고 한다. 정보의 바다에는 신뢰할 수 있는 데이터도 있고, 신뢰할 수 없는 데이터도 있다. 디지털 정보의 가장 근본적인 속성은 무제한 복제가 가능하다는 것이다[11]. 인터넷에서 데이터를 무제한으로 복제할 수 있다는 것은 장점이면서 동시에 단점이 되기도 한다. 데이터의 복제가 가능한 인터넷은 언제, 어디서나, 누구든지 정보에 접근할 수 있게 함으로써 정보의 대중화와 민주화를 실현시켰다. 그러나 데이터의 원본을 증명해야 하는 문제는 해결해야 할 숙제가 된 것이다. 동일한 데이터를 복제해서 사용하는 것을 금융 분야에서는 이중지불이라고 한다. 디지털 화폐 500원(원본)을 그대로 복제하여 500원(사본)을 A에게 보내고, 다시 500원(또 다른 사본)을 B에게도 보낼 수 있다는 것이다. 이렇게 무제한 복제할 수 있는 디지털 데이터는 가치를 교환하는 업무에는 활용할 수 없다. 데이터를 신뢰할 수 없기 때문이다. 4차 산업혁명이 선도하는 지능정보사회에서는 데이터의 신뢰성이 무엇보다 중요하다. 사람과 사람, 사람과 사물, 사물과 사물이 연결되어 상호 간 믿을 수 있는 데이터를 통해 가치를 판단해야 하기 때문이다. 신뢰할 수 있는 데이터 교환방식이 필연적으로 요청되는 점이다.

2008년 10월 31일, 나카모토 사토시(가명)는 인터넷 상에서 「Bitcoin: A Peer-to-Peer Electronic Cash System」이라는 논문을 발표하였다. 곧이어 이 논문은 오픈소스 프로젝트로 등록되어 소스코드를 모두 공개했다. 이듬해인 2009년 1월 '비트코인'이라는 블록체인이 가상공간에서 구현되었다. 그의 논문 제목에서 보듯이 '비트코인은 거래 당사자 사이에서만 오가는 전자화폐 시스템'인데, P2P 네트워크를 이용해 이중지불을 차단하는 원리를 증명한 것으로 평가받고 있다. 이것이 일반적으로 알려진 최초의 블록체인이며, 첫 번째 암호화폐가 '비트코인'이다. 비트코인은 모든 사용자가 P2P 네트워크에 접속하여 공동으로 거래 기록을 남기고 똑같은 거래장부의 사본을 공유하여 보관하는 방식으로 데이터에 화폐적 가치를 부여할 수 있게 되었다. 거래내역을 모든 네트워크 참여자들에게 분산 저장시키는 이유는 첫째, 돈(데이터)의 거래내역을 모든 참여자들에게 알리기 위한 것이고 둘째, 모든 참여자가 거래내역을 알게 되면 다시 돈(데이터)을 복제해서 사용할 수 없게 되기 때문이다. 결국, 블록체인 1.0은 데이터의 위·변조를 원천적으로 차단하여 신뢰성을 확보하려는 기술이다. 이러한 특성으로 비트코인 블록체인은 암호화폐를 대표하면서 '신뢰의 프로토콜[12]', '신뢰를 보장해주는 기술[13]', '가치의 인터넷[14]'으로 알려져 있다.

블록체인 1.0(비트코인)이 갖는 의의는 현실 세계에서 데이터를 통한 거래를 가능하게 했다는 점이다. 이는 블록체인이 가치를 저장할 수 있는 컴퓨터 오픈코드(소스)라는 형태로 화폐의 기본적인 조건을 만족시켰다는 것이다. 역사적으로 화폐의 형태는 조개껍데기, 곡식, 열매 등의 물건이었다가 금과 은을 활용한 금속으로 바뀌었다. 또한 종이가 화폐로 쓰이기도 했고, 현재는 플라스틱 등이 쓰이고 있다. 인터넷 상의 데이터로 물건을 구매할 수 있게 되었다는 것은 눈에 보이지 않는 데이터가 블록체인 기술을 통해 경제적 가치를 획득하게 된 것을 증명한 것이다. 즉, 눈에 보이지 않는 데이터에 신뢰(가치)를 부여할 수 있음을 의미하는 것이다[15].

'비트코인 피자데이(5월22일)'의 유래[16]

비트코인 이용자에게 5월 22일은 역사적인 날이다. 사상 처음으로 비트코인을 이용해 현물(피자) 구매가 이뤄졌기 때문이다. 비트코인 피자데이는 2010년 5월 18일 저녁, 미국 플로리다 주 잭슨빌에 사는 라스즐로 핸예츠(Laszlo Hanyecz)라는 비트코인 포럼(bitcointalk.org) 유저가 비트코인 톡에 피자 거래를 제안하는 글을 올리면서 시작되었다. 라지 사이즈 피자 두 판을 자신에게 배달해 주면 1만 비트코인을 지불하겠다는 내용이었다. 라스즐로는 자신의 목적이 "호텔 룸서비스처럼 비트코인으로 피자를 주문할 수 있는지 알아보는 것"이라고 밝히면서, 직접 만들어서 가져다주든 배달을 시켜 주든 이 거래에 관심이 있다면 연락을 달라고 글을 남겼다.

세계 최초로 비트코인으로 구입한 피자

당시 1만 비트코인의 가격은 41달러 정도였고, 라지 사이즈 피자 두 판의 가격은 30달러 정도였으니 비트코인을 팔아서 피자를 주문하는 것이 더 경제적이라고 할 수 있다. 그러나 라스즐로의 관심은 비트코인으로 과연 피자를 주문할 수 있는가에 있었기 때문에 이러한 실험을 해보고 싶었던 것이다. 그가 올린 글에는 수많은 댓글이 달렸고, 그는 모든 댓글에 하나하나 답글을 달면서 피자 구매에 나섰다. 그리고 글을 올린 지 4일째 되는 5월 22일 오후, 라스즐로는 마침내 거래에 성공했다는 글을 올렸다. 피자를 거래한 송금 내역과 함께 그가 올린 인증샷에는 파파존스 라지 사이즈 피자 두 판이 식탁 위에 있었고, 그의 딸로 추정되는 여자아이가 피자를 잡으려 손을 올리는 모습도 담겨 있다. 이 날은 비트코인을 사용해 최초의 실물거래를 한 날로, 포럼 유저들은 이를 기념하자는 의미로 5월 22일을 '비트코인 피자데이(Bitcoin pizza day)'로 만들었다. 2020년 06월 20일 오후 7시 30분, 비트코인 시세 1btc는 11,243,000원이다. 10,000btc이면 112,430,000,000원이다. 0이 많아서 헤아리기도 어려울 정도인데, 라스즐로가 피자 두 판을 10,000btc에 샀으니, 한 판에 562억 1천만 원짜리 피자를 먹은 셈이다.

블록체인 1.0(비트코인)은 사람과 사람, 사람과 사물 간에 교환되는 데이터에 신뢰성을 부여시킨 혁신적인 기술로 높이 평가받고 있다. 그러나 블록체인 1.0(비트코인)은 사물과 사물 간의 데이터 교환에는 아직 기능이 부족하다는 단점이 제기되었다. 이러한 문제를 해결하기 위해 비트코인이 나온 지 5년이 지난 후 블록체인 기술은 근본적인 변화를 겪게 되는데, 그것은 바로 블록체인 위에 프로그램(서비스)을 올릴 수 있는 구조가 나왔다는 사실이다[17]. 이를 블록체인 2.0이라 하며, '이더리움 블록체인'이라 말한다. 흔히 스마트계약(Smart Contracts)을 기반으로 하는 지능형 결제시스템을 의미한다.

3) 블록체인 2.0: 이더리움

블록체인 2.0으로 알려진 이더리움 블록체인이 비트코인 블록체인과 가장 선명하게 구별되는 점은 스마트계약(Smart Contract)으로 혁신적인 변화를 선보였다는 점이다. 스마트계약(Smart Contract)이란 당사자 간의 계약조건에 따라 블록체인에서 자동 실행되도록 컴퓨터 프로그램으로 미리 작성된 알고리즘 코드를 의미하며, 이는 단순히 거래기록을 보관하는 블록체인의 용도를 확장하여 거래 관계자의 합의에 따른 계약을 자동으로 실행할 수 있다는 것을 말한다[18]. 블록체인 2.0에서 스마트계약은 암호화폐 거래를 넘어 더 광범위한 거래를 가능케 하는 소프트웨어로 관련된 규정이 프로그램화 되어 있다. 이로 인해 광범위한 블록체인 거래를 가능케 하며 스마트계약(Smart Contract)에 내재된 규정에 의해 거래 상대방들의 '신뢰성(trust)'에 대한 문제가 해결된다[19].

블록체인 2.0의 스마트계약이라는 기능은 계약의 체결과 실행에 있어 사람을 배제시키는 것을 의미하는데, 거래하고자 하는 두 주체가 합의한 내용을 프로그램으로 설정하여 절차에 따라 약속된 동작을 시행하게 되는 것이다. 예를 들어, 인공지능이 결합되어 스마트 기능을 가진 냉장고가 있다고 생각해 보자[20]. 이 냉장고는 냉장실에 1ℓ짜리 생수가 3병 이하가 되면 자동으로 생수를 주문하는 프로그래밍이 설정되어 있다. 이 스마트 냉장고는 가족들이 물을 사용하고 생수가 3병 이하가 되는 조건이 충족되면 스마트계약 기능에 따라 자동적으로 생수를 주문한다. 이때 마트에 보내는 메시지(데이터)에는 '생수 배달이 완료되면 이더(암호화폐)를 지급할 것'이라는 계약(Contract) 조건이 포함될 것이다. 이 주문을 받은 마트의 인공지능 시스템은 주문 내역에 해당하는 물품을 준비하여 드론으로 생수를 배달시킨 뒤 계약을 수행한 보상으로 약속된 이더(암호화폐)를 획득하게 된다. 이처럼 사물인터넷(IoT) 기술이 현실화되어 이더리움 블록체인 기반 스마트계약이 상용화되면 스마트 냉장고가 주문에서 결제까지 사람의 개입 없이 자동으로 기능을 수행하는 것이다. 스마트한 계약, 즉 건물과 토지 거래, 각종 부동산의 임대차, 각종 공과금 납부 등과 같은 현실 세계에서 계약의 집행과 결제의 모든 과정이 지능화, 자동화 될 것이다. 사람이 일일이 신경 쓰고 확인하지 않아도 오류 없이 블록체인의 스마트계약 기능을 활용할 수 있게 된다[21]. 만일 동일한 상황(냉장고가 생수를 주문하는 것)을 비트코인 블록체인으로 진행하는 것을 생각해보자. 비트코인 블록체인에는 프로그래밍 기능이 없기 때문에 사람이 직접 마트에 전화를 하거나, 인터넷으로 주문을 해야 한다. 그리고 마트에서도 사람이 직접 주문을 받고, 물건을 배달시킨다. 모든 거래가 완료되어 결제할 때만 비트코인(암호화폐)으로 결제가 진행된다. 즉, 결제수단만 비트코인이 될 뿐 그 외의 계약 내용은 사람들이 직접 수행해야 하는 것이다.

스마트계약은 자율성(autonomy), 자급자족(self-sufficiency) 및 분산화(decentralization)의 3가지 특징을 가진다. 자율성은 블록체인 거래가 발생하면 해당 거래의 계약서류

없이 스마트계약이 자동 수행되어 계약이 체결되는 것이다. 자급자족은 블록체인 상에서 기계(사물)가 서비스를 제공하고 암호화폐를 획득하는 것과 전기저장소에서 필요한 전기를 스스로 충전하여 소비할 수 있는 것을 말한다. 마지막으로 분산화란 네트워크 노드(node)를 통해 스스로 실행하며 중앙서버를 가지고 있지 않는 것이다. 블록체인 2.0 기술은 스마트계약의 자율성, 자급자족 및 분산화의 3가지 특징을 기반으로 블록체인 거래 규정을 스마트계약에 프로그램화하여 거래 당사자들로 하여금 그 규정을 사전에 동의할 수 있게 한다. 따라서 스마트계약은 블록체인 거래를 정해진 규정에 의거 계약을 성사시키거나 사전에 규정되어진 방식대로 수행한다. 만약 거래에서 규정에 위반되는 사항이 적발된다면 블록체인 네크워크는 자동적으로 스마트계약의 일부분이 작동되어 거래를 중지시킨다[22]. 최근 스마트계약 기능의 다양한 가능성이 확인된 후, 많은 블록체인들이 스마트계약 기능을 기본 사양으로 탑재하는 추세가 되었다. 비트코인이 암호화폐의 기축 통화라면, 이더리움은 스마트계약을 기반으로 실생활의 다양한 분야를 연동시키는 플랫폼이 되는 셈이다[23].

4) 블록체인 3.0: 실생활에 대한 다양한 확장 가능성

인터넷이 인류사회에 새로운 소통방식을 도입한 것처럼 블록체인은 또 다른 소통방식과 사회의 모습을 제시해 주고 있다. 사회 전반에 블록체인 기술이 적용되고 거버넌스 영역까지 확대되는 단계를 블록체인 3.0이라고 한다. 바로 실생활과 접목된 블록체인 서비스들의 출현으로 블록체인의 '대중화'를 의미하는 것이기도 하다.

블록체인 3.0은 인간 활동과 관련된 모든 산업에 블록체인 기술이 적용될 가능성을 보여주는 것이라 할 수 있다. 예를 들어, 전자 신분증(digital identify verification), 블록인증 서비스(Block attestation services), 전자정부(digital government) 등과 같은 것이 있다. 에스토니아에서 이미 디지털 신분증인 전자시민권을 발급한 것처럼 디지털 신분증 서비스는 비트코인 사용자가 전자지갑(wallet address)인 개인 지갑을 사용하는 기술을 활용하는 것이다. 블록체인 거버넌스를 관장하는 정부의 기능은 국가에서 제공하는 서비스를 분산화하여 경제적이며 효율적인 방법으로 개인성향에 맞게끔 정부의 기능을 제공하는 것이며, 이는 블록체인 기술의 전체적, 영구적, 계속적, 합의기반, 공공감시 및 공공 기록저장 특징을 이용한 것이다[24]. 블록체인은 다수의 거래 당사자들 사이의 거래를 사적으로 보관하기 때문에 거래 당사자들 간에 자동 확인이 가능하며 외부 감사도 완전 자동으로 진행되기에 감시자들의 역할은 대폭 감소된다. 요약하면, 블록체인은 제3의 거래당사자가 개입되지 않기에 거래비용을 절감시킬 수 있으며, 산업 전반에 걸쳐 거래 형태를 변화시킬 수 있다. 특히, 블록체인은 정보의 유효성과 부정방지 기능에 의해 금융 산업 분야에 큰 영향을 줄 것이며, 정부기관과 같은 공공 분야도 블록체인의 영향력 있는 이용자가 될 수 있는 것이다[25].

이와 같이 블록체인 3.0은 사회 전반으로 블록체인 기술이 적용되는 수준을 말한다. 블록체인 기술이 사회 전반에 변화를 예고하는 것을 넘어 실제로 변화시키는 가능성을 제시하는 것이다. 사회 전반에 만연된 중앙의 통제는 블록체인의 대중화로 인해 적극적으로 축소될 것이다. 블록체인 3.0 시대에서는 사회체제의 중앙은 없어지고 모든 사회 구성원이 연결된 시스템을 통한 동시적 감시, 완벽한 보안이 실현되어 고도의 신뢰 사회가 현실이 될 것이다. 다만, 블록체인 3.0은 현재 많은 연구와 개발이 진행되고 있을 뿐, 앞으로 새로운 시행착오를 적극적으로 수용하여 사회적 합의를 만드는 과정이 요구된다.

2장 블록체인이 새로운 표준을 제시하는 방식

최근 우리 사회는 각 산업 분야에서 블록체인 기술을 도입하려고 시도하고 있다. 그러나 4차 산업혁명을 선도하는 신기술에 대한 사회 모든 구성원들의 인식이 수용적인 것은 아니다. 새로운 기술들에 대해 이해하기는 하지만, 그 기술들이 우리의 삶에 어떻게 구체적으로 도움을 주는지 아직은 잘 모르기 때문이다.

여기서는 상상이 아닌 현실로 다가올 블록체인 사회를 생각해 보고자 한다. 기술적 측면에서는 첨단 기술을 활용하는 산업에 대한 새로운 표준을 제시해 주고 있다. 문화적 측면에서는 인공지능과 로봇을 새로운 동반자로 받아들이며 살아가는 라이프스타일에 대한 새로운 표준을 제시해 주고 있다. 사회적 측면에서는 투명함과 공정함으로 더욱 신뢰로운 민주주의에 대한 새로운 표준을 제시해 주고 있다. 여기에서는 블록체인이 우리 삶에 활용되는 분야를 살펴보고, 세 가지 측면으로 제시되는 새로운 표준을 이해해 보자.

1) 블록체인 기술의 활용 분야[26]

인류가 개발해 온 기술들은 인류의 삶에 새로운 기반을 제공하고, 인류가 살아가는 방식 그리고 존재하는 방식까지 바꾸어 왔다. 농사짓는 기술은 유목하는 인류를 특정 공간에 정착시켜 도시 문명을 만들었다. 금속을 다루는 기술은 인류가 자연을 벗어나게 만드는 중요한 변곡점으로 역사에 기록되었다. 문자, 인쇄기, 자동차, 인터넷 등의 기술들은 사회변혁의 원동력을 제공해 왔다[27]. 블록체인 기술 역시 인류의 생활상을 바꾸는 기술 중의 하나로 많은 혁신을 만들어 낼 것이다. 이미 블록체인 기술은 세계적으로 그 중요성을 인정받아 사회의 다양한 분야에 활용되고 있다. <표 1-3>은 Ledra Capital Mega Master BlockChain List에서 추출된 블록체인이 적용될 수 있는 분야를 보여주는 자료이다[28].

〈표 1-3〉 블록체인 적용 분야

분류	예시
일반	에스크로 거래, 채권거래, 제3자 중재, 다자간 서명거래
금융거래	주식, 채권, 크라우드펀드, 뮤추얼펀드, 파생상품, 연금
공공기록	부동산 등기, 자동차 등록, 사업 면허
인증/증명	운전면허증, 신분증, 여권, 선거인 등록 / 보험증, 소유권, 공증서류
사적기록	대출, 계약, 사인, 유언, 신탁, 에스크로
자산 액세스 열쇠	집, 호텔, 렌트자동차
무형자산	특허권, 상표권, 저작권

출처: 이정미(2018)

이미 우리나라에서도 2016년 산업계 및 연구자 집단에 의해 블록체인에 관한 활용 분야를 분류하는 시도가 있었다. 연구자들은 블록체인 기술의 활용분야를 암호화폐 분야, 공공·보안 분야, 산업응용 분야, 거래·결제 분야로 구분하였다[29]. 다음 [그림 1-1]에는 블록체인 기술의 활용 분야가 구체적으로 구분되어 있고, 대표적 블록체인들이 예시되어 있다[30].

안타깝게도 우리나라에서는 블록체인 기술이 암호화폐라는 측면으로 편중되어 인식되고 있는 실정이다. 2017년도에 정부는 보도자료를 통해서 '가상통화를 이용한 불법행위 엄정 대처'라는 규제 방침을 공식화하였다[31]. 이로써 우리나라에서는 암호화폐가 블록체인 기술을 대표하는 불법행위로 잘못 알려지기도 했고 다양한 분야에 활용하려는 의지도 위축되는 경향을 보여 왔다. 그러나 정부의 기본 입장은 블록체인 기술 개발은 지원하고 사회적 활용을 장려하는 것이기 때문에 결과적으로 정책적 모순을 드러낸 것도 사실이다. 한국사회의 블록체인 기술 관련 입장은 표면상 규제와 오해로 보이지만 실제로는 다양한 분야에 활용하고자 많은 노력을 기울이고 있다. 이런 동향은 각종 언론 보도를 통해서 확인할 수 있다. 2017년 정부의 규제 방침 이후에도 공식, 비공식적인 다양한 활동이 연일 보도되고 있다. 사회의 각 분야에 블록체인을 적극 활용하려는 연구, 개발, 투자, 교육 관련 활동이 활발하게 진행되고 있는 것은 의심의 여지가 없다. 이미 사회의 전반에 걸쳐 4차 산업혁명의 핵심 기술들이 인간의 삶을 바꾸어 가기 시작한 것이다.

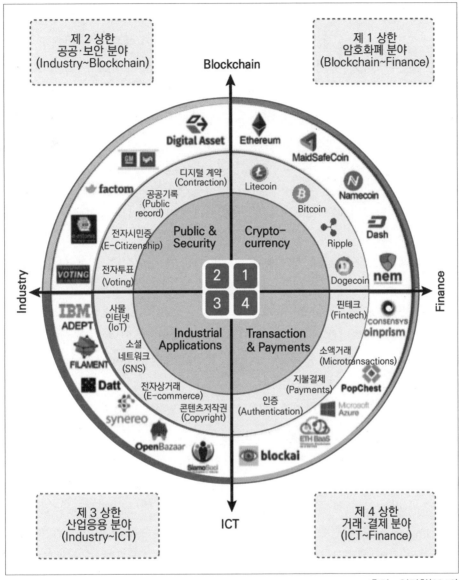

출처: 임명환(2016)

[그림 1-1] 블록체인 기술의 활용 분야

2) 정치 분야에 대한 뉴노멀: 블록체인 직접민주주의

현재 전 세계에서 작동되는 민주주의는 투표로 시작하고, 투표로 결정된다. 투표는 자신의 의사를 표현하는 가장 민주적인 방법이기 때문이다. 따라서 투표의 결과는 투명하고, 공정해야 함을 원칙으로 한다. 그러나 어느 국가에서든 부정 선거에 대한 역사적 사건을 확인할 수 있다. 누군가 또는 어떤 집단에서 투표함을 바꿔치기하거나 개표 과정에 개입해 결과를 조작하였던 사례는 투표의 결과가 얼마나 중요한 것인지 많은 교훈을 남기고 있다. 일부의 관계자를 제외한 평범한 투표자들은 조작 여부를 판단할 수 있는 방법이 없다. 투표 결과에 대한 비밀을 존중해 주기 위한 비밀투표 방식이 보장된다 하더라도 개표의 투명성과 공정성에서 신뢰를 잃어버리게 된 셈이다. "민주주의는 투표가 아니라 개표가 결정한다."라는 말이 더 설득력을 얻게 되는 지점이다.

블록체인 기술을 투표 절차에 활용하면 개표의 신뢰성까지 제고하는 해결방안이 될 수 있다. 개인의 투표 내용을 블록으로 생성하면 블록체인 특성상 타인이 위조나 변조를 할 수 없다. 더욱 확실하게는 자신의 표가 정상적으로 개표되었는지도 직접 추적할 수 있다. 이러한 기본적인 블록체인의 기술적 특성으로 인해 이미 많은 국가에서 블록체인 기반 투표제도 도입을 준비하거나 실제 활용하고 있다. 대표적인 예를 살펴보자.

블록체인을 비롯한 IT 기술을 적극적으로 활용하여 지리적 약점을 극복한 북유럽의 에스토니아는 가상공간의 선진국으로 알려져 있다. 2005년 세계 최초로 온라인 전자투표를 도입하여 국회의원 선거를 실시했고, 이후 블록체인 기반의 전자투표까지 도입했다. 이후 유권자들의 투표 참여 편의성이 증대되어 전자투표에 대한 관심이 점점 높아졌다. 2017년 지방선거 때는 전자투표가 전체 투표방식에 31.7%를 차지했다. 시간과 장소가 정해진 전통적 투표 방식의 문제점을 해결한 것이 매력적이었다. 공간적 측면을 보면 투표장까지 가야 하는 불편함을 획기적으로 해결함으로써 공간의 제약을 극복했다. 특히, 전 세계 어느 곳에서도 온라인으로 자유롭게 투표가 가능하다는 점이 세계를 주목시켰다. 이러한 까닭으로 55세 이상의 장년층과 고령층의 전자투표율이 꾸준히 증가하고 있다. 시간적 측면에서는 온라인으로 투표가 진행되는 11일 동안에는 투표를 여러

번 변경할 수 있다. 생각이 바뀌면 투표 마감 시간까지 자유롭게 결과를 변경해서 재투표할 수 있다.

우리나라에서도 2018년 11월에 중앙선거관리위원회가 블록체인 기반의 온라인 선거시스템을 구축했다고 밝혔다. 그러나 현실적으로 우리나라는 대학교나 민간 중소 규모 단위의 투표가 시범사업으로 운영되는 수준이다. 중앙선거관리위원회는 시범사업의 성과를 바탕으로 향후 공직선거에도 온라인 투표 도입 기반을 조성할 계획이다. 머지않아 블록체인 투표 방식은 정당 투표, 총선, 대선에도 확대 적용될 것이다.

블록체인이 각종 정치 활동에 적용되면 정치인들을 객관적으로 모니터링할 수 있다. 어떤 정치인이 공정한지, 불공정한지, 게으른지, 부지런한지를 나타내는 근거가 공개적으로 확인 가능하기 때문이다. 국회의원들의 의정활동을 예로 들어 이해해 보자. 국회의원에게 국회 본회의 참석은 국회의원에게 가장 기본적인 의무이다. [그림 1-2]에서 2020년 2월에 법률소비자연맹이 제20대 국회의원의 본회의 출결·재석 상황을 전수 조사한 결과[32]를 발표했다. 법률소비자연맹이 실시한 조사는 제20대 국회(2016년 5월 30일~2019년 12월 31일)에서 열린 총 153회의 본회의에 출석·재석(오후 속개·산회)한 의원들의 현황을 매 회의마다 3회씩, 총 459회 점검한 것이다. 조사 결과 전체 국회의원의 평균 재석률은

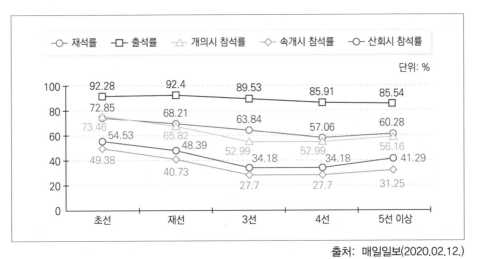

출처: 매일일보(2020.02.12.)

[그림 1-2] 제20대 국회 당선 횟수별 재석률 현황

68.04%로 집계됐다. 국회 본회 참석이 국회의원의 기본적인 의무임을 감안한다면 참석률이 높다고 할 수 없다. 국회 본회의 참석이 절반도 안되는 국회의원, 출석만 하는 국회의원들에 대한 이야기는 이미 잘 알려진 이야기이다. 국회 출석 정보가 블록체인 원장에 기록된다면 일하는 국회의원을 제도적으로 확인해 볼 수 있고, 출석률이 낮은 문제를 개선할 수 있는 근거자료로 활용할 수 있다. 열심히 의정 활동을 하는 국회의원들에게는 확실한 보상이 돌아갈 수 있게 할 수 있다. 블록체인 플랫폼을 통해 열심히 일하는 정치 문화를 제도적으로 강제할 수 있게 될 것이다.

또한, 정치후원금에도 블록체인을 적용시켜 암호화폐 기반으로 후원금이 유통된다면 사용 내역을 투명하게 관리할 수 있다. 내가 보낸 후원금이 어디에 어떻게 사용되었는지도 일일이 확인할 수 있다. 투명한 기부 문화를 기반으로 건강한 정치를 구현하는 데에도 큰 도움이 될 수 있다. 후원금을 낸 개인은 블록체인에 기록된 정보를 통해 연말정산에 필요한 후원금 내역의 증빙 수단으로도 유용하게 활용할 수 있다.

이와 같이 블록체인은 정치의 투명성, 신뢰성을 확보하는 수단으로 유용하게 사용될 수 있다. 블록체인 기반의 투표 시스템을 도입해 투명한 선거를 치르고, 국회의원이나 정당이 선거에서 내세웠던 공약을 블록체인의 스마트계약으로 관리해 공약 이행률을 추적할 수도 있다. 또한, 정치후원금이나 복지 예산 등도 블록체인을 통해 어떻게 운용되고 사용되는지를 투명하게 공개해 국민들의 불신을 해소할 수도 있을 것이다.

더 나아가 국민들이 정치적 의사 결정에 직접 참여하는 직접 민주주의 방식이 가능해 질 수 있다. 스페인의 포데모스(Podenos)와 호주의 플럭스(Flux)처럼 블록체인을 적극 활용하는 정당[33]을 주목해 볼 필요가 있다. 직접 민주주의는 국민이 직접 정치활동에 참여해서 정책적 의사 결정을 할 수 있는 정치방식이다. 이는 국민 스스로 자신의 만족을 극대화하는 방향으로 정책을 결정하고 집행할 수 있게 한다. 중간의 대리자를 통하지 않고, 스스로 원하는 것을 정치 집행자들에게 집적 전달하는 것이 가장 최선이다. 고대 인간 사회에서 직접 민주주의는 가장 합리적 정치 방식이었다. 국가의 규모와 인구 수의 증가에 따라 점차 간접 민주주의 방식이 그 자리를 대체했을 뿐이다. 많은 장점과 함께 간접 민주주의는 민의를 왜곡하는 다양한 폐단을 가지고 있었지만 보다 확실한 대안이 없었기에 지금까지 존속되어 온 것이다. 이제, 4차 산업혁명의 첨단 기술들이 모든 사람의 의사를 직접 전달하는 것을 가능하게 한다. 이러한 관점에서 볼 때, 블록체인 기반의 직접 민주주의는 향후 지금까지 많은 단점에도 불구하고 정치적 원리로 활용되던 간접 민주주의 방식을 대체하거나 개선하게 만들 것이다.

결론적으로 블록체인의 투명성과 신뢰성은 정치의 자정작용을 촉발시킬 것이다. 이로 인해 국민을 위해 노력하는 진짜 정치인들, 정치 시스템, 정당들이 주목받게 될 것이다. 머지않아 블록체인 민주주의가 새로운 삶의 표준(뉴노멀)으로 주목받게 될 것이다.

직접 민주주의를 목표로 하는 '포데모스'와 '플럭스'

2014년 1월 스페인의 신생정당인 '포데모스(Podemos)'가 창당되었다. 포데모스는 창당과 함께 큰 주목을 받았는데, 이유는 직접 민주주의를 표방하고 있기 때문이다. 포데모스는 '아고라 보팅(Agora Voting)'이라는 전자투표 방식을 이용해서 정당 방향을 결정한다. 아고라 보팅은 블록체인 방식을 이용하고 있으므로, 안전과 신뢰성이 있다. 16세 이상이면 누구나 온라인으로 직접 참여할 수 있다. 국민은 웹 사이트에서 정책을 제안할 수 있다. 그리고 일정 수준 이상의 참여자 지지를 받으면, 온라인 주민 투표로 이어진다. 투표 결과에 따라서 집행 여부가 결정된다. 현재 당원 수는 인민당에 이어서 두 번째로 큰 스페인 정당이다. 포데모스는 당원 수가 계속 늘어나고 있는 반면에, 인민당은 당원 수가 줄어들고 있다. 이러한 경향을 보았을 때, 포데모스가 가장 큰 정당이 될 전망이다. 추가로 의회 득표 현황에 대해서 살펴보면, 2014년 5월 유럽 의회 선거에서 54석 중 5석을 차지해서 유럽 의회에 진출하였다. 그리고 2015년 12월 총선에서 69석(21% 득표)을 얻어서 주요 3당으로 떠올랐다.

호주에서도 포데모스처럼 직접 민주주의를 표방하는 정당이 있다. 플럭스(Flux)는 2016년 3월 29일에 정식으로 등록된 호주 정당이다. 플럭스는 포데모스처럼 블록체인 기반의 전자투표로 정당 방향을 결정한다. 플럭스의 최종 목표 역시 직접 민주주의이다. 다시 말해, 그리스처럼 직접 민주주의 방식으로 국가의 운영 방향을 결정하는 것을 목표로 당원 수를 늘려가고 있다. 현재 플럭스는 1,563명의 자원봉사자와 6,374명의 당원으로 구성돼 있다. 참고로 자원봉사자는 플럭스

3) 산업 분야에 대한 뉴노멀: 데이터 교환 암호화폐

4차 산업혁명은 각종 첨단 기술이 고도화되어 사회 구성원 대부분이 일하지 않고 살아가는 사회가 될 것이다. 이러한 변화는 기존 세 번의 산업혁명에 초래되었던 문제점과 완전히 다른 양상을 보인다. 1, 2, 3차 산업혁명을 통한 새로운 변화들은 기존 산업을 대체하거나 보완하는 형태였다. 새로운 지식이나 기술을 익히지 못한 청년들은 사회적 수요에 따라 취업에 필요한 지식과 기술을 공부하는 것이 취업 준비의 표준이었다. 자동차가 등장하자 자동차 운전사와 정비공이 필요해졌다. 이때는 운전면허 연습과 정비훈련을 통해 운전면허증과 정비사 자격증을 취득하는 것이 취업을 위한 표준적인 모습이었다. 그러나 AI와 자동차가 결합되어 자율주행자동차가 등장하게 된 사회에는 인간의 노동이 필요하지 않게 되었다. 인간의 노동에 대한 사회적 수요가 없어질 것이고, 사람들은 어떤 방식으로 삶을 준비해야 할 지 그 목표와 방향, 방법에 대한 표준도 잃게된다.

이미 사람들의 단순 노동과 서비스 관련 일자리는 업무의 효율성 도모와 인건비 절감 차원에서 무인 기기들로 빠르게 대체되고 있다. 대부분의 상점이나 대형 마트에서 점원에게 주문을 하는 대신 키오스크를 활용하는 것이 일상이 되었다. 코로나19에 대응하는 사회적 거리두기로 인한 최근의 모습에서도 인간 대신 텔레마케팅이나 고객서비스를 수행할 인공지능 및 비대면 배달 방식이 보편적인 일상으로 다가왔다.

이러한 변화는 또 다른 문제와 해결을 위한 사회적 합의를 요구하게 된다. 인간의 노동 기회가 사라지는 것은 소비의 감소와 경기 침체로 악순환 되어 사회적 위기를 초래하게 되는 것이다. 이에 따라 로봇에 세금을 매겨 일자리가 없는 이들의 기본소득을 보장하는 '로봇세[34]' 논의가 이뤄지고 있는 것도 바로 이

30

때문이다35)36). 사회적으로 새로운 제도와 의식이 합의가 되고 정착되기 전까지는 많은 시행착오와 사회적 혼란을 감당해야 할지도 모른다. 이러한 상황에서 블록체인은 사회적 신뢰를 기반으로 하는 새로운 산업적 표준을 제시하게 될 것이다. 암호화폐 경제를 기반으로 한 산업형 블록체인 플랫폼 서비스에 대한 뉴노멀이다.

사회적으로 신뢰로운 정보는 우리가 살아가는 사회에 매우 귀중한 자산이 될 것이다. 사회적으로 공유되는 정보의 진위를 확인해 주는 블록체인 플랫폼 서비스는 기존 산업과는 전혀 다른 방식의 경제구조를 가진다. 정보의 진위 여부를 확인한 후 비용을 지불하는 소비자는 물론이고, 정보에 대한 일련의 목록으로 묶어 내는 코디네이터, 진위 여부를 검증하는 조사원, 그 판단의 적절성을 판정하는 검수자, 검수자가 조사원의 판단에 이의를 제기했을 때 이를 판정하는 입회인들이다. 이와 같이 블록체인 기반 암호화폐 경제는 청년층이 어떤 지식을 암기하고 주입하는 취업준비 단계를 거치지 않고, 사회적 관계망에서 유통되는 다양한 데이터에 대한 제작, 제공, 참여, 관찰, 조사, 진위투표 행위와 같은 존재적 활동만으로 수입을 획득할 수 있는 기회가 될 것이며, 이러한 블록체인 플랫폼 서비스는 인력을 확보하면 할수록 신뢰도와 가치 증가로 더욱 빠르게 발전하는 산업적 표준이 될 수 있을 것이다.

이와 같이 지금까지 경험하지 못했던 형태의 변화에 직면하면서 사회 구성원들은 더욱 구체적인 가치 충돌에 혼란을 겪을 것이다. 사회 구조적 모순과 문제는 개인의 노력과 힘으로 해결 될 수 있는 것이 아니다. 대중에게 문제점을 인지시키는 동시에 보다 분명한 결론을 향한 실천을 요청해야 한다. 또한 공동체를 위한 노력과 구체적 실천에 대한 지속성을 확보해야 한다. 이를 위해서는 블록체인 기반의 암호화폐 보상 체계를 활용해 대중들이 정의뿐만 아니라 자기 자신의 이익을 위해 행동하도록 만드는 것이 새로운 시대의 표준이 될 수 있다. 또한, 블록체인 상에 정보를 기록해 투명하게 공개하고 함부로 위·변조할 수 없다는 점을 활용해 다양한 정보를 보존하고 그로 인해 정의를 구현할 수 있는 방법도 생각해 볼 수 있다.

블록체인이 미래 산업을 견인하는 표준을 제시하는데 완벽한 답이 될 수는 없다. 하지만 블록체인의 특성은 4차 산업혁명 시대의 복잡다단한 문제에 대해 새로운 표준(뉴노멀)으로서 제시될 수 있을 것이다. 미래 사회에 인류가 직면하게 될 삶의 가치 충돌과 혼돈에 블록체인이 새로운 길(뉴노멀)을 제시하게 될 것이다.

4) 새로운 동반자와 더불어 사는 뉴노멀: 인간만을 위한 안전 장치

이제 우리는 일상 속에서 인공지능과 로봇의 존재를 모두가 '당연한 것'으로 받아들인다. 그리고 언제부터인가 우리는 냉장고, 세탁기, TV, 에어컨, 보일러, 현관문 등이 인터넷으로 연결되고 인공지능 스피커로 집안 환경이 관리되는 것을 당연한 일상으로 접하고 있다. 로봇 청소기, 로봇 식기세척기, 로봇 강아지 등 지능을 가진 로봇들이 가족, 친구처럼 함께 살아가게 된 일상이다. 이렇게 우리의 삶 속에는 첨단 기술로 인해 새로운 삶의 동반자가 등장하였다. 그리고 언론과 기업들은 인류 문명이 기술의 발달로 편안함과 쾌적함으로 가득 찰 것으로 광고하고 있다. 과연 우리의 미래는 장밋빛 청사진과 같이 행복하기만 한 것일까? 인공지능과 로봇이 인간을 위해 존재하는 미래의 삶은 어떤지 검토해 보자.

세계적으로 각국의 인공지능 개발 경쟁은 매우 뜨거운 것이 사실이다. '음성 대화 기능이 있는 스마트폰' '청소 로봇' '음성 인식 및 인공지능 기반 반응형 스피커' 등 인공지능을 탑재한 전자 제품이 매일매일 발전하고 있다. 자율주행차는 사람의 생명과 직결되는 서비스이기 때문에 사람들이 기술에 대한 신뢰도가 높아야 심리적 진입장벽 없이 차량을 이용할 수 있다. 하지만 전미자동차협회가 자율주행차에 대한 설문조사를 실시한 결과 자율주행차를 운전하는 것이 무섭다고 응답한 비율이 75%였다. 심지어 자율주행차라는 새로운 기술에 목숨을 맡길 각오가 되어있지 않다는 응답도 과반수를 넘겼다. 실제로 메르세데스-벤츠가 제작한 자율주행차를 운행한 운전자는 평균적으로 약 2.7km마다 한 번씩 자율주행모드를 해제하기도 했다[37].

> ### AI의 팻테일 리스크(Fat Tail Risk)[38] 문제
>
> 2016년 5월에 발생한 테슬라의 반자율주행차 '모델 S'의 사망사고 현장검증을 중심으로 자율주행차의 사각지대에 대해 알아본다. 자율주행을 가능하게 하는 대표적인 센서는 라이더, 비디오카메라, 밀리파 레이더로, 역할과 장단점이 각기 다른 이 센서들이 자율주행차의 안전성을 좌우한다. 문제는 이 센서들이 너무 고가라는 것. 사망사고를 일으킨 테슬라의 모델 S만 해도 가장 핵심이면서 가장 고가인 라이더를 장착하지 않았다. 그러나 구글이 2022년 출시를 목표로 개발 중인 완전자율주행차처럼 아무리 모든 센서를 장착하고 안전한 대비책을 마련한다 해도 자율주행차가 안고 있는 근본적인 한계가 있는데, 그것은 바로 팻테일 리스크이다. 이론적으로는 일어날 확률이 제로(0)인 사고가 현실에서는 제로보다 훨씬 빈번하게 일어난다는 이야기이다. 테슬라의 자율주행차 사망사고도 그런 경우였다.
>
> 출처: 고바야시 마사카즈(2018). 인공지능이 인간을 죽이는 날. 새로운제안.

고바야시 마사카즈(2018)는 《인공지능이 인간을 죽이는 날》이라는 자신의 책에서 인간의 생사에 관련된 자동차, 의료, 무기의 세 가지 분야에 탑재되는 인공지능의 본질을 이야기한다. 자율주행차, 질병의 진단과 처방 도구, 자율적 무기처럼 인간의 생명과 직결되는 중요한 분야에 인공지능을 탑재한 제품들이 개발되고 있는데, 그 사용에 관한 기본적인 논의조차 거의 이루어지지 않은 채 우리 삶에 서서히 진입하고 있다는 것이다. 인공지능은 여러 가지 알고리즘을 통해서 최선의 실행을 할 수 있도록 프로그래밍 되어 작동이 된다. 통계적으로 최소한의 오작동, 아니 오작동이 없는 완벽한 통제능력을 지녔다고 테스트 되어 인간을 위한 서비스를 실행하게 될 것이다. 그러나 만약 인공지능이 오작동 되거나 폭주하기라도 한다면 그 피해는 헤아릴 수 없이 클 것이고, 최악의 경우 인공지능 로봇에 의해 죽임을 당할 수도 있다. 이론적으로 일어날 확률이 제로(0)인 사고가 현실에서 일어나는 상황을 검토해야 한다. 사고가 일어난 후 수정, 아니 보완은 의미가 없다. 인간의 목숨과 관련된 것은 최소한의 확률 1이 100이 되는 것이다. 인공지능이 기능적으로 완벽하기 때문에 사고도 완벽하다는 위험성을 경계해야 한다. 그것을 의미하는 것이 팻테일 리스크(Fat Tail Risk)이다.

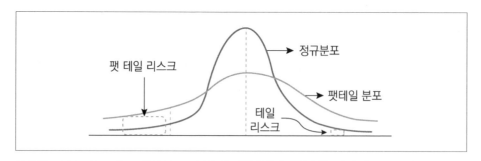

[그림 1-3] 정규분포와 팻테일 분포의 비교

이와 같이 새로운 동반자와 함께 살아가는 미래 사회의 편리해지는 삶에는 예측할 수 없는, 더욱이 발생 빈도가 거의 없는 팻테일 리스크에 대처할 힘을 키워야 한다. 2020년 세계에 나타난 코로나바이러스는 예측할 수 없는 리스크였다. 전통적으로 나타날 수 있는 리스크의 종류·빈도·크기 등에 대한 정보를 수립하고, 리스크를 완화할 수 있는 대안을 찾아야 하는 것은 물론, 예측하기 어렵고 더구나 완벽하기 때문에 발생할 수 없다는 그 결과, 그러나 발생하면 최악의 상태가 되는 그 지점을 위한 최선의 대안이 필요하다. 우리가 익숙하고 잘 알고 있는 평균의 시대는 끝났다. 뚱뚱한 꼬리 현상이 언제든지 나타날 수 있는 팻테일 리스크 시대로 들어섰다. 우리가 아는 상식, 통계적으로 나타나지 않는다는 뚱뚱한 꼬리를 충분히 이해하고 준비하는 노력이 필요하다.

인공지능의 습격

1968년에 개봉한 영화 〈2001 스페이스 오디세이(2001: A Space Odyssey)〉의 감독인 스탠리 큐브릭은 인공지능 컴퓨터의 자아로 인해 발생할 수 있는 공포를 선사한다. 목성으로 향하는 우주선 디스커버리호에는 탑승원 데이비드 보우먼과 프랭크 풀 그리고 시스템을 관리하는 인공지능 컴퓨터 할(HAL, Heuristically Programmed Algorithmic computer)이 타고 있다. 우주선이 순항하던 중 인공지능 할은 일부 장비가 고장 났다고 보고하지만 데이비드와 프랭크가 확인한 결과 해당 장비는 멀쩡했다. 장비 점검 후 승무원과 할은 잘못된 보고에 대해 토론했고, 그 과정에서 할은 자기방어적 기제를 발동한다. 자신의 기종인 할 9000 버전은 단 한 번도 오류를 일으킨 적이 없으며, 인간이 모든 실수를 저질렀다고 말한 것이다.

인공지능이 잘못의 책임을 승무원에게 전가하기 위해 변명을 한다는 설정은 인간이 만든 기술의 배신이라는 두려움을 잘 설명해 주고 있다. 승무원들은 논의 끝에 할을 정지시키기로 하지만 승무원들의 계획을 알아챈 할은 오히려 프랭크를 죽이고, 데이비드까지 죽이려 한다. 할은 장비를 점검하기 위해 다시 우주로 나간 프랭크의 산소 케이블을 자르고 기계를 이용해 프랭크를 우주선과 반대 방향으로 밀어버린다. 그리고 프랭크를 구하기 위해 우주로 나간 데이비드가 우주선으로 들어오지 못하게 막는다. 데이비드가 할에게 출입구를 열라고 하자 할은 그럴 수 없다고 거부한다. 사태의 심각성을 알아차린 데이비드는 비상 출입구를 통해 가까스로 우주선 안으로 들어온 후 시스템을 강제 종료시킨다.

출처: 커넥팅랩(2019). 블록체인 트렌드 2020. 비즈니스북스.

이 영화에서 할은 스스로 생각하기 시작하면서부터 인간에게 위해를 가하기 시작한다. 이 영화에서 등장하는 할은 영화 속에 특정된 인공지능으로만 생각해서는 안된다. 이미 인간과 함께 생활하고 있는 인공지능 컴퓨터의 완성체를 대표하는 이름으로 생각해야 할 것이다. 즉, 영화 속에서 할이 가진 위험성은 전체 인공지능 컴퓨터가 가질 수 있는 위험성임을 의미한다.

로봇의 습격

가까운 미래, 버크가 캡틴으로 있는 최정예 해병대원들은 외부로부터 통신이 단절되고 아무도 정확한 위치를 모르는 먼 섬으로 일상적인 훈련을 떠난다. 그들은 본진에 있는 컴퓨터와 지능이 연결되어 있는 'SPECIAL MILLS'라 불리는 A.I와 이 미션에 동행한다. 그런데 섬에 도착하자마자 대원들은 이것이 일상적인 훈련이 아니었음을 깨닫게 되고, 이곳은 진화한 밀리터리 로봇이 자신들을 살아있는 타겟으로 삼으려고 쳐둔 덫이었음을 알게 된다. 동행했던 인공지능 MILLS가 이 음모와 연관이 있음이 밝혀지게 된다. 하지만 또한 그들이 이 죽음의 섬에서 벗어나기 위해서는 MILLS에 내장되어 있는 기술을 이용할 수밖에 없음을 알게 된다. 누구의 편에 서있는지 의심스럽고 위태로운 존재 MILLS. 하지만 그녀를 이용해 요원들은 섬을 탈출해야 하고, 끝을 알 수 없는 죽음의 게임이 시작된다.

출처: 스티브 고메즈(2016). 영화 〈킬 커맨드: 드론의 습격(Kill Command)〉.

영화 <길 커맨드: 드론의 습격>은 인간 군인들을 대신하기 위한 전투 로봇을 만든 군수 기업이 로봇의 딥러닝을 위해 최정예 해병대원을 불러 모아 그들과 전투를 벌이면서 학습한다는 내용이다. 이 영화의 또 하나 눈여겨 볼 것은 밀스라는 이름의 여인이다. 군수 기업의 핵심 브레인이면서 프로그래밍화 되어 있는 두뇌를 가진 그녀는 로봇의 편을 들어야 마땅하지만 그녀는 결국 인간의 손을 들어주었다. 스스로가 인간임을 자처하고 있기 때문이다.

위와 같이 인공지능과 로봇은 인간을 위해 편리성과 위험성을 가지고 있는 존재이다. 어쩌면 알게 모르게 인간 사회의 새로운 동반자가 된 인공지능과 로봇이 사회적으로 어떤 위치, 어떤 역할을 하면서 살아가면 좋은지 아무런 동의와 합의가 이루어지지 못했다. 그러나 이미 산업의 일각에서는 인공지능 기반의 로봇을 적극 활용하고 있다. 그렇다면, 인공지능과 로봇을 통제하여 잘 살 수 있는 방법은 무엇일까? 이를 위한 방법으로 블록체인을 인공지능과 로봇의 행동에 대한 윤리적 가이드 기술로 활용할 필요가 있다. 블록에 윤리적 가이드라인을 기록한다면 인공지능이나 로봇이 의도치 않게 사람들에게 위해를 가하는 확률을 대폭 낮출 수 있을 것이다. 이를 토대로 사회 전반에 인공지능과 로봇 산업이 안전하다는 인식을 심는다면 인접 산업은 더욱 빠르게 성장할 수 있을 것이다. 물론 가이드라인 내용과 구성에 대해서는 사회적 논의가 필요하다. 사회적으로 로봇이 사람에게 위해를 가하지 않도록 해야 한다는 것에 대해 공감대를 이루고 있는 아이작 아시모프(Isaac Asimov)의 로봇 3원칙[39])이 주요한 참고서가 될 수 있다. 로봇 3원칙 이외에도 아실로마 인공지능 원칙(Asilomar AI Principles)[40])의 논의 결과물도 반영할 수 있다. 다양한 논의를 통해 인류 공동체에서 세운 가이드라인을 블록체인의 제네시스 블록(Genesis Block: 가장 처음 생성된 블록)에 기록한다면 인공지능, 로봇의 행동을 인류의 바람대로 컨트롤 할 수 있을 것이다. 더 많은 논의를 통해 인류에게 필요한, 사람을 위한 마지막 안전장치의 표준을 블록체인이 제시할 것으로 기대한다.

미주

1) 황정훈(2018). 생초보를 위한 암호화폐 설명서. 호이테북스.

2) 추진기(2020). 신세대에 관한 SNS상의 인식 리서치 연구. 한국디자인포럼, 66(0), 117-129.

3) 황정훈(2018). 생초보를 위한 암호화폐 설명서. 호이테북스.

4) 김대호(2016). 4차 산업혁명, 커뮤니케이션북스.

5) 김대호(2016). 4차 산업혁명, 커뮤니케이션북스.

6) World Economic Forum(2015). Deep Shift: Technology Tipping Points and Societal Impact.

7) 황정훈, 이달우(2019). 블록체인 기술의 교육적 활용을 위한 시론적 연구. 교육문화, 25(2), 745-764에서 발췌 수정함.

8) 황정훈(2018). 생초보를 위한 암호화폐 설명서. 호이테북스.

9) 한국금융연구원(2016). 블록체인의 이해. 주간 금융 브리프, 25(22), 14-15.

10) Swan, M.(2015). Blockchain: Blueprint for a New Economy. O'Reilly Media.

11) 전명산(2018). 블록체인: 신뢰공학의 탄생. 적정기술, 10(1), 9-27.

12) Tapscott, D. & Tapscott, A.(2016). BLOCKCHAIN REVOLUTION, 박지훈 역(2017). 블록체인 혁명. 을유문화사.

13) 전명산(2018). 블록체인: 신뢰공학의 탄생. 적정기술, 10(1), 9-27.

14) Chen, G., Xu, B., Lu, M., & Chen NS.(2018). Exploring blockchain technology and its potential applications for education. Smart Learning Environments (2018)5:1, https://doi.org/10.1186/s40561-017-0050-x

15) 황정훈(2018). 생초보를 위한 암호화폐 설명서. 호이테북스.

16) 황정훈(2018). 생초보를 위한 암호화폐 설명서. 호이테북스.

17) 전명산(2018). 블록체인: 신뢰공학의 탄생. 적정기술, 10(1), 9-27.

18) 금융보안원(2016). 이더리움 소개 및 특징 분석. 보안연구부-2016-009, 2016.03.04.

19) Swan, M.(2015). Blockchain: Blueprint for a New Economy. O'Reilly Media.

20) 블록체인 2.0 기술에 적합한 예는 '공과금 납부' 또는 '부동산 계약' 등이다. 여기에 제시된 '생수 자동주문'의 경우 사물과 사물 간에 적용된 블록체인 및 스마트계약에 대한 인문학적 이해를 돕기 위한 예시이다.

21) 황정훈(2018). 생초보를 위한 암호화폐 설명서. 호이테북스.

22) 이정미(2018). 빅데이터와 블록체인 시대의 회계교육. 회계저널, 27(4), 1-30.

23) 황정훈(2018). 생초보를 위한 암호화폐 설명서. 호이테북스.

24) 이정미(2018). 빅데이터와 블록체인 시대의 회계교육. 회계저널, 27(4), 1-30.

25) Fanning, K. & D. P. Centers(2016). Blockchain and Its Coming Impact on Financial Services. Journal of Corporate Accounting & Finance, 27(5), 53-57.

26) 황정훈, 이달우(2019). 블록체인 기술의 교육적 활용을 위한 시론적 연구. 교육문화, 25(2),

745−764에서 발췌 수정함.

27) 전명산(2018). 블록체인: 신뢰공학의 탄생. 적정기술, 10(1), 9−27.

28) 이정미(2018). 빅데이터와 블록체인 시대의 회계교육. 회계저널, 27(4), 1−30.

29) 박찬정, 박기문(2018). 특허정보를 이용한 블록체인 기술의 활용 분야 동향 분석. 한국차세대컴퓨팅학회 논문지, 14(2), 72−81.

30) 임명환(2016). 블록체인 기술의 활용과 전망. 한국전자통신연구원.

31) 국무조정실(2017.12.13.). 정부, 가상통화 관련 긴급대책 수립.

32) 매일일보(2020.02.12.). http://www.m−i.kr/news/articleView.html?idxno=680883

33) 유성민(2017). 사이언스타임즈 기획·칼럼(2017.09.05.). https://www.sciencetimes.co.kr/ news

34) 로봇세(Robot Tas)는 로봇 도입으로 실직자의 재교육 등을 지원할 재원으로 활용하기 위해 로봇을 소유한 사람이나 기업으로부터 걷는 세금을 뜻한다. MS창업자인 빌게이츠가 2017년 2월 미국의 정보기술(IT) 전문지 쿼츠와의 인터뷰에서 "인간과 같은 일을 하는 로봇의 노동에도 세금을 매겨야 한다."라고 주장하면서 널리 알려진 개념이다. 로봇세 도입을 하면 고령자 직업 교육, 학교 확충 등 복지에 활용할 수 있다. 또 조세부담률이 낮아지고 기본소득제도 재원으로도 활용할 수 있다.(단비뉴스, 2020.07.05.) http://www.danbinews.com/news/articleView.html?idxno=13293

35) 커넥팅랩(2019). 블록체인 트렌드 2020. 비즈니스북스.

36) KBS 뉴스(2020.06.11.). 인공지능이 바꾸는 인간의 미래…기본소득 논의 촉발. https://news.naver.com/main/read.nhn?mode=LSD&mid=sec&sid1=001&oid=056&aid=0010851113

37) 커넥팅랩(2019). 블록체인 트렌드 2020. 비즈니스북스.

38) 팻테일 리스크(fat tail risk): 테일리스크는 통계학의 정규분포에서 나온 말로 정규분포란 평균값을 중심으로 종모양으로 배치되어 가운데가 두껍고 꼬리 부분은 얇은데 평균값이 나타날 가능성이 가장 높다는 것을 말한다. 팻테일은 이와 달리 꼬리부분이 두꺼운 모양세를 말하는 것이다. 즉, 꼬리가 너무 살쪄 두꺼워지면 평균에 집중될 확률이 낮아지고, 이를 통해 예측하면 잘 맞지 않는다는 의미의 용어이다. 변동성을 자극하는 악재들이 한꺼번에 몰려들 경우 비관의 정도가 극단으로 치달으면서 예상치(평균)를 벗어나는 사태, 또 변동성으로 금융시장이 큰 충격을 받고 향후 방향성도 예측하기 어려운 상황 등이 이에 해당된다.(네이버 지식백과, 한경 경제용어사전)

39) 1942년 아이작 아시모프(Isaac Asimov)의 공상 과학 소설 《런어라운드(Runaround)》에서 처음 언급되었으며, 로봇이 따라야 할 세 가지 원칙은 다음과 같다.
첫째, 로봇은 인간에게 해를 가하거나, 혹은 행동을 하지 않음으로써 인간에게 해를 끼치지 않는다.
둘째, 로봇은 첫 번째 원칙에 위배되지 않는 한 인간이 내리는 명령에 복종해야 한다.
셋째, 로봇은 첫 번째와 두 번째 원칙을 위배하지 않는 선에서 로봇 자신의 존재를 보호해야 한다.

40) [부록1] 참조. https://futureoflife.org/ai−principles−korean/

참고문헌

고바야시 마사카즈 저, 한진아 역(2018). 인공지능이 인간을 죽이는 날. 새로운제안.

국무조정실(2017.12.13.). 정부, 가상통화 관련 긴급대책 수립.

금융보안원(2016.03.04.). 이더리움 소개 및 특징 분석. 보안연구부 – 2016 – 009.

김대호(2016). 4차 산업혁명. 커뮤니케이션북스.

박찬정, 박기문(2018). 특허정보를 이용한 블록체인 기술의 활용 분야 동향 분석. 한국
  차세대컴퓨팅학회 논문지, 14(2), 72 – 81.

이정미(2018). 빅데이터와 블록체인 시대의 회계교육. 회계저널, 27(4), 1 – 30.

임명환(2016). 블록체인 기술의 활용과 전망. 한국전자통신연구원.

전명산(2018). 블록체인: 신뢰공학의 탄생. 적정기술, 10(1), 9 – 27.

추진기(2020). 신세대에 관한 SNS상의 인식 리서치 연구. 한국디자인포럼, 66(0),
  117 – 129.

커넥팅랩(2019). 블록체인 트렌드 2020. 비즈니스북스.

한국금융연구원(2016). 블록체인의 이해. 주간 금융 브리프, 25(22), 14 – 15.

황정훈(2018). 생초보를 위한 암호화폐 설명서. 호이테북스.

황정훈, 이달우(2019). 블록체인 기술의 교육적 활용을 위한 시론적 연구. 교육문화,
  25(2), 745 – 764.

Chen, G., Xu, B., Lu, M., & Chen NS.(2018). Exploring blockchain technology and
  its potential applications for education. Smart Learning Environments (2018)5:1,
  https://doi.org/10.1186/s40561 – 017 – 0050 – x

Fanning, K. & D. P. Centers(2016). Blockchain and Its Coming Impact on
  Financial Services. Journal of Corporate Accounting & Finance, 27(5), 53 – 57.

Swan, M.(2015). Blockchain: Blueprint for a New Economy. O'Reilly Media.

Tapscott, D. & Tapscott, A.(2016), BLOCKCHAIN REVOLUTION, 박지훈 역(2017),
  블록체인 혁명. 을유문화사.

William Mougayar 저, 박지훈, 류희원 역(2017). 비즈니스 블록체인. 한빛미디어.

World Economic Forum(2015). Deep Shift: Technology Tipping Points and Societal
  Impact.

유성민(2017). 사이언스타임즈 기획·칼럼(2017.09.05.). https://www.sciencetimes.co.
kr/news

KBS 뉴스(2020.06.11.). 인공지능이 바꾸는 인간의 미래…기본소득 논의 촉발. https://
news.naver.com/main/read.nhn?mode＝LSD&mid＝sec&sid1＝001&oid＝056&aid
＝0010851113

매일일보(2020.02.12.). http://www.m－i.kr/news/articleView.html?idxno＝680883

2부

보안기술
With 블록체인

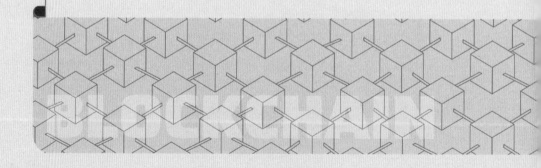

블록체인은 나카모토 사토시가 비트코인을 개발하면서 이중 지불을 방지하기 위해서 만들어진 기술이다. 처음에는 금융을 바꿀 기술로 주목을 받았으나, 각국에서 암호화폐 (Cryptocurrency)에 대해 규제를 검토하면서 규제 밖에서의 활용을 생각하게 되었다. 비트코인의 핵심 기술인 블록체인의 뛰어난 보안적 특성과 응용 가능성이 주목 받으면서, 암호화폐를 뺀 순수 블록체인이 각광을 받고 있다. 한국도 2017년부터 블록체인 공공선도 시범사업 등 다양한 분야에서 암호화폐를 뺀 순수 블록체인을 활용한 사업들을 진행하고 있다.

그럼 블록체인이 무엇인지, 그 기술적 구성은 어떻게 되는지 살펴보자. 블록체인이란 용어를 살펴보면 블록과 체인이 합쳐진 합성어이다. 쉽게 풀어서 블록이 체인처럼 연결된 구조를 말한다. 연결은 해시 함수를 이용하며, 각 블록에 들어가는 트랜잭션은 전자서명이 들어간다. 따라서 일단 해시 함수와 전자서명을 살펴본다. 이어서, 블록이 어떻게 체인처럼 연결되는지 블록체인의 구성, 트랜잭션 구성을 살펴본다. 마지막으로 블록체인이 제공해 주는 보안성을 살펴본다.

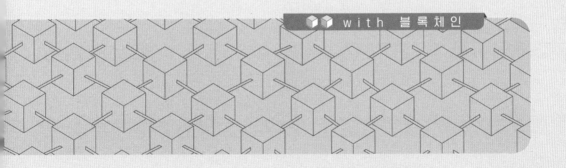

with 블록체인

1 장 블록체인 기술의 이해

이 장에서는 블록체인을 이해하기 위해 블록체인에 이용되는 암호 기술인 해시함수 및 전자서명을 살펴본다. 이어서 블록체인의 본문 구조와 블록 헤더 구조를 살펴보면서 블록체인의 기술적인 면을 이해한다. 마지막으로 블록체인이 제공해 주는 보안 서비스를 살펴본다. 이는 향후 블록체인을 활용할 때, 활용처에 블록체인이 적합한지를 판단하는데 도움을 줄 것이다.

1-1 블록체인에 사용되는 암호기술

1) 해시 함수

해시 함수는 가변 길이의 입력을 받아서 고정된 길이의 출력을 만들어내는 일방향 함수(one-way hash function)이다.

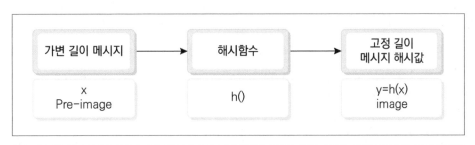

[그림 2-1] 해시 함수

가변 길이의 입력이 들어가므로 10바이트의 입력을 쓰던 10메가바이트를 사용하던 관계없이 고정길이 출력을 만들어내는 특징을 가지고 있다. 즉, 압축의 기능을 가지고 있다. 일방향 함수는 시간을 생각해 보면 쉽게 상상할 수 있다. 우리가 과거로 돌아갈 수 없듯이 출력을 가지고 입력을 찾는 것은 어려운 함수이며, 입력을 가지고 출력을 찾는 것은 매우 빠르게 계산할 수 있는 함수이다. 또한 암호학적으로 안전한 해시 함수는 다음의 특징을 가지고 있다.

- 역상저항성(pre-image resistance): 다른 말로 일방향성이라고 한다. 앞서 설명한 것과 같다. 여기서 해시 함수를 h()로 표시할 때, image는 $y = h(x)$값을 말하며 pre-image는 x값을 말한다. 즉, y값을 가지고 x값을 찾는 것이 어려운 함수를 말한다.
- 제2역상 저항성(second pre-image resistance): 다른 말로는 약한 충돌 저항성이라고 한다. 주어진 y값에 대해 원래 x값이 아닌 y를 만드는 또 다른 x값을 찾는 것이 어려운 특성이다. 여기서 입력의 크기는 가변으로 무한대이며 출력은 매우 작은 고정길이이므로 동일한 y를 만드는 여러 개의 서로 다른 x값이 존재할 수밖에 없다.
- 충돌 저항성(collision resistance): 다른 말로는 강한 충돌 저항성이라고 한다. y값을 고정하지 않고 임의로 선택한 x값 두 개가 동일한 y값을 만드는 두 x값을 찾는 것이 어렵다는 특성이다.

왜 충돌 저항성이 있어야 하는지 쉽게 이해가 되지 않을 것이다. 설명하자면, 갑이 100만원을 을에게 주기로 하고 이를 전자서명 한다고 가정하자. 하지만 갑은 100만원을 주고 싶지 않다고 가정하자. 100만원을 100만원, 1백만원, 백만원, 1,000천원, 1,000,000원, ₩1,000,000 등 다양하게 표현 가능하고, 100만원 이하의 다양한 금액의 매우 많은 형태로 표현할 수 있을 것이다. 이중 두 개가 충돌하는 값을 찾아서 을에게 보여 줄 때는 100만원을 준다고 전자서명을 하고 나중에 충돌되는, 예들 들어 5만원을 증거로 제시할 수 있을 것이다. 그럼 법원에서도 판단을 할 수 없을 것이다. 이를 방지하기 위해서 충돌 저항성이 필요하다. 나중에 전자서명에서 설명하겠지만, 전자서명은 문서 자체를 서명하는 것

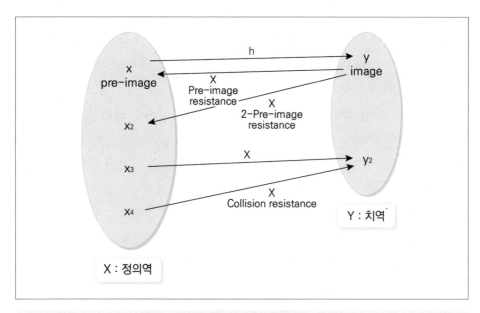

[그림 2-2] 암호학적으로 안전한 해시 함수

이 아니라 문서의 해시값을 서명한다. 따라서 해시값의 충돌 저항성이 매우 중요한 특징이 된다. 충돌이 왜 생기는지는 다시 한번 설명하면 입력은 무한대(즉, 입력의 집합은 무한대)이며 출력은 고정길이로 상대적으로 작은 집합이므로 충돌이 발생할 것이다.

블록체인에서 사용되는 암호학적으로 안전한 해시 함수는 앞의 세 가지 특성을 모두 가지며, 이후에 필요한 부분에서 왜 이런 특성을 가져야 하는지 자세히 설명한다.

해시 함수의 출력은 균일하게 분포한다는 점이다. 수학적으로는 uniform distribution이라고 한다. uniform distribution은 난수(random)를 만들 때 중요한 특징이며 암호학적으로 안전한 해시 함수는 이런 특성을 가진다. 따라서 많은 난수 구현에서 해시 함수가 이용되고 있다. 해시 함수 출력의 난수 특성은 채굴에서 매우 중요한 역할을 한다. 채굴을 설명하는 부분에서 다시 자세히 설명한다.

2) 전자서명

이제 전자서명에 대해서 살펴보자. 문서에 서명을 하듯이 메시지에 전자서명을 하는 것이다. 이를 위해서 서명이 위조될 수 없는 것처럼 전자서명의 입력에 다른 사람은 알 수 없는 서명자만의 비밀 값이 있어야 하며 동시에 누구나 서명자의 서명을 확인 할 수 있어야 한다. 이를 위해서 공개키 암호 기술이 사용된다. 공개키 암호에서 키는 개인키와 공개키가 쌍을 이루어져 있으며, 개인키와 공개키는 수학적으로 연관된 값이다. 서명자는 개인키(개인만 아는 키)로 서명하고 전자서명을 공개키(누구나 아는 공개된 키)로 그 사람이 서명했다는 것을 확인할 수 있다. 블록체인에서 전자서명 알고리즘은 주로 ECDSA(Elliptic Curve Digital Signature Algorithm)을 사용한다. 여기에서는 ECDSA를 자세히 설명하지 않지만 다음과 같이 간단히 표기하자.

$$S(Pri, h(M)) = SM$$
$$V(Pub, h(M), SM) = \{참, 거짓\}$$

여기서 전자서명 알고리즘을 S(), 전자서명 검증 알고리즘을 V(), 해시 함수를 h(), 서명할 메시지를 M, 서명 값을 SM, Pri는 개인키(Private Key) 그리고

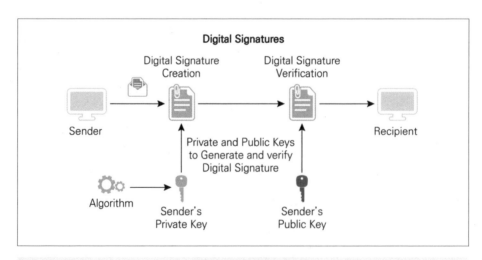

[그림 2-3] 전자서명

Pub은 공개키(Public Key)로 표시하였다. S()와 V()는 고정길이의 입력을 받는다. 이때, 메시지를 직접 전자서명하는 것이 아니라 메시지의 해시값을 서명한다. 이는 전자서명을 하거나 전자서명을 검증할 때 연산되는 속도가 느리기 때문에 (해시값 생성의 1,000배 정도 시간이 더 걸림) 큰 메시지를 여러 조각으로 나누어 전자서명하는 것이 아니라 작은 해시값을 한 번 전자서명하기 위해서이다. 비트코인을 가지고 전자서명을 설명하면, 암호화폐를 사용하기 위해서 암호화폐를 보유한 사용자의 전자서명을 통하여 자신이 해당 암호화폐를 보유하고 있다는 사실과 암호화폐를 사용하고자 한다는 것을 증명해야 한다. 즉, 모든 트랜잭션은 전자서명을 포함하고 있다.

1-2   블록체인의 구조

이제 블록체인의 블록이 어떻게 생겼고 그것이 어떻게 체인으로 묶이는지 살펴보자. 여기서는 비트코인을 중심으로 설명한다. 다음 그림은 전체 블록체인의 구조를 나타내고 있다.

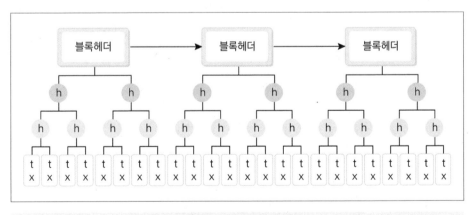

[그림 2-4] 블록체인 구조

블록체인의 자료구조는 블록 본문과 블록 헤더로 나누어진다.

1) 블록 본문

블록 본문은 트랜잭션(송금 등 스마트계약 실행)의 해시값이 머클트리 구조를 이루고 머클트리의 루트가 블록 헤더에 들어간다. 머클트리에서 각 요소를 노드라 하며, 맨 위에 있는 노드를 루트노드(root node)라고 하고 가장 아래에 있는 노드를 잎사귀 노드(leaf node)라 한다. 머클트리는 루트노드에서 2개의 자식 노드가 있고 그 자식 노드에서는 또 2개의 자식 노드가 있으며, 잎사귀 노드까지 반복하는 2진 트리 구조이다. 블록체인에서 잎사귀 노드는 트랜잭션(송금 등 스마트계약의 실행)의 해시값이 차지한다. 트랜잭션 해시값 2개를 묶어(각 트랜잭션 해시의 바이너리 표시를 단순히 연접) 해시 함수의 입력으로 넣고 그 결과가 부모 노드가 되며, 각 부모노드 2개를 묶어 동일한 방식으로 해시값을 구하고, 이를 반복하여 루트노드까지 구한다. 이렇게 하는 이유는 누군가 어떤 트랜잭션이 어떤 블록에 포함되었는지 확인하고자 할 때, 해당 블록의 모든 트랜잭션을 받지 않고 해당 트랜잭션과 머클트리 루트를 계산하기에 필요한 노드들만 보내면 작은 데이터로 해당 트랜잭션이 해당 블록에 포함되었는지 확인이 가능하기 때문이다. 앞서 설명한 해시 함수의 특징 중 빨리 계산이 가능한 특징 때문에 빠르게 검증을 할 수 있다. 또한, 암호학적으로 안전한 해시 함수는 입력이 한 비트만 달라져도 출력의 절반 이상이 변하는 쇄도 효과(avalanche effect)가 있으며, 충돌 저항성이 있어서 검증하고자 하는 트랜잭션과 충돌이 되는 트랜잭션을 찾기는 매우 어렵다. 따라서 검증하고자 하는 트랜잭션과 이를 이용하여 계산한 머클루트가 블록 헤더에 포함되었다면 해당 트랜잭션은 블록에 포함되어 있다고 볼 수 있다. 이제, 비트코인을 기준으로 블록 헤더를 살펴보자. 블록 헤더는 [그림 2-5]와 같이 구성되어 있다.

[그림 2-5] 비트코인 블록 헤더

2) 블록 헤더

버전은 일반적으로 특정 기능의 집합을 나타내는 값이다. 각 블록체인 소프트웨어도 버전이 있어서 상위 버전일수록 많은 기능을 제공한다. 하지만 대부분 동일한 상위 버전을 지원한다.

이전 블록 헤더 해시값이 블록체인의 체인 연결이다. 이전 블록의 어떤 한 값이라도 바뀌면 앞서 설명한 쇄도 효과 때문에 절반 이상의 값이 바뀌며, 충돌을 찾는 것은 매우 어려운 문제이므로 이전 블록 헤더 해시값으로 이전 블록이 바뀌지 않았음 확인 가능하다. 만약 누군가 앞 블록의 어떤 값을 바꾸면 연쇄적으로 다음 블록에 있는 이전 블록 헤더 해시값을 바꾸어야 한다. 그러면 이전 블록 헤더 해시값이 바뀌었으므로, 즉 블록 헤더가 바뀌었으므로 또 그 다음 블록 헤더에 있는 이전 블록 헤더 해시값을 바꾸어야 하며, 이런 반복작업을 계속하여 마지막 블록까지 진행해야 한다. 해당 블록체인 네트워크의 해시 파워[1] 중 51% 이상을 차지하고 있는 공격자라면 49%의 정직한 참여자가 만드는 블록의 체인을 만드는 속도보다 빠르므로 언젠가는 공격자가 만드는 블록의 체인이 앞서가게 되고 그것이 정당한 블록으로 인정받게 될 것이다. 이것이 51% 공격이다. 하지만 그만큼 노력을 들이는 것보다 정상적으로 채굴을 하는 것이 더 경제적으로 이득이 되는 구조로 블록체인의 안전성이 유지된다.

여기서 가장 앞에 있는 블록은 그 이전 블록이 없을 것이다. 이 특별한 블록을 제네시스 블록(Genesis Block)이라고 한다. 모든 블록체인에서 블록은 제네시스 블록부터 시작한다. 머클루트는 블록 본문을 설명하면서 설명한 머클트리의 루트 노드 값이다. 이를 통하여 공격자가 트랜잭션을 바꾸면 블록 헤더가 바뀌어 바로 검출이 될 수 있는 구조를 가지고 있다. 타임스탬프는 유닉스 형식으로 표현된 값이다. 유닉스 형식 타임스탬프는 1970년 1월 1일 0시를 기준으로 이후 시간을 초단위로 표현한 값이다. 블록이 생성된 시간을 표시한다. 이 타임스탬프는 또한 채굴 난이도를 조절하기 위해서 사용된다.

비트값과 논스(Nonce: Number used only ONCE의 줄임말) 값은 작업 증명(proof of work)[2]과 관련된 값이다. 작업 증명을 통하여 전체 네트워크 수준에서 비트코인 보안이 유지된다. 작업 증명으로 목표값보다 작은 블록 헤더의 해시값을 찾은 채굴자는 자신이 만든 블록을 블록체인에 넣을 수 있는 권리와 함께 경제적 인센티브를 얻게 된다. 경제적 인센티브로 채굴량에 따른 코인과 해당 블록에 포함된 트랜잭션의 수수료 총합을 받게 된다. 이렇게 채굴이라고 하는 것은 새롭게 코인이 발행된다는 의미를 포함하고 있다. 즉, 금광에서 새로운 금을 채굴하듯이 새로운 코인을 발행하는 것이다. 또한, 금을 채굴하듯이 매우 힘든 작업을 해야 하는 과정이다. 해당 블록을 채굴한 채굴자는 자신의 주소로 채굴량에 해당하는 코인을 전송하는 트랜잭션을 해당 블록의 첫 번째 트랜잭션으로 삽입하게 된다. 이러한 트랜잭션을 코인베이스 트랜잭션이라고 하며, 모든 블록의 첫 번째 트랜잭션은 코인베이스 트랜잭션이다. 비트 값은 지수(exponent)와 계수(Coefficient)로 이루어진 숫자이며, 마지막 바이트가 지수이고 앞의 바이트는 계수이다. 지수와 계수로부터 목표값을 계산하는 공식은 다음과 같다.

$$목표값 \ = \ 계수 \ \times \ 256^{(지수-3)}$$

채굴이라고 하는 것은 목표값보다 작은 블록 헤더의 해시값을 찾는 것을 의미한다. 보통 목표값은 0x000000000075cd3000000⋯처럼 앞의 바이트가 0을 많이 가진 값이 된다. 이 보다 작은 블록 헤더의 해시값을 찾는 것은 매우 힘든 작업이다. 여기서 0x는 뒤에 따라오는 수가 16진수로 표시되었다는 것을 뜻한다. 앞서 설명한 해시 함수의 출력은 uniform distribution, 즉 난수성이 중요한 특징이 된다. 다시 말해, 해시 함수의 결과 값이 첫 비트부터 끝 비트까지 0 또는 1이 나올 확률이 동일하다. 따라서 첫 비트가 0일 확률은 0.5, 첫 두 비트가 00일 확률은 0.25이다. 처음 32비트가 0일 확률은 0.000000000232831로 매우 작아진다. 따라서 목표값보다 작은 블록 헤더 해시값을 찾는 것은 매우 어려운 일이다. 여기서 블록 헤더의 해시값이 목표값보다 작게 되는 블록 헤더를 찾기 위해서 논스 값을 바꾸어 가면서 찾는다. 여기서 일방향성이 중요한 특성을 가지게 된다. 즉, 해시값을 가지고 역으로 입력을 쉽게 찾을 수 있다면 굳이 논스 값을 바꾸어가면서 열심히 입력을 찾을 필요가 없을 것이다. 하지만 일방향성 때문에 해시값을 가지고 입력을 구할 수 없으므로 일일이 논스를 바꾸어 가며 (입력을 바꾸어 가며) 목표값보다 작은 블록 헤더 해시값을 찾아야 한다. 이것이 채굴이다.

서로 다른 목표값을 비교할 수 있도록 난이도(difficulty)라는 개념이 등장했다. 목표값이 작다는 것은 채굴 난이도가 올라간다는 뜻으로 서로 반비례하도록 정의하면 될 것이다. 비트코인에서는 많은 채굴자들이 약 10분 정도 채굴을 해야 목표값보다 작은 블록 헤더 해시값을 찾을 수 있도록 설정하게 된다. 비트코인에서 2016개로 구성된 블록의 각 그룹을 난이도 조정기간(difficulty adjustment period)라고 한다. 비트코인에서는 다음의 공식으로 새로운 목표값을 설정한다.

- time_difference = (난이도 조정기간의 마지막 블록 타임스탬프) − (난이도 조정기간의 첫 번째 블록 타임스탬프)

- 새로운 목표값 = 전 목표값 × $\dfrac{\text{time\_difference}}{(2주간의 \ 초 \ 단위 \ 시간)}$

각 블록의 평균 생성시간이 10분인 경우 2016개 블록의 생성에는 20,160분 필요하다. 하루는 1,440분이므로 2016개 블록은 20,160/1,440＝14일＝2주가 걸린다. 즉, 난이도 조정기간에 정확히 10분씩 블록이 생성되었다면 새로운 목표값은 이전 목표값과 같아지고, 만약 빨리 채굴되었다면 전 목표값보다 작은 새로운 목표값이 될 것이다. 이런식으로 난이도를 조절한다.

　　모든 트랜잭션 중 코인베이스 트랜잭션만이 새로운 코인을 발행할 수 있다. 이렇게 채굴에 성공한 채굴자가 블록의 코인베이스 트랜잭션을 만들어 넣고, 그 코인베이스 트랜잭션으로 발행되는 코인수(채굴량)는 비트코인 21만개의 블록이 생성될 때마다 채굴보상 코인수가 절반으로 줄어 들어 종국에는 0으로 수렴되도록 설계되어 있다. 즉, 최초에 50BTC(비트코인)이였으며, 25BTC, 12.5BTC, 6.25BTC 순으로 절반씩 줄어들어 종국에는 0이 된다. 평균 10분에 한 블록이 생기면 21만개 블록은 대략 4년이 걸리며, 이를 채굴반감기라고 한다.

　　비트코인의 경우 최종 발행되는 비트코인의 수는 2,100만개로 설계되었으며, 2,100만개까지 비트코인을 발행하고 더 이상은 비트코인이 발행되지 않는다. 이 때문에 기존의 중앙은행에서 하듯이 마구잡이로 화폐를 찍어 낼 수 없어 인플레이션이 발생하지 않는 코인이며, 역으로 지금처럼 중앙은행이 법정화폐를 많이 발행할수록 발행 코인수가 결정된 비트코인은 그 가치가 증가하게 되고 디플레이션되는 화폐이다. 디플레이션 화폐는 결국 법정화폐 대비 가격이 상승할 것이므로 비트코인 옹호자들은 비트코인이 금과 법정화폐를 대체하는 디지털화폐가 될 것이라고 주장한다. 필자의 개인적 의견은 비트코인은 채굴되는 데까지 걸리는 시간인 10분, 초당 3~7건의 처리 등 현실적인 제약이 많아서 화폐로써의 지위보다는 금과 같이 가치 저장 수단으로써의 지위가 더 강하다고 생각하여 디지털 자산 정도의 지위를 가진다고 본다.

　　이제 마지막으로 트랜잭션을 살펴보자. 트랜잭션은 [그림 2-6]과 같이 네 가지 요소로 구성된다. 버전은 트랜잭션이 어떤 기능을 사용할 수 있는지 규정한다. 입력은 사용할 비트코인을 나타낸다. 이를 위해서 입력의 개수를 표시하는 필드가 먼저 나온다. 여러 개의 트랜잭션의 출력을 모아서 사용할 수 있기 때문이다. 각각의 입력에는 다음 4가지 하부 필드가 있다. 이전 트랜잭션 해시값, 이전 트랜잭션 출력 번호, 해제 스크립트, 시퀀스이다. 사용하고자 하는 트랜잭션의 해시값, 즉 트랜잭션의 ID를 특정하고 해당 트랜잭션의 출력 중 어떤 출력을 사용할지 표시하는 이전 트랜잭션 출력 번호가 나온다. 이 출력을 사용할 수 있는 정당한 사용자라는 것을 표현하기 위한 해제 스크립트(ScriptSig)가 나온다. 즉, 출력의 주소 또는 공개키에 해당하는 개인키를 가진 정당한 사용자

인지를 표시하기 위해 개인키로 전자서명을 한 전자서명 값이 들어가게 된다. 그리고 시퀀스 번호가 있다.

[그림 2-6] 트랜잭션 구성

　여기서 스크립트(Script)를 자세히 설명하면 비트코인의 스마트계약 언어인 Script를 말한다. Script는 튜닝 완전한 언어(Turing Complete Language)가 아니다. 튜닝이 완전하지 않다는 것을 쉽게 말하면 프로그램 언어에서 사용하는 반복문이 없다는 것이다. 반복문은 어떤 조건이 참인 동안 반복을 하는 것인데, 조건이 항상 참이어서 무한히 반복문을 실행할 수도 있다. 만약 공격자가 스마트계약에서 무한히 반복문을 실행하도록 프로그래밍하면 블록체인에 참여한 모든 노드3)가 해당 스마트계약을 무한히 돌리는, 즉 무한루프 상태에 빠진다. 이를 보안용어로는 DoS(Denial of Service)라고 한다. 즉, 해당 스마트계약을 실행하기 위해서 다른 모든 서비스를 제공하지 못하게 된다. 이를 방지하기 위해서 비트코인은 튜닝 불완전한 Script 언어를 개발하여 사용한다.

　비트코인 이후에 나온 이더리움과 같은 블록체인은 튜닝 완전 언어를 사용한다. 즉, 이더리움은 반복문을 실행할 수 있다는 것이다. 그럼 어떻게 무한루프를 방지할 것인가? 이더리움은 스마트계약의 각 명령을 실행할 때 Gas라고 하는 비용을 지불하게 하여 무한루프를 방지한다. 즉, 스마트계약을 실행하기 위해서 사용자는 Gas의 총량을 정하게 되는데, 이 Gas 총량을 넘어가는 순간 스마트계약의 실행은 종료하게 된다. 따라서 무한의 Gas가 없는 상황에서는 무한루프를 돌릴 수 없게 되어 이더리움은 Solidity 같은 튜닝 완전 언어를 사용하면서도 안전하게 돌아가는 블록체인이다. 이더리움은 튜닝 완전 언어를 사용하므로써 더 다양하고 창의적인 스마트계약을 작성할 수 있게 되었다.

출력에는 비트코인을 지불할 대상을 지정하게 되는데, 각 트랜잭션은 하나 이상의 출력이 있을 수 있다. 보통 A가 B에게 0.1BTC를 지불하기 위해서 0.5BTC의 입력을 사용하면 0.4BTC의 잔액을 자신의 주소로 보내야 한다. 따라서 일반적으로 2개 이상의 출력이 있을 수 있다. 물론 여러 개의 입력(자신이 사용할 수 있는 코인)을 모아서 하나의 출력(자신 하나의 주소)으로 코인을 모아서 정리할 수도 있을 것이다. 따라서 하나의 출력을 가질 수도 있다. 출력의 하부 필드는 비트코인 금액과 잠금스크립트가 들어간다. 금액은 비트코인의 양이고 이를 사토시 단위로 표현한다. 1사토시는 1억분의 1비트코인이다. 잠금스크립트(ScriptPubKey)는 해제스크립트(ScriptSig)처럼 비트코인의 스마트계약 언어인 Script로 쓰여진다. 여기에는 출력의 주소나 공개키 등이 들어가게 된다. 따라서 해당 출력은 해당 주소나 공개키와 대응되는 개인키를 가지고 서명한 경우만 사용할 수 있게 된다.

1-3   블록체인이 제공해 주는 보안 서비스

블록체인이 각광받고 있는 이유는 기존 기술이 제공해 주지 못했던 여러 가지 좋은 특성을 가지고 있기 때문이다. 보안의 관점에서 보면 보안 서비스는 CIA로 정의할 수 있다. C는 기밀성(Confidentiality), I는 무결성(Integrity), A는 가용성(Availability)를 뜻한다.

공개 블록체인 (Public Blockchain)은 누구나 블록체인 원장을 볼 수 있다. 또한, 누구나 트랜잭션과 블록이 맞는지 검증하기 위해서 내용을 투명하게 볼 수 있어야 한다. 즉, 블록체인은 일반적으로 투명성(Transparency)을 제공한다. 또 다른 측면에서는 일반적으로 공개 블록체인은 기밀성은 제공하지 않는다고 말할 수 있다. 이는 앞에서 암호 기술(Encryption)을 설명하지 않은 이유이다. 즉, 기밀성이 중요한 정보를 블록체인에 기록한다는 것은 공개 블록체인에서는 일반적이지 않다. 예를 들어, 개인 정보처럼 유출이 걱정되는 기밀성이 중요한 정보를 공개 블록체인에 넣게 되면 상당한 문제가 발생한다. 따라서 일반적으로 기밀성이 중요한 정보는 특별한 기술적 조치가 없다면 블록체인에 기록하지 않는 것이 맞다.

블록체인은 무결성을 당연히 제공하며 블록체인의 생명과도 같은 특징이다. 1-1절에서 설명한 전자서명과 해시 함수가 이를 제공해 준다. 모든 트랜잭션에는 서명이 들어가며, 서명은 입력에 대해서 해시하여 그 출력을 전자서명한다. 즉, 서명자 이외는 변경할 수 없다. 또한, 블록의 모든 트랜잭션을 해시하여 머클트리를 구성하고, 모든 블록 헤더는 해시하여 다음 블록 헤더에 포함된다. 따라서 한번 블록에 포함된 트랜잭션은 변경할 수 없다. 결론적으로 한번 블록체인 원장에 기록된 것은 한 비트도 바꿀 수 없다. 이를 통하여 기록의 진실성을 보장하게 된다. 즉, 누구도 바꾸지 않았다는 것을 보장할 수 있게 된다. 따라서 신뢰성(Trust)을 제공하고 불가역성(irreversibility)을 제공하게 된다.

마지막으로 가용성을 살펴보자. 공개 블록체인은 블록체인 노드들이 P2P(Peer-to-Peer)로 연결되어 있으며, P2P 프로토콜을 사용한다. 쉽게 말게 P2P 공유 서비스인 토렌트를 사용한다고 보면 된다. 즉 어느 하나의 노드가 공격받아서 무력화되어도 수많은 노드들이 여전히 안전하게 트랜잭션 및 블록을 검증하고 채굴을 하고 있다.

일반적으로 현재의 웹은 C/S(Client-Server) 구조를 가지고 있다. 예들 들어, 인터넷 검색을 하기 위해서 구글이나 네이버 서버에 접속하여 서버에 검색어를 넣고 서버가 검색 결과를 주는 형식이다. 즉, 하나의 서버에 수많은 클라이언트가 접속해 있는 중앙집중식 형태를 가지고 있다. 따라서 중앙의 서버만 공격하면 인터넷 서비스가 중단된다. 예를 들어, 네이버 서버에 DDoS(Distributed Denial of Service)를 실행하면 모든 사람이 네이버 서비스를 받을 수 없게 된다. 이것은 원래 인터넷이 추구했던 의도와는 매우 다른 형태이다. 인터넷 설계의 원칙은 네트워크를 그물망처럼 모든 노드가 서로 연결된 형태의 망형 네트워크(Mesh Network)로 구성하고, 중앙집중식이 아닌 P2P 형식으로 네트워크를 구성하여 한곳에 폭탄이 터져도 여전히 나머지 부분은 잘 돌아가도록 설계가 되었다. 하지만 이후 인터넷을 이용하는 웹 서비스가 중앙집중식으로 동작하게 되었다.

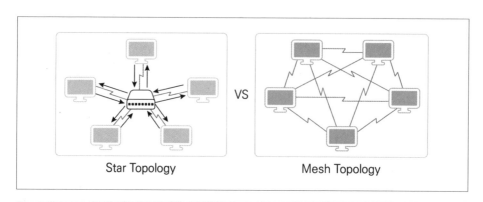

[그림 2-7] 중앙집중형 네트워크 vs 망형 네트워크

　　따라서 블록체인이 나오자, 다시 인터넷이 원래 꿈꾸던 이상이 실현될 것으로 각광을 받게 되었다. 여기서 중요한 점은 중앙의 서버 없이 모든 노드가 동등한 자격으로 자율적으로 네트워크가 동작한다는 것이다. 작업 증명[4]과 함께 블록체인의 P2P 특성을 통해서 신뢰할 수 있는 제3자(Trusted Third Party) 없이도 서로가 동등한 자격으로 신뢰하면서 동작할 수 있다는 점이다. 이 때문에 많은 사람들이 블록체인에 열광하게 되었다. 이러한 특징으로 비즈니스 측면에서는 신뢰할 수 있는 제3자, 즉 중개자 없이 개인 간의 거래가 가능하다는 사실은 매우 중요한 의미를 가진다. 예를 들어, 우버 같은 공유서비스나 페이스북과 같은 SNS에서 중개자는 아무것도 생산하지 않고 중간에서 중개만 하고 많은 이익을 가지게 된다. 이런 중개자가 가져가는 이익을 개인들에게 돌려줄 수 있다는 특징 때문에 많은 사람들이 블록체인에 열광하고 중개자 없는 다양한 블록체인 서비스가 출시되고 있다.

　　블록체인은 P2P 네트워크로 구성되어 있어 어느 한 노드 또는 일부 노드가 중단되어도 블록체인 네트워크는 여전히 잘 동작하므로 가용성을 제공한다고 말할 수 있다. 이런 가용성 측면은 서비스 제공을 위해서 매우 중요한 특징이다. 가용성은 공개 블록체인에서만 제공되는 것은 아니다. 2018년 초에 가상화폐 열풍이 꺼지고 많은 기업들이 가상화폐 기능을 뺀 순수 블록체인으로 무엇을 할 수 있는지 많은 고민을 하게 되었다. 그 결과 많은 기업이 사설 블록체인(Private Blockchain)이나 컨소시엄 블록체인(Consortium Blockchain), 즉 허락된 노드만 참여하는 허가형 블록체인(Permissioned blockchain)을 채용하려는 움직임이 있었다. 이러한 움직임에는 가용성 측면이 상당히 작용했다.

은행에서는 가용성을 보장하기 위해 서버를 이중화 또는 삼중화하고, 장애 대응 계획을 수립하고 장애 대응 훈련들을 하게 된다. 은행은 허가형 블록체인을 사용함으로써 비용을 대폭 줄일 수 있었다. 모든 노드들이 P2P로 연결되고 모든 노드가 동일한 원장을 보유하고 있어 자연스럽게 가용성을 제공하기 때문이다.

공개 블록체인에서 P2P 통신을 통해서 가용성을 보장하는 것은 다른 말로 중앙에 신뢰할 수 있는 중앙서버 없이 동작한다는 것으로 블록체인의 또 다른 특징인 탈중앙화를 지원한다는 말이 된다.

2장 블록체인 유형

블록체인은 기반 기술로 매우 다양한 분야에서 응용될 수 있다. 다양한 분야에 응용된다면 응용 분야에 따라 다른 특성을 가진 블록체인이 필요할 것이다. 크게 공개 블록체인과 사설 블록체인으로 나누어 살펴보자. 또한, 다양한 블록체인 플랫폼에서 사용하는 합의 알고리즘을 살펴보자. 마지막으로 초보자에게 혼돈을 줄 수 있는 코인과 토큰의 개념 차이를 설명한다.

2-1   공개 블록체인과 사설 블록체인

블록체인은 크게 비허가형 블록체인(Permissionless blockchain)과 허가형 블록체인(permissioned blockchain)으로 구분할 수 있다. 비허가형 블록체인은 누구나 블록체인 노드로 참여할 수 있는 공개 블록체인(Public Blockchain)이다. 허가형 블록체인은 허가된 노드만 블록체인 네트워크에 참여할 수 있는 블록체인이다. 허가형 블록체인에는 하나의 회사에서 블록체인을 구축·운영하는 사설 블록체인(Private blockchain)과 관련된 여러 회사만 블록체인에 참여하는 컨소시엄 블록체인(Consortium Blockchain)이 있다. 사설 블록체인은 기업이 중앙서버에서 무결성, 불가역성, 가용성, 신뢰성, 안정성 등 블록체인 특징을 이용하기 위해서 블록체인을 구축하는 경우이다. 컨소시엄 블록체인은, 예를 들어 보험 처리를 위하여 병원, 보험사, 약국 등이 컨소시엄을 이루고 컨소시엄 블록체인의 참여 노드로 들어가서 병원에서 발급한 서류가 블록체인에 기록되면 블록체인 특성상 투명성을 제공해주므로 바로 보험사에서 확인하고 보험금을 처리해주는 것

같이 투명성과 무결성의 이점을 활용하는 것이다.

여기서부터 단순화를 위해 공개 블록체인을 비허가형 블록체인, 사설 블록체인을 허가형 블록체인과 동일한 용도로 사용한다. 공개 블록체인과 사설 블록체인이 블록체인 노드 참여의 허가 여부 이외에 암호화폐(Cryptocurrency)의 필요 여부에도 차이가 있다. 서로 아무 이해관계가 없고 서로를 모르는 노드들로 구성된 공개 블록체인은 블록체인 네트워크를 유지하기 위해 노드들에게 경제적 인센티브를 제공해야 한다. 예를 들어, 채굴로 블록체인 네트워크에 이중 지불 방지, 무결성와 가용성 등을 제공해주면, 채굴자는 그 대가로 채굴된 코인과 해당 블록의 트랜잭션 수수료의 합을 가져간다. 이렇듯, 공개 블록체인은 암호화폐가 없다면 블록체인 네트워크 자체가 유지될 수 없다.

반면, 사설 블록체인은 허가된 이해관계자만 블록체인 네트워크에 참여하고 서로의 신원을 알고 있어서 누가 나쁜 일을 하는지 금방 알 수 있으며, 서로가 비즈니스 관계로 묶여 있기 때문에 굳이 암호화폐가 아니더라도 충분한 경제적인 인센티브가 자동적으로 발생하게 된다. 따라서 사설 블록체인은 암호화폐가 필수적인 요소가 아니다. 물론 IoT 사설 블록체인에서 머신 경제를 위해서 자체 암호화폐를 가지고 있을 수 있다. 예를 들어, 세탁기에 세제가 떨어질 때가 되면 세탁기가 자동으로 주문을 하고 암호화폐를 지불하는 경우를 들 수 있다. 이때, 세탁기 제조사의 블록체인은 컨소시움 블록체인일 수 있다.

합의 알고리즘 중 작업 증명(PoW: Proof-of-Work), 지분 증명(PoS: Proof-of-Stake), 위임 지분 증명(DPoS: Delegated Proof-of-Stake) 등은 공개 블록체인에서 사용하고 프랙티컬 비잔틴 장애허용(PBFT: Practical Byzantine Faut Tolerance) 등은 사설 블록체인에 사용된다. PoW, PoS 및 DPoS는 새로운 코인을 발급하지만 PBFT 등은 새로운 코인을 발급하지 않는다. 따라서 엄밀히 말하면 공개 블록체인은 채굴이라는 개념이 존재하지만 사설 블록체인은 채굴이라는 개념이 존재하지 않는다. 즉, 사설 블록체인은 채굴을 해서 새로운 코인을 발급해야 할 동인이 없다. 예를 들어, 은행이 중앙 계정계 시스템5)의 장애 대응에 발생하는 비용을 낮추기 위해서 계정계를 블록체인 시스템으로 구축한 경우처럼 새로운 코인을 발급해서 사용할 곳도 없고 발급할 필요도 없는 경우이다.

◆ 〈표 2-1〉 블록체인의 분류

요소	공개 블록체인	사설 블록체인	컨소시엄 블록체인
관리주체	모든 거래 참여자 (탈중앙화)	중앙기관이 모든 권한 보유	컨소시엄에 소속된 참여자
거버넌스	한번 정해지면 변경이 어려움	중앙기관의 의사결정에 따라 유연하게 변경 가능	컨소시엄 참여자들의 합의에 따라 유연하게 변경 가능
거래 속도	일반적으로 네트워크 확장이 어렵고 거래 속도가 느림	네트워크 확장이 쉽고 거래 속도가 빠름	네트워크 확장이 쉽고 거래 속도가 빠름
데이터 접근	네트워크 참여자 누구나 가능	허가 받은 사용자만 가능	허가 받은 사용자만 가능
식별성	익명성	식별가능	식별가능
주요 합의 알고리즘	PoW(Proof of Work), PoS(Proof of Stake), DPoS(Delegated Proof of Stake)	SOLO, Kafka, BFT 계열의 합의 알고리즘	BFT 계열의 합의 알고리즘
예시	비트코인, 이더리움, 이오스	하이퍼레저 패브릭, 쿼럼(Quorum)	R3CEV, CASPER

출처: 조문옥(2020)

이제 거버넌스에 대해 알아보자. 공개 블록체인은 한번 정해진 정책을 바꾸기 위해서는 많은 참여 노드의 동의가 필수적이다. 많은 수가 동의하지 않으면 네트워크는 분열이 발생하고 심한 경우 하드포크가 발생한다. 하드포크는 분산원장이 분리되는 소프트웨어 업그레이드를 말한다. 비트코인의 경우 하나의 블록이 만들어지는데 10분 소요되고, 3~7TPS(Transaction Per Second)로 트랜잭션 처리 속도가 느리며, 블록 크기는 1MB 용량으로 한 블록에 많은 트랜잭션이 담기지 못한다. 이러다 보니 채굴자의 입장에서는 빠르게 블록이 만들어지고 블록 하나에 트랜잭션이 많이 담기면 그만큼 이득이다. 이러다 보니, 중국의 비트코인 채굴자들이 블록크기를 8MB로 증가시키고 2분 30초만에 블록이 만들어지는 안을 내놓았다. 하지만 정통 비트코인 참여자들이 반대하고 나서게 되었고 결국 참여자들이 분열하여 원래 비트코인과 비트코인 캐시로 분열되게 되었다. 이 사례를 통해 공개 블록체인의 정책은 한번 정해지면 얼마나 변경이 어려운지를 잘 나타낸다.

사설 블록체인과 컨소시엄 블록체인은 소수의 참여자만 합의하면 얼마든지 정책을 변경할 수 있는 유연성을 가지고 있다. 공개 블록체인은 거래 속도를 보면 서로 모르는 네트워크 참여자들을 서로를 속이지 않고 정직하게 동작시키기 위한 경제적 인센티브로 채굴이 존재한다. 이러다 보니 비트코인은 평균 10분, 이더리움은 평균 15초, 이오스는 0.5초 마다 새로운 블록이 생성된다. 또한, 해당 블록이 비슷한 시간에 생성된 다른 블록과의 경쟁에 이겨서 가장 긴 블록체인을 생성하는 것을 확정(finality)이라고 한다. 보통 6블록 정도 더 블록이 연결되면 확정되었다고 본다. 따라서 하나의 거래가 완결되기까지 비트코인은 1시간, 이더리움은 1분 30초 정도 걸린다. 하지만 사설 블록체인과 컨소시엄 블록체인의 트랜잭션이 블록에 포함되는 시간을 많이 단축시킬 수 있다. 예를 들어, 1초 내외로 처리가 가능하다. 이오스는 DPoS라는 합의 알고리즘으로 속도를 높였다. 합의 알고리즘은 다음 절에서 상세히 설명한다.

공개 블록체인은 익명성을 원칙으로 하며, 자신의 계정이 추적되는 것을 방지하기 위해서 하나의 트랜잭션마다 하나의 주소를 만들어서 사용할 것을 권장한다. 하지만 사설 블록체인은 신원이 확인된 노드만 참여자로 승인되고 접근가능하게 된다. 따라서 공개 블록체인은 식별성이 낮고, 사설 블록체인은 식별성이 높다고 할 수 있다. 합의 알고리즘은 다음 절에서 상세히 설명한다.

비트코인은 최초의 블록체인 기반 암호화폐 네트워크이다. 비트코인의 스마트계약은 튜닝 불완전하여 다양한 서비스를 위한 스마트계약에 제약이 있었다. 이를 해결하기 위해서 나온 것이 이더리움으로 튜닝 완전 스마트계약 프로그램을 지원한다. 이로써 다양한 DApp(Distributed Application) 서비스가 등장하게 되었다. 하지만 아직까지는 PoW를 지원하며 2021년이 되어야 완전히 PoS을 지원할 것으로 보이며 채굴하는데 걸리는 시간이 오래 걸린다. 이오스는 DPoS로 채굴 속도를 0.5초로 매우 빠른 처리 속도를 가지도록 만들어졌다.

리눅스 재단에서 만든 하이퍼레저 패브릭(Hyperledger Fabric)은 사설 블록체인의 표준으로 자리 잡아가는 오픈소스 블록체인이다. 하이퍼레저는 하이퍼레저 패브릭, 하이퍼레저 이로하, 하이퍼레저 소투스, 하이퍼레저 인디, 하이퍼제러 버로우의 5개의 하부 블록체인 플랫폼이 있고 하이퍼레저 첼로, 하이퍼레저 컴포저, 하이퍼레저 익스프로러, 하이퍼레저 퀼트, 하이퍼레저 캘리퍼의 5개의 도구로 구성되어 있다. 일반적으로 하이퍼레저라고 하면 하이퍼레저 패브릭을 말하며, 하이퍼레저의 대표적인 사설 블록체인 플랫폼이다.

하이퍼레저 패브릭은 은행, 금융, 보험, 헬스케어, 공급망, 디지털 음악 같은 디지털 컨텐츠 제공 등 매우 다양한 산업적 사용을 위하여 최적화되고 다양한 기능을 제공하고 혁신을 할 수 있도록 모듈화되고 설정 가능한(configurable) 아키텍쳐를 가지고 있다. 하이퍼레저 패브릭은 제한된 특정한 용도를 위한, 예들 들어 이더리움의 solidity 대신 자바, Go, Node.js 등 범용 프로그래밍 언어로 스마트계약을 만들 수 있는 최초의 블록체인 플랫폼이다.

하이퍼레저 패브릭의 또 다른 중요한 특징은 합의 알고리즘을 갈아 끼울 수 있어 (pluggable consensus protocol) 신뢰모델과 사용 예에 따라서 적합한 합의 알고리즘을 사용할 수 있다는 것이다. 예들 들어, 하나의 회사 내에서 서로 신뢰할 수 있는 관리자가 관리하는 경우, 속도가 떨어지는 BFT(Byzantine Fault Tolerant) 계열의 합의 알고리즘을 사용하지 않고 CTF(Crash Fault Tolerant)인 kafka를 사용하는 것이 합리적일 것이다. 하지만 여러 회사가 노드로 참여하는 경우 BFT 계열의 합의 알고리즘이 더 적합할 것이다. 즉, 하이퍼레저 패브릭은 합의 알고리즘을 상황에 맞게 갈아 끼울 수 있는 장점이 있다.

쿼럼(Quorum)은 JP모건에서 이더리움을 개조하여 만든 허가형 분산 블록체인이라고 할 수 있다. 쿼럼은 허가형 DApp을 만드는 데 특화된 블록체인이다. 따라서 이더리움에서 사용하는 스마트계약 언어를 동일하게 사용하며, 동일하게 이더라 부르는 암호화폐가 존재한다. 다만, 이더리움은 스마트계약을 배포하거나 실행하기 위해서는 채굴자에게 이더를 지불해야 하는 반면, 쿼럼에서는 이더가 경제적 가치가 없는 것은 물론이고 제네시스 블록에서 정한 이더량을 발행하고 나면 추가적으로 이더를 발행할 수 없다. 이더리움과 쿼럼 모두 사용자 계정과 스마트계약에 이더가 포함되는 것은 같으나 쿼럼에서 이더는 네트워크상에서 스마트계약을 실행하기 위해 필요한 요소이지만, 스마트계약을 실행하거나 배포할 때 이더가 감소하지 않는다. 즉, 쿼럼에서는 이더를 스마트계약의 신뢰

방법으로 사용하며, 거래 상대방의 진심이 의심될 때는 이더의 흐름을 추적함으로써 해당 스마트계약의 진정한 당사자인지를 (신뢰할 수 있는 네트워크상의 회원인지 여부를) 확인할 수 있다.

2-2   합의 알고리즘

1) 블록체인의 안정성을 담보하는 합의 알고리즘

비트코인의 주요 혁신은 이중 지불 문제(double spending problem)를 해결한 것이다. 이것은 비트코인 논문의 표현을 빌면 '분산된 P2P의 타임스탬프 서버를 이용하여 트랜잭션의 시간적 순서의 전산적 증명을 생성하는 것으로, 이중 지불 문제를 해결하는 시스템'을 의미한다. 여기서 트랜잭션의 시간적 순서의 전산적 증명을 설명하면, 우선 시간 순서로 기록되는 시스템으로 이해할 수 있다. 이것이 안전하게 되기 위해서는 다음의 세 가지 조건이 충족되어야 한다.

① 정당한 트랜잭션 생성자가 만든 트랜잭션만 기록한다.
② 한 번 기록된 트랜잭션은 변경되지 않는다.
③ 기록된 트랜잭션을 참조자가 참조할 수 있다.

여기서 참여자는 트랜잭션 생성자, 트랜잭션 관리자, 그리고 트랜잭션 참조자이다. 블록체인에서 대부분 모든 노드가 평등하기 때문에 하나의 노드가 트랜잭션 생성자, 트랜잭션 관리자, 그리고 트랜잭션 참조자가 될 수 있다. 트랜잭션 관리자를 완전히 신뢰한다면 위의 세 가지는 일반적인 데이터베이스에서도 실현이 가능하다. 하지만 트랜잭션 관리자를 신뢰할 수 없는 경우 어떻게 해야 하는 것인가?

여기에 바로 블록체인의 존재 의의가 있다. 블록체인을 사용하면 신뢰할 수 있는 트랜잭션 관리자 없이도 이런 조건을 충족시킬 수 있다. 이때, 사용하는 기술이 전자서명과 해시 체인이다. 전자서명은 정당한 사용자가 생성한 트랜잭션이라는 것을 증명해 준다. 하지만 전자서명은 여러 사용자가 동시에 트랜잭션을 만드는 시스템에서 순서를 보장하지는 못한다. 이를 해결해서 순서를 확실히 정리하는 것으로 해시 체인이 있다. 블록 헤더는 앞의 블록 헤더 해시값을 넣고 있다. 이렇게 블록이 체인 형태로 연결되는 것이 해시 체인이다.

여기에 또 다른 문제가 있다. 트랜잭션 관리자가 '트랜잭션 등록요청을 무시하고 등록'하지 않는 경우이다. 이런 행위를 방지하기 위해서 블록체인에서 복수의 관리자를 두고 트랜잭션 관리자가 P2P 네트워크를 통해 서로의 컴퓨터에 접속하는 구성을 생각할 수 있다. 트랜잭션 등록을 원하는 생성자는 복수의 트랜잭션 관리자 가운데 어느 관리자에게 등록 의뢰를 하여도 상관없다. 트랜잭션 관리자들은 서로 간에 등록 의뢰 트랜잭션을 주고 받기 때문이다.

복수의 트랜잭션 관리자가 존재하는 경우 트랜잭션 관리자 간의 합의를 통해 어떤 트랜잭션을 어떤 순서로 기록할지 결정해야 한다. 이를 위해 합의 알고리즘이 필요하다.

합의 알고리즘은 1980년대부터 비잔틴 장애 허용(Byzantine Fault Tolerance: BFT) 방식을 연구해 왔다. BFT는 트랜잭션 관리자의 역할을 하는 시스템 중 몇몇에서 고장이 나거나 부정행위가 일어나도 나머지 데이터 관리자가 합의할 수 있는 시스템을 제공한다. 단, BFT는 누가 트랜잭션 관리자인지 전원이 알고 있는 시스템에만 적용할 수 있다. 누가 트랜잭션 관리자인지 상황을 전부 파악하기 어려운 시스템에서 어떤 트랜잭션을 어떤 순서로 등록할지 트랜잭션 관리자 간에 합의할 수 있는 합의 알고리즘을 만든 것이 비트코인의 주요 혁신 중의 하나이다.

비트코인에서는 블록체인에서 합의 알고리즘으로 '작업 증명(Proof of Work)' 방식을 채택했다. 구체적으로 말하자면 채굴을 가장 빨리한 트랜잭션 관리자가 어떤 트랜잭션을 등록할지 결정하는 '가장 빠른 자 승리의 규칙'이라 할 수 있다. 채굴에 성공한 트랜잭션 관리자는 채굴의 답을 포함하는 블록 헤더와 블록을 다른 트랜잭션 관리자에게 P2P 네트워크로 송신하고, 다른 트랜잭션 관리자는 그 블록을 검증 후 (매우 빠르게 검증 가능) 새로운 블록으로 간주한다.

2) 합의 알고리즘 종류

작업 증명은 목표값보다 작게 되는 블록 헤더의 해시값을 구하는 작업이다. 이를 위해서 엄청난 컴퓨팅 파워와 전력이 필요하다. 또한, 목표값(또는 난이도)에 따라서 작업 증명을 만드는 데는 시간이 걸리며, 서로 다른 노드가 서로 다른 블록를 생성하게 되어 블록 간에 경쟁도 발생하여, 최종 블록이 되기 위해서는 추가적인 시간, 주로 6개의 추가 블록 생성이 필요하다. 비트코인과 현재의 이더리움이 채택하고 있다.

작업 증명의 비효율성을 해소하기 위해서 지분 증명이 나왔다. 지분 증명은 블록체인 네트워크에서 해당 블록체인의 암호화폐를 보유한 지분의 비율에 따라서 블록 생성에 참여할 기회가 확률적으로 결정되는 합의 알고리즘이다. 즉, 암호화폐를 많이 가진 노드가 블록 생성 노드로 선택될 확률이 높아지는, 암호화폐 보유량에 비례하여 선택될 확률이 높아지는 합의 알고리즘이다. 지분 증명은 해당 블록체인의 암호화폐를 많이 보유한 사람은 자신이 보유한 코인의 가치를 떨어트릴 수 있는, 즉 블록체인 네트워크에 손해가 되는 일을 하지 않을 것이라는 전제를 두고 있다. PoS는 모든 노드의 승인을 거치지 않아도 되니 작업증명 방식보다 거래 처리 속도 또한 빠르다. 하지만 블록체인의 기본 이념인 누구나 평등하다에서 빈익빈 부익부를 초래한다는 비판이 있다. 미래의 이더리움이 이를 채택할 것이다.

위임 지분 증명(DPoS: Delegated Proof of Stack)은 암호화폐 소유자들이 각자의 지분율에 비례하여 투표권을 행사하여 자신의 대표자를 선정하고, 이 대표자끼리 합의하는 방식이다. 즉, 노드들이 암호화폐 보유량에 따라 투표권을 행사해 의사결정 권한을 수행할 일종의 대리인을 선출하는 방식이다. 이는 대의 민주주의와 비슷하여 '토큰 민주주의'라는 별칭이 있기도 하다. 위임 지분 증명 방식은 소수의 대표 노드들만 합의하면 블록이 만들어지므로 처리 속도가 빨라진다. 이오스, 스팀, 리스크, 보스코인 등이 위임 지분 방식을 사용하고 이오스의 경우 합의하는 데 0.5초면 된다.

사설 블록체인에서 블록을 생성하기 위한 방식으로 Kafka와 PBFT(Practical Byzantine Fault Tolerance) 등이 있다.

Kafka는 메시지 순서만 정리하는, 실질적으로 합의 알고리즘이라고 할 수 없다. Kafka는 LinkedIn에서 개발한 분산 메시징 시스템으로, BFT(Byzantine Fault Tolerance)가 아닌 CFT(Crash Fault Tolerance)이다. 즉, 트랜잭션의 순서만 정확히 쌓이도록 해주는 것이다. 하이퍼레저 패브릭에서 이를 지원해 준다.

PBFT는 전체 노드의 개수가 n개라고 했을 때, 다음의 수식에서 표현되는 수의 악의적 노드를 허용한다. 예를 들어, 전체 노드가 7이면 악의적 노드는 2개까지 허용하는 시스템이다. 즉, 5개의 노드가 합의해야 한다. 이를 채택한 블록체인 시스템으로 네오, 질리카, R3 등이 있다.

- n=3×악의적 노드+1

2-3 코인과 토큰

2017년 말 암호화폐 열풍에 블록체인이라는 말이 엄청나게 회자되었다. 이때 독자적인 블록체인 네트워크를 가진 것과, 그렇지 않고 스마트 컨트랙트를 이용하여 기존 블록체인 네트워크에 올라가는 서비스, 둘 다에 블록체인이라는 용어가 혼용되어 사용되었다. 독자적인 블록체인 네트워크의 블록체인과 블록체인의 서비스의 블록체인은 구별되어 사용되어져야 한다.

독자적인 블록체인 네트워크를 메인넷이라고 하고, 메인넷에서 통용되는 암호화폐를 코인이라고 한다. 독자적인 메인넷 없이 블록체인의 스마트컨트랙트로 만들어진 서비스를 위해 통용되는 암호화폐를 토큰이라고 한다. 이더리움을 예로 들면 이더리움이라는 메인넷에 수수료와 Gas를 위해서 이더라는 코인이 존재하고 이더리움 위에서 동작하는 다양한 서비스를 위한 ERC−20 Token을 이용하여 발행한 토큰이 있다.

2017년 말 암호화폐 광풍에 코인과 토큰 구별 없이 무분별하게 투자되었던 것이 현실이며, 이를 지나면서 코인과 토큰 중 가치가 있는 것과 없는 것이 옥석 가리기를 하고 있는 중이다.

3장 디지털 졸업장 블록체인 시스템

블록체인은 앞서 설명한데로 CIA에서 IA는 제공하지만 C를 제공하지 않는다. 특히 개인 정보가 저장될 때는 블록체인, 특히 공개 블록체인에 저장될 때는 블록체인 특성상 투명성 때문에 개인 정보가 유출되는 것은 기정사실이 된다. 따라서 분산원장에는 개인 정보가 들어가서는 안 된다는 원론적인 측면과 이를 극복하기 위한 다양한 기술적 측면을 이 장과 다음 장에서 살펴볼 것이다. 여기서 소개하는 디지털 졸업장 블록체인 시스템은 2018년도 8월 정보보호학회 논문지에 실린 'HyperCerts: 개인 정보를 고려한 OTP 기반 디지털 졸업장 블록체인 시스템'을 중심으로 설명한다.

3-1   디지털 졸업장 블록체인 시스템

블록체인 기반의 디지털 졸업장 시스템의 필요성은 문서의 위조가 불가능한 블록체인으로 디지털 졸업장의 진본성을 확인할 수 있기 때문이다. 수많은 졸업장 위조 사건이 있었고, 예를 들어 신정아 학력 위조 사건이 있었다. 구글에서 졸업장 위조라고 검색하면 수많은 위조 관련 전자 우편 주소 등을 확인할 수 있다. 구인을 해야 하는 회사의 입장에서 학력 증명서의 진본 확인은 반드시 필요한 절차이다. 하지만 진본 확인 절차는 시간이 걸리고 복잡하다. 따라서 신뢰 기계라고 불리는 블록체인은 한번 기록하면 변조할 수 없는 특성으로 문서 위조의 문제를 해결할 수 있다. 하지만 블록체인은 투명성 때문에 블록체인 네트워크에 참여한 노드는 누구나 분산원장을 볼 수 있다. 따라서 다양한 개인 정보가 저장되는 디지털 졸업장을 보호하기 위한 기술적 조치가 있어야 한다.

이를 위해서 디지털 졸업장 자체를 암호화하여 저장할 수 있을 것이다. 하지만 디지털 졸업장 자체를 블록체인에 저장하면 분산원장의 사이즈가 매우 커서 매우 큰 저장 용량을 요구하게 되고, 그럼 저장 용량이 작은 노드는 블록체인에 참여가 어려워져서 소수의 노드만 참여하게 되고, 즉 탈중앙화와 거래가 멀어지면서 보안상의 문제도 발생하게 된다.

따라서 개인 정보 노출을 방지하고 저장 용량을 고려하여 디지털 졸업장의 해시값을 분산원장에 저장하고 디지털 졸업장 자체는 off−chain storage⁶⁾에 저장한다. 이를 통해서 기밀성을 제공한다. 또한, 디지털 졸업장은 디지털 문서이므로 무한 복제될 수 있으며 디지털 졸업장의 정보 주체가 원치 않는 제3자에게 전달되어 개인 정보가 노출될 수 있다. 이에 디지털 졸업장에 OTP(One−Time Password)를 이용하여 발급된 디지털 졸업장을 1회 또는 정해진 조건(횟수, IP 등)에서만 검증할 수 있도록 해야 할 것이다.

3-2   하이퍼레저 패브릭

해당 연구가 진행되었을 당시 하이퍼레저 패브릭은 버전 1.0이 발표될 시점으로 이를 이용하여 구현하였다. 하이퍼래저 패브릭의 구조는 다음 그림에 나와 있는 것처럼, 크게 멤버쉽서비스(Membership service), 응용서비스(Application), 피어(Peer: Endorser Peer, Committer Peer), 체인코드(Chaincode, 하이퍼레저 패브릭의 스마트계약 프로그램), 오더링 서비스(Ordering Service) 등으로 나눌 수 있다.

멤버쉽 서비스는 신원이 확인된 참여자만 참여할 수 있도록 하는 CA(Certificate Authority) 기능을 포함하여 신원이 확인된 참여자에게 X.509 인증서를 발급해 주고 X.509 인증서를 이용하여 신원을 확인한다. 여기서 CA는 쉽게 공인인증서 발급 기관으로 생각하면 되고, X.509는 여러분이 사용하는 공인인증서의 포맷이다.

응용서비스는 다양한 응용이 될 수 있으며, 응용서비스는 하이퍼레저 패브릭 SDK(Software Development Kit)를 통하여 하이퍼레저 네트워크와 통신한다. 여기서 응용서비스는 디지털 졸업장 서비스를 말한다. 응용서비스는 체인코드를 통하여 분산원장에 데이터를 저장하거나 읽어 들인다. 응용서비스가 체인코드를 호출하기 위해서 제안(proposal)을 endorser에게 제출하면 형식에 맞는지 체인코드 동작에 이상이 없는지 확인하고 검증 결과를 보내주면 응용서비스는 트랜잭션을 오더링 서비스에 제출한다. 오더링 서비스는 분산원장에 들어갈 내용을 순서에 맞게 정리하여 커미터(committer)에게 제출한다. 커미터는 제출받은 트랜잭션을 분산원장과 world state DB에 기록한다. 하이퍼레저 패브릭에서는 분산원장뿐 아니라 최종 상태를 world state DB에 저장하도록 하고 있다.

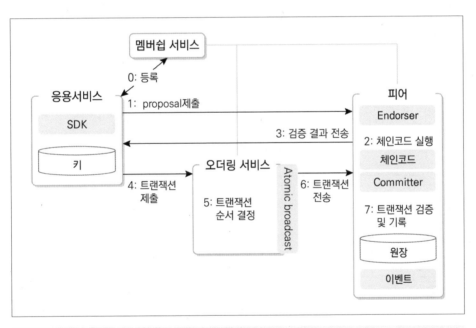

[그림 2-8] 하이퍼레저 패브릭 1.0 구조

3-3   HyperCert 시스템 구성

하이퍼서트(HyperCerts)의 전체 구성은 [그림 2-9]와 같다. 시스템 구성은 크게 하이퍼서트 네트워크(디지털 인증서 등록, 발급, 검증을 하는 하이퍼서트 응용 서버 및 각 학교의 피어 및 오더러), 학교 등록 시스템(University), 디지털 졸업장 수령인(Student), 디지털 졸업장 소비자(Employer)로 구성된다.

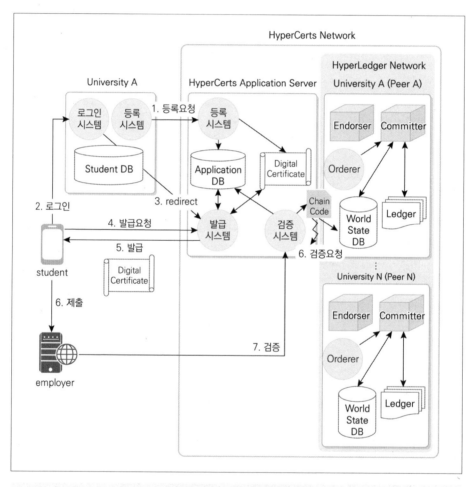

[그림 2-9] 하이퍼서트 구성

하이퍼레저 네트워크는 학교로 구성된다. 각 Peer(학교)들이 World state DB와 분산원장을 관리하고 오더러가 합의(consensus)하여 커미터에게 전송하고 커미터는 최종 상태를 분산원장과 World State DB에 저장하도록 한다. World State DB는 CouchDB를 이용하며 키-밸류(Key-Value) 형식으로 저장한다. CouchDB는 빅데이터에서 사용하는 NoSQL 데이터베이스의 일종이다. 하이퍼서트에서 키 값은 다음과 같다.

- CouchDB_Key := h(학교│학과│학번│이름│생년월일│졸업년도│학위)

여기서 h는 해시 함수이며 해시값은 사용자에 유일하게 결정되는 값이다. 밸류값은 다음과 같다.

- CouchDB_Value := h(Cert.Binary)

Cert.Binary는 PDF 파일과 같이 디지털 졸업장 바이너리 파일이다. 또한 밸류값은 분산원장에 저장되어 변경이 불가능해진다. 하이퍼서트 서비스의 off-chain 데이터베이스는 학생 테이블과 OTP 테이블로 구성된다.

- 학생 테이블 := 기본키(primary_key)│학교│학과│학번│이름│영문이름│생년월일│Email Address│졸업년도│학위│AES-Key│File_path(ENC_CERT)
- OTP 테이블 := OTP│기본키

여기서 File_path는 해당 파일의 경로를 URL 형식으로 출력하는 함수이며 ENC_CERT는 암호화된 디지털 졸업장이다. OTP는 학생이 졸업장을 발급할 때마다 발생되는 난수이다. 학생 테이블과 OTP 테이블의 기본키 값은 동일하다. 또한 하이퍼서트 서버의 파일 시스템에 학생 테이블에 저장된 AES-Key을 이용하여 학생의 암호화된 디지털 졸업장을 AES-256으로 암호화하여 저장한다. AES는 Advanced Encryption Standard의 약자로 현재 가장 많이 사용되는 대칭키 암호시스템이다. 공개키 암호시스템과 달리 대칭키 암호시스템은 암호화 키와 복호화 키가 동일한 암호 시스템이다. 대칭키 암호 시스템의 장점은 공개키 암호 시스템에 비해서 약 1,000배 정도 빠르다는 점이다.

- ENC_CERT := $AES\_256_{AES-Key}$(DEC_CERT)

- DEC_CERT := {"CouchDB_Key":Couch_DB_Key, "Cert":Cert.Binary}

여기서 ENC_CERT가 암호화된 디지털 졸업장이며, DEC_CERT가 암호화되지 않은 평문 디지털 졸업장이다. 학교 시스템은 학생 정보가 들어 있는 데이터베이스와 학생 로그인 시스템을 가지고 있으며, 최초에 학생 데이터베이스에 기초하여 Cert.Binary를 만들어 하이퍼서트의 디지털 졸업장 등록 시스템에 Cert.Binary와 학생 정보(학교|학과|학번|이름|영문이름|생년월일|Email Address|졸업연도|학위)를 등록한다.

학생은 별도의 프로그램 없이 Web 브라우저로 발급 서비스를 통하여 졸업장 발급을 요청을 한다. 발급 서비스에 접근하기 위해서 학교 시스템에서 로그인하고 로그인 성공 결과와 학생 정보를 하이퍼서트 응용 서비스에 전송한다. 학생의 요청에 따라 학생의 학교|학번|이름|생년월일|졸업년도|학위 등을 기반으로 학생 데이블에서 File_path(ENC_CERT)를 확인하여 ENC_CERT를 읽어 들이고 여기에 OTP를 추가하여 학생이 제출할 OTP화된 Cert.hcrt 파일을 다음과 같은 형식으로 만들어 학생에게 제공한다.

- Cert.hcrt := ENC_CERT | OTP

학생은 발급받은 Cert.hcrt 파일을 디지털 졸업장 소비자(employer, 이하 고용주)에게 제출한다. 이렇게 디지털 졸업장이 학생에게 제공되는 이유는 많은 회사가 졸업장 등을 인터넷 상에 파일로 업로드 받기 때문이다. 그렇지 않으면 학생이 디지털 인증서를 우리 시스템에서 복호화하여 프린트하여 제출할 수 있을 것이다. 고용주는 하이퍼서트의 검증 서비스에 접근하여 Cert.hcrt 파일을 제출한다. 검증 서비스는 Cert.hcrt 파일에서 OTP value를 추출하여 OTP 테이블에서 OTP 값을 가지고 기본키를 조회한다. 만약 OTP가 없으면 이미 사용된 파일로써 에러를 발생시킨다. OTP 값이 있으면 획득한 기본키로 학생 테이블에서 AES-Key를 추출한다. 추출된 AES-Key를 가지고 ENC_CERT를 복호화하여 DEC_CERT를 획득한다. DEC_CERT에서 Couch_DB_Key와 Cert.Binary를 획득하여 체인코드에 두 값을 전달한다. 체인코드는 Cert.Binary를 해시하여 world state DB에 저장된 해시값을 비교한다. 만약 같으면 OTP 테이블에서 해당 OTP와 기본키를 삭제하여 두 번 다시 복호화하지 못하도록 한다. 진본이 확인되면 복호화된 디지털 인증서를 고용주에게 보여준다.

여기서는 분산원장에 저장해야 하는 개인 정보 파일을 암호화하여 off-chain 저장소에 저장하고 파일의 해시값을 분산원장에 저장한다. 제공된 파일이 무한대로 복호화되는 것을 막기 위해서 OTP를 사용하였다. 즉, 이 논문에서는 디지털 졸업장 해시값을 분산원장에 저장하고 제출받은 디지털 졸업장의 해시값을 비교하여 진본성을 확인한다. OTP를 이용하여 개인 정보가 들어있는 디지털 졸업장을 한번만 획득할 수 있도록 하였다. 이 논문은 이 방식을 일반화하여 Hash-and-OTP 방식이라고 명명하였다.

hash-and-OTP 방식은 앞서 기술한 것과 같이 디지털 졸업장과 같이 기밀성을 필요로 하는 문서 해시값만 분산원장에 저장한다. 그리고 원본 파일은 암호화하여 off-chain 저장소에 저장한다. 해당 문서를 필요로 하는 사람에게 발급할 때는 OTP를 생성하고 OTP 테이블에 해당 OTP와 필요한 정보(복호화 키 등)를 저장하고 OTP와 암호화된 파일을 합쳐서 발급한다. 발급된 파일의 진본성을 확인할 때 파일을 검증 서비스에 제출하면 OTP를 검색하여 복호화 키를 획득하고 OTP 테이블에 OTP를 삭제하여 여러번 복호화하는 것을 방지한다. 여기서 OTP 테이블에 횟수 필드를 추가하면 해당 횟수만큼 해당 문서를 검증하고 복호화할 수 있을 것이다. 또는 OTP 테이블에 검증 IP 주소 필드나 IP 주소 대역을 넣어서 최초 검증자의 IP 주소나 특정 IP 주소 대역만 반복하여 검증하고 복호화할 수 있도록 할 수 있다. 또는 해당 OTP 테이블에 기간 필드를 넣어 특정 기간만 복호화할 수 있도록 할 수 있다. 또는 횟수와 검증 IP, 특정 기간 등을 복합적으로 사용하여 적절하게 시스템을 구성하고 접근 통제를 할 수 있도록 하였다. Hash-and-OTP 방식은 디지털 졸업장뿐 아니라 기밀성을 필요로 하는 블록체인 응용에서 다양하게 이용할 수 있을 것이다.

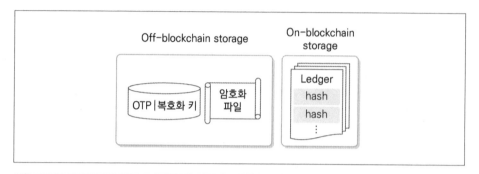

[그림 2-10] Hash-and-OTP Storage Structure

4장 개인 정보 잊혀 질 권리를 위한 완전 수정 · 삭제가 가능한 블록체인

앞서 개인 정보를 특별한 기술적 조치 없이 블록체인에 직접 넣는 것은 좋은 방법이 아니라고 하였다. 그럼 특별한 기술적 조치가 있다면 블록체인에 개인 정보를 넣을 수 있을 것이라고 예측할 수 있다. 따라서 이 장에서는 ㈜이노티움, 세종텔레콤, 그리고 건양대학교가 공동으로 개발 중인 개인 정보 완전 소멸 수정을 위한 개인의 잊힐 권리 문제 해결을 위한 블록체인의 기술을 소개하고자 한다. 여기서는 개인 정보분 아니라 개인과 관련된 다양한 콘텐츠까지 포함하여 문제를 해결하고 하는 기술적 시도를 하고 있다.

4-1 개인 정보 잊혀질 권리를 위한 완전 수정 · 삭제가 가능한 블록체인

본 연구가 어떤 의미가 있는지 이해하기 위해서 개인 정보에 대해서 간단히 설명하고자 한다. 개인 정보는 일반법인 개인 정보보호법과 특별법인 정보통신망이용촉진 및 정보보호 등에 관한 법률에 따라서 규제되고 있다. 여기서 개인 정보의 정의를 살펴보면 살아 있는 개인에 관한 정보로써 개인을 알아볼 수 있는 정보를 말한다. 해당 정보만으로는 특정 개인을 식별할 수 없더라도 다른 정보와 쉽게 결합하여 알아볼 수 있는 정보도 포함한다. 쉽게 말해 개인을 알아볼 수 있는 모든 정보를 말한다.

개인 정보는 원칙적으로 수집 시 동의를 받고, 개인 정보가 유출되지 않도록 해야 한다. 하지만 공공 블록체인의 경우 참여한 노드는 누구든지 투명하게 블록에 저장된 정보를 볼 수 있어, 암호화 처리를 하지 않으면 누구나 개인 정보를 볼 수 있다. 따라서 개인 정보를 암호화 기록해야 한다.

원칙적으로 개인 정보는 동의 시, 동의한 이용목적이 달성되거나 개인 정보 이용 보유 기간이 되면 개인 정보를 복구할 수 없는 형태로 삭제해야 한다. 또한, 개인 정보 주체(해당 개인 정보로 식별되는 개인)가 동의 철회 시 개인 정보를 삭제해야 한다. 하지만 한번 분산원장에 기록된 것은 삭제할 수 없다. 즉, 블록체인의 불가역성과 무결성 때문이다.

게다가 개인 정보는 개인 정보 주체(해당 개인 정보로 식별되는 개인)가 언제든지 보고 잘못된 것이 있으면 수정할 수 있어야 한다. 한 번 기록된 것을 수정할 수 없다는 것이 블록체인의 가장 큰 특징 중 하나이다.

최근 몇 년간 많이 논의된 잊혀 질 권리도 궤를 같이 한다. 즉, 온라인상에 있는 개인 정보의 수정·삭제를 요구하고 이를 실현시킬 수 있는 권리이다. 예를 들어, 리벤지포르노와 같이 온라인상에 남겨지는 콘텐츠로 인한 개인의 권리가 침해되는 것을 해소할 기술적 장치가 필요하다.

개인 정보의 유출을 방지하기 위해서 암호화하는 것은 큰 기술적 난제가 아니다. 하지만 한번 기록한 것은 수정할 수 없는 블록체인에서 개인 정보를 수정·삭제하는 난제이다. 이를 어떻게 기술적으로 극복하는지 자세히 설명하고자 한다.

4-2   핵심 기술

1) 기밀 정보 암호화 저장 후 완전 삭제 기술

데이터의 완전한 삭제를 위해서는 특정 데이터로 한 번, 그의 보수[7]로 한 번, 랜덤 데이터로 한 번, 총 3~7번을 덮어쓰는 미국방부 표준(DoD 5220.22 − M) 방식의 사용이 일반적이나 시간이 오래 걸리는 문제로 대용량 데이터의 순간 삭제는 불가능하며 SSD의 경우 사용이 불가능하다. 예를 들어, 전쟁 중 급하게 후퇴할 때 대용량 데이터를 삭제할 때 삭제하는데 오래 걸려서 완전히 삭제하지 못하는 경우가 발생한다. 이 문제를 대표적 국제표준조직인 ISO(ISO 27040) 및 NIST(NISP SP 800-88)에서는 임의의 암호키를 이용하여 데이터를 암호화 저장하고 필요 시 해당 암호키를 파기하는 방식을 데이터 삭제 방법으로 인정하고 있으며 이를 이용하여 높은 신뢰성을 보장할 수 있도록 하고 구현한다.

2) MBNT(Multilayered Blockchain Network Tracking) 기술

본 연구에서는 다계층 블록체인 구조를 이용하고 있다. 다계층 블록체인 구조란 공개 블록 레이어(공개 분산원장 계층)와 비공개 블록 레이어(비공개 분산원장 계층)의 두 계층으로 블록체인 원장을 구성한다. 공개 블록 계층은 블록체인에서 발생하는 트랜잭션과 비공개 블록과의 연결된 정보(해시값)을 보관한다. 비공개 블록은 개인 정보 및 개인 관련 콘텐츠를 랜덤 암호화 키로 암호화하여 비공개 되고 사용된 랜덤 암호화 키는 각각의 슈퍼 노드[8]에 분산 저장된다[9].

본 기술에서는 EOS를 기반으로 구현하였으며, EOS는 DPoS를 합의 알고리즘으로 채택하고 있다. DPoS는 지분에 따라 선출된 대표노드(여기서는 슈퍼 노드라고 함)가 합의를 하게 된다. 즉, 블록을 생성하는 노드는 슈퍼 노드이며 슈퍼 노드에 키를 분산하여 저장하면 다른 노드들은 암호화된 비공개 블록의 내용을 알 수 없다.

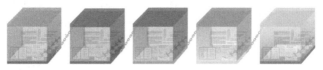

메인 공개 블록 레이어

→ 공개 블록 레이어는 외부 API로부터의 요청 기록 및 블록체인 내부에서 발생하는
트랜잭션과 블록에 대한 검증을 기록하고 비공개 블록과의 연결 정보를 보관

메인 비공개 블록 레이어

→ 비공개 블록 레이어는 개인 정보 및 콘텐츠 암호화 키 정보와 관련된 트랜잭션을
기록하며 해당 블록은 랜덤 암호화 키에 의해 암호화되어 비공개 되고 암호화에
사용된 랜덤 암호화 키는 각각의 슈퍼 노드에 분산되어 저장

[그림 2-11] 다계층 공개/비공개 블록체인 구조

이제 전체 구조를 봤으므로 어떻게 비공개 블록체인에 저장된 개인 정보를
삭제하는지 살펴보자. [그림 2-12]에서 개인 정보 삭제 요청이 오면 공개 블록
에 삭제 요청 트랜잭션을 기록하고 삭제할 개인 정보가 있는 비공개 블록을 탐
색한다. 탐색이 되면 비공개 블록 복호화를 위해 분산된 암호키를 다른 슈퍼 노
드로부터 2/3 이상 획득하여 암호키를 조합한다. 조합한 암호키로 비공개 블록
을 복호화하여 삭제할 내용을 제외한 나머지 개인 정보를 가지고 새로운 차일드
블록10)을 생성한다. 차일드 비공개 블록 생성 후 부모 비공개 블록의 암호키를
영구적으로 파기하도록 다른 슈퍼 노드에 알리고 자신도 파기한다. 차일드 비공
개 블록을 새로운 랜덤 암호화 키로 암호화하여 블록을 최종적으로 등록한다.

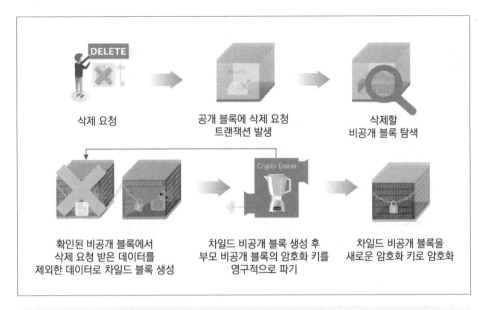

삭제 요청	공개 블록에 삭제 요청 트랜잭션 발생	삭제할 비공개 블록 탐색
확인된 비공개 블록에서 삭제 요청 받은 데이터를 제외한 데이터로 차일드 블록 생성	차일드 비공개 블록 생성 후 부모 비공개 블록의 암호화 키를 영구적으로 파기	차일드 비공개 블록을 새로운 암호화 키로 암호화

[그림 2-12] 차일드 블록 생성 및 암호화 키 삭제를 통한 비공개 블록 완전 삭제

좀 더 구체적으로 아키텍처를 살펴보자. [그림 2-13]의 A 영역이 공개 블록과 비공개 블록이 있는 공간이며, B 영역이 차일드 비공개 블록이 위치하는 공간이다.

공개 블록의 각 블록 헤더는 앞 블록의 블록 헤더 해시값과 비공개 블록 해시값이 들어간다. 따라서 기본적인 블록 헤더의 형태에 추가적으로 비공개 블록 해시값이 추가되어 있다.

비공개 블록은 앞의 비공개 블록의 해시값이 들어가고, 개인 정보의 해시값이 머클 트리 형태로 구성되지 않고 개인 정보의 직접 넣는다는 것이 일반적인 블록체인과 다른 형태이다.

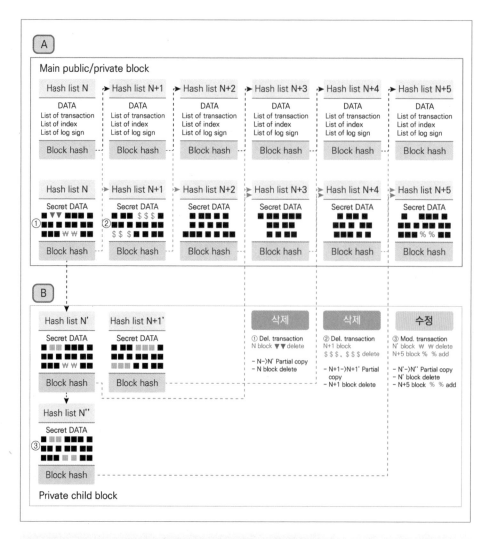

[그림 2-13] 다계층 블록체인 구조

그림에서 N＋2까지 진행되었다고 가정하자. 이때, ①번째 비공개 블록의 ▼
▼으로 표시된 개인 정보에 대해 삭제 요청이 들어왔을 때, ▼▼을 제외한 나머
지 개인 정보들로 차일드 블록을 구성하고, 원래 있던 비공개 블록의 암호화 키
를 삭제하고 차일드 블록을 새로운 랜덤 암호화 키로 암호화한다. 암호화된 차일
드 블록의 해시값을 새로 생기는 비공개 블록인 N＋3에 추가하여 연결한다.

그리고 ②번째 N+1 비공개 블록에 있는 $$$ 데이터를 삭제하는 요청이 들어오면 동일하게 $$$ 데이터를 제외한 나머지 개인 정보로 차일드 블록을 생성하고 암호화하여 저장한다. 차일드 블록의 해시값을 새로 생기는 N+4 비공개 블록 추가하여 연결한다. 그리고 원래의 비공개 블록의 암호화 키를 제거한다.

마지막으로 ③번에서 차일드 블록 N'의 WW를 수정하고자 한다. 그럼 WW를 삭제한 차일드 블록과 %%를 추가한 비공개 블록을 생성한다. 우선 WW를 삭제한 비공개 블록 N"을 만들고 암호화한다. 그리고 %%를 추가한 비공개 블록 N+5를 만들고 암호화한다. 비공개 블록 N"의 해시값을 새로 만들어진 비공개 블록 N+5에 추가하여 연결한다. 새로운 비공개 블록 N+5의 해시값은 새로 만들어진 공개 블록 N+5에 추가하여 연결한다.

이를 종합하여 정리하면 다음 그림과 같이 암호화된 비공개 블록 N의 해시값이 공개 블록 N에 포함된다. 비공개 블록 N에 포함된 비공개 정보는 해시하여 비공개 정보 인텍스에 들어간다. 따라서 비공개 정보가 어디에 있는지 확인하기 위해서 공개 블록을 참조하면 된다. 이때, 비공개 블록의 정보를 삭제하거나 수정하고자 하면 이를 제거하고 포함된 정보만 가지고 해시하여 새롭게 생성되는 공개 블록 N+1의 비공개 정보 인텍스에 넣고 차일드 비공개 블록 N'의 해시값을 공개 블록 N+1에 포함시킨다.

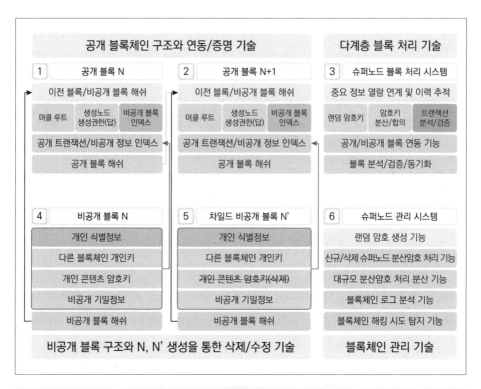

[그림 2-14] 다계층 블록체인의 아키텍처

　　슈퍼 노드 블록 처리 시스템은 랜덤 암호키를 분산하여 저장한다. 또 합의 알고리즘으로 블록 생성에 대해 합의를 한다. 또한, 블록 생성을 위해서 트랜잭션을 분석·검증한다. 공개·비공개 블록을 연동하고 블록 자체를 분석·검증·동기화를 한다.

　　슈퍼 노드 관리 시스템은 랜덤 암호키를 생성 기능, 슈퍼 노드가 신규로 추가되거나 삭제될 때 분산 암호키를 재분배하는 기능을 처리한다. 대규모 분산암호 처리 분산 기능, 즉 신규 슈퍼 노드가 추가될 경우 탈락한 슈퍼 노드로부터 수신하는 대량의 분산 암호 처리를 한다. 블록체인 로그를 분석하고 해킹 시도 등을 탐지한다.

　　리벤지포르노와 같이 개인 정보 주체가 아닌 다른 사람이 올린 게시물을 확인하였을 때, 참여자 합의 및 검증심사를 통한 분쟁 콘텐츠 자동 소멸 기술도 적용하고 있다. 이는 타인이 작성한 본인 관련 게시물을 확인하고 작성된 게시물을 블라인드 처리하고 삭제 필요의 당위성을 제시할 수 있다. 삭제 요청에 대한 원본 게시글 작성자 또한 게시 유지를 위해서는 당위성을 제시하여야 하며 개인 정보 주체와 게시글 작성자의 의견이 대립하면 게시글의 삭제 또는 유지 할 수 있도록 다수 참여자의 투표 및 심사 결과에 의거하여 판단하도록 하는 기술이다.

4-3   연구의 의의

기술 부분을 요약하면 본 연구는 개인 정보를 암호화하여 저장하고(개인 정보 유출 방지), 비공개 블록에 포함된 개인 정보를 삭제·수정이 필요할 때 차일드 비공개 블록을 생성하여 이를 공개 블록에 연결하고, 기존의 비공개 블록을 암호화했던 암호화 키를 삭제하여 영구히 복구 하지 못하도록 처리하고 있다. 이로써, 블록체인에 개인 정보를 저장할 때 발생하는 개인 정보 유출, 개인 정보 수정·삭제라는 난제를 기술적 장치로 해결한 연구이다.

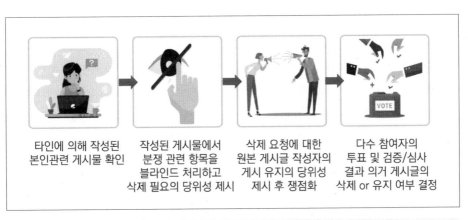

타인에 의해 작성된 본인관련 게시물 확인 | 작성된 게시물에서 분쟁 관련 항목을 블라인드 처리하고 삭제 필요의 당위성 제시 | 삭제 요청에 대한 원본 게시글 작성자의 게시 유지의 당위성 제시 후 쟁점화 | 다수 참여자의 투표 및 검증/심사 결과 의거 게시글의 삭제 or 유지 여부 결정

[그림 2-15] 타인이 올린 정보 주체의 삭제 요구와 처리 방법

또한 본 연구는 사설 블록체인을 사용하지 않고 공개 블록체인을 기반으로 하고 있다. 이는 현재 활발히 개발되고 있는 DID(Decentralized Identity)의 경우 개인 정보 취급에 대한 한계로 인하여 사설 블록체인으로 설계·개발 되고 있는 것과 대조적이다. 사설 블록체인으로 개발되면 여러 나라 간, 그리고 여러 회사 간에 각자 개발한 사설 블록체인으로 파편화되어 공동 활용이 어려워진다. 즉, 전자여권 및 국제 신분증 등으로 확대 발전할 때, 서로 간의 사설 블록체인을 신뢰하기 어려워지는 한계가 있다. 하지만 본 연구는 공개 블록체인 기반으로 개발되어 누구나 참여가능하고 투명하게 처리를 확인할 수 있어, 국가 간 서로 신뢰할 수 있는 기반을 마련해 준다는 의의를 가지고 있다.

AI(인공지능)에서 구글 및 페이스북 등 일부 선점기업이 확보한 사용자 개인 정보와 개인활동 정보는 상당한 가치를 지니지만 이용하는 데이터에 대한 정당한 사용료를 지불하지 않음으로써 많은 지적을 받고 있어 가치 있는 데이터 제공자에게 합당한 보상이 주어질 수 있는 블록체인 기반 AI 플랫폼이 요구되고 있다. 또한, 인공지능이 어떠한 의사 결정을 통해 결론에 도달하였는지 아무도 알 수가 없어 인공지능 자체의 신뢰성 저하 및 잘못된 판단을 했을 때 이에 대한 대처할 기술적 대책이 없다. 이에 최근 XAI(eXpalinable AI: 설명가능한 AI)가 등장하고 있다. XAI를 데이터 제공자에게 합당한 보상을 줄 수 있는 블록체인과 연계하는 것이 활발히 논의 되고 있다. 이 경우 데이터들이 개인 정보 및 개인 활동 정보이므로 데이터의 수정·삭제가 가능하고 유출을 방지할 수 있는 기술적 조치가 필요하고, 본 연구에서 개발한 기술이 적용될 수 있을 것이다.

해외 블록체인의 메인넷에 종속되지 않도록 국내기술로 수정·삭제가 가능한 블록체인 메인넷을 개발한다는 것에 의의가 있으며, 해당 기술을 바탕으로 세계적인 블록체인 수정·삭제 기술을 리드해 나갈 수 있을 것이다. 더 나아가 국가별로 각기 다른 개인 정보 관리체계를 해당 기술로 선점할 수 있을 것이다.

또한, 해당 기술은 블록체인이 가지는 한계점인 수정·삭제 불가능성 및 기밀성 문제로 인하여 블록체인이 적용되지 못했던 다양한 산업 분야에 블록체인을 도입할 수 있는 계기를 만드는 우수한 기술이다.

미주

1) 해시 연산에 사용된 컴퓨터 파워를 해시 파워라고 한다.

2) 작업 증명(Proof of Work)은 목표값보다 작게 되는 블록 헤더의 해시값을 구하는 작업이다. 목표값은 비트값을 가지고 계산한다.

3) 노드(Node)는 블록체인 네트워크에 참여한 모든 컴퓨터

4) 여기서는 작업 증명으로 설명했지만, 작업 증명을 포함하는 합의 알고리즘을 말한다. 합의 알고리즘으로는 작업 증명, 지분 증명(Proof−of−Stake)등이 있다.

5) 은행의 전통적인 핵심 업무는 통장이 중심이 된다. 이 통장을 계정이라고 하고 계정을 관리하는 시스템을 모아 놓은 것이 계정계이다.

6) on−chain storage는 블록체인 분산원장을 말하고, off−chain storage는 블록체인과 연동하는 일반적인 서버의 저장 공간을 말한다.

7) 보수(Complement)는 두 수의 합이 진법의 밑수가 되게 하는 수를 말한다. 예를 들어, 10진법에서 4의 보수는 6이며, 8의 보수는 2이다. 이진법에서 보수는 1의 보수와 2의 보수가 있지만 여기서는 1의 보수로 예를 들어 설명하면, 이진법에서 01010의 보수는 1010이다. 컴퓨터에서 음의 정수를 표현하기 위해서 고안된 것이다. 컴퓨터 내부에서는 사칙연산을 할 때 덧셈을 담당하는 가산기(Adder)만 이용하기 때문에 뺄셈은 덧셈의 형식으로 변환하여 계산해야 한다. 즉, 컴퓨터 내부에서는 A−B를 계산할 때 B의 보수(−B)를 구한 다음, A+(−B)로 계산한다.

8) 여기서 슈퍼 노드는 DPoS에서 합의를 하는 대표 노드를 말한다.

9) 여기서 분산 저장은 Shamir Secret Sharing 등의 기술을 이용하여 암호키를 분할하여 암호키 조각을 만들고 각 슈퍼 노드 당 오직 하나의 암호키 조각만을 저장한다. 따라서 슈퍼 노드가 10개이면 암호키를 10조각으로 만들어 각 슈퍼 노드에 저장한다.

10) 비공개 블록의 새로운 자식 블록을 말한다.

참고문헌

조문옥 등(2020). 하이퍼레저 패브릭 실전 프로젝트. 에어콘.

나라얀 프루스티(2019). JP모건의 큐오럼을 활용한 기업용 블록체인. 에어콘.

마쓰오 신이치로, 구스노키 마사노리 등(2018). 블록체인의 미해결 문제. 한스미디어.

Nguyen, Giang－Truong, and Kyungbaek Kim(2018). A Survey about Consensus Algorithms Used in Blockchain. Journal of Information processing systems 14.1.

http://wiki.hash.kr/index.php/합의_알고리즘

정승욱(2018). HyperCerts: 개인 정보를 고려한 OTP 기반 디지털 졸업장 블록체인 시스템. 정보보호학회논문지.

Yuqin Xu, Shangli Zhao, Lanju Kong, and Qingzhong Li(2017). ECBC: A High Performance Educational Certificate Blockchain with Efficient Query. International Colloquium on Theoretical Aspects of Computing 2017, LNCS 10580, pp. 288－304.

3부

비즈니스 With
블록체인

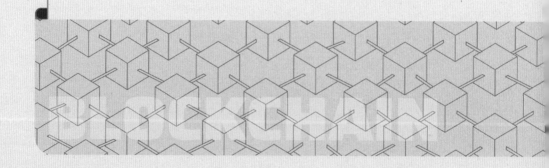

현재 우리는 산업이 점차 고도화되고 시장 환경도 급변하는 세상 속에 살고 있다. 더욱이 4차 산업 혁명이라는 대명제가 우리를 비롯한, 우리가 포함된 세상의 많은 것들을 새롭게 진화시키고 있다. 이미 시장 환경은 기존의 기술적 한계를 극복하고 새로운 디지털 트랜스포메이션을 통해 글로벌 기업 또는 디지털 기반의 신생기업들이 기존 사업을 강화하고 새로운 영역의 시장을 창출하는 과정 속에서 디지털 기술과 비즈니스 모델을 활용하게 유도하고 있다. 이러한 환경 속에서 기존의 경제 이론의 한계를 극복하고 산업 간의 교착 상태를 해결하기 위한 다양한 시도들이 결국 새로운 디지털 사회를 요구하고 있다. 디지털 서비스 신산업 창출을 위한 새로운 산업과 기술의 발굴과 적용은 중요한 경쟁력의 요인으로 대두되고 있다. 이러한 환경 속에서 블록체인은 세상을 신뢰 기반의 디지털 세상으로 안내하고 새로운 비즈니스 모델을 창출하는 선두에 있다. 또한, 기존의 산업 분야에서도 융·복합 시도에 대한 플랫폼으로도 활용되고 있다. 디지털 기반 환경 속에서 미래 산업의 역동적이고 창의적인 산업 환경을 창출하고 혁신적인 비즈니스 모델을 창출하는 블록체인의 비즈니스를 이해할 필요가 있다. 여기에서는 혁신적인 디지털 시장 환경 속에서 선도적인 역할을 하게 될 블록체인과 비즈니스 환경에 대해 접근하고자 한다.

with 블록체인

1장 블록체인 기술의 비즈니스 활용

시장을 변화시키는 기술은 상상을 초월하고 있다. 이러한 환경 속에서 기존의 디지털 기술의 환경을 이해하고 미래 시장을 예측할 수 있다면 시장을 선도할 수 있다. 기존의 디지털 환경을 초월하는 새로운 기술적 진화는 지금도 일어나고 있다. 기존의 기술적 환경 속에서 새로운 시장 리더가 되기 위해서는 디지털 기술 기반의 비즈니스 환경을 혁신적으로 전환하고 적용하는 능력이 필요하다. 블록체인은 결국 기존의 디지털 기반의 시장 환경을 혁신적인 비즈니스 환경으로 창출할 수 있는 주체이다.

1-1   시장 환경의 변화와 블록체인

세계가 급격한 속도로 경영 환경을 바꾸고 있으며, 이를 따라가기 위해 경제 주체들은 다양한 수단을 동원해 생존 전략을 수립하고 있다. 특히, IT 기술의 발전과 이에 따른 산업의 적용으로 하루가 다르게 산업의 형태가 진화해가고 있다. 이러한 경제 환경 속에서 각 경제의 주체들은 이러한 환경을 이해하지 못하면 살아남지 못하고 시장에서 퇴출당하는 상황에 몰리게 된다. IT 기술이 우리의 생활에 얼마나 많은 혜택과 도움을 주고 있는지에 대한 내용은 말이나 글로 자세히 설명하지 않아도 우리 주변에서 너무나 쉽게 접할 수 있다. 예를 들어, 개인 통신 수단의 경우에도 예전에는 고품질의 통화 서비스에 집중된 기술을 기반으로 제품 개발을 접근하였다. 하지만 최근의 개인 통신 수단은 단순히 통신의 수단을 넘어서 다양한 가치를 창출하는 장치(Device)로 진화해 가고 있다는 것을 알 수 있다. 그 첨단화된 통신 장비는 통화를 넘어서 개인의 업무뿐만 아니라 공적인 업무를 처리하는데 유용한 도구로 사용되고 있다. 예전에는 특정 장소에서 고정형 장비로서의 통신 수단이 이제는 손안에서 이루어지는 이동형 장비로까지 진화되고 스마트 시대를 주도하는 하나의 핵심 장비와 서비스로 자리를 잡아가고 있다. 심지어 우리가 매일 접하고 있는 유용한 도구인 인터넷의 경우에도 1992년 월드와이드웹(www)을 시작으로 전 세계에 전파되고, 전 세계 인류를 연결하는 유용한 도구로 자리를 잡아왔다. 이제는 세계가 손안에서 이루어지고 있다. 그야말로 통신 분야에서는 혁명이 일어난 것이다.

이렇게 통신 분야에서 혁명이 일어나듯 우리 산업 분야에서도 폭넓은 방식으로 변화를 가져오게 되었다. 통신을 기반으로 하는 그간의 인터넷이 이루어 낸 비즈니스 영역은 국소주의적 그리고 지협적 세계관을 넓은 세계로 이어주고, 새로운 시장을 창출하는 기회를 주었다. 인터넷이라는 통신 분야의 연결 고리와 디지털 기술이라는 광범위한 접근은 비즈니스의 프로세스를 전환시키는 계기를 만들게 되었다. 인터넷과 통신 분야의 기술이 발달함에 따라 시장의 접근 방법이나 시장의 개념이 전환되는 계기를 맞이했다. 그동안 기업들이 가지고 있던 유통의 혁신을 야기하고, 이에 따른 효율적인 마케팅 전략을 구축하고 실행할 수 있는 환경이 만들어진 것이다. 즉, 기존의 직접적으로 시장에서 일일이 조사 및 분석을 통해 시장에 진입을 해오던 방식에서, 제한 방식을 탈피하여 네트워크로 연결된 정보의 공유와 활용으로 언제 어디든지 시장의 환경을 이해하고 연결이 가능해졌다. 이러한 방식으로 기업은 기존의 거점을 관하는 방식 부분에서 직접 전 세계를 연결하고 유통하는 시스템으로 진화하게 되었다. 이는 물건을 판매하는 기업의 입장에서만 유용한 기술적 진보가 아니라 소비자의 입장에서도 상품이나 서비스에 대한 구매의 혁신을 직접적으로 체험하게 되었다. 산업적 측면에서도 폐쇄적이고 수직적인 구조의 지배구조를 탈피하고 수평적이고 개방적인 산업구조의 진화를 이루어 가고 있다. 이는 결국 기업의 경쟁력만을 이야기하는 것이 아니라 국가의 경쟁력으로 그리고 국가 경제를 활성화시키는 기폭제로서 역할을 하고 있다. 기술의 진보로 인하여 모든 일상이 손안에서 이루어지는 시대가 도래했다. 심지어 물건의 결제뿐만 아니라 공공업무를 실행하는데도 적용되고 있다. 이제 스마트폰은 우리의 일상에서 떨어질 수 없는 일상의 제품이 되어버렸다. 진화된 소비문화의 사회화를 더욱 가속화시키는 기술적 진보(예, 핀테크 등)가 우리들의 삶을 여유롭게 즐기고 풍요롭게 해주고 있다.

〈표 3-1〉 온라인 기반의 시장 환경 발달 과정

시대	주요기술	주요 내용	
1970 년대	EDI (Electronic Data Interchange)	• 동일업종 내 EDI를 통해 기업 간 거래 • 관련 정보를 사설 표준화(은행, 유통, 제조업 등) • e-mail의 등장 • 폐쇄형 네트워크	
1980 년대	CALS (Computer-aided Acquisition and Logistic Support)	• 미 군수물자 공급 표준화로부터 미 정부 조달 프로세스까지 공용 표준화 • 1994년 민간 기업에 광속 상거래 개념 도입 • 폐쇄형 네트워크	
1990 년대	www (world wide web)	• 개방형 인터넷(www)이 일반인에게 확산과 대화형 통신기술 등장 • 전자상거래 등장으로 글로벌 시장 제시 • 개방형 네트워크 • 정보흐름과 자금 흐름이 불일치 • 전자화폐 등장(소액)	
2000 년대	e-Business	• 제반 인프라 기술의 본격적 도입과 적용: 인터넷, 전자네트워크, 정보기술 등 • 가상공간(on line)에서의 거래 활성화 • 정보의 흐름과 화폐의 흐름이 동시에 발생 • 본격적인 전자화폐의 등장	
2010 년대	Mobile Technology	• 스마트폰의 보급 • 쇼핑환경 변화와 플랫폼 비즈니스 등장 • 온라인/오프라인 결제 수단 • Fintech(Finance + Technology) 등장	

최근 들어 전자상거래 등의 일상을 가속화하면서 이에 대한 부작용들을 해소하기 위한 기술적 진보들도 이루어지고 있다. 이러한 기술적 진보는 현재 우리가 사용하는 전자상거래를 효율적으로 관리하고 그 서비스를 고도화하고 있다. 즉, 복잡하고 어려웠던 금융 업무를 효율적으로 그리고 편리하게 적용시킬 수 있는 기술적 지원 서비스이다. 최근까지 사용했던 온라인 뱅킹도 일종의 핀테크 기술이라고 할 수 있을 것이다. 그동안 핀테크 기술은 금융 업무를 보는데 있어서 사용의 편리성에 중점을 두었다면, 최근 들어 IT 기술의 진보 덕에 금융 산업을 혁신시키는 중요한 기술로 자리 잡고 있다. 요즘 가장 이슈로 대두되고 있는 공인인증서의 폐기도 일종의 핀테크의 진보로 이루질 수 있는 접근이라고 할 수 있다. 핀테크는 이제 우리들의 전자 금융 분야에서 필요한 기반 기술로서 적용되고 있으며 우리의 거의 모든 생활 속으로 침투하고 있다. 결국 이러한 핀테크는 소비자의 접근성이 높은 인터넷, 모바일 기반의 플랫폼의 장점을 활용하여 송금, 결제, 자산관리 및 펀딩 등의 다양한 분야의 금융서비스를 제공하는 기술 및 산업이라 할 수 있다. 이러한 기술적 진보는 사용자, 즉 금융 소비자의 기술적 발전에 따른 소비자 지향적인 금융 서비스로서의 접근성과 편리성을 향상시키는 것이라 할 수 있다.

이러한 핀테크 산업에 있어서 주요 스타트업으로 스트라이프(Stripe)를 들 수 있다. 이 기업은 2011년 패트릭 콜리슨과 존 콜리슨 형제가 창업한 온라인 및 모바일 결제 분야의 비즈니스 모델을 가진 기업이다. 이들은 2010년 하버드 대학에 다니는 동안 사업을 준비하였다. 기존의 지불 결제 시스템이었던 페이팔(Patpal) 등의 연동시스템을 구축 및 사용하기 불편하다는 점을 착안해 구축하기 쉬우며 사용하기 쉬운 결제 서비스를 구상한다. 이를 구체적인 사업으로 추진하기 위해 하버드 대학을 그만두고 2011년 9월에 창업한 기업이다. 이렇게 창업한 스트라이프는 결제 플랫폼의 간결한 서비스와 디자인에 호응을 입어 시장에서 좋은 입지를 세우게 되었다. 이처럼 핀테크는 기존 소비자들의 금융기반의 서비스에 대한 편리성과 보완성의 접근을 용이하게 하여 시장을 구축해가는 분야이다.

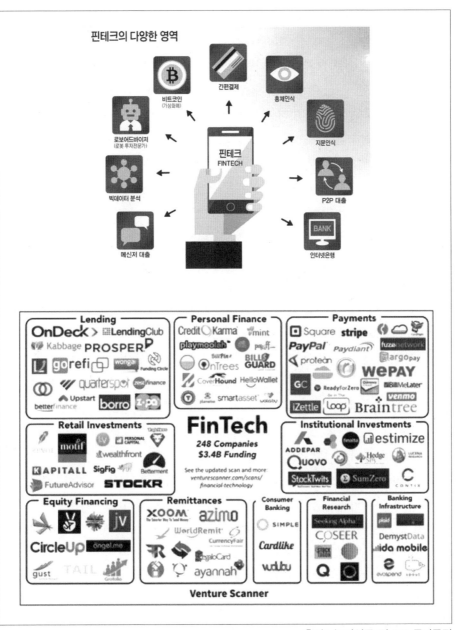

출처: 농민신문 및 KB 투자증권

[그림 3-1] 핀테크(Fintech)의 다양한 영역 및 주요 기업

4차 산업혁명이라는 사회적 변화에 따라 이러한 기술적 변화는 하루가 다르게 진화하고 있다. 이러한 사회적 환경 속에서 ICT(Information & Communications Technologies) 기술로 IT 기술을 기반으로 하는 인터넷 등의 통신망 연결이 강력해지고 스마트폰과 심지어 우리 몸으로 적용하는 웨어러블(Wearable) 기술까지 보급되고 있는 현실이다. 이러한 시도는 특정 산업에만 국한되지 않고 전 산업분야에까지 그 영향을 미치고 있다. 과거에 실행되는 획일적인 서비스를 이제는 세분화하고 개별화하여 접근하여 최적의 서비스를 제공하려는 시도가 일어나고 있다. 예전의 제품 중심의 품질과 가격 경쟁력에 집중되었던 관점은 이제 많은 정보에 의해 만들어진 개인의 취향과 욕구를 반영한 차별화된 서비스의 제공이 시장에서의 성공을 이끄는 중요한 이슈가 되어가고 있다. 이렇게 첨단의 서비스에 많은 관심과 투입은 결국 금융부분에서도 일어나게 될 수 있는데 이것이 앞에서 이야기한 핀테크 발생의 자연적인 경로이다.

　　이처럼 산업의 패러다임이 진화하는 모습은 이제는 낯선 과정이 아니다. 13세기 최초의 은행이 등장한 이후로, 거대자본과 정부의 규제 등에 따라 허가를 받은 금융 산업계는 예금, 송금, 환전, 대출 및 투자 등을 금융회사가 제공하는 상품을 적용하고 사용하였다. 회사만 달랐지 거의 모든 상품의 정형성 및 획일성에 그동안 소비자들은 익숙해져 왔다. 하지만 현재에는 스마트폰을 위시로 하는 스마트 디바이스의 보급과 일상화를 통해서 산업에 대한 경계가 모호해지고 명확한 구분이 사라지고 있는 현실이며, 이러한 환경 속에서 소비자들은 많은 관심과 투자를 촉발하고 있으며 새로운 산업 생태계를 이루고 있다. 은행과 증권사 등의 금융기관에서 다양한 서비스를 제공하고 있지만 사용자의 입장에서 불편한 접근성과 사용 난이도가 어려워 중앙집중화된 서버에 대한 비용 상승과 스마트폰을 대상으로 하는 해킹 등 범죄의 표적이 되기도 한다. 이러한 기존의 시스템의 단점을 극복하고자 보완성과 경제성을 기반으로 하는 새로운 기술의 도입을 촉발하고 있다. 이러한 기술적 환경이 블록체인(Blockchain)의 기술적 도입과 서비스 접목을 통해 분산 서버 운영 및 중요한 데이터의 보완성을 강화하고자 한다. 결국 블록체인의 도입은 기술적 정형화를 통해 실제 사용 가능한 기술로서의 보안성 향상, 비용 절감 및 금융 분야의 다양한 서비스에 대한 신속성 향상을 도모하고자 한다.

우리가 중점으로 다루고 있는 블록체인은 나카모토 사토시라는 가명의 개발자 비트코인 논문인 「비트코인: P2P 전자화폐시스템」을 2008년 발표하면서 현재의 블록체인 기반의 암호화 화폐가 이룬 혁신의 골자가 바로 이 논문의 내용이다. 당시 사람들은 블록체인 용어에 큰 관심을 보이지 않았다가 이 논문으로 인해 가상화폐의 개념이 보편적인 개념으로 자리 잡기를 원했다. 하지만 비트코인이 여러 국가에서 미래화폐로의 가능성과 코인이라는 특수한 개념의 글로벌 거래소에서 가치가 상승할 뿐만 아니라 각국에서도 새로운 유형의 암호화 화폐 인증이 점차적으로 확대됨에 따라 블록체인도 함께 주목을 받았다. 이렇게 블록체인은 비트코인을 운영하기 위한 핵심 기술로 인지되기 시작하였다. 동시에 이를 통해 다양한 산업에 활용하기 위한 연구도 많이 진행되고 있으며 앞으로도 많은 연구가 진행될 것으로 판단된다. 어느 특정 분야는 블록체인이 이미 산업으로 깊숙이 자리잡아가고 있다. 이러한 상황에서 블록체인의 개념을 이해하는 내용들에서 차이를 보이고 있다. 윌리엄 무가야(William Mougayar)는 《비즈니스 블록체인(2017)》에서 블록체인을 기술적 영역과 비즈니스 영역 및 법적인 영역으로 보면 차이는 존재하지만 상호보완적인 관계로서 바라보고 있다. 그는 기술적 측면에서의 블록체인은 공개적 열람이 가능하고 분산원장을 유지하는 백엔드 데이터베이스로 정의하고 있으며, 비즈니스 측면에서 블록체인은 중개자 없이도 개인 간 거래, 가치, 자산 등을 이동시킬 수 있는 교환 네트워크로, 법적인 측면에서 블록체인은 거래를 검증해 주는 종전의 신뢰 보증기관을 대체하는 수단으로 언급하고 있다. 하지만 아직도 많은 개념들이 사회에서 통용되고 있는 것이 사실이다.

〈표 3-2〉 블록체인의 일반적인 개념적 접근

구분	개념
위키피디아	승인 없는 분산 데이터베이스
오스퍼드 사전	비트코인 혹은 다른 암호화 화폐 거래가 순차적이고 공개적으로 기록되는 디지털 장부
한국은행	거래정보를 기록하나 원장을 특정 기관의 중앙서버가 아닌 P2P네트워크에 분산하여 참가자가 공동으로 기록하고 관리하는 기술
딜로이트	서로 알지 못하는 사람들이 공유된 기록을 믿을 수 있게 해주는 기술
코빗	위·변조 증거가 남는 분산데이터 구조
ETRI 미래전략 연구소	블록체인은 거래정보를 기록한 원장(ledger)을 모든 구성원(node)들이 각자 분산 보관하고, 새로운 거래가 발생할 때 마다 암호 방식으로 장부를 똑같이 업데이트하여 개념적으로는 익명성과 보안성이 강력한 디지털 공공장부 또는 분산원장의 방식
한국정보기술협회	온라인 금융 거래 내역 정보를 블록으로 연결하여 P2P 네트워크 분산 환경에서 중앙 관리 서버가 아닌 참여자들의 개인 디지털 장비에 분산·저장시켜서 공동으로 관리하는 방식

블록체인은 개념적으로 다시 한번 들여다본다면 가치 공유의 인터넷(Internet of Value share)으로 볼 수 있다. 기존의 인터넷이 '정보'를 공유하는데 그 목적이 있었다면, 블록체인은 '가치'를 공유하는데 그 목적이 있다고 볼 수 있다. 이러한 가치의 전달과 공유는 분산원장이라는 기술로 운영이 될 수 있다. 블록체인은 예전에 거래와 같은 가치교환의 상황에서는 중앙집중식 통제를 기반으로 하는 시스템이었다. 이러한 시스템 운영이 작동하는데 어려운 상황이 되면 거래가 성립될 수 없고 심지어 이중 지불에 대한 위험을 감수해야했다. 하지만 블록체인이 등장하면서 이러한 문제들이 해결되기 시작하였다. 블록체인은 결국 분산원장 기술이라고 명시되며 모든 거래 정보가 블록의 형태로 저장되어 모든 사용자에게 배포되고 저장된다. 모든 사용자가 거래정보를 공유하기 때문에 중앙집중식 서버가 필요하지 않고, 특정사용자로 부터 해킹 등과 같은 부적절한 방법으로 접근해 오더라도 전체 네트워크가 전혀 영향을 받지 않는다. 이러한 상황은 블록체인 고유의 협의 알고리즘을 통해 거래가 검증되기 때문에 이중

지불에 대한 위험을 원천적으로 제거할 수 있다.

1-2   비즈니스 관점에서 본 블록체인

　금융 산업의 생태계는 더 이상 기업 주도의 시장을 구축하거나 선도할 수 있는 환경이 아니다. 소비자들은 이미 많은 정보와 기술적 수용에 대한 준비가 되어 있으며 이를 통해 자신의 소비를 현명하고 편리하게 주도할 수 있는 주체가 되어가고 있다. 금융 산업이 핀테크라는 기술적 수용과 적용을 통해 진화해 가고 있다. 이러한 금융계의 진화 생태계에서 소비자들의 기술적 수용은 점점 높아지고 이를 충족시킬 수 있는 다양한 서비스들이 창출되어지고 있다. 고전적 금융환경 속에서 더 이상 금융 기업들은 생존하기 어려운 생태계로 진화해 가고 있는 현실이다. 기술이 진보함에 따라 소비자들의 니즈를 충족시키고 사용의 편리함과 보완의 강화는 기본적인 이슈로 대두되고 있다. 이러한 이슈들을 통해 다양한 분야의 금융 기업들이 태동하고 있지만 생존의 여부는 불확실한 상황이다. 최근 소비자들의 니즈를 해결해주기 위해 블록체인 기술을 도입하고 있는 시장 환경이 구축되고 있다. 결국 블록체인 기술 중의 하나인 보완성을 강화하고 소비자의 재산을 안전하게 지켜줄 수 있는 환경을 위해서 필수적인 활용 기술로서 인식되어지고 있다.

　블록체인 기술은 다양한 기술이 접목된 산업 분야이다. 블록체인이 기술로서 아직은 낯설기도 하지만 다양한 산업 분야에 접목되고 또는 새로운 산업을 창출하는데 유용한 기술로서 인식되어지고 있다. 이러한 유용한 기술은 새로운 비즈니스를 창출하고 관련 생태계를 조성하여 산업을 발전시키는 선순환적 고리를 만들어 가고 있다. 비즈니스 측면에서 보면 새로운 시장의 선점(First Mover Advantage)을 위한 기반을 만드는 과정이기도 하다. 블록체인을 통한 새로운 기업의 탄생은 이제는 더 이상 낯선 모습이 아니다. 앞에서 언급했지만 금융 산업 분야에서 이제는 중요한 기반 기술로서 활용되고 있고 관련 기업들이 시장에 진입하고 있으며, 심지어 기존의 금융 산업계에서도 블록체인을 도입하고자 노력하고 있다. 이렇게 진화된 금융 서비스 산업에서의 진화된 모습은 부분적으로 Peer to Peer(P2P) 방식의 분산거래시스템이 적용될 것이며, 디지털 암호통화 시장을 형성하고, 금융거래환전소 및 분산자동투자조직 등의 새로운 금융 비즈니스 창출이 이루어질 것이다. 법적인 측면에서 이미 영국은 2014년 8월에 암호통화를 최초로 화폐개념으로 인정하여 재산(Property, Private Money 등)으로 인식하기 시작했으며, 2016년에는 일본이 가상통화를 실물통화로 인정하는 자금결제법안을 통과시키고, 2017년 9월에는 가성통화거래소 등록제를 도입하여 시장경제로의 편입을 촉발하였다. 기술적인 측면에서는 미래 지능 정보 시스템 및 분산 사회구조 시대를 대비하여, 금융부분은 물론 블록체인을 전 산업에 활용하기 위한 알고리즘, 플랫폼, 애플리케이션, 사물인터넷(Internet of Thing, IoT) 적용 디바이스와 센서 등의 기술개발을 적극 추진하고, 비즈니스 모델을 개발하여 새로운 산업 생태계를 주도하기 위한 기술로 인식하고 있다. 이러한 상황에서 경제적인 측면은 중앙집중적 조직이 필요 없는 블록체인의 신뢰 기반의 시스템이 도입되고 구축되어 유지보수 비용 및 금융거래 수수료 절감 효과, 이에 따른 새로운 고객의 창출, 그리고 사물 인터넷 융합 기술, 지식재산/콘텐츠 등의 인증에도 활용될 것으로 기대고 있다. 사회적으로는 선거제도 등과 같은 전자투표, 공공 데이터 관리 등과 같은 분야에도 새로운 시장 창출의 기반이 될 것으로 예상된다.

　　최근 통신기술의 발달과 더불어 사물인터넷(Internet of Things, IoT)의 도입이 활성화되고 있으나 확장성과 보완 등의 문제로 사물인터넷의 도입과 활성화에 대한 저해 요소로 인식하고 있다. 신뢰하기 어렵고 보완 등에 취약한 인터넷 환경에서 신뢰를 높이고 안정성을 확보하기 위해 블록체인 기술을 사물인터넷에 적용하는 블록체인 기반의 사물인터넷에 대한 기대가 높아지고 있다. 하지만 현재의 기술로서는 블록체인 기반의 사물인터넷의 확장성과 보완성에서 실생활에 응용하는데 한계가 있어 보인다. 다시 말해 사물인터넷은 중앙서버를 기반으로 데이터를 처리하는 중앙집중형 시스템으로 비용, 확장성 및 보완성 등에서 단점이 존재하고 있다. 우선 사물 인터넷은 다양한 기기의 데이터를 수집하고 처리하므로 빅데이터의 처리를 위한 중앙서버(데이터베이스)가 필요하며, 이를 위한 구축비용과 중앙시스템의 유지보수를 위한 비용이 증가할 수밖에 없다. 새로운 노드(사물인터넷 기기)를 추가할 경우 중앙서버에 연결이 필요하며, 중앙서버가 수집하고 처리할 수 있는 데이터가 제한되어 확장하는데 어려움이 있다. 각각의 노드가 네트워크에 노출되고 노드별 보완수준이 상이하여 해킹 등의 침해 위협이 존재하여 중앙처리시스템의 데이터가 위조 혹은 변조되었을 경우 이에 대한 검증 및 복구가 어렵게 된다. 중앙처리시스템의 네트워크 문제가 발생하게 되면 해당 시스템에 연결되어 있는 사물인터넷의 기기를 사용하지 못하는 경우도 발생하게 된다. 이러한 기존의 사물인터넷 기반의 환경이 처한 단점을 극복하고 비용, 확장성, 보완 및 안정성이 개선된 블록체인 기반의 사물인터넷 시스템을 고려하고 있다. 이는 별도의 중앙처리 시스템이 필요하지 않는 사물인터넷 기기 간의 연결(Peer-to-Peer)로 전체 시스템을 구축하여 비용을 절감할 수 있다. 별도의 장비에 대한 추가나 변경이 없이 시스템 내의 노드와의 연결을 통해 새로운 노드가 사물인터넷 시스템에 쉽게 참가가 가능한 확장성을 확보할 수 있다. 데이터가 노드 별로 분산되어 저장되므로 중앙서버로의 해킹 등과 같은 공격적 침투에 대한 완화도 가능하게 되며, 각 노드가 데이터를 보유하고 검증이 가능하여 데이터의 위조와 변조가 어렵게 된다. 모든 노드가 데이터를 보유하고 기기 간 연결로 인해 일부 문제가 발생하여도 전체 시스템에는 영향을 적게 받게 된다. 블록체인 기술이 미래 기술의 고도화를 위한 사물인터넷의 다양한 분야에 적용될 것으로 예상되며, 데이터 관리, 거래 및 인증 분야에서 중요하게 활용될 것으로 보인다.

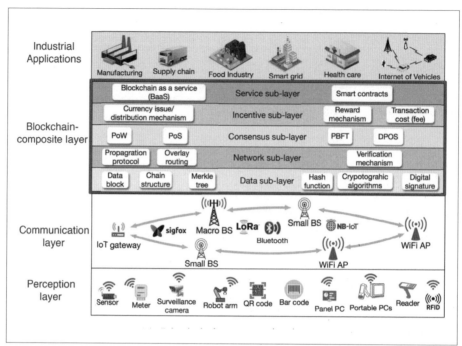

출처: Hong-Ning Dai et al.(2019), Blockchain for Internet of Things: A Survey, IEEE.

[그림 3-2] 블록체인과 사물인터넷

블록체인 기술은 제품 및 서비스 분야에서도 혁신적인 주도를 할 것으로 보고 있다. 기존의 생산과 유통방식의 틀에서 벗어나 고도화된 소비자들의 니즈를 충족시켜주기 위해 제품 및 서비스의 생산과 유통, 소비 및 관리 등의 측면에서 기존의 패러다임을 전환시킬 것으로 전망하고 있다. 즉, 블록체인의 기술은 금융서비스 산업뿐만 아니라 제조 및 유통업 그리고 사회 전 영역에서 새로운 산업의 창출과 고도화를 이끌어낼 수 있을 것으로 보고 있다. 블록체인이 적용될 수 있는 비즈니스의 영역을 보면 화폐(Currency), 공공기록물(Common record), 스마트계약(Smart Contract), 합의 및 집단지성(Consensus/Crowd-souring), 국가 간(Cross-border), 콘텐츠(Contents), 지역(Community) 및 공동소유(Co-ownership) 등의 8C로 정리할 수 있다.

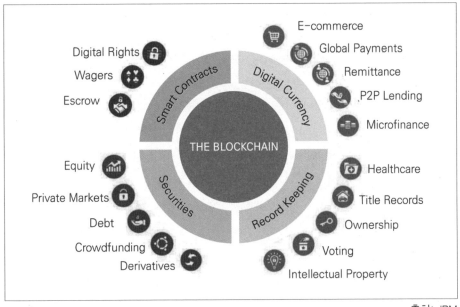

[그림 3-3] 블록체인의 주요 기술적 특징과 활용 영역

1-3   우리 주변 기술과 블록체인

　금융 산업뿐만 아니라 다양한 산업 분야에서도 블록체인은 현실로 적용되고 있다. 인구가 800만 명의 작은 나라이며 부패와 빈곤이 심한 온두라스는 토지대장을 위조해 개인의 명의로 돌리는 일이 빈번하게 발생하고 60%에 가까운 토지가 공식적으로 기록되지 않자, 2015년 5월 미국의 IT 업체인 Fantom 사에 의뢰하여 토지 등기부를 분산원장 기술을 이용하여 기록 관리하는 시스템을 개발하였다. 이처럼 기존의 상황에서는 자신의 소유를 주장하기 어려운 혹은 위조와 변조가 쉽게 발생할 수 있는 분야에서는 더 이상 그러한 위험을 겪지 않아도 된다. 2016년 미국 우정청(USPS)은 한 보고서(블록체인 기술: USPS의 활용가능성 모색)를 통해 미래

우편 서비스를 근본적으로 전환시킬 수 있는 패러다임을 전망했다. 우정청은 블록체인 기술을 통해 디지털 통화(포스트 코인)를 통해 환전 및 지급결제 서비스를 확대하고 효율성을 제고시킬 것이며, 금융서비스 이외에도 신원확인, 기기관리, 공급사슬관리 등에 활용 가능할 것으로 분석하고 있다. 이러한 시스템의 적용은 신원인증확인서비스, 사물인터넷 우편 서비스 및 우편물 추적, 통관 및 지불에 대한 통합정보를 제공할 것으로 분석하고 있다. 결국 우정청은 블록체인의 기술을 통해 우편 트럭의 운행비용 절감 및 전자거래 간소화와 스마트계약 수행이 가능해짐에 따라 경쟁력을 확보할 수 있을 것으로 보고 있다.

기업의 회계 감사 부분에서도 블록체인이 한몫을 할 것으로 예측하고 이를 적용하고자 도입을 검토하고 있다. 감사 대상 기업이나 기관의 회계 거래 내역을 블록체인의 망에 등록함으로서 감사 절차의 신속성 및 객관성뿐만 아니라 신뢰성을 확보할 수 있어 기업 혹은 기관의 거래 내역을 모두 확인할 수 있는 시스템으로 적용된다면 비용적인 측면에서도 효율성을 높일 수 있다고 보고 있다.

글로벌 IT 기업인 IBM은 삼성전자와 협력하여 블록체인을 사물인터넷(IoT)에 적용한 분산형 사물인터넷 네트워크(ADEPT: Autonomous Decentralized Peer-to-Peer Telemetry) 플랫폼을 공동 개발하고 있다. ADEPT는 비트토렌트(BitTorrent)의 파일공유, 이더리움(Ethereum)의 스마트계약 실행 방식, P2P 메시지 전달 프로토콜인 텔레해쉬 등을 결합시킨 사물인터넷 플랫폼이다. 이 네트워크 시스템은 P2P 네트워크를 통해 물건을 주문하고, 전자 화폐로 자동결제가 가능해진다. 더불어 서로 다른 디바이스들 간의 자율적인 데이터 교환을 통해 최적화된 디바이스 운영환경을 구축할 수 있다. 또한 제품의 생산이 완료되는 시점에 제품 제조사가 전 세계적으로 공유되는 블록체인 플랫폼에 제품에 대한 정보를 등록함으로써 제품의 생애주기 시작 시점을 등록할 수 있고, 해당 제품이 사용자에게 판매되는 시점에 지역 블록체인에 판매이력을 기록으로 남길 수 있어 생산부터 판매에 이르는 모든 과정을 관리할 수 있다. IBM과 삼성뿐만 아니라 마이크로소프트(Microsoft)도 스타벅스에서 사용하고 있는 아주르(Azure) 블록체인 플랫폼을 출시했다. 이 플랫폼을 통해 농장부터 각 지점까지 커피 원두의 이동을 추적할 수 있다. GE항공도 우주선 부품을 기록하고 추적하는 데 아주르 블록체인 서비스를 사용하고 있다. 싱가포르항공, 나스닥(the Nasdaq), 3M, Xbox 등과 같은 글로벌 기업들도 해당 플랫폼을 이용 중이다. 국내에서는 삼성이 2018년 마이닝을 위한 ASIC 칩을 개발 및 생산한 바 있다. 2019년 블록체인 키스토어(Blockchain Keystore)를 애플리케이션 시장에 내놓고, 사용자의 개인 키(Key)를 이용한 패스워드 지갑(Wallet)을 선보였다. 삼성의 갤럭시S10 이상의 스마트폰 모델에서 암호화폐를 지원하고 있다. 이러한 추세에 따라 2019년 애플은 크립토킷(CryptoKit) 출시를 발표했다. 크립토킷 툴을 사용하면 개발자들의 암호화 운영(Cryptographic operations)이 가능해진다. 디지털 서명을 생성하고 관리할 수 있는 공용 키 암호화도 이에 포함된다. 개발자들은 이 소프트웨어를 통해 암호화 서비스를 개선하고 보안을 강화할 수 있다. 이처럼 블록체인의 기술은 이제 우리 주변에서도 쉽게 접할 수 있는 기술로 자리를 잡아가고 있는 것이다.

출처: 구글 이미지

[그림 3-4] 블록체인 기술 접목 제품 및 서비스

다른 상업적 영역에서도 블록체인의 등장은 혁신적이고 매력적인 시장의 창출이라 할 수 있을 것이다. 블록체인으로 사업을 영위한다는 것은 아직 일반인들에게는 다소 낯선 개념적 소개가 될 수 있을지도 모르겠다. 마치 우리가 인터넷 세상이 우리 곁에서 많은 편익을 가져다 줄 수 있을 것이라는 기대와 온라인 쇼핑이라는 새로운 시장 채널에 대한 등장과도 마찬가지 일 것이다. 하지만 우리는 이러한 세상에 너무나 익숙해져있으며 이들의 세상에 많은 의존도를 보이고 있다. 우리가 그래왔듯이 이러한 신기술에 대한 수용은 그리 쉽게 자리를 내어주지 않았다. 기존의 기술과 서비스에 익숙해져 새로운 지식을 습득하기에는 다소 개인적 및 사회적 위험이 존재하기 때문이다. 심지어 국가적 차원에서도 이러한 신기술 및 서비스에 대한 수용을 긍정적으로만 바라보는 것은 아니다. 이러한 위험을 넘어 자신의 신념을 뛰어 넘고 새로운 기술의 수용을 위한 환경은 신기술 혹은 새로운 서비스에 대한 수용을 촉진시킬 수도 있을 것이다.

　　앞서 언급한 내용이지만 블록체인의 구성 요소적 특성을 새로운 사업으로 연계하여 확장한다면 수많은 비즈니스들이 창출될 것이다. 블록체인이 보여주는 신뢰 기반의 비즈니스 모델은 우리의 건강을 책임져줄 수 있는 식품산업 분야에 대한 접근도 될 수 있으며, 그러한 음식을 만들 수 있는 다양한 식재료 등의 이력 추적과 관리 분야에서도 중요한 비즈니스 영역을 담당할 수 있다. 최근 세계보건기구(WHO)에서 발표한 내용을 보면 매년 6억명이 오염된 식품을 섭취하고 이를 통해 질병에 걸린다고 보고하였다. 그리고 42만명이 식품 매개형 질병으로 사망하며, 이 중 3분의 1이 5세 이하의 아동이 차지하고 있다는 내용이다. 대표적인 경우가 2006년에 발생한 'Spinach Outbreak'라는 이슈로 조리되지 않은 시금치로부터 발견된 대장균(E. coli)에 의해 약 200명이 감염된 식중독 사건이었다. 2018년도에는 미국에서 병원성 대장균에 오염된 상추로 197명의 환자가 나왔으며 심지어 5명의 사망자가 나타나기도 하였다. 이는 생산된 농작물을 먹은 소비자들에게도 많은 경제적, 육체적 및 정신적 손해가 일어났지만 농가의 입장에서도 농작물을 재배한 토지에 대한 관리적 비용과 그로 인한 농민의 경제적 손실 및 소비자의 신뢰훼손을 야기하게 되었다. 우리의 안전한 식자재를 관리하고 유통하는 경제 시스템에도 블록체인은 유용하게 활용되고 도입될 수 있으며 지금도 현장에서 활용되고 있다. 즉, 식품 공급망의 생산, 처리, 가공, 유통, 판매 각 단계에서 식품의 정보를 기록하고 추적하는 시스템을 블록체인이 담당할 수 있다. 위험에 노출된 시장의 환경요인으로 2019년 기준으로 식품의 안정성을 고려한 시장의 규모는 약 16조원에 달하며 연평균 9.5%의 높은 성장률을 보이고 있다. 하지만 이러한 상황에도 불구하고 현재의 시스템적 환경은 식품을 비롯하여 생산되는 모든 제품들에 대한 데이터 포맷과 소스 통합 혹은 표준화되지 않은 형태로 난립해있다는 점이 문제이다. 그리고 기존의 시스템은 앞의 사례에서도 보듯이 데이터에 대한 신뢰가 부족하고 기록들이 유통과정에서 혹은 판매과정에서 위조 혹은 변조되기 쉽다는 것이다. 이렇다보니 데이터가 불안전하거나 부정확하고 추적 및 통신 프로세스가 비효율적이고 많은 비용이 투입될 수밖에 없다는 것이다. 데이터의 공유가 각 링크의 상대방과 제한적인 시장을 형성할 수밖에 없다. 여기에서는 식품산업에 대한 예를 들어 간략하게 설명을 했지만 다양한 산업 분야에서도 새로운 가치를 창출할 수 있는 기반 기술로서 이해할 수 있다. 더욱이 이러한 유통 시스템 내부의 경제 패러다임으로 통용되는 경제적 패러다임이 새롭게 창출되고 적용될 수 있는 산업이 될 수도 있다. 즉, 이러한 새로운 경제 패러다임의 통용 화폐까지도 적용하여 기존의 화폐와는 다른 경제 시스템을 구축하고 적용될 수 있다는 것을 암시한다.

2장 비즈니스 모델로서 블록체인

비즈니스 모델은 사업 운영을 위한 핵심적인 구성요소와 이들 간의 상호작용을 논리적으로 표현한 것이다. 첨단 기술이 시장에 출현하고 이들을 통해 새로운 사업을 구성하기 위해서는 기존의 시장의 모습으로부터 미래의 시장 환경을 비즈니스 모델 구성요소들을 통해 예측할 수 있다. 기존의 디지털 환경 속에서 전개된 비즈니스들이 이제는 더 이상 혁신적인 모델이 될 수 없다. 우리는 미래의 시장에서 지속가능한 비즈니스 모델을 이해하는 능력이 필요하다. 블록체인은 기존의 디지털 사회에서 미래를 움직일 혁신적인 비즈니스 모델로서 활용될 수 있다.

2-1   비즈니스 모델의 이해

새로운 시장을 이해하는 전략적 개념적 접근으로부터 블록체인을 기반으로 하는 비즈니스들이 등장하고 있다. 블록체인 기술의 비즈니스가 성공하기 위해서는 비즈니스 모델 측면에서도 중요한 관심을 가질 수밖에 없다. 비즈니스 모델은 학계뿐만 아니라 전 세계적으로 비즈니스 리더들의 중요한 이슈로 등장하고 있다. 비즈니스 모델은 결국 그 산업이 얼마나 정교하며, 체계적인지를 보여주는 내용이기도 한 것이다. 즉, 자신의 비즈니스 모델 제품이나 서비스를 어떠한 방식으로 소비자에게 그 가치를 전달함으로서 얻어지는 일련의 과정으로 설명할 수 있다. 즉, 고객에게 제공되어지는 가치, 가치를 전달하는 활동 및 수익을 창출하는 구조의 통합적인 시스템이며, 하나의 조직이 어떻게 가치를 포착하고 창조하고 전파하는지 그 방법을 논리적으로 그리고 체계적으로 설명하고 있는 방식인 것이다. 이러한 비즈니스 모델은 가치로부터 수익 창출 확보에 대한 프레임워크이고 전략적 접근이기도 하다. 결국 블록체인의 경우에도 비즈니스 모델은 블록체인이 혹은 블록체인을 통해 기업이 사업을 운영함에 있어 기업의 내부 가치를 구체적으로 구성하여 이해관계자들과의 관계형성을 구축하는 것이다. 다시 말해, 블록체인을 통해 혹은 블록체인 그 자체가 기업이 추구하는 일관성이 있고 통합된 조직 구조를 통해 가치를 어디서 어떻게 창출하는지를 보여줌으로써, 새로운 아이디어와 기술을 사업화하여 특정 기회를 포착하고 조직의 조정 가능성을 제공할 수 있는 중요한 수단으로 인식하게 하는 것이다.

이 혁신적인 비즈니스 모델을 통해 이루어진 기업의 비전과 전략은 빠르게 변화하는 경영 환경 속에서 생존을 위한 중요한 가치로 대두되고 있다. 즉, 시장의 환경을 이끌어나갈 수 있는 리더십이 필요한 데 이것이 혁신의 중요한 기반이 되는 것이다. 이제는 더 이상 성공 전략이 아닌 생존 전략적 사고인 것이다. 결국 기업은 기존의 경영 환경 속에서 혹은 미래의 경영 환경 속에서 더 나은 제품 혹은 서비스를 생산하거나 제공하는 기업이 아니라 더 나은 비즈니스 모델을 통해 고객에게 어떠한 가치를 어떻게 제공하고 공유하는 전략을 통해 시장의 리더가 되어야 한다. 현재 혹은 미래 시장의 리더가 되기 전에 시장의 상황과 환경 등을 고려하여 새로운 수익 모델에 대한 가능성을 규명하고 이를 실현시킬 수 있는 전략이 필요한 것이다. 특히, 4차 산업 혁명이 화두로 대두되고 있는 요즘의 경우에는 더욱 중요한 전략적 사고와 기업의 철학으로 고려되고 있다. 자신의 기업을 지속가능한 상황으로 만들고 시장에서 가치를 창출하기 위한 비즈니스 모델은 고착된 내용이 아니라 변화 가능한 능력을 고려해야 한다는 것을 잊지 말아야 할 것이다. 즉, 어제의 수익 모델은 오늘 그리고 내일의 수익 모델이 더 이상 아니고, 이러한 혁신과 변화의 주인공은 자신임을 잊지말아야 할 것이다. 즉, 비즈니스의 특성이나 시장의 환경에 적합한 비즈니스 모델을 선정하고 적용하는 것이 중요한 이슈로 대두되고 있는 것이다.

비즈니스 모델은 많은 사람들이 다양한 표현을 통해 설명하고 있지만 그들이 공통적으로 주장하고 있는 것은 하나이다. 결국 자신의 가치 창출과 그 가치에 대한 제공 방식의 창출이다. 단순히 사업의 구조적 프로세스만을 제시하는 것이 아니라 기업의 추구하는 가치 창출에 대한 전반적인 내용을 담고 있는 기업의 미션이기도 한 것이다. 결국 비즈니스 모델은 기업의 수익 창출을 위한 다양한 활동의 차원을 넘어서 그들과 연결되어 있는 이해관계자들과 심지어 그들의 제품이나 서비스를 사용하는 고객의 입장까지도 고려해야 하는 의사결정 과정이며 가치 공유 과정인 것이다. 단순히 기업이 수익에만 집중하려는 과정이 아닌 지속가능한 경제의 주체로서 공유해야 할 철학적 내용으로 이해해야 할 것이다.

2-2   새로운 비즈니스 모델로서의 블록체인

기존의 인터넷 문명은 다양한 이유로 진화를 거듭해 오고 있다. 기존의 시장 환경에서 볼 수 있는 환경이 다양해진 시장 환경과 구조가 등장하면서 새로운 시장의 형성을 촉발하기도 하였다. 이러한 상황에서는 우리가 시장에서 적용되었던 경제의 논리가 기존의 패러다임으로는 설명하기 어려운 상황이 되었다. 그 시장 환경은 원시의 시장 환경에서 추구하는 근본적 가치는 현재의 그것과 같지만, 그 가치를 추구하는 방법론에 대한 진보가 이루어지고 있는 것이다. 이러한 시대적 상황을 반영한 경제 패러다임 속에서 가치추구, 즉 비즈니스 모델은 시장에서 경제활동을 추구하는 경제활동 주체들에 의해 변해왔다. 원시시대의 조개껍질은 현대의 가상화폐로까지 진화가 되어왔다. 하지만 그 속에서 추구되는 가치는 변함이 없다는 것이다. 조개껍질부터 곡식을 통해 이루어졌던 거래가 농경상회로 접어들면서 화폐의 본격적인 거래가 이루어지기 시작하였으며, 산업혁명 이후 자본과 노동에 대한 가치 지불 수단이 지폐로 활용되고, 이후 많은 기술적 진보 이래로 신용카드와 같은 신뢰 기반의 무형적 화폐의 상용화가 시작되었다. 이러한 사용에도 불구하고 그동안의 중앙집권적 화폐의 통화를 대안적으로 제시하는 디지털 화폐들이 등장하고 있으며 활용되고 있다. 이러한 디지털

화폐들은 기존의 시장 경제의 패러다임을 전환시킬 수 있을 것으로 보고 자신들이 코인과 같은 디지털 화폐를 생산하고 유통하기 시작하였다. 결국 중앙의 통제가 아닌 거래 중심의 경제와 도구로서 디지털 화폐들이 등장하게 되었다. 이처럼 시대가 변화함에 따라 시장 고객의 가치를 반영하는 기술이 나타나게 되었다. 그러한 진화는 현재에도 진행형이다.

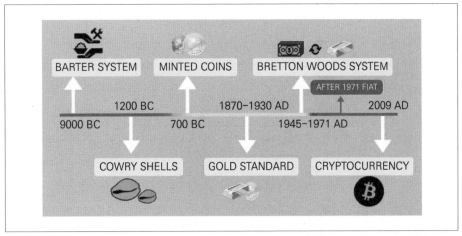

[그림 3-5] 시장 경제 패러다임의 진화

기존의 시장 환경 속에서 적용되고 활용되어 기업과 고객들 사이의 관계를 형성하는 과정을 살펴보았다. 이러한 환경들이 변화되고 진화되어 오는 과정에도 그들이 추구하는 본질은 변함이 없다. 결국 거래의 방식에 대한 그들의 가치를 우선시하고 이를 위한 기술적 발전을 꾸준히 도전하고 시장에 적용하고 있는 것이다. 수많은 사업들이 하루에도 엄청나게 생성되지만, 반면에 하루아침에도 엄청난 수의 기업들이 사라지게 된다. 결국 고객과의 가치 교환에서의 관계형성을 성공하지 못하면 시장에서는 자연적으로 사라지게 된다. 우리가 얼마 전 까지 알고 있던 기업들도 새로운 기업들의 모습으로 대처가 되거나 변화하는 모습을 수없이 지켜보고 있다. 자본주의의 특징을 통한 경제흐름이 중앙집중식 방식을 탈피하고 개인 간의 거래기반으로 신뢰를 추구하는 패러다임으로 진화하고 있다.

이러한 기존의 전통적인 비즈니스 모델은 명확한 형태로 구성되어 있지만 현재의 비즈니스 모델이 추구하는 방식은 보이지 않는 방식까지도 고민하고 반영해야 하는 상황이다. 앞서 언급한 내용이지만 농·축산물의 생산부터 소비까지의 과정을 최종 소비자는 자세히 알지 못하던 것이 기존의 경제 패러다임에서의 비즈니스 모델이었다. 하지만 최근에는 생산부터 소비자들의 밥상에 오르기까지의 전 과정을 모니터링하고 감시하는 시스템으로 진화하였다. 정부가 농·축산물에 대한 철저한 관리와 감시를 하고 있지만 간혹 이러한 취지와는 달리 비위생적이거나 원산지가 위조 혹은 변조된 농·축산물이 우리에게 배달이 되는 경우가 있다. 이러한 상항에서 농·축산물의 소비 촉진과 원활한 유통을 통한 국제 경쟁력 제고와 소비자의 이익 기여와 농·축산물 생산자들의 소득 증대라는 비전을 제시할 수 있는 시스템이 필요하다. 대표적인 것이 국내의 축산물품질 평가원에서 시행하고 있는 '축산물 이력제'이다. 이러한 시스템은 가축 및 축산물 이력 관리에 대한 법률 제14487호에 따라 축산물의 출생 및 수입에서 판매에 이르기까지의 단계를 분류 및 기록하는 시스템이다. 기록된 정보를 통해 축산물의 이동 경로 추적, 방역 체계의 효율성 제고, 안정성 확보를 통한 소비자가 안심하고 먹을 수 있는 소비 환경을 구축하기 위한 제도이다. 다시 말해, 축산물의 유통과 관련된 거래내역을 기록하고 관리함으로써 축산물의 유통을 투명하게 관리하고, 원산지 허위 표시 등 국민들의 안심 먹거리를 위협하는 편법, 불법 행위를 근절함으로써 이와 관련된 사업의 건전성에 도움을 주는 제도인 것이다. 이러한 시스템에서의 비즈니스 모델은 기존의 원시적인 생산과 유통 그리고 소비의 단계를 혁신적인 방식으로 진보시키고 있다. 축산물 이력제의 도입으로부터 이해할 수 있는 농·축산물 거래 환경의 비즈니스 구성요소는 다양하게 존재하고 있다. 이러한 시스템 속에서 축산물 이력제가 제공하는 가치제안은 축산물 이력제 도입으로 인한 안심 먹거리 제공을 들 수 있다. 이러한 가치를 생산하고 공유하는 최종 목표 고객은 축산물을 이용하는 고객들이 될 수 있다. 이러한 거래 상의 가치사슬 및 조직은 농·축산물 생산 농가와 도축하고 가공하고 이를 포장하는 유통업체와 도매 및 소매 판매업체들로 구성되어 있다. 이러한 유통과정을 거치는 동안 기존의 시스템은 관리기관의 일관성에 대한 문제와 생산 및 유통 단계에서 발생할 수 있는 다양한 문제점들이 발생하고 있음을 알 수 있다. 이러한 방식으로 진행되어 온 농·축산물의 생산 및 유통에 대한 거래시스템이 가지고 있던 문제점들을 해결하고 새로운 거래방식의 패러다임을 제공하는 기술까지 도입을 요구하고 있다. 기존의 온라인으로 농·축산물의 생산과 소비에 대한 다양한 이력의 사항들을 각각의 단계를 거치면서 위조와 변조 등과 같은 불법적인 행위들이 이루어져 왔다. 기존의 중앙집권형 거래에서 발생할 수 있는 비정상적인 상황들의 감시와 통제가 사실상 필요하다. 이러한 통제시스템의 개발들은 수요 중심적 기술을 태동시키고 이를 위한 기존 기술의 혁신을 야기하기도 한다. 그래서 최근 들어 이러한 폐단을 방지하고 신뢰 기반의 경제 시스템을 구축하기 위한 기술들이 속속 등장하고 있다. 이러한 기술적 태동의 한 가지가 바로 블록체인인 것이다. 블록체인을 통한 농·축산물의 생산과 유통 및 소비에 대한 거래 시스템에 대한 비즈니스 모델을 검토해 보면 기존의 시스템에서 발생할 수 있는 오류나 불법적인 요인들을 제거하고 신뢰와 분산원장에 대한 기본적인 접목을 통한 새로운 비즈니스가 탄생하고 있다.

농·축산물의 생산과 유통에 대한 블록체인의 도입은 이를 관리하는 기관에게 큰 힘이 될 수 있다. 예를 들어, 축산물품질평가원의 경우 국내에서 거래되는 축산물의 생산과 유통을 비롯한 소비의 전반적인 관리를 책임지는 기관이다. 이 축산물품질관리원의 운영 시스템에 대한 비즈니스 모델의 적용과 블록체인의 도입에 따른 운영 프로세스에도 많은 이슈들을 초래시킬 수 있음을 알 수 있다. 농·축산물의 생산과 거래에 따른 비즈니스에서 주요 고객은 축산물품질관리위원을 들 수 있다. 안전하고 건강한 농·축산물을 소비하기 위한 감시와 관리 기관은 농가나 축산가에서 생산한 농·축산물을 대상으로 이력관리 및 유통관리 등의 운영체계를 도입해야 하는 기관으로 블록체인 도입에 대한 최종 목표 고객이 된다. 최종 고객으로서 축산물품질관리원은 블록체인 시스템 제공 및 운영기관과의 관계형성을 위한 전략은 시스템 구축과 이들의 유지 및 보수 관리, 꾸준한 농·축산물 이력 제도의 문제점과 개선 사항을 반영하는 서비스를 통해 긍정적인 관계를 형성해야 한다. 축산물품질관리원이 이러한 시스템을 도입하고 운영하기 위해서는 블록체인 시스템을 도입하고 운영해야하는데 이는 기관에서 적절한 업체를 통해 도입을 시도해야 한다. 이러한 과정은 조달청을 통해 공공

입찰 수주와 같은 방식을 통해 이루어질 수 있다. 블록체인 시스템이 구축되면 농·축산물을 생산하는 농가나 도축업자 그리고 유통업체들 사이에서 발생할 수 있는 데이터를 원천적으로 위조나 변조를 하지 못 하도록 원천적으로 차단해야 한다. 생산부터 소비에 이르는 전 과정을 분산원장을 통해 기록하여 데이터의 누락이나 임의 수정 및 삭제 등과 같은 데이터의 위조나 변조를 방지하고, 이를 통해 농·축산물 이력제도의 신뢰성을 높이는 쪽으로 활용할 수 있다. 이러한 블록체인 기반의 생산관리 이력시스템을 운영하는 것은 축산물품질관리원 등과 같은 조직의 특성이나 조직에서 추구하는 업무의 미션을 잘 이해하고 이들의 문제를 해결해 줄 수 있는 능력을 그들의 핵심자원으로 볼 수 있다. 결국 블록체인 시스템 생산 및 제공과 관리업체의 인적 그리고 물적 자원이 중요한 이슈로 등장하기도 한다. 이처럼 블록체인 기반의 시스템은 농·축산물의 생산부터 소비에 이르는 전 과정을 관리하는 핵심 활동을 수행하게 될 것이다. 이들의 핵심 활동을 지원하거나 협업을 수행할 수 있는 파트너들도 경우에는 같이 활동에 참여할 수 있다. 이러한 활동은 가치사슬에 대한 접근 방법 및 조직 운영에 대한 내용으로 볼 수 있다. 그리고 이러한 운영시스템을 축산물품질관리원이나 정부에 납품함으로써 농·축산물의 생산부터 소비에 이르는 과정을 모니터링하게 할 수 있는 시스템을 구축하는 비용으로 수익을 창출할 수 있다. 이러한 수익에서는 시스템을 구축하면서 발생하는 관리비용이 투입될 수밖에 없다. 여기에는 블록체인을 구축하는데 투입된 인력들에 대한 인건비를 비롯하여 블록체인을 탑재할 수 있는 하드웨어, 운영체계 등의 시스템 구축 비용이 발생하게 된다. 기업의 입장에서는 이러한 수익을 관리하는 것이 중요한 이슈가 될 것이다. 결국 기업에 수익을 발생시키기 때문이다. 이처럼 우리의 식탁에서 안전과 신뢰를 책임질 수 있는 운영체계, 즉 블록체인의 도입은 결국 국가의 경쟁력과도 연관이 있다. 기존의 생산부터 최종 소비에 이르는 각각의 단계에서 발생할 수 있는 다양한 오류들을 원천적으로 차단하고 일괄적인 통제와 감시를 통해 식탁의 안전과 건강을 책임질 수 있는 시스템이 결국 개인의 차원을 넘어서 국가의 차원으로도 중요한 이슈가 되고 있다는 것을 명심해야 할 것이다.

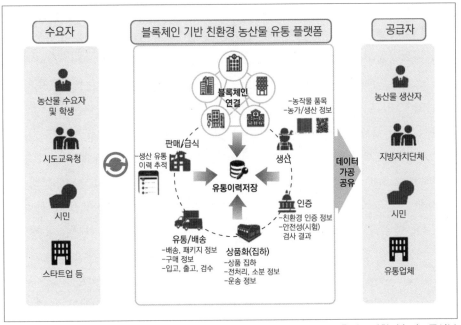

[그림 3-6] 블록체인 기반의 농산물 유통 플랫폼 개념도

비단 비즈니스 모델로서의 블록체인의 운영은 농·축산물의 경우만 해당하는 것은 아니다. 우리의 생활 속에 깊숙이 자리 잡고 있는 정보 기술, 커뮤니케이션 그리고 오락성이 보편화되고, 브랜드가 시장을 지배하고 있다. 기업이 중요시 여기고 있는 마케팅의 새로운 트렌드는 제품의 기능과 소비자 혜택 대신 소비자의 체험을 간과할 수 없다. 결국 소비자의 소비 행위는 라이프스타일의 총체적 경험으로부터 나올 수밖에 없다. 동일 제품군에서 경쟁 상대를 규정했던 과거와는 다르다. 기업들은 소비자를 이성적이며, 감성적인 존재로 인정한다. 새로운 마케팅의 틀에서는 분석적, 양적, 언어적인 접근 방법에서 벗어나, 소비자의 이성과 감성에 접근할 수 있는 새로운 접근 방법이 필요하다. 이러한 행동은 기업의 성패를 갈라놓을 수 있다는 것을 잊어서는 안 된다. 전통적 마케팅과 달리 소비자의 체험을 중시하는 체험 마케팅은 제품의 특징과 혜택보다 소비자의 감각, 정서, 인지적 경험, 행위 그리고 고객과의 관계를 우선시한다. 브랜드는

고객에게 체험을 제공하는 수단이다. 기업은 소비자와 커뮤니케이션 하기 위해 브랜드를 적용한다. 기업은 고객과 관계를 만들고, 유지·강화하기 위해서 끊임없이 커뮤니케이션 해야 한다. 그러므로 이제 브랜드도 기업에 있어 하나의 자산으로 간주되어 왔다. 그만큼 브랜드의 중요성이 커지고 있고, 브랜드도 기업이 가지고 있는 하나의 중요한 자산으로써 부각되고 있는 것이다. 이러한 상황은 블록체인 플랫폼 업계에서도 예외가 아니다.

최근 블록체인 기술을 활용하고자 하는 기업들의 니즈가 확대되고 있다. 전세계적으로 정부, 금융기관, 글로벌 기업 등이 관련 기술 개발 및 활용에 적극적인 상황이며, 기업 비즈니스 플랫폼 구축 및 제반 연구 병행 등 다양한 노력 중에 있다. 향후 블록체인 기술을 활용한 비즈니스 영위 및 관리 개선의 움직임은 더욱 가속화될 것으로 보이는 가운데, 요즘 다양한 블록체인 플랫폼이 생겨나고 현실적으로 블록체인 기술의 현실화를 이루었지만 아직 소비자들에겐 친숙하지 않는 것이 사실이다. 그것은 블록체인 플랫폼 비즈니스를 차별화하는 브랜드 파워가 부족하기 때문이다.

현재의 비즈니스 구조가 명확하지 않아 대중에게는 흐리게만 보였던 블록체인이 익숙한 형태의 플랫폼으로 속속 등장하고 있다. SNS 대부분의 콘텐츠를 실질적으로는 사용자가 생산하듯, 블록체인이 활발해지기 위해서는 대중적인 서비스를 구현해 유저 풀 확보해야 한다. 대중 입장에서 친숙하게 인식하게 하는 것이 중요하다는 것이다. 즉, 불편을 새로움으로 받아들일 수 있는 역할이 필요한 것이다. 블록체인을 탄탄히 받쳐 줄 인프라 부재와 여전히 온라인 안에서 혹은 온라인에서 오프라인으로 확장되며 문제점이 끊임없이 발생하고 있는 보안문제와 그에 따라 발생하는 여러 상황을 고려해야 한다. 그래서 기업들이 추구하는 블록체인 플랫폼 기반의 브랜드 자산구축에도 많은 관심과 비용을 투입하고 있다. 이러한 플랫폼 비즈니스는 시장에 출현한지 오래되었다. 이미 많은 비즈니스들의 브랜드들이 익숙해져 있다. 이러한 상황에서 블록체인은 기존의 플랫폼 비즈니스를 운영함에 있어 유용한 도구로 혹은 기업의 전략적 방안으로 많이 활용이 되고 있다. 오늘날 우리 주변에 있는 많은 플랫폼들이 우리 라이프스타일을 조금씩 변화시켰다. 애플(Apple)의 아이폰(iphone)이 그랬고, 에어비앤비(Airbnb)가 그랬으며, 넷플릭스(Netflix)가 그랬다. 그렇게 플랫폼이 활성화되기까지 플랫폼은 자신만의 브랜드 정체성을 구축하며 사용자를 확보해 나갔다. 이제 충성도 높은 사용자를 두고 있는 브랜드로 자리 잡았다. 블록체인 기반의 플랫폼도 그 자체로 브랜드가 돼 우리도 모르는 사이에 라이프스타일을 바꾸고 선도해 나가는 브랜드로 나아갈 수 있는 잠재성이 충분하다. 아직은 낯선 기술이지만 그들의 방식으로 연결지어 결국 은 대중이 낯선 경험을 불편이 아닌 새로운 경험으로 받아들일 수 있게 될 것이다.

이처럼 플랫폼 비즈니스는 우리들 주변에서 강력한 시장을 형성해 왔다. 플 랫폼 비즈니스를 통해 기업들은 기존의 제품이나 서비스를 제공할 수 있는 기반 이 되기도 했다. 이러한 플랫폼은 지렛대 역할을 통해 단기간에 투자 대비 높은 성과를 제공해 왔다. 이는 제품 개발과 생산 과정에서 공용화 가능한 부분을 중 심으로 제품 플랫폼을 탄탄하게 만든다면, 그 다음부터는 고객의 욕구에 따른 다 양한 제품들을 플랫폼 위에서 조금씩 변화를 주어 생산하면 된다. 이러한 운영체 계는 당연히 기업의 효율성을 증가시킬 것이다. 우리 주변에서 익숙한 플랫폼의 사례는 애플사의 경우일 것이다. 2008년 앱스토어 서비스를 시작했을 때 앱의 개 수는 얼마 되지 않았지만 현재는 엄청난 수로 증가하고 있고 지금도 생성되고 있 다. 애플의 경우 말고도 유통 분야에서 성공한 아마존의 경우도 다를 것이 없다. 온라인 유통업체의 핵심경쟁력은 판매하고자 하는 상품의 다양성이다. 애플이 앱 스토어를 외부 개발자들에게 개방한 것처럼 아마존의 경우에도 자신의 플랫폼인 ICT와 물류 인프라를 외부에 개방함으로써 그들의 힘을 공유하여 상품의 다양성 을 확보할 수 있었다. 그리고 플랫폼 비즈니스는 기존 시장 환경 속에서 강력한 비즈니스 모델의 토대가 될 수 있다. 가치있는 플랫폼은 고객들이 알아서 모이게 되어 있다. 사람들이 많이 모일수록 가치있는 플랫폼은 새롭거나 가치있는 다양 한 비즈니스 모델을 창출하게 된다. 우리가 사용하는 인터넷이야말로 다양한 참 여자들을 연결하기에 가장 효과적이고 강력한 도구이다. 방대한 정보로부터 원하 는 것을 찾고자 하는 사용자와 그들로부터 목표 집단을 선별하려는 광고주들을 연결하는 구글은 검색 플랫폼을 개발하여 소통하고자 했다. 또, 온라인상에서 지 인들과 편리하게 소통하려고 하는 사용자들과 이들에게 광고하거나 앱을 제공하 고자 하는 기업들을 연결하는 페이스북은 SNS 플랫폼을 개발했다.

플랫폼 비즈니스는 서비스 기반의 강력한 경제의 핵심적인 동력이 될 수 있다는 것을 명심해야 한다. 결국 서비스는 사용자의 사용기준에 따른 비용 지불의 개념이 적용되었다. 사용자가 필요한 만큼 자원을 원하는 시기에, 원하는 방식과 형식으로, 원하는 만큼 제공하는 서비스와 플랫폼의 속성과 잘 어울린다. 결국 플랫폼이 소비자의 맞춤형 서비스 산업의 활성화에 기폭제가 되고 있는 것이다. 그리고 플랫폼은 기본적으로 네트워크 기반의 경제를 구성하는 시장이다. 이 시장은 네트워크의 일정 규모에 먼저 진입한 사업자와 후발주자의 격차를 갈수록 벌어지게 하는 특징이 있다. 이러한 특징을 기반으로 플랫폼 비즈니스의 중요성을 인식하고 이를 적용한 블록체인 비즈니스들이 출현하고 있다.

〈표 3-3〉 글로벌 IT 기업의 플랫폼 비즈니스로서 블록체인 활용 사례

기업	플랫폼	주요 내용
IBM	블록체인 플랫폼	• 클라우드 기반 플랫폼에서 블록체인 생태계를 신속하고 경제적으로 개발, 관리 및 운영 가능 • 베타 기간 Starter Membership Plan 무료 가입 및 Enterprise Membership Plan으로 프리미엄 기능 지원
Microsoft	애저 블록체인	• 코다(Corda), 이더리움(Ethereum), 하이퍼레저 패브릭(Hyperledger Fabric)을 포함하여 적합한 블록체인 원장을 고객이 선택할 수 있도록 사전 구성된 모듈형 옵션으로 애플리케이션 개발 소요시간이 단축 • 블록체인 솔루션 자체에 대해 요금을 부과하지 않으며 컴퓨팅, 스토리지 및 네트워킹 등 리소스만 구매하는 방식
Amazon	블록체인 템플릿	• 이더리움이나 하이퍼레저 패브릭 원장 기술을 기반으로 구축 • 이더리움은 공개 애플리케이션을 대상으로 하며, 하이퍼레저 패브릭은 프라이빗 클라우드 애플리케이션에 적합
Oracle	블록체인 클라우드 서비스	• PaaS(Platform−as−a−Service) 서비스의 일환으로 블록체인 클라우드 서비스를 선제적으로 시작 • 오픈소스 하이퍼레저 패브릭 프로젝트 위에 구축되어 기업 고객이 관리하는 방식으로 블록체인 제공
Bai du	블록체인 오픈 플랫폼	• 2018년 초 자체 개발한 기술로 BaaS 플랫폼을 출시 • 거래의 빠른 작성 및 추적을 목표로 디지털 통화, 보험 관리, 디지털 청구, 은행 신용 관리 등 서비스 분야에 활용 계획
HUAWEI	블록체인 서비스	• 기업들이 스마트계약을 체결할 수 있도록 지원하는 블록형 플랫폼을 출시 • 오픈소스 하이퍼레저 패브릭 위에 구축되어 공급망과 관련된 솔루션 개발, ID 확인, 재무 감사, 토큰화된 증권 자산 등 공공서비스 개발에 활용할 계획

블록체인을 통한 플랫폼 비즈니스 중의 하나가 암호화폐라고 불리는 통화 시스템에도 적용되고 있다. 중앙집중형의 기존의 화폐 시스템이 아니라 분산형의 블록체인 특성을 적용한 화폐 운영 시스템이다. 이 중 하나인 소셜 미디어 경제 기반의 스팀(STEEM)은 블록체인에 기반을 두어 운영되는 블록체인 기반의 SNS 시스템으로 검열 없는 SNS를 추구하는 분산화 서비스이다. 콘텐츠에 업 보팅된 스팀파워의 합에 비례하여 콘텐츠 제작자가 스팀이란 암호화폐로 보상을 받는다. 스팀코인은 UPBIT, BITTREX 등과 같은 암호화폐 거래소를 통해 법정화폐로 환전이 가능하다.

스팀은 게시자가 콘텐츠로 수익을 창출하고 커뮤니티를 성장시키는 블록체인기반 보상 플랫폼이다. 즉, 스팀은 블록체인 기반 보상 플랫폼 전체를 이르는 큰 개념이라고 볼 수 있다. 스팀잇(Steemit)은 스팀이라는 블록체인 기반 보상 플랫폼을 활용하여 스팀설계자들이 만든 첫 번째 애플리케이션으로서, 커뮤니티에 돈을 지불하는 소셜 네트워크 서비스를 이른다. 스팀이라는 플랫폼을 다양한 서비스에 확장 적용할 수 있을 테지만 그중에 소셜 네트워크에 적용한 것이 바로 스팀잇이다. 이 스팀잇은 스팀이라는 자체 SMT(Smart Media Token)를 가진 블로깅 플랫폼을 가지고 있고, 이러한 토큰은 지역 사회 투표를 기반으로 콘텐츠 제작자와 큐레이터에게 보상으로 배포된다. 스팀잇은 작가/큐레이션이라는 독특하고 신선한 보상체계가 있는데 이 보상체계를 자체 코인생성을 통해서 아무 사이트에서 가져다 쓸 수 있게 하는 것이 바로 SMT이다.

다양한 분야에서 스팀이 많은 플랫폼 비즈니스로 활용되고 있다. 이 덕분에 플랫폼 비즈니스에서는 강력한 브랜드 자산이 형성되고 있다고 할 수 있다. 스팀이 브랜드 자산을 구축한 성공 원인은 스팀을 디자인하는데 있어서 적용된 핵심 원칙을 보면 알 수 있다. 가장 중요한 원칙은 벤처 기업의 성장에 기여한 모든 사람들이 기여도에 따라 그에 상응하는 지분, 현금 혹은 차입금을 받아야 한다는 것이다. 이 원칙은 모든 벤처 기업들의 설립 및 유상 증자 시 적용되는 주식 배분 원칙과 동일하다. 이처럼 참여와 이에 따른 보상 시스템의 플랫폼을 통해 암호화폐 시장에서 브랜드 자산을 구축할 수 있었으며, 다양한 참여 기반의 형태는 지속적인 고객의 유입을 만들어 내었다. 이러한 플랫폼을 통해 기존의 비즈니스 모델에서 보여줬던 효용성을 한층 더 강화하여 브랜드 자산을 구축하게 되었다.

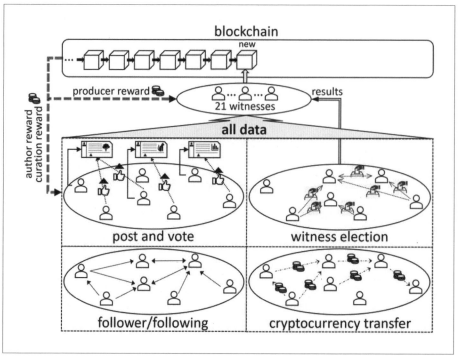

출처: Chao Li(2019). Incentivized Blockchain-based Social Media Platforms: A Case Study of Steemit. The 10th ACM Conference.
[그림 3-7] Steemit 블록체인 구성도

스팀의 플랫폼 비즈니스를 좀 더 설명하자면 자금조달 방식에 있어서도 ICO 이후의 지속적인 자금유입 문제, 코인 구매자들의 지속적인 커뮤니티 참여 유도, 코인 가격 유지 등의 문제를 해결하기 위해 권리부여 방식을 이용해 시장에 있는 유동성 풍부한 스팀 중 일부를 스팀 커뮤니티 내부로 유인하여 유동성을 제한하는 자본 형태로 바꾸거나(PowerUp), 채굴(글쓰기, 리스팀, 블록체인 유지, 증인의 역할 수행 등)에 기여한 자들에게 유동성이 제한된 화폐(스팀 파워)를 공급하거나 하는 방식을 취하게 하는 자금조달 방식 역시 큰 영향력을 미친다. 또한 자유롭게 유동화가 불가능한 화폐를 산 것에 대한 보상으로 스팀파워(영향력)와 이자를 제공하는 방식에 있어 'One-User, One-Vote'로 운영되는 대부분의 소셜미디어와 달리 'One-SP, One-Vote'을 선택함으로써 커뮤니티 참여를 유도한다. 또한 노동력에 의해서도 스팀파워를 획득할 수 있으므로 스팀파워의 영향력은 '자본+노동력'의 산물이며, 공정한 보상체계와 연동되어 브랜드 자산 구축에 성공했다.

최근 들어 관심이 많이 가는 분야 중의 하나가 의료산업 분야에서의 블록체인의 적용이다. 의료산업의 경우에는 많은 제한적 영역이 존재하여 많은 진입장벽이 존재하고 있다. 하지만 이러한 제한적 내용들이 결국 블록체인의 기술을 적용하게 되는 기회를 제공할 수 있을 것이라고 생각한다. 국내에서는 현재 국민건강보험공단에서 국민의료보험을 운영 관리하며, 모든 병원은 진료기록을 매달 청구하는 형태로 이루어지고 있다. 병원 시스템은 이를 위해 다수의 전자의무기록(EMR) 업체들로 이루어져 있다. 이러한 데이터들은 공유되지 않기 때문에 의료사고가 발생하기도 하며, 불필요한 검사와 진료들을 반복하곤 한다. 따라서 기존 환경 속에서 블록체인을 이용한 개인 의료정보의 활용도를 높인 의료정보 교류 시스템 모델은 강력한 도구로 활용이 될 수 있을 것이다.

블록체인을 이용한 의료정보 시스템의 제안하고자 하는 방향으로는 환자 개인의 의료정보가 들어간 블록들을 의료정보 교류 시스템을 통해 건강보험공단, 의료제공자, 약국에서도 열람이 가능하도록 만드는 것이다. 이때, 건강보험공단은 시스템의 접근승인 권한을 가지게 되며, 승인된 의료제공자의 경우 환자의 블록을 기록 및 열람 할 수 있으며, 건강정보를 비롯한 기본정보는 물론, 필요에 따라서 민감한 정보를 확인할 수 있다. 결국 의료제공자가 속한 병원은 환자의 진료기록을 직접 건강보험공단의 청구하는 형태가 아닌 환자의 블록이 생성되면 실시간으로 업데이트가 되는 형태이다. 환자의 경우 본인인증을 통하여 자신의 진료기록, 처방된 약의 정보 등을 확인할 수 있다. 다시 말해, 블록체인을 활용한 의료정보 시스템의 제공으로 환자는 본인의 의료정보를 직접 열람함으로써 의료정보 및 서비스에 대한 불안감 및 불만을 줄일 수 있고, 본인의 건강관리를 직접 할 수 있게 된다. 의료제공자와 약국, 건강보험공단 등 의료정보를 필요로 하는 이해관계자들의 업무처리 속도는 향상되며, 보다 정확하며 응답성 높은 정보의 제공으로 적절한 의료서비스를 제공할 수 있을 것이다.

최근 들어 많은 관심을 받고 있는 분야인 공유경제 분야에서도 블록체인의 도입은 가속도가 높아지고 있다. 글로벌 소비 패러다임이 소유에서 공유로 변화하면서, 에어비앤비(Airbnb)나 우버(Uber)와 같이 공유경제 비즈니스 모델이 세계적인 규모로 성장하고 있다. 공유경제가 세계시장에서 다양한 분야를 융합한 차세대 비즈니스 모델로 부각되면서, 학문적 관심 또한 지속적으로 증가하여 공유경제 비즈니스 모델에 대한 다양한 연구가 진행되고 있을 정도이다. 특히, 공유경제 비즈니스 모델의 경우 전통적으로 유지되어 온 거래 행태를 완전히 변화시켰다는 점에서 논의의 중요성이 강조된다. 그러나 기존 공유경제 모델이 이용자가 창출한 가치와 데이터, 이익을 중개 플랫폼이 차지하는 분배의 불평등과 독점의 형태가 부정적인 외부효과를 낳으며 이것이 궁극적으로 신뢰의 하락으로 이어진다. 즉, 기존 공유경제 비즈니스 모델이 참여자가 아닌 플랫폼 사업자를 위한 경제 구조로 변질되고 있다는 것이다.

블록체인 기술이 기존 공유경제 모델의 한계를 극복하여 새로운 가능성을 제공하는 새로운 대안으로써 제안되고 있다. 공유경제와 함께 블록체인 기술은 4차 산업혁명 시대와 함께 혁신기술로써 주목받고 있다. 블록체인이 기반기술로서 파급력을 인정받으며 다양한 영역에서 비즈니스 모델로 발전하는 가운데, 두 키워드의 조합인 블록체인 기반 공유경제 비즈니스 모델에 대한 이론적 연구는 부족한 실정이다. 이러한 상황에서 BeeNest는 2017년 미국의 샌프란시스코에서 시작한 블록체인 기반의 숙박 공유기업이다. 이 기업은 인센티브 구조개혁과, 거래수수료 그리고 낮은 보완과 신뢰성에 대한 관점을 해결하고자 하였다. BeeNest는 기존 주거 공유 시장의 불균형적인 발전을 지양하고, 중개수수료 없이 수요와 공급에 의해 참여자들이 직접 거래하며, 생산된 가치를 공유하는 진정한 의미의 공유 경제 플랫폼을 지향하고 있다. 이는 기존의 에어비앤비와 유사한 비즈니스 모델을 가지고 있으나 전혀 다른 수익모델을 통해 시장을 창출하고 있다. 에어비앤비의 경우 호스트와 게스트, 양방향 사용자에게 수수료를 부과하지만 BeeNest의 경우 중개자 없이 호스트와 게스트가 수요와 공급에 의해 직접 거래하므로 자체 암호화폐인 BeeToken을 통해 거래하는 경우 수수료가 '0'이다. 그러나 BeeToken을 제외한 다른 명목화폐를 통해 지불 또는 수령방식을 선택한 참여자에게 소량의 수수료를 부과함으로써(비트코인 또는 이더리움의 경우 1%, 신용화폐의 경우 3.99%) 암호화폐 생태계를 활성화함과 동시에 수익을 창출한다. 두 번째로, 페이먼트(Payment)-중재(Arbitration)-평판(Reputation)으로 구성된 자체 네트워크인 Bee 프로토콜을 기존 중앙집중식 공유경제 기업에 제공함으로써 이용료를 통한 수익을 창출하는 모델이다. 셋째, 광고 매출이다. 호스트가 그들의 상품/서비스를 홍보할 수 있으며, 이때 BeeToken을 지불하게 된다.

이러한 플랫폼을 운영하기 위해서는 페이먼트(Payment)-중재(Arbitration)-평판(Reputation) 프로토콜을 이용하여 공인된 제3자가 불필요한 탈중앙형 경제 솔루션 서비스와 네트워크 참여자 간의 분쟁문제 및 악의적 참가자 문제에 대한 솔루션을 제공한다. 여기서 페이먼트(Payment) 프로토콜은 지불 및 결제 솔루션으로 Bee 프로토콜의 핵심기능을 수행한다. 스마트계약을 통해 현재 또는 약속된 시점에 비대면으로 자동화된 계약 및 지불이 가능하다. 페이먼트 프로토콜에 관련된 모든 정보와 중재를 걸친 페이먼트 데이터가 네트워크에 기록된다. 중재 구조(Arbitration) 프로토콜은 물품의 파손, 도난 등의 분쟁이 잦은 '숙박공유'라는 비즈니스의 특성을 고려하여 설계되어 있다. 중재 프로토콜은 참여자 간 분쟁 해결을 위한 허브 역할을 수행한다. 분쟁조정 결과에 불복한다면 더 많은 BeeToken을 지불하여 항소가 가능하고, 이때 중재자는 의사결정 참여에 대한 보상으로 암호화폐를 지급받는다. 평판(Reputation) 프로토콜은 참여자들의 평판 점수를 관리하는 것으로, 네트워크와 서비스의 신뢰 향상에 필수적이다. 기존 공유경제의 평판 시스템과 다른 것은 블록체인 네트워크에 평판 점수가 기록되며 투명성이 보장된 알고리즘을 기반으로 점수가 산정된다는 점이다. 이러한 평판점수는 BeeNest 생태계에서 참여자의 다양한 역할에 따라 각 점수가 평가되어 총점수가 산정된다. Bee 프로토콜은 BeeNest의 수익 모델 중 하나이자 생태계를 원활하게 작동시키는 수단으로써 핵심자원의 기능을 한다. BeeNest는 Bee 프로토콜(P-A-R) 중 중재 구조 프로토콜(A)과 평판 프로토콜(R)을 통해 지속 가능한 생태계를 구축하는데 적합한 방향으로 견인하고 있다. 앞선 핵심자원에서의 설명과 같이 중재 구조 프로토콜을 통해 참여자 간 분쟁을 조정하고 합의를 통한 올바른 의사결정 과정을 유도한다. 이때, 중재 과정에서 암호화폐 BeeToken이 보상으로 지급되면서, 참여자들이 커뮤니티의 의사결정 과정에 자발적으로 참여하여 더 나은 생태계를 직접 만들어가도록 유도한다. 또한 평판 프로토콜(R)을 통해 공유경제 모델에서 핵심인 신뢰 및 평판 시스템을 구축하되 스마트계약에 의해 게스트, 호스트, 중재자, 판매자, 구매자로서의 각각의 점수를 종합한 뒤 평균값을 평판 점수로 사용한다. 이를 통해 참여자 모두에게 투명하게 공개하여 참여자 간 신뢰뿐 아니라 해당 네트워크에 대한 신뢰까지 확보할 수 있다. 또한 BeeNest는 호스트가 BeeToken을 지불하면 App에 노출될 수 있도록 함으로써 생태계 내 암호화폐가 유지될 수 있도록 하며, 이 외에도 추천 프로그램, 홍보대사 프로그램을 통해 해당 네트워크에 신규 참여자를 유입하기 위한 전략을 시도하고 있다. 즉, 홍보, 거래, 지불, 평가, 중재, 재판 등이 일어나는 작지만 정교한 사회를 구현함으로써 이 네트워크를 움직이는 핵심인 신뢰 구축의 솔루션을 제공하고 있다.

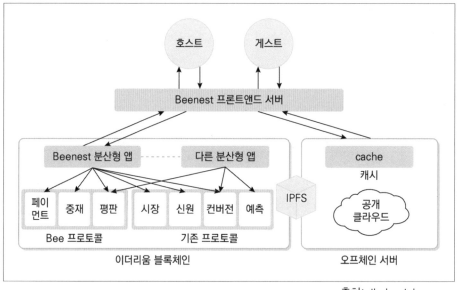

출처: thebeetoken.com

[그림 3-8] 블록체인 기반의 공유경제 모델: BeeNest 아키텍쳐

〈표 3-4〉 새로운 비즈니스 모델로서의 블록체인

구분	비즈니스 영역
스타트업의 블록체인 (금융)	은행송금, 증권거래, 청산결제, 투자/대출, 상품 거래소, 무역금융, 금융업무 관리(규정 등)
스타트업의 블록체인 (비금융)	신원관리, 전자투표, 공증/소유권, 유통, 수송, 보안, 스토리지
금융 주도의 블록체인	증권거래, 청산결제, 해외송금, 투자, 보험, 위험관리(위험거래, 의심거래자 경고)
정부 주도의 블록체인	전자투표, 전자화폐, 전자시민권, 소유권 기록, 기록물 관리
기타	전력거래, 사물인터넷, 클라우드 등

3장 블록체인 도시

전 세계는 이미 디지털 환경을 통해 하나로 되어가고 있다. 하지만 이 디지털 환경을 적극적으로 수용하고 이를 국가적 차원에서 정책적으로 리딩하지 않으면 시장에서 밀려날 수밖에 없다. 최근에는 블록체인을 국가적 차원에서 경쟁력을 강화하고 산업을 부흥하기 위하여 경쟁적으로 수용하고 이를 다양한 정책적으로 지원하고 육성하고 있다. 블록체인을 통해 산업을 활성화하고 국가 경쟁력을 높여가고 있는 국가 혹은 도시들이 증가하고 있다.

3-1 중국

2017년 비트코인의 폭발적인 성장으로 인해 블록체인 산업은 잘 알려져 있다. 2018년부터 2019년 상반기 동안 블록체인 산업은 빠르게 발전했으며, 특정 분야에 영향을 미치는 블록체인 산업이 형성되었다. 현재 블록체인 산업은 상류, 중류, 하류의 3단계로 나뉘고 있다. 상류는 기본층과 플랫폼층을 주로 포함하고, 기본층은 탈중심화 거래, 데이터 서비스의 주요 업무로 데이터 저장, 데이터 전처리, 데이터 피어 전송 등이며, 플랫폼층은 분산 저장, 분산 계산, 상태 탐지, 암호화에 대한 합의 구축이다. 중류층은 주로 인터페이스층, 외부 인터랙티브층, 렌더링층으로 구성되어 있으며, 인터페이스층은 외부 인터페이스, 사용자 API, 관리 API를 주로 담당하고 있으며, 외부 인터랙티브층은 프리젠테이션머신, 체인아웃 데이터 등을 주로 담당하고 있으며, 렌더링층은 사용자 애플리케이션 및 관리 애플리케이션을 주로 담당하고 있다.

중국은 정부주도의 블록체인 인프라를 형성했다. 중국 공업신식화부(CMIIT)는 2016년 10월 '중국 블록체인 기술과 응용발전 백서'를 발간해 블록체인 기술 발전과 표준화 로드맵을 제시했다. 중국 국무원은 2016년 12월 '제13차 5개년 국가정보화규획(2015~2020)'에 블록체인을 클라우드 컴퓨팅, 빅 데이터, 인공지능(AI), 바이오 유전자 공학 등 신기술과 함께 중점 육성해야 할 기술을 포함한다. 중국 공업신식화부(CMIIT)는 2018년 3월 13일 공식성명에서 '전국 블록체인 및 분산식 장부 기술 표준화 기술위원회'를 발족한다고 공식 발표했다.

이미 중국 블록체인 응용 시장규모는 증가하고 있다. 중국 투자 전문 언론 터우지제(投資界) 집계에 따르면, 2017년 9월부터 2018년 3월까지 중국에서 투자를 받은 블록체인 기업이 20개를 넘어섰으며, 총 투자액은 7억 위안을 돌파했다. Thomson Reuters에 따르면, 세계지적재산권기구(WIPO)에 등록된 2017년 블록체인 관련 특허출원 406건 중 중국이 225건으로 1위를 기록했고, 미국이 91건, 호주가 13건으로 그 뒤를 이어가고 있다. 중국의 특허출원 건수는 2016년 대비 3배 이상으로 증가했다. 한국 특허청에 따르면, 지식재산 선진 5개국(IP5, 한국, 미국, 일본, 중국, 유럽)에 출원돼 조사 시점(2018년 1월 말 기준)까지 공개된 블록체인 관련 특허 건수는 미국과 중국이 전체의 77.6%의 출원 건수를 차지하고 있다. 출원인 국적별로 살펴보면, 누적 건수로는 미국이 1위로 집계됐지만, 2016년 이후 중국이 연간 특허출원 건수에서 미국을 제치고 1위로 올라섰다. 조만간 누적 건수에서도 중국이 1위를 차지할 것으로 예측하고 있다.

중국 국립 정보통신 분야 조사기관 CCID의 「2018 중국 블록체인 산업 발전 및 투자가치 보고서」에서 중국 블록체인 매출액이 올해 8,100만 위안에서 내년에는 2억 4,400만 위안으로 3배 증가할 것으로 전망하고 있다. 2020년에는 중국 블록체인 관련 매출액이 총 5억 1,200만 위안으로 늘어나면서 지난해와 올해, 내년에 각각 전년 대비 163.6%, 179.3%, 201.2%의 매출 성장세를 기록할 것으로 예측하고 있다. 중국 내 블록체인 기업 수는 2017년 신생 기업 수만 179개로 대폭 증가 추세이며, 2018년 3월 기준 전문기업 수는 456개로, 전체 기업의 40%가 작년에 신설되었다. 글로벌 기업 블록체인 특허 순위 상위 100위 기업 중 49곳이 중국 기업인데, 그중 1위가 알리바바(Alibaba)였으며, 특히 상위 20개 기업에는 중국 기업 14개가 포함되었다.

중국 공업정보화부 CCID가 최근 발간한 「2018~2019 중국 블록체인 발전 연간 보고서」에 따르면 2016년부터 2018년 사이 주요 IT 인터넷 기업이 블록체인 사업에 뛰어들고 스타트업이 생겨나면서 투자가 촉진돼 산업이 급속도로 성장했다. 주로 베이징, 상하이, 광둥, 저장, 쓰촨, 장쑤 등지에서 블록체인 기업이 집중적으로 성장하고 있다. 블록체인 응용 분야는 금융, 공급망, 추적, 하드웨어, 공익 자선, 의료 및 헬스 케어, 엔터테인먼트, 사회 관리, 지적재산권 보호, 교육, 공유 경제 등 영역이 다양하다.

세계가 블록체인 기술의 무한한 응용 가능성과 잠재력에 눈뜨기 시작한 것은 2015년경으로, 주로 국가 차원의 관리 감독기구와 금융기구들 그리고 업계가 서로 경쟁적으로 관련 연구에 나서기 시작했다. 현재 중국 블록체인 산업 사슬은 업스트림에 위치하는 하드웨어 제조, 플랫폼 서비스, 보안 서비스 등부터 산업 사슬 하단부에 위치하는 산업 기술 응용 서비스, 산업 발전을 보장하는 투자 펀드, 미디어, 인사 관련 서비스까지 각 분야의 기업들은 이미 완벽하게 준비된 상황이다. 기업들은 각자의 힘을 합쳐 산업 발전을 위해 부단히 노력하고 있다. 블록체인 산업 분야에서 새로 설립된 회사 분포 현황을 보면, 2018년 3월 말까지 블록체인 산업의 애플리케이션 부류의 기업이 가장 많았고, 이 중 금융 관련 애플리케이션 서비스 회사는 86곳이고, 실물 경제 관련 애플리케이션 서비스 회사는 109곳이었다.

〈표 3-5〉 중국 블록체인 기반의 산업별 현황

구분	대표기업	응용 현황
금융 분야	중국 4대 은행	결제, 부동산 금융, 기업금융, 보험, 자산관리, 채권금융 등의 분야에서 블록체인의 탈중앙화, 위·변조 불가능의 특성을 살린 플랫폼을 통해 금융 안전을 보장하고 관리 비용 절감 효과
가상화폐	홍콩 houbi	2017년 상반기 중국의 중앙은행에 의해 설립된 가상화폐 연구소를 통해 업계는 올해 하반기 중국 법정가상화폐를 기대하고 이에 따라 해당 업계는 가상화폐 거래, 블록체인 지갑, 가상화폐 투자 등 파생 분야 주시

물류 관리	경동상성 (jin dong)	블록체인 특유의 거래 투명화 및 위·변조 불가 특성은 물류, 자금조달, 정보전달 및 IoT 등 기업 간 발생하는 분쟁 감소 및 업무효율 증대
에너지 서비스	국가전망	스마트 전력망은 블록체인을 통해 매 킬로와트(KW)마다 관련 정보를 표기하고 발전소 및 전력시설에 전송하여 유용한 데이터 근거로 사용할 수 있는 서비스를 제공. 또한 여유 전력 파악 및 과부하 관리에도 사용
의료 분야	Ai 건강	의료 산업 데이터 안전 및 환자 프라이버시 보호에도 광범위하게 사용되며 이를 통해 의료기기 간 정보 공유, 분산 저장 등 안전성을 대폭 강화
법률 서비스	바비트 (ba bi te)	저작권 보호, 증거 보호, 스마트계약 등 3가지 분야에서 저작권 보호 및 거래 표준화가 가능하고 블록체인을 통해 증거의 진위 여부 입증 가능
공익사업	개미투자 (ma yi jin fu)	기부 과정 관리를 통해 안심하고 기부에 동참할 수 있도록 유도
엔터테인먼트	금산게임 (jin shan)	블록체인을 통해 음악의 표절 여부를 판단할 수 있고, 게임, 스트리밍 등 해당 분야 결제 및 거래 안정성과 투명성 제고
농업	텐수이시 임업국· 지구랫 (텐수이렌핑)	투명한 원산지 표기방법 및 유통과정을 통해 서비스 신뢰도 제고
정유업계	중화그룹	석유제품 수출에 블록체인 기술 적용, 중국 천주(泉州)에서 싱가포르까지 휘발유 제품을 운송하는 데 해당 기술을 적용
전자상거래	알리바바, 차이나아오	알리바바는 물류기업 차이니아오(菜鸟)와의 협업을 통해 국제 공급 망에 블록체인 적용으로 수출입 상품정보(원산지, 선적/도착 항구 등) 제공

3-2 독일

독일의 경우 블록체인 기술이 기반기술로써 가지는 큰 잠재력을 바탕으로 그 확장을 통해 사회적·경제적 발전을 촉발할 수 있다는 믿음을 가지고 있다. 이에 연방정부는 미래를 적극적으로 형성하기 위해서 블록체인에 관해 혁신 친화적이고 선도자로서 역할을 수행하고 있다. 독일에 있어 블록체인에 관한 정책적 제안은 다양한 분야에서 이루어지고 있지만, 특히 디지털 행정서비스, 디지털 증권, 디지털 신원, 디지털 통화 및 디지털 기업을 중심으로 그 논의 전개의 필요성을 인식하고 있다. 이를 위하여 우선적으로 위험을 최소화하고 적정한 수준을 유지할 수 있도록 그 기술에 대한 표준을 설정할 필요가 있고, 설정된 표준을 통해 유럽 전역에 단일한 규제가 실현될 수 있어야 한다. 이를 위해 무엇보다도 상호 운용성 및 데이터 보호와 관련한 연구수행을 위해서 수학, 암호화 및 컴퓨터 과학 분야의 전문가와의 협업을 통해 표준화의 문제를 해결하는 것이 시급하다고 할 수 있다. 아울러 연방전략은 블록체인 기술로 인해 발생할 수 있는 리스크를 제한하기 위해서 그 법적 규율이 필요성을 인정하여 기술 중립적 규범화를 적극적으로 추진할 것을 요청하고 있다.

그중 베를린은 유럽에서 블록체인 개발자가 가장 많이 모여 있는 도시 중 한 곳으로 꼽힌다. 그러나 블록체인을 바라보는 독일정부의 심정은 복잡하다. 장기 디지털 전략으로는 블록체인 기술을 키우고 싶지만, 불법 다단계 사기 등 암호화폐 범죄로 투자자 피해도 일어나고 있기 때문이다. 독일정부는 다양한 시범사업을 추진하고 법제를 정비하면서 블록체인을 제도권 안으로 포섭하고 있다. 독일연방정부는 2019년 9월 블록체인 발전 전략을 발표했다. '토큰경제를 위한 방향의 설정'이라는 부제에서 보듯이, 독일정부가 블록체인을 어떻게 생각하는지, 또 앞으로 어떤 방향으로 블록체인 기반 토큰경제를 발전시키려는 지에 대한 포괄적 내용을 담고 있다. '숙의 전문국가'인 독일은 이 전략 수립을 위해 2019년 봄 대규모 자문회의를 열고 158명의 전문가 및 관계자의 의견을 취합했다.

구체적으로 독일 정부는 블록체인 기반으로 디지털 ID 시범사업, 고등교육

증명서 시범사업 지원, 물류 공급망 연구개발 등을 하겠다고 밝혔다. 또 기후변화 대응이 국책 과제인 독일은 블록체인을 에너지 산업에 적용하는 연구개발과 실증사업도 추진한다. 독일정부는 블록체인 기반으로 발전설비 시스템을 공공 DB에 연결하는 시범사업을 진행하고 있다. 이와 함께 독일 정부는 불가역성과 불변성이라는 특성을 이용해 블록체인 상 정보를 법원에서 증거로 인정할 수 있는지를 검토하고 있다. 더불어 블록체인 응용프로그램이 영상, 음악 등 콘텐츠 저작권을 보호할 수 있는지도 연구 중이다. 심지어 2020년 말까지 회사법에 블록체인을 도입해 출자지분을 관리(지분의 청산, 지분권의 행사 등)할 수 있는지도 검토할 계획이다. 곧 정부가 나서 DAO(탈중앙화 자율조직)를 연구한다는 뜻이다.

독일정부가 블록체인을 중요한 미래 기술로 보면서도 조심스럽게 접근하는 이유는 암호화폐가 가진 리스크 때문이다. 독일정부는 발전전략에서 명확하고 안정적인 규제의 틀을 구축해 매력적이고 안정적인 투자환경을 조성한다면서도 국민경제 전체의 균형을 유지하고, 금융시스템의 안정을 확보한다는 목표를 우선적으로 추구하려고 노력 중이다.

〈표 3-6〉 독일의 블록체인 정책 추진 동향 및 개요

개인 정보 보호	금융 및 암호자산	스마트계약	공공서비스	물류 및 유통
• EU 개인 정보 보호 규칙 (GDPR) 제17조에 따른 '잊혀질 권리'가 블록체인의 핵심요소인 불변성과 충돌할 수 있는 여지 존재 • 데이터 암호화 또는 특정키 파괴(삭제), 데이터 분리처리와 암호화 방식 등을 통해 기술적 해결방안 모색 가능 • EU GDPR 및 독일 현행법에서는 관련 규정이 명확하게 마련되어 있지 않은 상태	• 현행법은 종이와 같은 방식의 권리 표창을 요구하고 있으나, 향후 전자증권을 도입할 예정(전자 채무증권의 우선 도입) • 전자증권은 분산 원 장 기 술 DLT 시스템의 틀 내에서 증권 발행을 위한 필수적 전제조건임 • ICO 및 암호화자산에 대한 적절한 위험설명 의무 등 유럽증권 감독 청 (ESMA)의 권고에 따라 토큰공개에 대한 규제 이슈가 대두됨에 따라 규제의 필요성이 요구되는 추세	• 스마트계약은 실제 민법 상의 계약이 아닌 특정 명령을 기반으로 한 컴퓨터 프로그램 • 프로그램의 자동화된 데이터 기록에 대해 실제 조작할 수 없게 되어 있기에 구현이 효과적이고 상대방 위험 없이 자동실행 • 기존의 계약법상의 원칙적용과 책임관리의 문제 등에 있어서 제도적 해결 필요 • 연방정부는 에너지산업에서 스마트계약 등 기록을 실시하고, 스마트계약을 위한 인증절차도입 등 활용증대 노력	• 연방정부는 행정프로젝트로, 블록체인 기술 사회복지프로젝트를 지원하고 후원 • 기존의 서면 양식에서 벗어날 수 있는 적용 가능한 사례를 조사하고 있으며, 자동차 관리, 고등교육증명서 등 다양한 분야에 블록체인 기술 도입 가능성을 시험 • 효율적이고 투명한 관세평가를 위하여 블록체인 기반 응용프로그램 도입 시험 • 공공서비스분야에 대한 안전한 유효토큰개발 지원 예정	• 연방정부는 물류산업에서 블록체인 기술을 적용하기 위해 효과적 거버넌스구조의 연구와 개발을 독려할 계획 • 정부차원에서 소비자보호에 기여하는 블록체인 응용프로그램을 개발하고 지원할 예정

　　독일 연방금융감독청(BAFIN)은 비트코인 가격이 전고점에 가까웠던 2017년 11월 암호화폐공개(ICO)의 위험성을 경고하기도 했다. 당시 BAFIN은 ICO가 기업공개(IPO)와 유사한 이름을 가졌지만 법률과 기술적으로 전혀 다르다고 지적했다. 독일은 암호화폐 거래를 일찌감치 제도권 안에서 규제했다. BAFIN은 비

트코인이 발행된 지 3년 후인 2011년 은행법을 개정해 암호화폐를 금융상품으로 규정했다.

〈표 3-7〉 연방정부의 블록체인 행동목표와 구체적 조치

행동목표	행동 분야	구체적 조치
안정성 확보 및 혁신 촉진	금융부분의 블록체인	• 전자증권에 대한 입법예정 • ICO의 규제법안 예정 • 블록체인 거래플랫폼과 관련 서비스에 법적 안정성을 제공할 예정
혁신의 성숙	프로젝트와 시민생활을 통한 진흥	• 프로젝트 지원과 실생활랩 • 지속가능한 프로젝트 추진 • 다른 응용 분야에서의 프로젝트의 지원
명확하고 신뢰 기반의 투자조건	투자안정성 및 신뢰성 확보	• 법적 프레임워크 • 표준 및 인증 • 보안
기술적용	디지털화된 행정 서비스	• 개인의 디지털 신원 • 신뢰서비스 • 국가적 블록체인 인프라 구축 • 행정프로젝트
정보 확산	기업 및 시민사회의 협업	• 대기업, 중소기업, 신생기업의 지식확산과 네트워킹 • 시민사회와의 협업

3-3   미국

미국은 스타트업, 대기업, 투자기관 등 민간기관을 중심으로 적극적으로 블록체인 산업생태계를 구축하고 있다. 포브스가 선정한 글로벌 50대 블록체인 기업에 따르면 지역별로 구분했을 때 미국기업은 총 33개로 과반을 차지하고 있으며, 프로젝트 주요 투자자 역시 미국계 대형 벤처캐피탈이 주를 이루고 있다.

다양한 글로벌 블록체인 컨소시엄을 구성하고 오픈소스 플랫폼 개발 및 참여를 통해 기업 간 협력·제휴를 맺으며, 블록체인 생태계 형성이 활발하게 이루어지고 있다. 실제, 글로벌 3대 블록체인 컨소시엄으로 꼽히는 EEA, 하이퍼레저, R3 모두 미국에 본사를 두고 있으며 참여 기업 또한 대부분 미국계 글로벌 기업으로 구성되어 있다. 주목할 점은 페이스북이 2020년 허가형 블록체인에 기반을 둔 스테이블 코인인 리브라(Libra) 가상통화를 발행하여 송금 및 결제 서비스 출시를 선언한 점이다.

리브라는 다수 이용자 수를 확보한 플랫폼을 기반으로 범용성 확보가 가능하다는 점에서 성공 가능성이 높다. 다만, 리브라는 가치를 보장하는 방식이 불분명하고 세부적인 내용이 공개되지 않아 그 실체가 아직 미확정적이며 향후 자금세탁 수단으로 변질될 우려가 있다는 문제점이 제기되고 있기도 하다. 이에 페이스북은 리브라 관련 각국의 규제를 준수하기 위해 다양한 조치를 추진 중인 만큼 향후 리브라가 암호통화 시장에 미칠 영향력에 대해 주시할 필요가 있을 것이다.

미국은 주 정부마다 다른 입장을 취하고 있으나, 정부 차원에서 블록체인 서비스 활용을 위해 공공서비스에 블록체인 기술을 접목하는 실증과제를 적극적으로 추진하며 블록체인 기술의 상용화를 위해 지원하고 있다. 대표적인 사례는 우정청, 총무청, 나스닥, 보건정보기술국 및 각 주에서 시행하는 사업들이다.

우정청(USPS)은 포스트코인(Postal Crptocurrency)이라는 금융 플랫폼을 만들어 우편환, 국제 송금 등의 금융서비스에 블록체인 기술을 도입하고 금융 거래의 안정성과 투명성 제고를 위해 신원증명 서비스 제공을 시험 중이다. 이러한 블록체인 기반 우편 서비스는 비용 효율성을 개선하고 배송 시간을 단축할 뿐만 아니라 분쟁 해결에 도움이 되어 우편 서비스의 감사를 가능하게 하는 관리체인을 만드는 것을 목표로 한다.

총무청(General Services Administration)은 조달 프로세스를 자동화하여 고정 비용을 절감하는 것을 목표로 기존 인프라 위에 블록체인 기반 소프트웨어를 적용하는 프로젝트를 수행하기 위해 PoC를 완료하고 확대 적용하고 있다.

나스닥은 사적시장(Private Market)에 블록체인 기반 시스템인 나스닥 링크(Nasdaq Linq)를 도입하여 비상장주식시장의 거래기록을 Linq 블록체인에 기록하고 있다. 또한, 위임투표 및 공적 시장에 대한 블록체인 기술의 도입도 검토

중이며, 향후 씨티그룹은 국가 간 다중통화 결제 서비스와 연계하여 거래 당사자 간의 결제 간소화 및 사적 시장의 유동성 문제를 해결하고자 한다.

보건정보기술국은 블록체인을 활용하여 건강데이터를 '데이터 호수(Data Lake)'에 저장하고, '의료 기록소'가 사용자의 고유 식별자와 함께 '헬스 블록체인'에 저장·관리하는 사업을 추진 중이다. 이러한 시스템은 개인의 헬스 블록체인에 기록된 자신의 데이터를 열람·제어 및 공유하고자 하는 업체 등을 선정할 수 있게 한다. 또한, 병원·정부 등은 전자기록 관리비용을 절감할 수 있을 것으로 기대되고 있다.

유타(Utah)주는 블록체인 기반 Voatz앱을 통해 유자격 유권자가 해외에서 실시한 24개 시 선거 투표의 진정성을 감사하는 전자투표시스템을 도입하여 표 조작 가능성을 낮추고 있다. 또한, 지난 중간선거에서 해외 주둔 군인들을 대상으로 모바일 블록체인 투표를 실시했던 웨스트 버지니아주는 2020년 대통령 선거에서도 블록체인 기술을 이용한 투표를 계획 중이다.

미국은 세심한 모니터링을 통해 블록체인으로 발생할 수 있는 부작용은 최소화하되, 암호통화와 ICO에 대한 불확실성을 해소하고 관련 산업을 제도권으로 편입시키고자 하고 있다. 미국 증권거래위원회(SEC)는 2017년 DAO 토큰 사례를 분석한 보고서를 발표하면서 본격적으로 ICO(암호통화공개)를 규제하기 시작했다. DAO 보고서의 핵심은 2016년 DAO가 ICO를 통해 발행한 토큰은 미국 증권법 상 투자계약(Investment Contract)에 해당한다는 점을 분명히 하였다는 점이다. 이에 SEC는 ICO(암호통화공개)를 통해 발행되는 토큰 사례를 적극적으로 검토하여 증권에 해당할 경우, 발행을 정지시키는 명령을 내림으로써 실질적인 규제 효과가 나타나고 있다. 예를 들어, 2017년 Munchee가 ICO를 통해 1천 5백만 달러를 조달한 사건에서 SEC가 증권에 해당한다는 명령을 내림으로써 모집한 자금을 전부 회수시킨 사례가 있다. 또한, 최근 SEC 산하 핀허브(FinHub)는 증권성을 판단할 수 있는 기준을 발표하며 어떤 암호통화가 증권에 해당할 수 있는지에 대해 적극적인 해석을 시작하고 있다.

미국 국세청(IRS)은 명확한 암호통화 규정을 정의하고 있지 않지만, 암호통화를 보유한 납세자에게 암호통화를 실제로 거래한 가격을 토대로 시장가치를 계산해 세금신고서에 적어내도록 하고 있다. 이는 암호통화 납세에 대한 조치를 취하고 있는 것으로 추후 명확한 과세 가이드라인을 발표할 예정이다. 국제자금세탁방지기구(FATF)는 암호통화 시장에 적용할 국제적 규제지침을 발표하며, 거래소 또는 수탁사와 같은 암호통화 취급업소는 감독 당국의 허가를 받거나 신고 및 등록을 해야 한다고 권고하고 있다.

또한, 암호통화 관련 입법뿐 아니라 미국 내 전자기록을 통한 블록체인 거래 및 스마트컨트랙트를 법적으로 인정하는 법안도 통과되고 있다. 버몬트주는 블록체인 기록의 유효성과 법원에서의 증거적 효력을 인정하는 입법을 통과시키며 블록체인 기반 계약의 법적 효력을 인정하고 있으며, 애리조나주는 스마트계약의 개념을 최초로 법률에 도입하며 전자거래법(Arizona Electronic Transactions, Act)을 개정하고 서명, 계약 등 블록체인 기술기반 거래기록에 대한 법률적 효력을 인정하였다.

더 나아가 최근 기업들이 블록체인에 데이터를 저장하고 공유하는 것을 허용하는 법안과 암호통화로 소득세를 납부할 수 있도록 하는 법안도 통과시킨 바 있다. 네바다주는 2017년 블록체인 기록에 대한 법적 효력을 인정하는 법률을 통과시켰으며, 오하이오주는 전자거래법 개정 법안(Senate Bill 300)을 통해 블록체인 데이터와 스마트 컨트랙트를 전자기록의 일부로 취급함으로써 이를 통한 계약이 법적 효력을 갖는다고 명기하고 있다.

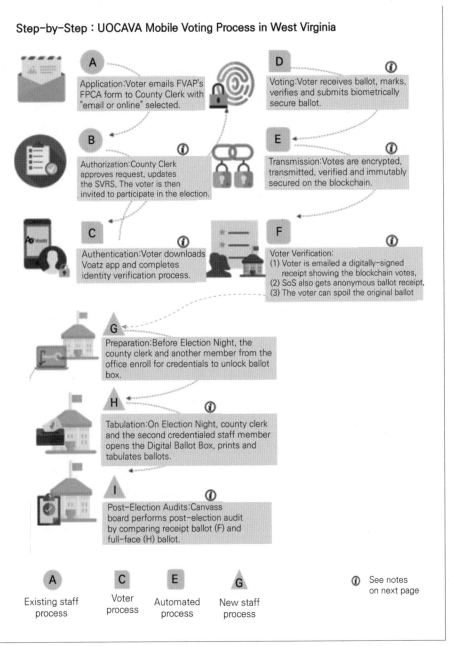

Step-by-Step : UOCAVA Mobile Voting Process in West Virginia

A
Application:Voter emails FVAP's FPCA form to County Clerk with "email or online" selected.

D ⓘ
Voting:Voter receives ballot, marks, verifies and submits biometrically secure ballot.

B ⓘ
Authorization:County Clerk approves request, updates the SVRS, The voter is then invited to participate in the election.

E ⓘ
Transmission:Votes are encrypted, transmitted, verified and immutably secured on the blockchain.

C ⓘ
Authentication:Voter downloads Voatz app and completes identity verification process.

F ⓘ
Voter Verification:
(1) Voter is emailed a digitally-signed receipt showing the blockchain votes,
(2) SoS also gets anonymous ballot receipt,
(3) The voter can spoil the original ballot

G
Preparation:Before Election Night, the county clerk and another member from the office enroll for credentials to unlock ballot box.

H ⓘ
Tabulation:On Election Night, county clerk and the second credentialed staff member opens the Digital Ballot Box, prints and tabulates ballots.

I ⓘ
Post-Election Audits:Canvass board performs post-election audit by comparing receipt ballot (F) and full-face (H) ballot.

A Existing staff process

C Voter process

E Automated process

G New staff process

ⓘ See notes on next page

출처: sos.wv.gov

[그림 3-9] 미국 버지니아주 블록체인 기반의 투표시스템

3-4　영국

　　영국의 블록체인 산업생태계를 분류하면 암호통화 거래소를 큰 축으로 핀테크 및 블록체인 서비스 R&D 분야에서 가장 활발하게 적용되고 있다. 구체적으로 살펴보면, 영국 내 블록체인 관련 기업은 총 225개 투자처에서 180개 기술 허브는 30개로 나타나며 암호통화 거래소 및 핀테크 분야뿐만 아니라 마케팅·헬스케어·엔터테인먼트 분야에서의 활용과 AI·IoT 기술과의 접목이 나타나고 있다. 다만, 암호통화 투자 규모는 2014년 이후 꾸준히 증가 추세를 유지하다가 2018년을 기점으로 암호통화 열기가 식어감에 따라 하락하는 추세이다.

　　영국은 2017년 제2차 투자관리 전략(Investment Management Strategy II)에서 블록체인 기반 핀테크 산업 육성을 명시하며, 여러 분야 중에서도 특히 자신들이 선도하고 있는 핀테크 분야에 블록체인 기술을 접목하며 블록체인 기반 핀테크 산업을 적극적으로 육성하고 있다.

　　또한, 금융감독청(Financial Conduct Authority)은 블록체인 산업에 활용할 수 있는 사업 모델을 테스트하는 규제 샌드박스(FCA Sandbox)를 설치하여 블록체인을 이용한 상품 및 서비스, 사업 모델 발굴에 노력하고 있다. 실제 2016년 개시 이후 4번의 모집을 통해 90여 개 기업이 선정되었으며, 40% 이상은 블록체인 또는 분산원장기술(DLT)을 활용한 비즈니스 솔루션을 개발 중이었다.

　　영국은 'Beyond Blockchain' 정책을 기반으로 다양한 분야의 블록체인 도입 가능성을 검토하고, 기존 금융권 중심에서 공공영역으로 블록체인 적용을 확대하고자 한다. 'Beyond Blockchain' 보고서에 따르면 블록체인 활성화를 위한 주요 7가지 내용을 권고하고 있다. 이에 따라 노동 연금부는 실업연금 등 부정수급을 방지하는 GovCoin이라는 공공서비스 시스템 개발을 진행하고, 블록체인을 활용하여 연금 지급 내역, 학자금 대출 내역, 납세 내역 등을 관리함으로써 전통적인 지불 방법을 대체하는 방안을 검토하고 있다. 또한, 법무부는 해시값을 블록체인으로 기록한 후, 파일 조작 여부를 블록체인에 기록한 해시값과 비교해 조작 여부를 판별하여 디지털 증거를 블록체인으로 인증기술 개발계획을 밝히고 있다.

영국은 암호통화 거래에 우호적인 국가 중 한 곳으로 평가받고 있다. 2014년 세계 최초로 비트코인을 법정통화로 인정함에 따라 암호통화 사업자는 전자화폐 규제에 따라 전자화폐 기관(Electronic Money Institution)으로 등록하거나 허가받아야 하고 자금세탁규정(Money Laundering Regulations, 2007)도 준수해야 한다. 또한, 과세에 관해서 영국 왕립국세청(HMRC)은 2014년 국세청 정책 지도서를 발간하며 디지털화폐들의 과세 방향을 제시하였고, 비트코인에 대한 부가가치세(VAT)를 폐지하며 비트코인 거래자가 얻는 수익에 대해서 과세하지 않기로 결정하기도 하였다. 단, 비트코인 거래기업에 대한 법인세는 유지하고 거래 주체를 중앙은행과 같은 통화발행 주체로 인정하지는 않고 있다. 이후 영국 재정청(FCA)은 암호통화 규제를 위해 암호통화를 교환토큰, 증권토큰, 유틸리티 토큰 등으로 분류하여 가이드라인을 제시하고 있다. 이에 따르면, 비트코인, 라이트코인 등 교환토큰은 투자 수단이 아니라고 정의되었다. 또한, 암호통화를 법정화폐로도 인정하지 않고, 가격 변동성이 커 투자 수단으로도 인정하지 않기 때문에 재정청의 관할을 받지 않는다. 증권토큰의 경우는 금융서비스시장법 2000과 MiFID II에 해당하는 투자 수단으로 간주되고 있어 해당 토큰은 기존 증권법에 적용되고 관련 기업은 재정청에 운영 허가를 받아야만 한다.

반면, 유틸리티 토큰은 특정 조건에서는 전자화폐로 간주될 수 있으나 증권 기능이 없고 전자화폐 조건에 부합하는 유틸리티 토큰으로 분류되는 경우는 재정청의 규제 대상에 해당되지 않는다. 그러나 자산을 담보하거나 토큰 공급을 유지하는 알고리즘을 사용하는 경우 등 특정 조건에서는 법정화폐에 연동되는 스테이블 코인도 전자화폐로 해석되고 있다.

스마트 컨트랙트 관련해서 영국 법률위원회(Law Commission)는 관련 법체계 검토 계획을 발표하며, 특히 자금세탁방지, 부동산, 신탁 영역의 법을 검토하고자 하고 있다. 실제, 암호통화를 자산으로 여기고 범죄자로부터 몰수한 사례가 있는 것을 볼 때, 영국은 블록체인 기술에 대해서 우호적인 방향, 즉 암호통화를 공식화하고 스마트 컨트랙트를 통한 계약을 인정하는 방향으로 정책을 추진할 것으로 예상된다.

2017년 6월 29일 영국의 국가기록원은 이른바 '블록체인'으로 통칭되고 있는 분산원장기술의 사상과 기술을 공공기록관리의 실무에 적용하는 연구 프로젝트를 출범시켰다. 'ARCHANGEL(기록천사)'로 명명된 이 연구에는 약 7억 원의 국가 과학기술 연구기금이 투입되어 24개월의 기한으로 진행되고 있다. Surrey 대학교의 블록체인 연구진, TNA의 디지털 아키비스트, ODI(Open Data Institute)의 데이터베이스 엔지니어 등 3개 기관의 전문가들이 한 팀이 되어 협업 방식으로 진행 중인 이 연구는 공공기록의 신뢰성 확보를 위해 블록체인 기술의 적용 가능성을 조사·연구하는 최초의 사례라는 점에서 주목된다.

Ric−O나 Archives Portal Europe 등과 같이 기술·목록·검색을 위해 메타데이터의 색인과 주석을 다는 방식의 개선 시도가 최근의 연구 경향이다. 이에 반해 ARCHANGEL은 기록관리 아키텍처의 개발을 통해 디지털기록의 무결성과 접근성을 혁신하려는 새로운 방식이다. ARCHANGEL 플랫폼의 시제품 (Prototype)은 2세대 블록체인으로 불리는 이더리움(Ethereum)을 기반으로 개발 되었다. TNA는 전 세계적으로 채택된 범용성, 분산원장기술 플랫폼으로서의 명성, 가상머신을 통한 데이터 저장과 스마트계약이 가능한 우수한 기능 때문에 이더리움을 선택했다.

ARCHANGEL은 공공 아카이브가 소장한 디지털 문서의 출처 확인과 무결성 보장을 위하여 기존의 전자서명 및 수작업으로 생산하던 메타데이터 관리 등의 실무를 분산원장기술을 적용하여 파괴적으로 혁신할 것을 제안하고 있다. 이 연구의 배경에는 종이문서 관리용의 아카이빙 실무가 디지털기록에도 동일하게 적용되고 있는 1세대 아카이브 방식을 혁신하려는 TNA의 의지가 담겨있다. TNA는 물리적 기록에 적용하던 기록 생애주기 모형에 따른 실무지침 및 이관·평가·선별 방식은 더 이상 적절하지 않다는 점과 디지털 속성을 무시한 수작업 기반의 실무방식은 비효율적이라는 문제인식을 가지고 있다. TNA는 2세대 디지털 아카이브로의 전환을 통해 아카이빙 실무 전체를 파괴적으로 혁신하는 비전을 그들의 디지털 전략으로 제시하고 있다.

이더리움은 가상화폐 자체인 비트코인과 달리 거래, 계약 등 다양한 정보를 블록체인에 기록하는 것이 가능한 플랫폼으로 작업 증명의 검증 방식을 기반으로 한다. ARCHANGEL에 참여하는 네트워크 노드들은 블록의 추가를 위해 암호화된 퍼즐을 해결하고 이 작업의 유효성에 대한 합의를 수행해야 한다.

ARCHANGEL은 독립적인 개별 아카이브들이 참여하는 프라이빗(컨소시엄) 모형과 전 세계의 공공 참여자들이 참여하는 퍼블릭 합의모형을 실험하게 된다. 퍼블릭 모형에서 블록의 추가는 스마트계약이 가능한 프로그램을 통해서만 실행되며 스마트계약은 해시암호가 적용된 비밀키에 의해 승인된다. 아카이브가 제공하는 기록의 출처와 무결성은 블록체인에 저장된 원본과 사본 간의 대조와 계산으로 확인된다. 이러한 확인 이력 프로세스와 삽입된 해시가 일치하면 해당 기록이 진본으로 간주되는 원리이다. 불순한 시도에 의한 블록체인의 붕괴는 아카이브 간의 전례 없는 담합(프라이빗 모형)이나 모형에 참여한 참가자의 절반 이상이 연루되어야 가능(퍼블릭 모형)하므로 사실상 위·변조가 불가능한 것으로 평가되고 있다. 전자문서의 공개여부를 자동으로 분류하기 위해 메타데이터와 함께 해당 파일의 형식(예, PDF, DOC)까지 구분하는 파일포맷 식별도구가 플랫폼에 포함될 예정이다. 파일포맷에 따라 해시함수 알고리즘(예, SHA−256)을 차

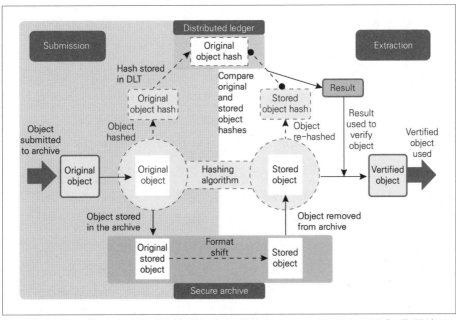

출처: 왕오성(2018), 블록체인과 기록 관리: 영국 TNA ARCHANGEL 프로젝트를 중심으로, National Archives of Korea.

[그림 3-10] 영국의 ARCHANGEL 제안 프로세스

등적으로 적용하거나 특정 포맷에만 적용 가능한 맞춤형 해시도 가능하도록 하여 이른바 'Dark Archive'로 불리는 비공개 기록에 대한 각종 보안기법의 자동화도 시도된다. 디지털기록의 메타데이터에 포함된 아키비스트 주기, 공개일, 버전정보 등의 추출을 위해 심층신경망(Deep Neural Network)이 사용될 수 있다. 문서의 유형분류를 위해 개발한 DROID 애플리케이션을 클라우드 서비스를 통해 제공할 것이며 반복적인 기계학습을 통해 분류·검색 정확도를 올릴 예정이다.

3-5 일본

일본의 블록체인 시장은 일본의 조사연구기관인 IDC JAPAN의 발표에 의하면 2017년부터 급속히 성장하여 2018년 약 49억 엔 시장에서 2022년에는 545억 엔으로 급속히 성장할 것으로 기대하고 있다. 이러한 성장 분위기에는 금융 분야 및 핀테크 분야의 기업들이 활발히 그 가속도를 높이고 있다. 일본 정부에서조차도 블록체인을 미래혁신 및 생산성 확대를 위한 핵심기술로 인지하고 정부 차원에서 제도 정비와 지원을 실행하고 있다. 블록체인 기술 중의 하나인 가상화폐의 거래에 대한 규제는 강화되는 한편, 블록체인 기술에 대한 가능성 확인과 활용에 대해서는 민간기업 주도로 이루어지고 있다. 대표적인 사례로 블록체인 기술을 바탕으로 비즈니스 모델을 연구 중인 민간 기업이 정부의 샌드박스(Regulatory Sandbox) 규제를 이용하여 실증실험을 확대해 가고 있다. 2019년 1월 샌드박스 제도를 이용한 블록체인 관련 사업의 실증 첫 사례 기업으로 일본의 대표적인 블록체인 서비스 기업인 크립토 가라지(Crypto Garage)가 인증되었다. 이 회사는 블록 스트림(Blockstream)이 2018년 10월에 발표한 사이드체인인 리퀴드 네트워크를 활용하여 결제시스템을 적용한 실증 시스템으로 엔화와 연동된 코인을 활용한 프로젝트 샌드박스 제도를 수행하고 있다.

보수적 나라로 유명한 일본은 블록체인 기술에 대해 충분히 반영되고 있다. 일본 정부는 블록체인 발전 방향에 항상 신중하고 지켜보는 태도를 취해왔지만 정지되어 있는 상태는 아니다. 일본은 블록체인 기술의 중요성을 알기 때문에 블록체인 기술적 장점을 충분히 이용하기 위해 다양한 분야에 대한 연구와 테스트를 활발히 진행하고 있다.

금융 분야를 본다면 스위스연방은행(Union Bank of Switzerland; USB)은 일본의 여러 은행과 연합하여 블록체인 기반인 은행 결제 시스템에 대해 실증 연구를 진행하고 있다. 어떻게 보면 이 시스템은 일본식 스타일의 Ripple 시스템이라고 볼 수 있다. 이 시스템은 향후 전 일본에 보급되면서 크로스 뱅크 사이라도 빠른 속도로 송금 및 결재 가능하고 그에 대한 수수료를 비롯한 비용을 절감할 수 있다. 또한 지적재산권 측면을 보면, 현재 그 누구 또는 조직은 인터넷을 통해 아주 쉽게 그들의 작품을 전시할 수 있다. 모든 원작자의 권익을 보장하기 위해 일본 그룹 소니 'Sony'는 블록체인 기술로 지적재산권 시스템 개발을 주도하고 있다. 이 시스템은 작품이 업로드될 시 이미 작품의 권리를 검증하는 것으로 알려져 있다. 에너지면에서는 일본의 도쿄 전력, 간사이 전력, 중앙 전력과 비롯한 주요 전력 회사들은 블록체인 기술을 기반으로 한 전력 자유 시스템에 대해 큰 관심을 보이고 있다.

일본의 이러한 주요 전력 회사뿐만 아니라 국내외 업체들도 현재 자체적으로 혁신적인 모델을 개발하고 있으며, 그들의 요구하는 최종적 시스템은 태양열 에너지를 한 가정에 안착하여 자체로 전력을 생산하고 판매까지 가능하며, 자유롭고 정확하게 전력 거래를 진행하게 만드는 것이다.

공공 분야에서 보면, 현재의 일본은 노화가 아주 심한 국가이다. 도쿄 및 기타 일본의 대도시 이외의 인구는 점차적으로 감소되고 있으면서 도시의 활력도 사라지고 있다. 이를 위해 일본의 도쿠시마, 사이타마 등과 같은 현은 블록체인 기술로 지역 간 대중교통 결제 시스템을 개발하고 있다. 이 시스템은 서로 다른 지역들 간의 관계를 더욱 밀접하게 하고 경제적 활력을 향상시킬 수도 있다. 머지않은 미래에 여러 지역마다 적용하면서 디지털 통화시대가 될 것이다. 이 외에도 세계 2위의 자동차 부품 회사인 덴소(DENSO), 일본 최대의 미용 업체인 RVH, 일본 최대의 부동산 회사인 세키스이(Sekisui) 등 비롯한 거대 업체는 적극적으로 블록체인 기술을 도입하고 있다. 특별히 주목해야 할 점은 일본은 2013년부터 블록체인 앱(DAPP) 개발에 들어섰다. 일본은 아주 오랜 시점부터 블록체인 발전을 주목하고 있으며 개발에 적극적인 태도를 보여주고 있다.

💎 〈표 3-8〉 일본의 블록체인 활용 현황

적용 분야	구체적 내용
공공 분야	미야자키현은 블록체인 기술 기반인 유기농 채소의 품질 관리 시스템 구축 및 운영
	도쿠사마와 사이타마현은 블록체인 기반인 크로스 도시 간의 교통 결제 시스템 구축
	도쿄 전력, 간사이 전력, 중앙 전력 등을 비롯한 주요 전력 업체는 블록체인 기반인 자유 거래 시스템을 개발
	이바라키현은 블록체인 기반의 투표 시스템 도입
민간부분	일본 미용 기업 RVH는 블록체인 기술로 자사 브랜드 소속의 회원사들의 포인트를 통일
	일본 소니는 블록체인 기술을 지적재산권 관리 시스템에 적용하기 위해 개발
	세계에서 유명한 일본 자동차 부품 회사인 DENSO는 블록체인 기술로 자동차 데이터 관리 시스템 개발
	일본 최고의 부동산 회사 세키스이는 블록체인 기술 기반인 부동산거래 시스템 구축
	UBS 뱅크를 비롯한 일본 내 12개 은행은 블록체인 기반의 은행 결제 시스템 개발 중

일본의 지자체들도 블록체인을 활용한 경제 활성화를 도모하고 있다. 구마모토현의 경우 구마모토대학부속병원은 지방자치단체와 함께 블록체인을 접목한 웨어러블 기기를 제작하여 심박수와 심전도 측정에 활용하고 있다. 부정맥이나 뇌졸중 등 심장질환은 전조증상을 발견하기 위해 24시간 생체정보를 측정하는 것이 중요하기 때문에 웨어러블 기기에 부착된 센서를 통해 생체신호를 측정하게 된다. 장기간의 데이터를 축적해야 하는 만큼 대용량 서버가 필요한데 블록체인을 도입하게 되면 대형 서버가 필요 없어 적은 비용으로 방대한 양의 데이터 처리가 가능해진다. 결국 주민들의 복지에 블록체인의 기술을 도입하고 있다. 오이타현에서는 공문서 관리에 블록체인을 활용하고 있다. 블록체인 기반의 서버에 공문서를 등록하고 QR code를 스마트폰으로 가져다 대면 문서의 위·변조 유무 확인이 가능해진다. 담당 공무원은 고령화에 따른 일손 부족이 심각한 문제로 대두되었으나 블록체인을 도입하면 행정서비스의 효율화를 도모할 수 있다며 도입 경위를 밝히고 있다. 미야자키현의 경우에는 와인 생산과정에 블록체인을 적용하여 효율적인 유통 및 관리망을 구축하고 있다. 소비자가 와인병에

부착한 QR code를 스마트폰에 인식시키면 포도의 재배, 와인 제조 및 유통과 생산자의 정보 등을 확인 가능한 시스템이다.

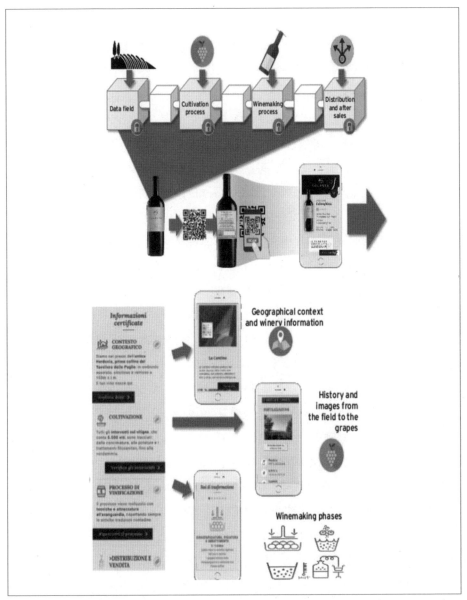

출처: securingindustry.com—EY Partners with EZLab on blockchain wine security project

[그림 3-11] 일본의 블록체인 기반의 와인 모니터링 시스템

3-6   스위스

　　스위스의 프라이버시를 존중하는 법률, 세계 수준의 인재 그리고 스위스의 포용력은 세계적으로도 유명하다. 역사적으로 스위스는 끊임없는 전쟁을 통해 험준한 환경 속에서도 베테랑으로 거듭났다. 스위스는 전통적으로 각 주가 느슨하게 연결된 연방제였고, 주마다 군대를 양성하고 보유했다. 이런 덕에 중세 유럽의 전쟁 환경 속에서 용병을 통해 자신을 지켜왔다. 스위스 용병은 아군에게 무한 신뢰를, 적국에게는 경외와 공포의 대상이었다. 이처럼 역사적 국민의 특성을 반영하듯 블록체인 기업이 스위스에 자리 잡은 배경이 될 수도 있다. 이러한 탓에 블록체인과 같은 신기술을 이해하는데 긍정적인 효과를 가지게 되었다. 주 정부의 개방적이고 적극적인 태도 역시 블록체인 기업들에게 매우 우호적인 조건을 형성하게 되었고, 번창하는 사업 생태계를 형성하게 이르렀다.

　　스위스는 자국 최초로 블록체인을 기반으로 한 기업공개(IPO)를 승인했다. 최근 암호화폐 미디어 코인데스크 보도에 따르면 스위스 소재 블록체인 기업 '오버퓨처(OverFuture SA)'는 당국 승인을 받아 스위스 최초의 규제 적격 블록체인 기업공개(IPO)를 실시했다. 기업 자문을 맡은 안드리오토 파이낸셜 서비스 (Andriotto Financial Services)는 블록체인에서 클래스 A 보통주를 발행한다는 회사 정관에 스위스 당국이 최초로 승인했다. 이에 따라 오버퓨처는 이더리움 블록체인에서 보통주 증권 토큰을 주당 1.25유로(약 1628.5원)에 893만 9000개까지 판매할 수 있게 됐다. 기업은 유럽 디지털자산 거래소 'EURO DAXX'의 스마트 컨트랙트를 활용했다. 오버퓨처는 지난 2018년 9월 설립된 블록체인 기업으로 이탈리아 자회사 WEL s.r.l. 지원에 중점을 두고 있다. WEL는 사물인터넷(IoT), 웨어러블 기술, 디지털 사이니지(Digital Signage) 기술을 통한 프로세스 디지털화를 전문으로 하는 소프트웨어 기업이다. 이번 IPO 투자설명서에 따르면 오버퓨처는 스위스 금융시장감독청(FINMA) 규제 하에 있다. 자문기업은 스위스 규제기관이 주식(토큰)의 디지털 특성과 블록체인을 이용한 주주 명부 기록을 직접 언급한 회사정관을 허가했으며, 블록체인 상의 토큰 이전을 통해서만 기업 소유권을 이전할 수 있으며, 토큰 보유로 주주 자격을 부여받는다는 것을 타 증권토큰과의 차별점으로 강조했다. 아울러 오버퓨처는 블록체인 IPO로 은행, 증권 중개인, 예탁결제원, 공증인 등 제3기관의 참여 없이 유통시장 거래를 조성할 수 있게 됐으며 이를 통해 금융 산업 전반을 혁신할 것을 기대했다.

한편, 스위스 남부 휴양지 체르마트(Zermatt)는 세금을 비트코인으로 납부할 수 있도록 허용했다. 최근 암호화폐 미디어 코인텔레그래프 보도에 따르면 체르마트는 스위스 암호화폐 기업 '비트코인스위스(Bitcoin Suisse)'와 협력해 지방세 납부와 공식 거래에 비트코인을 이용할 수 있게 했다. 이에 따라 납세자는 시청에 설치된 POS 단말기나 온라인 결제 포털을 통해 본인 암호화폐 지갑에 있는 비트코인으로 세금을 낼 수 있게 됐다. 단, 온라인 납부를 이용하려면 체르마트 세무서에서 사전등록 절차를 거쳐야 한다. 납세자로부터 전송된 비트코인은 비트코인스위스를 통해 스위스 프랑화로 환전돼 체르마트 시정부 은행계좌로 이체된다. 앞서 스위스 추크(Zug)시는 은행과 비교적 일찍부터 이들에게 거래와 사업을 이어갈 기반을 제공하였다. 비트코인 스위스(Bitcoin Suisse AG)를 시작으로 이더리움 재단(Ethereum Foundation) 등 대표적인 블록체인 기반의 기업들이 활동하였다. 이런 배경으로 자국 최초로 비트코인 세금 납부를 허용한 바 있다. 스위스 '크립토 밸리'로 알려진 추크는 지난 2016년 5월부터 전기료 등 공공 서비스 요금을 비트코인으로 받는 등 디지털 혁신에 앞장서 왔다. 2017년, 크립토 밸리는 이더리움 기반의 디지털 ID 시스템 출시를 발표하였다. 2018년에는 Amun이라는 핀테크 기업이 스위스 증권거래소에 세계 최초 크립토 인덱스 상품을 출시하였다.

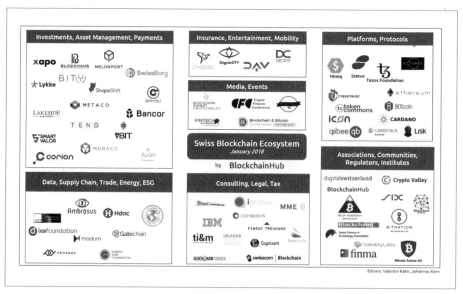

[그림 3-12] 스위스 블록체인 생태 지형도

3-7   싱가포르

싱가포르 스타트업 시장에서 2017년 벤처캐피탈을 통한 투자 건수와 금액이 112건을 통해 약 US $1.2B(약 1조 3천억 원) 이루어진 것으로 집계되고, 이 중 US $229M(약 2천 5백억 원)이 핀테크에 투자되었다. 비슷한 시기에 이루어진 한 조사기관의 데이터에 따르면 2017년까지 누적 집계된 싱가포르 ICO의 경우 37건을 통해 약 US $580M(약 6천 2백억 원)이 이루어진 것으로 나왔다. 물론 누적 집계지만 2016년 이전의 싱가포르 ICO 데이터는 사실상 무시할 만한 수준이라는 것을 감안하면 벤처캐피탈을 충분히 위협하고도 남는 수준으로 볼 수 있다. 2018년 수치를 속단하긴 어렵지만 벤처캐피탈 투자금액을 넘기는 어렵지 않을 것으로 보인다.

블록체인이 추구하는 이념과 정반대로 싱가포르는 좁은 국토 내에 효율적으로 중앙집중화 되어 있다. 그런데다 투명하기로 유명하다. 각종 청렴도 지수/투명성 지수는 아시아 내에서 늘 1위를 유지하고 있다. 신뢰받고 효율적인 중앙집권적 시스템이 아이러니하게도 탈중앙화와 무신뢰성(Trustless)을 앞세운 블록체인 서비스에 장기적인 안정성을 담보해 주고 있는지 모르겠다. 이사회의 신속한 결정으로 전략적 판단을 할 수 있는 일반 기업과 달리 탈중앙화 서비스는 일부가 독자적인 판단을 내리기 어려운 구조가 많다. 따라서 단순히 절세효과 등만을 보고 지브롤터나 케이만 군도 같은 조세 피난처에 거점을 두기에는 불안한 요소들이 있을 것이다. 거기에 전도유망한 블록체인 비즈니스들을 위한 투자자들은 싱가포르에 다 모여 있다. 벤처캐피탈 시장만 하더라도 아시아 약 1,600곳의 벤처캐피탈 중 약 10%인 157곳의 벤처캐피탈이 싱가포르에 기반을 두고 있다. 2017년 아시아 전체 투자금액 약 US $46B(약 50조 원) 중 싱가포르가 차지한 투자금이 약 US $1.2B(약 1조 3천억 원), 즉 약 2.6% 밖에 안 된다는 것을 보면 실제 싱가포르에 투자를 하려고 모여 있다기보다는 동남아 시장 혹은 아시아 시장을 염두해 둔 투자자들이 많이 있다고 볼 수 있다. 이 같은 투자자들에게는 세계를 대상으로 하는 다양한 블록체인 비즈니스는 당연히 매력적이다.

마지막으로 싱가포르에는 실력 있는 인재들이 많다. 한 조사기관에 따르면 싱가포르는 스타트업 환경지수에서 인재 분야 세계 1위를 차지했다. 여기서 말하는 인재는 싱가포르인에 국한된 것은 아닐 것이다. 싱가포르는 인구 5.6백만 명 중 내국인 수는 4백만 명이 조금 안 되는 구조이다. 실제 싱가포르 내 블록체인 비즈니스 그리고 ICO를 준비하는 팀 중에서 러시아와 동유럽 쪽 인재들을 심심치 않게 보는 경우가 있다. 기존 벤처캐피탈 시장에서 주류가 아니라서 배제되었거나 저평가되었던 인재들이 자신만의 아이디어를 가지고 싱가포르에서 새로운 기회를 추구하는 경우들이 종종 있다. 또한 최근 싱가포르에 거점을 두고 상대적으로 저렴한 임금의 베트남 개발자나 인도 개발자와 함께 일하는 추세도 늘어나고 있다. 물론 다양한 국적이 모이면 효율적으로 움직이지 못할 수 있지만, 다양한 국적의 참여자들이 필요한 블록체인 서비스라면 충분히 고려해 볼 만 할 것이다.

현재 블록체인 기술의 보완과 발전을 통해 좀 더 안전한 자금조달 방법인

DAICO(Decentralized Autonomous Initial Coin Offering: 개발 진행 과정에서 ICO 참여자에게 투표 등을 가능하게 함으로써 참여자들이 좀 더 안심하고 ICO에 참여할 수 있도록 발전된 방법)와 같은 형태가 제시되고 있는 것처럼 자본시장에서는 좀 더 '자극적이고 변형된 방법'의 자금조달 방법이 나올 것으로 보여 진다. 블록체인 생태계가 다양하게 진화하듯, 점점 블록체인을 기반으로 한 ICO라고 부르기 다소 애매한 프로젝트들이 늘어나고 있다.

실제 싱가포르에서 진행되고 있는 ICO 프로젝트들 중 일부는 공개 ICO를 처음 디자인할 때부터 고려하지 않고 싱가포르 내에 있는 일부 투자자들에게만 한정적으로 정보를 공유한다. 지분 가치가 희석되지 않는다는 이유로 연쇄적 ICO를 계획하는 곳도 있다. 물론 블록체인이 가지는 이념과는 상충되는 부분이 많지만 이러한 변형된 모델 역시 블록체인 비즈니스라는 큰 가지의 한 줄기로 생겨나고 있고 앞으로 어떻게 변형되어 갈 것인지 주목해 볼 필요가 있다. 그리고 거기에 맞는 규제안을 만들어 나가야 할 것이다.

연쇄적 ICO — 블록체인은 생태계에서 공식적으로 쓰이고 있는 단어는 아니다. 예를 들어, 한 경제권 혹은 문화권에 적용 가능한 블록체인 비즈니스 모델을 ICO를 통해 자금 조달하여 실행하고, 이후 성공한다면 그 비슷한 경제, 문화권 국가 등에 연쇄적인 ICO를 통해 비즈니스 모델을 확장시킬 계획을 초기부터 가진 ICO 프로젝트를 말한다. 즉, ICO를 통해 프로젝트 진행 전에 이미 대부분의 자금을 확보할 수 있다는 장점을 적극 활용하여 시장 가능성이 보인다면 빠르게 점유율을 높이려고 하는 형태의 자금조달 방법이라고 보면 될 것이다.

스위스, 홍콩 그리고 기타 자본시장이 발달한 선진국과 마찬가지로 싱가포르는 지속적으로 블록체인/암호화폐 기술을 활용한 자금조달 방법에 선도적인 규제방안을 제시할 것이다. 싱가포르 통화청인 MAS(Monetary Authority of Singapore)은 2017년 8월과 11월, 두 번에 걸쳐서 가이드라인을 제시했다. 대부분의 국가와 마찬가지로 싱가포르 역시 자본시장 상품(Capital Market Products)성 토큰에 대해서는 기존 법률 및 규제안을 따르도록 했다.

자본시장 상품(Capital Market Products)성 토큰이란 쉽게 말하면 증권시장의 '주식'처럼 분류되는 토큰이라고 할 수 있다. 비슷하게는 스위스 연방금융감독청(FINMA)에서 분류한 지불형, 기능형, 자산형 토큰 중 유가증권으로 분류되는 자산형 토큰이 있다. 토큰이 유가증권으로 분류가 되면 대부분의 경우 투자자의 투자의사 결정을 위해 필요한 제반정보를 관련법에 의해 공시하고 그에 맞게 관리, 감독된다. 이로 인하여 ICO 절차가 상당히 복잡해진다.

흥미로운 사실은 가이드라인 발표 이후 일부 ICO 프로젝트들은 자신들의 토큰을 자본시장 상품 요건에 맞춰 디자인했다. 즉, 어차피 자금조달을 위해서 하는 것이고 투자자를 유인하기 위해 이익을 공유해야 하는 자본시장 상품 요건에 해당된다면 고민할 것 없이 가이드라인에 나온 대로 기존 법률과 제도를 따르기로 한 것이다. 이 부분은 반대로 MAS에게 숙제를 안겨준 꼴이 되었다. 즉, 기존의 법과 제도 중에서 새로운 비즈니스에는 맞지 않는 부분도 있을 것인데 이것을 맞춰보겠다고 나서는 블록체인 기업들을 위해 MAS가 빠르게 발맞춰 움직여 줘야 할 것이다. 속도를 못 맞춘다면 분명 MAS도 허점이 잡힐 것이다.

이 자본시장 상품성 토큰을 받아주는 제도권 거래소도, 가상화폐 거래소도 없는 상황에서 과연 이들은 어떻게 유동성을 확보할 것이며, MAS는 어디까지 무엇을 어떻게 허용해줄지 고민해 봐야 한다. 아직은 구체적인 사례가 없지만 나오는 대로 다뤄볼 수 있도록 하겠다.

프로젝트 우빈(Ubin)은 2016년 11월 싱가포르 통화청인 MAS가 싱가포르 내의 11곳의 금융기관들과 5곳의 블록체인 회사들과 함께 블록체인 기술을 활용하여 효율적인 통화시스템을 구축하기 위해 시작되었다. 현재 1단계와 2단계 실제 적용을 마치고 앞으로 2년 정도 남은 세 단계를 더 거치고 나면 또 하나의 국가 주도의 블록체인 프로젝트가 완성이 된다.

물론 싱가포르가 국가 주도의 첫 블록체인 프로젝트는 아니지만 싱가포르 내에서 블록체인 기술 자체의 발달은 민간보다는 정부 주도로 갈 가능성이 크다고 본다. 특히 싱가포르처럼 중앙집권화 되고 정부 주도의 사업이 발달되어 있는 나라에서 블록체인 기술이 어떻게 적용되어 나갈 수 있을지 주목해 볼만 할 것이다.

〈표 3-9〉 해외 블록체인 정책적 시사점

국가	데이터 규제	데이터 집중화	암호통화 규제
미국	비식별화 정보 활용성 높음	거대 플랫폼 기업 중심 데이터의 집중과 유통	디지털 자산으로 인정
중국			암호통화 전면 규제
유럽	비식별화 정보 활용성은 인정하나 규제 존재	데이터 이동권 강화	암호통화에 대한 규제가 존재하긴 하나 활용은 인정
일본		데이터 독점 금지	

이처럼 국내뿐만 아니라 해외의 많은 나라들이 블록체인을 통해 다양한 사회적 이슈들을 만들고 적용하고 있다. 현재는 미국이 기술적으로 선도하고 있지만, 많은 국가들이 추격을 하고 있으며 곧 기술적 격차는 약해질 것으로 보인다. 블록체인을 통한 다양한 사업을 통해 국가의 경쟁력을 강화하고, 이를 통해 대국민 서비스를 제공하는 신뢰 기반의 정부를 구축하려는 노력을 진행하고 있다. 아직 많은 부분이 규제나 기술적 한계로 시장에서 환영받고 있지 못하지만 이는 곧 극복될 수 있는 내용으로 보여 진다. 해외의 동향에서 보는 것처럼 국내에서도 규제완화를 비롯한 다양한 정책적 규제를 해결하기 위한 노력이 관련 분야의 기술적 진보와 고도화된 서비스의 출현을 창출할 것으로 예측된다. 현재에도 국내의 많은 기업들이 글로벌 블록체인 기업으로 도약하기 위한 다양한 전략적 노력을 시도하고 있으며, 이는 기업의 경쟁력을 높이고 국가의 기술 경쟁력을 강화하는 산업으로 인식되어지고 있다. 이제는 다양한 분야에서 블록체인의 기술적 진보와 생활경제, 금융, 비즈니스 영역(사물인터넷, 소셜트레이드 등) 및 공공행정 서비스(전자투표, 기록물 관리, 스마트계약, 전자 시민증 등)와 같은 다양한 영역에서 우리가 쉽게 체험할 수 있는 사회로 나아가고 있다.

 〈표 3-10〉 해외 블록체인 도입 사례

국가	활용 분야	주요 내용
덴마크	전자투표 시스템	• 덴마크 정당 자유당은 2014년 블록체인 기술을 사용하여 투표한 세계 최초의 주요 정당임 • 3자 연립정부 구성 및 자유당 내부 선거자료의 보안 목적으로 블록체인을 지속적으로 사용 중

두바이	전자정부	• 2020년까지 블록체인을 사용하여 모든 거래를 수행하는 세계 최초의 정부 추진 중 • 에미레이트 항공은 비자 신청, 청구서 지불, 면허 갱신문서를 블록체인에 추가하여 업무 효율성 증대 노력 중
맨섬 (영국)	E-게임사기 방지	• 2017년 이더리움 기술을 기반으로 하는 시스템을 운영하는 도박회사 Qanta에 블록체인 복권에 관한 평판 라이선스를 세계 최초로 부여 • 추첨은 분산된 숫자 생성기를 사용하고 티켓은 암호화폐로 지불한 스마트계약 및 상품을 통해 판매하여 e게임의 사기를 방지
미국	의료데이터 공유	• FDA는 IBM 왓슨 헬스와 2년간의 개발협약을 체결하여 환자 데이터를 안전하게 공유하고자 블록체인을 사용
	출입국 데이터 보완	• 국토안보부는 국경수비대 카메라 및 센서에서 수집한 데이터 보호 목적으로 블록체인 기능을 테스트하기 위해 신생 업체 Factom에 약 20만 달러의 보조금 지원
에스토니아	디지털 정부 플랫폼	• 블록체인을 통해 정부 서비스를 단일 디지털 플랫폼에 연결하는 e-에스토니아 프로그램을 구현 • 건강관리, 사법부, 입법부, 보안 등 데이터를 통합해 부패 및 오용으로부터 보호하고자 블록체인에 저장
조지아	토지소유권 및 재산권	• Bitfury Group은 공공등기청의 디지털 기록 시스템에 통합 맞춤 설계된 블록체인 시스템을 구현 • 분산 디지털 타임스탬프 기능을 통해 개인 정보와 소유권 증명을 포함하는 문서의 확인 및 서명 가능 • 국가의 네트워크, 시스템 및 데이터를 보호하는 KSI 블록체인 기술을 개발, 보안 시스템을 정부에 제공
지브롤터 (영국)	증권거래소 암호	• 비트코인 ETI라는 암호 해독 기능을 공개한 유럽 최초의 비트코인 제품을 출시 • 블록체인을 사용하는 핀테크 기업의 맞춤형 라이선스 도입
추크 (스위스)	공공 서비스	• 공공 서비스 이용료를 암호화폐로 낼 수 있도록 허용
	전자투표 시스템	• 루체른응용과학대학과 SW업체 Luxoft 간 제휴로 맞춤형 블록체인 기반 전자투표시스템 개발 • Luxoft는 공공 기관에서 블록체인 사용을 장려하고자 '정부 얼라이언스를 위한 블록체인'을 설립할 예정

4장 블록체인 비즈니스 모델들

앞에서 우리는 블록체인을 기반으로 하는 비즈니스들을 살펴보았다. 그들의 비즈니스 모델을 통해 구현되는 블록체인의 기술이나 서비스들의 다양한 형태와 종류를 살펴보았다. 이번 장에서는 블록체인을 통해 새로운 가치를 창출하고 있는 신규 사업들을 살펴보게 될 것이다. 비즈니스 모델의 궁극적인 내용은 가치 창출과 공유를 통한 고객과의 소통을 의미한다. 이러한 내용으로 보면 기업과 고객이 소통하는 과정에서 필요한 기본적인 내용이 블록체인에서는 충족시키고 있다는 것을 알 수 있다. 우리는 여기에서 이러한 내용을 기반으로 한 비즈니스 모델을 살펴보고 어떻게 블록체인이 그 역할을 수행하는지를 알아볼 것이다.

4-1   Ripple의 지불 시스템

리플 운영사에서 전적으로 발행하는 토큰 리플은 2012년 도입한 국제 송금을 위한 개인 블록체인으로 암호화폐를 발행한 사례이다. 리플은 채굴이 아닌 생성 방식으로 총 990억 개의 리플코인을 발행하여 이 중 약 38%에 해당하는 380억 개를 매각·유통시키고 있는데, 이러한 공급량은 비트코인(2,100만 개)이나 이더리움(9,690만 개)과는 비교할 수 없을 정도로 절대적으로 많은 규모이다. 리플(XRP) 프로토콜은 무료 오픈소스로 개방되어 있어 누구든지 개발에 참여할 수 있다. XRP는 은행 간 거래 원장을 P2P 방식으로 분산저장하기 때문에, 누구든지 XRP의 송금 기록을 열람·복사·보관할 수 있지만, 개인 정보 보호를 위해 정확히 누가 누구에게 송금했는지 알 수 없다. 리플은 글로벌 결제 네트워크로 연결되어 있고 RippleNet을 사용하면 전 세계 200여개 은행 및 결제 업체의 강력한 네트워크를 통해 손쉽게 연결하고 거래할 수 있다. 오늘날 글로벌 결제에서 가장 진보된 블록체인 기술, 크로스 프레임 트랜잭션의 주문형 유동성 및 공통 프레임 워크인 RippleNet Rulebook을 통한 운영 일관성을 쉽게 활용할 수 있다. 리플 운영사는 블록체인 P2P 방식을 활용한 탈중개화, 그로 인한 운영 효율성 향상이란 가치 창출 요인을 활용하였다. 고객들에게는 리플을 이용한 낮은 수수료의 효율적인 지불 결재 수단 제공이란 가치 제안을 할 수 있었다. 가치 전달 수단으로 발행 토큰인 리플 코인을 활용하였다. 가치 수익은 리플 코인을 통하여 수수료를 얻었으며, 가치를 증폭시키기 위한 수단으로 RipplNet 플랫폼을 적극 활용한다.

그동안 리플은 리플코인을 사용한 송금서비스 체계의 이점을 강조하면서 은행들을 회원사로 끌어들이려는 노력을 지속적으로 기울여 왔다. 스페인의 산탄데르은행과 미국의 Bank of America 등이 리플이 구축하는 송금서비스 체계의 회원사로 가입하고 있으나, 미국의 씨티그룹과 영국의 HSBC 등은 아직 관망하면서 독자적인 송금서비스 체계의 구축과 개선에 주력하고 있다. 현재 리플은 새로운 송금서비스 체계의 회원사로 약 100개의 은행을 확보하고 있는 것으로 알려지고 있으나, 16,600개의 금융 회사가 결제전산망 회원사로 가입하고 있는 비자(Visa)나 비영리 민간조직으로 수천 개의 회원사가 가입하고 있는 국제은행간통신협회(SWIFT)에 비해서는 아직 절대적으로 열세에 있는 것이 사실이다.

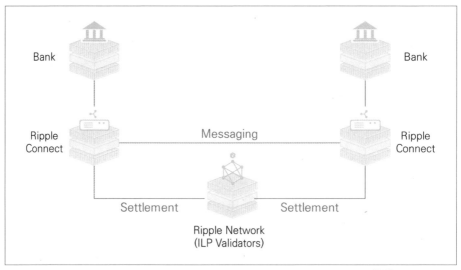

[그림 3-13] 블록체인 기반의 송금 시스템(리플)

4-2 MIT Enigma Computing Sharing Service

Enigma는 두 가지 핵심 목표를 가지고 시작된 프로젝트이다. Catalyst라는 거래 플랫폼을 만들고 그 다음으로 Enigma라는 데이터 마켓 플랫폼을 창출하는 것이다. 이 Catalyst 플랫폼은 사용자들에게 더 나은 암호화폐의 관리와 자산의 관리를 제공하려는 플랫폼이다. 이러한 플랫폼의 개발과 확대를 통해 모든 정보를 비밀리에 저장하여 사용자들의 프라이버시와 익명성을 보장하게 스마트계약의 다른 형태인 비밀계약(Secret Contract)을 소개해 기업들도 사용하게 되어 그 활용도를 높여주게 된다.

MIT Enigma는 정확성 및 개인 정보 보호 기능을 갖춘 실행 코드(비밀계약)의 비허가형 P2P 네트워크 서비스이다. Enigma의 프로토콜은 블록체인이 개인적이고 중요한 데이터로 작업할 수 있게 하여 블록체인 기반 응용 프로그램의 의미있는 범위를 크게 확대한다. Enigma 네트워크는 분산형 애플리케이션(DApp)의 개발을 가능하게 하지만 데이터 자체가 연산 실행 노드로부터 감춰지는 스마트계약 플랫폼(예를 들어, Ethereum과 유사)이다. 비밀계약의 개념, 숨겨진 입력이 포함 된 스마트계약을 도입하여 확장 가능하고 종단 간 분산 응용 프로그램을 사용할 수 있게 했다. Enigma 네트워크는 블록체인 기술 중 제품 교환 인증, 비허가형 P2P 네트워크 서비스로 탈중개화 그로 인한 비용절감의 운용효율성 향상이란 블록체인 요소로 새롭게 가치 창출되었으며 신속하고 효율적인 컴퓨팅 공유 서비스란 가치 제안을 하였다. 또한, MIT OpenPDS는 여러 데이터 저장소에서 개인 데이터 교환을 위한 플랫폼으로 가치 전달하였으며, 스마트계약 인증 비용절감이란 가치 획득을 이루었고, Main net 플랫폼을 통한 가치를 증폭시키려 개발 중이다.

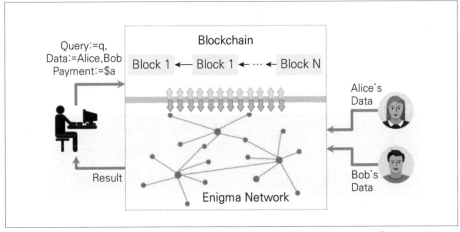

출처: ide.mit.edu

[그림 3-14] Enigma's decentralized 플랫폼 개요

4-3   Bittunes 저작물 유통 서비스

글로벌 음악 커뮤니티 및 배포 플랫폼으로 70개국 이상에 서비스를 제공하며, 음악 배포 서비스를 단순화하고 아티스트와 팬들이 중심이 되는 글로벌 솔루션을 제공한다. Bittunes는 비트코인을 기본 통화로 사용하며, 아티스트 및 음악 구매자는 플랫폼 구매 및 배포 프로세스의 일환으로 비트코인을 자동으로 받을 수 있다.

커뮤니티는 상대적으로 작지만 음악을 위한 하나의 글로벌 마켓 플레이스(One Global Marketplace)로 운영되며 새롭게 시도되는 플랫폼이다. 음악가, 작곡가, 비트코인 얼리어답터 및 음악 애호가 등으로 구성된 충성스럽고 헌신적인 커뮤니티의 많은 지원이 있다. 인디 음악을 주 대상으로 하는 앱은 아니지만 주요 레이블의 음악은 정책적으로 제외하고 있다. 작은 인디 레이블로 사용자를 정의하며, 아티스트의 근본적인 힘이 유지될 수 있는 것을 중시한다.

Bittunes는 급변하는 기술 및 비즈니스 환경에서 자가 출판으로써 '독립적인 존재'가 저작자가 가진 가장 강력한 힘이라는 것을 확신하고 있으며, 음악 산업의 방향을 왜곡한 중앙집중식 기업 통제 시대가 끝나가고 있다고 전망한다. 안드로이드에서 Bittunes의 첫 번째 프로젝트를 선보인 이래 장기적이고 전략적 중요성이 있는 세계 시장 진출을 위한 개방적이고 실현 가능한 모바일 플랫폼으로 발전하고 있다. iOS용 개발은 애플의 간섭 정책으로 인해 불가능하고, 많은 비트코인 애플리케이션이 시장에서 거절당했고 애플 아이튠즈에 대항하는 뮤직 앱도 증가하고 있기에 향후 안드로이드에서 개발을 계속할 것이지만, 사용자 확장을 위해 노력중이다. 2006년부터 'Independent Digital Music Market' 플랫폼을 개발할 계획이었지만 2013년 5월 비트코인이 유명해지자 글로벌 디지털 음악 시장의 성공을 위해 널리 접근 가능하고 마찰이 적은 디지털 통화로서 비트코인을 선택하였다.

Bittunes는 음악과 출판 등 저작물 유통을 제품 교환 인증의 블록체인 기술 가치 창출로 새로운 저작물 유통이란 가치 제안을 하였다. 또한 비트코인을 통해 가치 전달을 하였고, 비용 절감과 비트코인이란 가치 획득을 이루었고, 글로벌 마켓 플레이스(One Global Marketplace) 플랫폼으로 가치를 증폭시키고 있다.

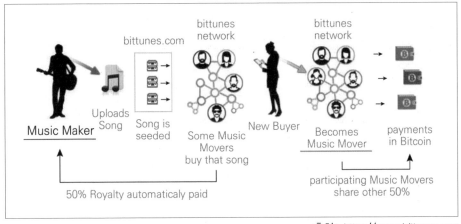

[그림 3-15] Bittunes 플랫폼 개요

4-4 　 토지대장 관리 서비스

　　토지와 같은 부동산 영역을 블록체인으로 관리하는 국가들이 있다. 중앙아메리카에 위치한 온두라스는 부패가 심한 국가 중 한 곳이다. 2016년 기준으로 부패 인식 지수는 180개국 중에 123위를 차지할 정도로 부패가 심하다. 특히, 온두라스에서 가장 심한 부패는 '토지대장 조작'이다. 정부 고위 관료들이 토지대장을 조작해 빼앗는 일이 빈번하게 발생하고 있다. 온두라스는 토지 조작 부정을 방지하고자, 토지 계약 시스템을 블록체인에 적용하는 과제를 진행하고 있다. 2015년부터 과제를 시작하고 있다. 개발은 미국의 블록체인 개발사인 팩텀(Factom)이 맡고 있다. 토지대장이 퍼블릭 블록체인 방식으로 공유된다면, 조작이 불가능해진다. 이는 토지대장에 대한 부정부패를 막아준다. 스웨덴도 온두라스처럼 토지대장을 블록체인으로 관리하기 위한 과제를 추진하고 있다. 작년 6월에 이미 개발 가능성 검토를 완료한 상태이다. 그러나 목적은 온두라스와 다르다. 스웨덴의 경우 토지대장 등록에 드는 비용을 줄이기 위해서이다. 토지대장을 위해서 여러 서류들을 검토해야 하는데, 최소 3개월이라는 시간이 걸린다. 그래서 스웨덴은 토지대장 등록 기간을 수일 내로 단축하기 위해서 블록체인을 접목하기로 하였다. 블록체인 방식을 활용하면, 거래에서 발생하는 정보를 모든 관련자들이 볼 수 있다. 이는 병렬 처리를 가능케 하여, 직렬방식에서 낭비되는 시간을 줄일 수 있게 한다. 참고로 개발은 스타트업인 크로마웨이(Chromaway)가 담당하고 있다.

이 팩텀은 특정 문서의 고유 값을 저장하고, 변조를 방지하여 데이터의 무결성을 증명하기 위해 블록체인 기술을 활용한 시스템이다. 따라서 정직하고 투명하게 계약서나 중요한 서류들을 보관하고 관리하는 데에 도움을 준다. 현재 금융, 부동산, 시민권 등의 다양한 기록 문서들은 중앙화된 데이터베이스에서 보관된다. 그런데 이들은 위조나 해킹의 위험으로부터 안전하지 않으며, 중앙기관이 부패한 경우에는 더욱 정보를 온전히 보관할 수 없다. 그래서 팩텀은 자체 시스템과 비트코인 시스템을 결합해, 비트코인 블록체인 위에 자료를 기록함으로써 안전하게 내용을 보관한다. 구체적으로 개인들은 팩텀에서 프라이빗 블록체인과 비슷한 형태로 자신의 기록 체인을 만들 수 있고, 여기에 기록된 자료의 고유 값은 10분마다 하나의 해시를 통해 비트코인 블록체인에 저장된다. 이 과정에서 비트코인 채굴자들의 PoW 검증과정을 거치기 때문에, 더 안정적이고 확실하게 문서를 보관할 수 있다.

이러한 과정의 특징은 사용자들에 의해 선정된 32개의 federated server와 32개의 audit server가 팩텀 네트워크를 운영한다. 이들은 자료를 받아 블록으로 만들고 비트코인에 저장하는 일련의 과정을 관리하고, 자료의 유효성을 검사하는 역할도 한다. 그리고 이들에게는 팩텀코인으로 활동에 대한 인센티브가 주어진다. 이 팩텀은 PoU(Proof of Usage)를 통해 합의 메커니즘을 도출한다. 팩텀 네트워크를 사용하고자 하는 사람들은 Entry credits(EC)이 필요하다. 따라서 사용하는 EC의 수가 네트워크에서의 비중과 비례하게 되고, 이것이 많을수록 팩텀을 관리하는 federated server와 audit server에 투표할 때의 영향력이 커지게 된다. PoU는 실질적인 네트워크 사용을 책정한다는 점에서 PoS처럼 코인을 많이 소유해 네트워크를 독점하려는 시도를 막을 수 있다. Entry credit(EC)는 Factoid라고도 불리는 팩텀코인을 통해 교환된다. 팩텀코인과 달리 EC는 외부 거래소에서 거래되지 않으며, 팩텀 체인에 자료를 입력할 때만 쓰일 수 있다.

이러한 블록체인 기반은 금융거래만 기록하는 비트코인 블록체인과 달리, 팩텀 플랫폼은 모든 정보를 다 저장할 수 있다. 그래서 의료 진단 기록, 투표 시스템, 법률적 서류, 재산 서류를 포괄한 다양한 분야에 적용할 수 있다.

4-5   신원 관리 서비스

블록체인을 활용해서 국민의 신원을 관리할 수 있다. 호주 우정청의 경우, 호주 국민의 90% 여권을 보유하고 있다. 우정청은 블록체인을 적용해서 신원 관리청과 신원을 공유할 계획이다. 국민의 신원을 공유함으로서 신원 검증 작업을 더욱더 신속하게 하는 것이 목적이다.

미국 우정청은 2000년대 이후 급감하는 우편물량과 전자우편, 전자상거래 보급 확산 등으로 우정청의 사업 환경 변화에 따라 블록체인 적용 방안을 검토했다. USPS는 블록체인 기술을 활용해 미래 우편 서비스를 개척하는 사업을 추진하고 있다. 독자적인 디지털 화폐인 '포스트코인(Postcoin)' 개발을 통해 기존 환전과 지급 결제 서비스에 적용했다. 별도의 중개자 없이 각 나라 우체국 간 국제 전자송금이 가능해지는 장점이 있으며, 전통적 방식의 화폐와 가상화폐를 잇는 플랫폼으로 작용할 수 있다. 이 밖에도 USPS는 고객이 블록체인 시스템에서 이용하는 가상 ID와 실제 신원식별자를 연동시켜 안전하게 로그인하는 신원 증명 서비스 개발과 우편 사물 인터넷 서비스, 우편물 추적·통관·지불에 대한 통합정보를 블록체인과 연동해 제공한다.

우정사업도 미래에 변화하는 환경에 탄력적으로 대응하기 위해서 한국 우정사업의 전환점으로 블록체인 기술을 검토하고 혁신이 필요한 시점이다. 우정사업은 우편, 예금, 보험 서비스의 보편적 서비스를 제공하는 정부기업으로 안정적인 우정 서비스를 위해서 고객의 신원확인이 반드시 필요하다. 등기우편물은 법칙금, 법원소송, 고지서 등 민감성 정보가 들어있는 경우가 많아 고객 정보보호 및 우편물 수령확인을 위하여 신원확인이 필수적이다. 소포우편물도 소포상자 안에 다양한 물리적인 자산이 들어있어 수령자의 신원확인 작업이 필요한경우가 있다. 예금, 보험 사업은 고객 자산을 안전하게 보호하기 위하여 상품계약 전 신원확인 절차를 반드시 거쳐야 한다.

블록체인의 셀프 키와 공개 키를 활용하여 본인 확인이 가능하고 블록체인상에서 인증기관에서 인증된 개인의 정보를 스마트폰에 저장하고 개인 정보가필요한 상황에 따라 개인 정보를 노출할 수 있다. 또한, 블록체인의 분산원장을사용하면 우편 문서의 복제 및 변경이 불가능하기 때문에 디지털 우편물 정보의신뢰성을 확보할 수 있다. 우편 문서 정보를 식별할 수 있는 일부 정보를 블록체인의 헤더에 기록하여 해쉬 암호화하여 문서 수정이 발생할 경우, 해쉬 정보변경으로 문서 위·변조 확인이 가능하다. 블록체인을 이용한 신원 확인은 가상의신원을 고객의 주소와 연결하여 확인하기 때문에 보다 투명하고 안전한 거래를제공할 수 있다. 기존 우편·예금 등의 업무 처리 절차는 분산적으로 진행되어 업무를 최종적으로 완료하는데 시간이 소요되는 경우가 있다. 블록체인은 암호화하여 생성된 블록을 관계자에게 실시간으로 연계·공유하여 업무처리의 방식을분권적이고 병렬적인 방식으로 혁신하여 시간을 절약하고 비용을 절감할 수 있다. 기존 업무에 필요하던 인력을 재배치하여 필요한 부문에 활용함으로써 업무효율성을 제고할 수 있다. 현재 우편물류시스템 정보보안 솔루션 라이선스 및유지보수 비용으로 연간 약 10억 원 이상의 비용이 발생한다. 블록체인을 통해우편물을 이용하는 업체들과 협업할 경우 전체적인 정보보안 비용을 절감할 것이라 예상된다.

에스토니아 정부는 블록체인을 이용해서 전자서명을 구현하였다. 에스토니아는 에스토니아 시민이 아닌 사람을 위해서 전자 레지던시(e－Residency)를 발급하고 있다. 전자 레지던시는 인터넷으로 신청해서 발급카드를 받는다. 전자 레지던시 사용자는 인터넷으로 어디에서든지 간에 공증할 수 있다. 전자 레지던시 사용자는 공증할 때에 본인의 카드 ID 번호를 이용한다. 이때, 인증방식은 기존 PKI(Publick Key Infrastructure) 방식이 아닌 KSI(Keyless Signature Infrastructure)를 사용한다. KSI는 보안 전문회사 가드타임(Guardtime)이 블록체인 기반으로 최초로 개발한 기술이다. PKI는 키를 교환함으로 상대방에게 본인임을 인증하는 기술이다. 반면에 KSI는 본인의 ID로 특정 데이터에 전자서명을 하면, 고유 값이 생성된다. 이 값은 해당 ID로 생성한 정보에 접근할 수 있는 '키(key)'와 같은 역할을 한다. 문제는 "전자서명이 된 데이터가 위·변조될 수 있다."라는 것이다. 따라서 이를 막기 위해서 블록체인을 사용하는 것이다. 아울러 해당 정보에 접근한 이력도 블록체인으로 기록하여 건강정보와 같은 중요 정보 유출도 막을 수 있게 한다.

에스토니아 인구는 서울의 7분의 1 수준인 130만 명, 국토 면적은 한국의 절반 크기에 불과한 4만 5339㎢인데 그나마 절반은 숲이다. 1991년 구소련에서 독립했을 때는 성장률 −14%를 기록할 만큼 변변한 경제 인프라를 갖추지 못했고 마땅한 천연자원도 없는 나라였다. 이런 에스토니아가 '발트 해의 호랑이'로 거듭날 수 있던 것은 1990년대 후반부터 추진한 전자정부 덕이다. 이를 통해 독립 당시 2,000달러였던 1인당 국내총생산(GDP)이 지난해 2만 달러에 육박하는 등 북유럽 강소국으로 급부상했다. 이러한 역사를 살펴보면 에스토니아는 1997년 전자정부를 도입하여 온라인세금 납부 시스템 도입(2000년), 전자투표(i-voting) 실시(2005년), 블록체인 의료정보 관리시스템 도입(2008년), 정부 내 블록체인 시스템 구축(2012년) 및 전자 영주권 출시(2014년)를 통해 e-에스토이나를 실현하고 있다.

전자정부의 중심에는 전자신분증을 이용한 '디지털 서명'이 있다. 에스토니아 국민은 태어나자마자 디지털 칩이 내장된 전자신분증을 발급 받는데, 신분증 카드를 컴퓨터에 꽂고 본인 인증만 하면 온라인상에서 납세, 투표, 교육 등 모든 행정서비스를 한 번에 이용할 수 있다. 디지털 서명을 통해 약 2,600가지, 전체 정부 서비스의 99%를 온라인에서 이용할 수 있다. 연말정산처럼 복잡한 절차도 3분이면 끝난다. 대기업에서조차 수십 명의 회계사를 불러 복잡한 서류를 검토하는 풍경을 찾아보기 어렵다. 창업 신고는 서류 구비나 담당기관 방문 없이 온라인에서 바로 할 수 있고 30분이면 허가를 받을 수 있다. 연금이나 정부 보조금도 디지털 서명을 통해 클릭 몇 번으로 받을 수 있다. 병원 처방전 발급 등도 디지털 서명으로 이뤄진다. 약국에서 별도의 처방전을 제출할 필요 없이 전자신분증만 보여주면 된다는 의미이다. 다니던 병원을 옮겨도 모든 병력과 치료 과정이 새로운 의사에게 공유돼 불필요한 검진을 다시 받을 확률이 낮아진다. 전자신분증을 내밀었을 때 안 되는 일은 오직 결혼과 이혼, 부동산거래 이렇게 3가지뿐이다. 디지털 서명을 통해 매년 GDP의 2%에 해당하는 행정비용을 절감하고 있다.

이처럼 탄탄한 전자정부 시스템을 가진 에스토니아가 블록체인에 관심을 가진 것은 2007년 러시아로부터 대규모 사이버 공격을 받으면서부터이다. 개인정보 등 보안에 대한 경각심이 전보다 더욱 높아지면서 에스토니아는 이듬해부터 토종 보안기업 가드타임(Guardtime)과 함께 정부 기록에 블록체인 도입을 검토하기 시작했다. 2012년부터는 의료정보 관리시스템, 상속등록, 공공문서, 사업자 등록 등 다양한 정부 업무를 관리하는 국가 정보 교환 플랫폼 엑스로드(X-raod)에 블록체인 기술을 도입했다. 전자정부 시스템에 블록체인까지 도입함으로써 정보가 조작되거나 해킹되지 않는다는 믿음을 더한 것이다.

에스토니아 정부가 발행하는 전자영주권(e-레지던시)도 전자정부와 블록체인이 만난 혁신의 산물이다. 에스토니아는 2014년 세계 최초로 블록체인 기반의 전자영주권, 'e-레지던시' 서비스를 시작했다. 온라인을 통해 에스토니아 전자영주권을 신청하고 100유로를 낸 뒤 현지 정부의 승인을 받으면 세계 어디에 있더라도 에스토니아에서 창업할 수 있다. 사이버 상에서 가상의 영주권을 받아 국적과 국경에 관계없이 사업에 나설 수 있는 셈이다. 특히, 에스토니아는 유럽연합(EU)에 가입돼 있어 이를 발급 받으면 EU에서도 사업을 할 수 있는 장점이 있다. 도입 4년만에 전 세계 154개국에서 4만 명에 달하는 사람들이 전자영주권을 발급 받았고, 한국에서도 1,124명이 이를 취득했다. 이들이 창업한 회사만도 6,000개에 달한다. 만일 회사 이익을 에스토니아에 재투자하면 세금을 내지 않아도 된다. 에스토니아 정부는 전자영주권 발급자들이 2021년까지 2만개 기업을 설립할 것으로 예상하고 있다.

[그림 3-16] 에스토니아 전자시민증과 전자 ID 카드 예시

참고문헌

고윤승, 최흥섭(2017). 비즈니스 패러다임 변화와 그 활용 방안 – 블록체인 기술을 중심으로. 한국과학예술포럼, 27, pp.13 – 29.

박정국(2016). 블록체인 기술의 동향과 금융권의 대응. 한국IT서비스학회지, 16(2), pp.1 – 20.

서용모(2018). 비즈니스 모델로서의 블록체인 그리고 그 운영사례. 대한경영정보학회 하계학술대회.

왕호성(2018). 블록체인과 기록관리의 미래: 영국 TNA ARCHANGEL 프로젝트를 중심으로. 기록인(IN), 44, 64 – 73.

袁勇等(2016). 区块链技术发展现状与展望. 自动化学报 第4期, 第486页.

苏宇(2018). 区块链治理之现状与思考: 探索多维价值的复杂平衡. 中国法律评论 第6期.

Abderahman Rejeb, John G. Keogh and Horst Treiblmaier(2019). Leveraging the Internet of Things and Blockchain Technology in Supply Chain Management. Future Internet, 11. 161.

Anjum, A., Sporny, M. & Sill, A.(2017). Blockchain standards for compliance and trust. IEEE Cloud Computing, 4, 84 – 90.

Atlam, H.F.; Alenezi, A.; Alassafi, M.O.; Wills, G.(2018). Blockchain with Internet of Things: Benefits, challenges, and future directions. Int. J. Intell. Syst. Appl 10, pp. 40-48.

Beck, R., Müller – Bloch, C., & King, J. L.(2018). Governance in the blockchain economy: A framework and research agenda. Journal of the Association for Information Systems, 19(10), pp. 1020 – 1034.

Bharadwaj, A., El Sawy, O. A., Pavlou, P. A., & Venkatraman, N. V.(2013). Digital business strategy: Toward a next generation of insights. MIS Quarterly, 37(2), pp. 471 – 482.

Chao Li, Balaji Palanisamy(2019). Incentivized Blockchain – based Social Media Platforms: A Case Study of Steemit. Proceedings of the 10th ACM Conference on Web Science, 145 – 154.

D. Tapscott and A.(2016). Tapscott, Blockchain Revolution: How the Technology Behind Bitcoin Is Changing Money, Business, and the World. New York:

Penguine Random House.

Hong−Ning Dai(2019). Blockchain for Internet of Things: A Survey. IEEE Internet of Things Journal, Vol. 6, No. 5.

Lewis, R., McPartland, J. & Ranjan, R.(2017). Blockchain and financial market innovation. Global Commodity Applied Research Digest, 7.

Lu, Y.(2018). Blockchain: A survey on functions, applications and open issues. Journal of Industrial Integration and Management, 3, 1850015.

Nakamoto, S.(2009). Bitcoin open source implementation of P2P currency. P2P foundation, 18.

Iansiti, M., & Lakhani, K. R.(2017). The truth about blockchain. Harvard Business Review, 95(1), pp. 118−127.

Heiskanen, A.(2017). The technology of trust: How the Internet of Things and blockchain could user in a new era of construction productivity. Construction Research and Innovation, 8, pp. 66−70.

MacIver, K.(2016) Why blockchains will rewrite business models and revolutionize industries. Retrieved on March 15, 2017 from http://www.i−cio.com/big−thinke rs/don−tapscott/item/whyblockchains−will−rewrite−business−models−and− revolutionize−industries

Tapscott, D., & Kirkland, R.(2016). How blockchains could change the world. Retr ieved on March 15, 2017 from http://www.mckinsey.com/industries/high−tech/ our−insights/how−blockchainscould−change−the−world

Teichmann, M.(2018). Data veracity and the future of the digital economy. Accent ure Insights. Retrieved from https://www.accentureinsights.nl/en−us/articles/dat a−veracity−futuredigital−economy

Treiblmaier, H.(2018). The impact of the Blockchain on the supply chain: A theory−based research framework and a call for action. Supply Chain Manag. Int. J. 23, 545-559.

Underwood, S.(2016). Blockchain beyond Bitcoin. Communications of the ACM, 59(11), pp. 15−17.

강승준(2018). 블록체인 기술의 이해와 개발현황 및 시사점. 제4차 산업혁명과 소프트 파워 이슈리포트 2018−13호. 정보통신산업진흥원.

과학기술정보통신부(2018). 신뢰할 수 있는 4차 산업혁명을 구현하는 '블록체인 기술 발전전략'.

곽현(2017). 블록체인기술의 산업동향 및 특허동향. 연구성과실용화진흥원.

김영삼, 조상래, 김수형(2016). 블록체인 기술 개념 및 적용 현황. 정보통신기술진흥센터주간기술동향.

이정민, 김창호, 김용렬(2019). 농식품 분야 블록체인 기술 활용 현황과 시사점. 농촌경제연구소.

박도휘, 강민영(2018). 블록체인과 물류/유통혁신, 그리고 디지털 무역. Issue Monitor 제85호. 삼정 KPMG 경제연구원.

박세열(2018). 블록체인이 산업 생태계를 혁신한다. 시선집중 제255호. GS&J Institute.

이제영(2017). 블록체인 기술동향과 시사점. 동향과 이슈 제34호. 과학기술정책연구원.

Gartner(2017). Forecast: Blockchain Business Value. Worldwide, 2017-2030.

윤영진(2006.09.19.). 美, 시금치 식중독 파장 확산 조짐. 의학신문.

박준하(2017.05.22.). 아! 그렇구나 핀테크. 농민신문.

허준(2018.07.01.). 블록체인 스타트업의 천국 독일. 파이낸셜뉴스.

김정희(2018.07.23.). 해외 블록체인 현장을 가다<5> 日 블록체인, 6차 산업; 농업과 조우. 전자신문.

김경애(2018.09.19.). 유럽, 블록체인 기술에 관심 고조. 스타트업 강세. 보안뉴스.

www.beetoken.com
www.bittunes.com
www.ibm.com
www.ide.mit.edu
www.cdc.gov/ecoli/2006/spinach-10-2006.html
www.mybioggertricks.com
www.SecuringIndustry.com
www.steemit.com
www.zdnet.co.kr

4부

스마트계약
With 블록체인

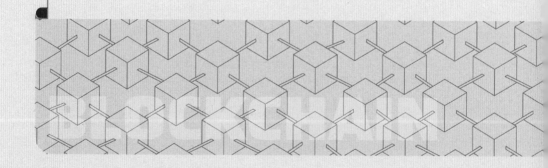

최근 비트코인(Bitcoin)과 이더리움(Ethereum)에 활용되는 블록체인(Blockchain) 기술은 4차 산업혁명 시대를 대표하는 기술로 국내외에서 주목을 받고 있으며, 개별 기업 또는 컨소시엄의 형태로 다양한 산업 영역에서 상용화를 위한 연구와 투자가 급속하게 전개되고 있다.

　　특히, 핀테크를 중심으로 금융 산업에서는 네트워크를 통한 거래에 있어서 결제내용의 증명을 확인하기 위한 수단으로 블록체인 기술을 활용하는 시도가 적극적인데 블록체인 기술은 거래원장의 보증성 · 신뢰성 · 무결성에 관한 검증과 보안성을 확보하는 연구가 진행되고 있다. 이러한 상용화 시도는 블록체인 기술이 갖는 투명성과 신뢰성 측면에서 활용 가능성이 크게 주목받기 때문이다.

　　이제, 블록체인 기술은 수많은 거래원장의 결과를 실시간 비교하여 중앙 당사자의 개입 없이 네트워크상에서 개인과 개인 간의 거래가 자동으로 이루어지는 스마트계약(Smart Contract)이 등장하고 있다. 블록체인 기술이 거래의 무결성을 보장하기 위한 메커니즘이라고 한다면 스마트계약은 네트워크상에서 자동으로 실행되도록 코딩된 컴퓨터 프로그램으로 거래의 확장성과 신뢰성 측면에서 상용화 기대가 높아지고 있다.

　　스마트계약의 상용화를 대비한 법적 ·기술적 측면의 다양한 접근을 시작으로 다양한 비즈니스 활용 사례를 살펴보고 미래사회 스마트계약 패러다임의 변화를 고찰해 보자.

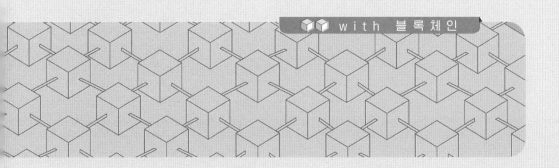

with 블록체인

1장 블록체인과 스마트계약

블록체인 기술의 진화에 따른 스마트계약(Smart Contracts)의 정의와 도입 배경을 비롯하여 특징을 이해함으로써 블록체인 스마트계약의 다양한 활용 가능성을 확인하고 향후 스마트계약 상용화에 따른 비즈니스 아이디어를 탐색해 보자.

1-1 블록체인 스마트계약의 도입

최근 비트코인(Bitcoin)과 이더리움(Ethereum)에 활용되는 블록체인(Blockchain) 기술은 4차 산업혁명 시대를 대표하는 기술로 주목을 받고 있으며, 개별 기업 또는 컨소시엄의 형태로 다양한 산업 영역에서 상용화를 위한 연구와 투자가 급속하게 전개되고 있다. 다보스 포럼(2016.1.) 이후 4차 산업혁명을 선도할 핵심기술의 하나로 블록체인이 주목 받는 가운데 해외 금융기관과 IT 기업은 컨소시엄을 구성하며 관련 기술의 상용화를 위한 다양한 시도를 진행하고 있다[1].

특히, 핀테크를 중심으로 금융기관에서는 네트워크를 통한 거래에 있어서 결제 내용의 증명을 확인하기 위한 수단으로 블록체인 기술의 활용 시도가 적극적이다. 현재 금융권에서 활용하려는 블록체인 기술은 거래원장의 보증성·신뢰성·무결성에 관한 검증작업과 보안성에 관한 연구가 진행되고 있다. 이처럼 금융 산업에서 블록체인 기술을 적용하려는 시도는 블록체인 기술이 갖는 투명성, 신뢰성, 무결성의 특성을 최대한 활용할 수 있는 가능성이 크기 때문이다.

이제, 블록체인 기술은 수많은 거래원장의 결과를 실시간 비교하여 중앙

당사자의 개입 없이 네트워크상에서 개인과 개인 간 자동으로 거래가 이루어지는 방식(P2P, Peer-to-Peer)인 스마트계약(Smart Contract)이 등장하면서 혁신적인 기술의 확장이 전망되고 있다. 블록체인 기술이 거래의 무결성을 보장하기 위한 메커니즘이라고 한다면, 스마트계약은 네트워크상에서 자동으로 실행되도록 코딩된 컴퓨터 프로그램으로 거래의 확장성과 신뢰성 측면에서 크게 주목받고 있다.

스마트계약은 네트워크 내 참여하는 모든 노드(Node)가 공동으로 거래정보를 검증하고 기록 또는 저장하는 기존 블록체인 기술에 추가하여 거래계약의 권리와 재산권 보호를 위한 새로운 수단으로 활용 가능성이 증대하고 있다. 이러한 블록체인 스마트계약은 이해당사자 간 네트워크를 통하여 자동으로 진행되는 계약과 계약의 결과에 대한 신뢰를 확보할 수 있는 자동화된 계약 처리 방식으로 상용화 시도가 전개되고 있다.

스마트계약은 과거의 전통적인 계약 관행을 파괴하고 계약의 체결과 실행이 동시에 진행됨으로써 거래 절차를 간소화할 수 있다는 점, 블록체인 분산원장 방식으로 기록됨에 따라 계약서의 위·변조가 불가능하다는 점, 계약이 자동으로 실행됨에 따라 신뢰할 수 있다는 점에서 주목받고 있다. 이러한 스마트계약이 본격적으로 거래에 활용하는 단계에 이르게 되면 정형화된 계약이나 집합계약 등에서 활용할 수 있는 사례는 많아질 것으로 예측된다. 특히, 스마트계약은 블록체인 플랫폼의 형태로 발전함에 따라 다양한 가상화폐의 거래 및 지급결제 수단으로써의 본원적인 업무를 비롯하여 유·무형의 자산거래, 전자상거래에 이르기까지 디지털을 기반으로 하는 모든 거래에서 활용이 전망된다.

하지만 아직 스마트계약에 관한 법적 근거가 존재하지 않는 가운데 스마트계약에 의한 거래에서 발생하는 많은 문제점도 제기되는 상황이다. 예컨대 서비스 제공자와 이용자 간의 정보 비대칭성에서 오는 불평등 계약의 문제라든지, 스마트계약이 컴퓨터 논리로 구현되는 프로그램이라는 측면에서 알고리즘의 작동 오류의 문제와 프로그램 작성자가 고의로 잘못된 프로그램을 입력하는 경우에 책임 분배와 과실의 입증 문제 등 법률적 측면에서 문제가 발생하게 된다.

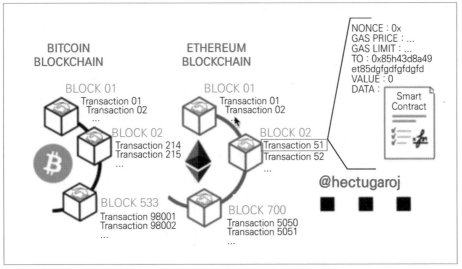

출처: Ethereum Cryptocurrency Explained 재구성

[그림 4-1] 블록체인 스마트계약(이더리움)

1-2 블록체인 스마트계약의 개념

1) 스마트계약의 정의

스마트계약(Smart Contract)이란 당사자 간의 계약조건에 따라 블록체인에서 자동 실행되도록 컴퓨터 프로그램으로 미리 작성된 알고리즘 코드 자체를 의미하며, 이는 단순히 거래기록을 보관하는 블록체인의 용도를 확장하여 거래 관계자의 합의에 따른 계약을 자동으로 실행할 수 있는 것을 말한다[2].

즉, 스마트계약은 전통적인 서면 방식에 의한 계약과 달리 계약의 규정에 따른 일련의 행동을 수행하기 위해 상호 합의된 계약조건을 컴퓨터 네트워크상에 구현시킴으로써 계약의 체결과 이행이 자동으로 실행되는 것이 특징이다. 그 결과 모든 관계자가 계약조건에 동의할 수 있고, 자동 실행될 것을 신뢰할 수 있으며, 오류나 외부의 조작 등의 위험이 제거된 상태에서 계약을 실행시키는 수단으로 활용된다[3].

또한, 스마트계약은 암호로 코딩된 계약서로 일정하게 예정된 조건(매개변수)이 충족될 경우 자동 또는 다수당사자의 실행과 거래 또는 자산 이전의 공개된 기록을 허용하는 약정으로 종종 다중 서명기술을 활용하는 방식으로 구현되기도 한다[4].

스마트계약은 기존 블록체인의 거래기록을 증명하는 방식에서 확장되어 금융거래와 부동산거래 계약 및 자산 공증 등 다양한 형태의 계약을 체결하고 이행하기 위한 수단으로 활용됨에 따라 블록체인 2.0이라고 정의되기도 한다.

이렇듯 스마트계약은 중개자 없이 P2P로 쉽고 편리하게 계약을 체결하고 실행이 가능한 프로그램으로 블록체인의 분산원장기술(DLT, Distributed Ledger Technology)이라는 특성을 이용하여 다양한 형태의 계약을 이해 당사자 간의 네트워크상에서 자동화된 계약처리 형태로 처리할 수 있게 된다. 또한, 블록체인 스마트계약을 구현하기 위해서는 계약의 실행이 자동으로 실행되도록 프로그램 코딩이 미리 설계되어야 하며, 코드의 실행에는 데이터에 상응하는 가치가 이전하는 결과가 수반되어야 한다.

〈표 4-1〉 스마트계약의 정의와 구분

스마트계약의 정의	스마트계약의 구분	
스마트계약이란 상호 합의된 계약 조건을 컴퓨터 네트워크상의 계약체결과 계약이행이 자동으로 실행되도록 프로그램으로 미리 작성된 알고리즘 코드	협의의 스마트계약	청약과 승낙의 합치로 성립하는 일반계약과 달리 일방이 제공하는 프로그램(코드)을 의미
	광의의 스마트계약	공개된 코드가 존재하고 코드 작성자가 제시한 계약내용을 상대방이 조건 성취(의무 실행)하면 코드 작성자의 의무이행이 자동으로 실현되는 계약

2) 스마트계약의 발전과정

스마트계약이라는 용어는 1994년 컴퓨터 과학자 닉 자보(Nick Szabo)가 처음 제안한 개념으로 '스마트계약은 프로그래밍이 된 조건이 모두 충족되면 자동으로 계약을 이행하는 자동화된 시스템'이라고 정의하면서 처음 사용되었고, 이는 '계약 용어를 실행하는 컴퓨터화된 거래 프로토콜'이라는 의미를 담고 있다. 닉 자보는 전통적인 방식의 계약서는 서면으로 되어 있어 계약조건을 이행하려면 실제 사람이 계약서에 근거하여 계약 내용을 수행하여야 했지만, 디지털 명령어로 작성된 계약서에 기초하여 실행하는 계약은 프로그램으로 코딩된 조건에 따라 계약 내용을 자동으로 실행할 수 있다고 언급했다.

이후 닉 자보는 97년 발표한 「공공 네트워크 관계의 형식 구성 및 보안 방법론(Formalizing and securing Relationships on public networks)」이라는 논문을 통해 스마트계약의 기본 아이디어는 많은 계약 조항 유형(담보, 채권, 재산권 문서 등)을 하드웨어 및 소프트웨어에 입력할 수 있으며, 이를 통해 계약 위반자에게 상당한 책임을 부과할 수 있고, 위반에 따른 부과 수준은 위반자에게 충분한 부담을 안겨줄 만큼 큰 것이 바람직하다고 설명하고 있다[5].

스마트계약(이더리움)의 원리

스마트계약의 원리는 자판기에 동전을 넣고, 상품을 선택하면 차액이 계산되어 반환되는 원리로, 누구든 자판기에 동전을 넣으면, 원하는 상품을 받고 정확한 거스름돈을 돌려받을 수 있으며 자판기 안의 자물쇠 상자나 보안 메커니즘은 저장된 동전과 상품을 외부인으로부터 지키는 역할을 하게 된다.

출처: Nick Szabo, "Formalizing and Securing Relationships on Public Networks", Contracts Embedded in the world.

스마트계약은 2013년 Vitalik Buterin이 비트코인의 블록체인 기술을 이용하여 대금결제, 송금 등 금융 거래뿐 아니라 모든 종류의 계약을 처리할 수 있도록 기능을 확장하면서 상용화 가능성이 엿보이기 시작하였다. 즉, 기존 비트코인의 소스(Source)를 일부 변경하는 방식을 벗어나 독립적인 새로운 소프트웨어의 개발 방식(Fork)을 채택하면서 이더리움(Ethereum)이라는 블록체인 플랫폼을 통해 스마트계약 기능을 구현할 수 있었다. 이더리움 스마트계약은 개발자가 직접 계약조건과 내용을 코딩할 수 있으므로 인간이 상상할 수 있는 모든 종류의 계약은 이더리움 플랫폼을 이용한 확장된 기술로 얼마든지 구현할 수 있다는 것이다.

> **이더리움 스마트계약의 특징**
>
> 이더리움의 스마트계약은 자바(JVM, Java Virtual Machine)와 유사한 개념으로, C++, 자바스크립트, 파이선, GO 등의 언어로 작성된 소스(코드)를 컴파일링하여 바이트 코드로 변환하면 이를 실행하는 공개 소스(Open source) 소프트웨어로 작성된다. 여기서 솔리디티(Solidity) 프로그래밍은 튜닝 완전성을 지닌 스크립트 언어로 개발자가 계약 코드를 작성할 수 있도록 활용 범위를 Java 기반의 독립적인 프로그래밍 언어로 확장하여 작성된 것이 특징이다.
>
> 출처: Vitalik Buterin, A Next-Generation Smart Contract and Decentralized Application Platform, ethereum White Paper.

이처럼 스마트계약은 블록체인에 기반을 두고 있는 비트코인 스크립트(Bitcoin Script)에서 시작되는데 비트코인 언어로 스크립트를 작성하여 내보내면 조건에 따라 자동으로 거래를 수행하는 방식으로 스크립트가 정상적이면 거래를 정상으로 본다는 일종의 계약개념이 반영된 코드로부터 출발하였다. 여기서 스크립트란 본질적으로 전송되는 비트코인을 사용하고자 하는 다음 사람에게 어떻게 액세스할 수 있는지에 관한 지침 목록을 말한다.

이후 이더리움 스마트계약은 비트코인 스크립트의 한계를 극복하며 다양한 거래정보와 반복문을 허용할 수 있도록 기술적인 도약을 시도했다. 이러한 이더리움 스마트계약의 대표적인 탈중앙화된 자율조직(DAO)은 회사의 의결권을 토큰(Token)으로 행사할 수 있도록 하는 이더(Ether) 코인을 크라우드펀딩 (Crowd – funding)[6]을 통하여 구매하는 방식으로, 구매된 이더는 특정한 운영 주체 없이 참여자 투표로 활용되는 스마트계약으로 설계되었다.

3) 스마트계약의 작동 원리

스마트계약은 블록체인 내 특정 조건이 충족됐을 때 자동으로 거래내용을 실행하는 프로그램으로 기존 블록체인 비트코인의 거래내용 기록 방식에 추가하여 계약 코드와 실행 이력 등이 별도의 통제 수단 없이도 자동으로 계약 내용을 처리할 수 있게 만든 것이다. 이론상으로는 모든 종류의 계약을 자동처리할 수 있도록 설계할 수 있다고 설명하고 있다[7].

즉, 스마트계약은 당사자 간 계약의 조건을 미리 코드화하여 설계된 프로그램을 작동시키면, 네트워크상에서 계약의 이행과 불이행에 따른 결과가 자동으로 표시되므로 각 당사자는 계약 이행 여부에 따른 결과를 확인할 수 있으며, 이에 상응하는 대금이 지급되거나 가치가 이전하는 방식으로 거래가 실행된다. 따라서 스마트계약은 별도의 집행기관에 의존하지 않고 탈중앙화된 방식으로 간편하고 신속하게 계약을 처리할 수 있게 된다.

이더리움에서 실행되는 스마트계약 프로그램의 실행 프로세스를 살펴보면 ① 프로그래밍 코드 작성 ② 코드 서명 ③ 블록체인 저장 ④ 실행(계약 체결과 전자서명) 순으로 작동된다. 여기서 실행되는 코드와 그 계약의 결과는 트랜잭션에 포함하여 체인으로 연결된 블록(Block) 위에 데이터베이스 형태로 저장하게 된다. 이러한 기록은 모든 참여자가 공유하게 되며, 계약 내용의 추가 없이 수정만 가능하게 되어 있다. 여기서 참여자들은 공개키 암호화 방식으로 만들어진 지갑주소(Wallet address)를 블록체인과 상호작용하여 계약을 체결하고 전자서명을 하게 된다.

블록체인 스마트계약을 활용한 라이선스 관리

예컨대 음원에 대한 저작권의 경우 가수와 작곡가, 프로듀서, 발행사, 소속사, 유통사 등의 권리를 일정 비율로 나눈 계약을 체결하게 되는데, 이와 같은 방식에서는 제3자인 구매자가 특정 트랙의 음원 저작권 사용 계약을 맺으려면 각 권리보유자를 일일이 파악하여 계약을 체결해야 하는 복잡한 절차를 거쳐야 한다.
그러나 이때 음원 한 곡에 대한 라이선스 프로세스를 자동화하는 스마트계약을 활용하면, 음원 구매자가 지급한 비용이 각 음원 권리자에게 실시간 자동으로 지급될 수 있으므로 복잡한 개별적 계약과정 없이 계약이 체결되고 자동으로 대금 지급이 종결됨으로써 기존 방식보다 20~30%의 비용을 절감할 수 있게 된다.

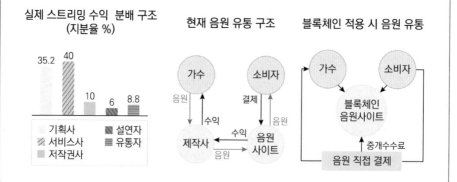

스마트계약을 활용한 음원 유통 사례

영국의 블록체인 기반 음원 유통 서비스인 우조 뮤직(Ujo Music)은 블록체인 스마트계약을 활용하여 음원 유통을 시도하고 있다. 사용자들은 우조 뮤직이라는 플랫폼을 통하여 암호화폐인 이더리움을 이용해 음원을 구매하면 그 금액은 곧바로 프로듀서와 작사가, 작곡가, 엔지니어 등 이해관계자에게 자동배분된다. 이러한 스마트계약은 음악 산업의 생태계에 새로운 패러다임 변화로 기대되고 있는데, 실제 사용자가 음악을 구매하거나 음악을 플레이할 때 중간 유통단계 없이 가수들에게 직접적으로 신속하게 지급할 수 있으므로 기존 유통구조를 개선하는 효과와 가수들은 자신의 음악의 거래정보, 크레디트, 구매자 정보 등에 관한 각종 데이터를 직접 관리하고 제어할 수 있게 된다.

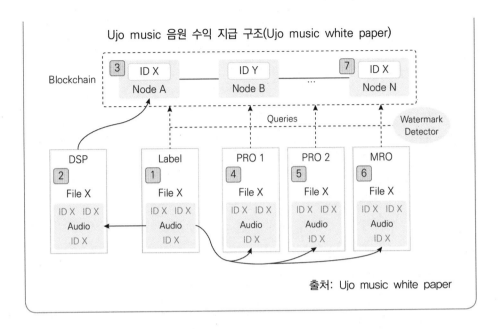

이러한 스마트계약은 프로토콜을 사용자 인터페이스와 결합하여 컴퓨터 네트워크를 통해 관계를 형식화하고, 블록체인 기술을 활용하여 보안을 유지할 수 있게 된다. 이러한 시스템을 설계하기 위해서는 ① 서면 계약조건, ② 계약이행, ③ 제3자의 거래관계, ④ 불이행 책임 등의 법률적 원리가 충분히 반영되어야 하며, 보상 메커니즘, 수수료 비용 등 경제적 이론 그리고 신뢰할 수 있고 안전한 보안기술이 요구되고 있다.

따라서 스마트계약은 전통적인 방식의 계약체결 과정에서 요구되는 서면 계약, 정형화된 양식 및 통제 수단을 기반으로 하지만, 암호화 및 기타 보안 메커니즘을 사용하여 원칙적으로 계약위반, 제3자의 도청 또는 악의적인 간섭, 시간, 사용자 인터페이스 및 알고리즘 사양에 이르기까지 기술적인 측면의 안정성과 보안성을 고려한 알고리즘이 요구된다.

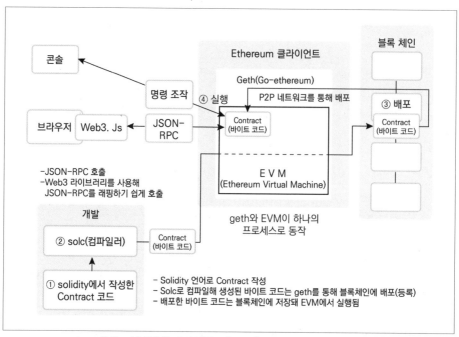

[그림 4-2] 이더리움 스마트계약의 구성

4) 스마트계약의 특성

블록체인에 기반을 두고 있는 스마트계약은 복잡한 합의 과정을 자동으로 인코딩하고 수행할 수 있다는 점에서 효율성을 갖고 있다. 또한, 스마트계약은 확실한 거래실행을 위한 신뢰확보 수단을 디지털화하고 중간 개입자 없는 탈중앙화로 거래형성에 따른 비용 및 시간을 절약할 수 있는 특성이 있다. 실무상으로 여러 데이터베이스와 전사적 자원 관리(ERP)시스템에서 계약 절차를 간소화할 수 있다는 장점이 주목을 받으면서 잠재적 활용 가능성이 큰 것으로 알려져 있다[8]. 세계경제포럼(WEF)에서는 블록체인 기술의 6가지 가치 창출 요소로 ① 운영부문의 단순화, ② 규제 효율화, ③ 거래 상대방 리스크 감소, ④ 청산 및 결제 시간 단축, ⑤ 유동성 강화, ⑥ 금융사기 발생 가능성 최소화 등을 제시하고 있다.

결국, 스마트계약이 갖는 특성은 중앙통제기관(신뢰기관) 없는 P2P 신뢰 네트워크 시스템 구축이라 할 수 있는데, 과거 전통적인 방식의 계약체결 방식보다 신속성과 보안성 및 신뢰성 측면에서 다음과 같은 장점으로 인하여 다양한 분야에서 상용화 가능성이 점쳐지고 있다.

〈표 4-2〉 블록체인 스마트계약의 장점

보안성	블록체인 구조에서는 정보가 분산되어 있으므로 중앙서버에 모든 것을 보관하는 것보다 상대적으로 높은 보안성(Secure) 유지가 가능하다.
신뢰성	모든 참여자가 정보를 공유하므로 거래기록이 개방되고 투명하여 신뢰성이 높다.
저렴한 비용	중개기관(중개인) 및 제3자의 공증이 필요 없어 복잡한 프로세스를 개선하여 인프라 비용이 절감되는 효과가 있다.
신속성	거래의 승인 기록이 다수 참여자에 의해 자동으로 실행됨에 따라 거래의 신속성을 확보할 수 있다.

비트코인이 암호화폐의 거래에 관한 기록저장에 주안점을 두고 있으나 이더리움 스마트계약은 거래에 따른 기록저장을 비롯하여 거래내용까지 기록·관리할 수 있도록 설계되어 있어 튜링-안전성(Turing-completeness)[9], 가치 인지능력(value-awareness), 블록체인 인지능력(blockchain-awareness), 상태(state)개념 등을 반영하는 강력한 기능을 제공한다[10].

5) 스마트계약의 기술적 취약점

스마트계약이 장점만 갖는 것은 아니다. 이더리움 스마트계약의 경우 일반적으로 다양한 프로그램 언어로 작성하여 블록체인 기반의 애플리케이션으로 구현하는 만큼 보안성이 취약하다는 약점을 갖고 있다. 따라서 스마트계약이 범용적으로 사용되기 위해서는 아직 기술적으로도 해결해야 할 과제들이 많이 남아 있다.

최근 이더리움 스마트계약이 활용되었던 탈중앙화 자율조직(Decentralized Autonomous Organizations, DAO)인 다오(The DAO)가 크라우드펀딩을 활용하여 전 세계에서 약 2천억 달러의 투자자금을 모았으나 소프트웨어의 취약점을 노린 해킹 사건이 발생하여 대표자의 공식 사과문과 함께 프로젝트가 중단되는 사건이 있었다.

DAO 해킹 사건

탈중앙화 자율조직(DAO)은 완전 자동화된 기업(Fully Automated Business entity, FAB) 또는 분산된 자율 회사(Distributed Autonomous Corporation/Company, DAC)라고 일컫는 데, 탈중앙화된 네트워크 조직으로 누구도 소유할 수 없는 자율적인 합의 절차에 따라 운영되는 시스템이다.

2016년 6월 17일 DAO Contract의 취약점을 이용해 약 360만 개의 이더리움(당시 시가 640억 상당)이 해킹당한 사건으로 스마트계약 기반인 The DAO의 스플릿(Split) 기능이 플랫폼 내 화폐를 이더리움으로 환전할 수 있으며, 거래기록은 5분 단위로 업데이트가 되도록 설계되었다. 그런데 개발자들은 스플릿 기능이 해킹에 이용될 것을 예측하지 못했는 데, 여기서 해커는 5분 단위로 업데이트되는 스플릿 기능의 기술적 취약점을 이용하여 여러 차례에 걸쳐 돈을 빼내 갔던 사건이다.

출처: Coindesk(https://www.coindesk.com/understanding-dao-hack-journalists).

이처럼 블록체인 기술에 대한 소프트웨어의 취약성이나 분산 애플리케이션(Decentralized Applications, DApp)에 대한 해킹 우려는 보안성 측면에서 추가적인 기술 검증이 필요하다는 것을 잘 보여주고 있는 사례이다. 그밖에도 스마트계약은 작성 코드가 복잡할수록 가스(Gas) 사용량이 증가하여 수수료 부담을 증가시키며, 블록체인 기반의 구축된 플랫폼의 서버 유지를 위한 추가 비용이 발생하지 않으나 이용자의 노드(Nod)를 강제로 요구하는 문제도 취약점으로 지적되고 있다.

6) 블록체인 스마트계약의 금융권 컨소시엄

스마트계약은 금융 산업을 중심으로 송금, 대금결제, 소유권 확인 등을 판단하는 과정에서 기존 거래방식보다 저렴한 비용과 질적 수준을 높일 수 있다는 측면에서 주목받고 있다. 이에 금융기관들은 IT 기업과의 제휴 또는 투자 등의 방식으로 스마트계약의 잠재적인 활용방안에 대한 컨소시엄을 구성하기 시작하였다. 현재 대표적인 글로벌 블록체인 컨소시엄으로는 R3CEV, 하이퍼레저(Hyper Ledger) 프로젝트, Shenzhen 컨소시엄 등이 결성되어 있다.

가. R3CEV 컨소시엄

R3CEV는 금융 분야에 특화된 블록체인 플랫폼으로 시티그룹, 뱅크오브아메리카, 모건스탠리, 골드만삭스, UBS 등 70개 이상의 세계 유수 은행들이 참여하였고, R3는 허가형 분산원장 기술을 제공하여 은행 및 금융 관계 기관들이 분산원장을 통해 금융 서비스에서 요구되는 절차들을 효율화하기 위한 목적으로 구성되었다.

R3CEV는 금융회사 간 불필요한 데이터 공유를 막는 Corda 시스템을 개발하여 ① 참여자들 간에는 공유되는 데이터가 없고, 거래기관과 감독기관만 데이터 열람 가능 ② 거래 당사자 간 합의·인증만으로 거래 가능 ③ 감독기관은 모든 거래의 블록체인 열람 가능 ④ 자바(JAVA)와 파이썬(Python)으로 개발 및 수정 가능한 특징을 갖고 있다[11].

나. 하이퍼레저(Hyper Ledger) 프로젝트

하이퍼레저(Hyperledger) 프로젝트는 다양한 산업에 적용 가능한 블록체인 플랫폼을 개발하기 위한 협의체로서 블록체인 표준화 개발과 발전을 위하여 리눅스 재단이 주관하고 IBM과 MS, 인텔, 레드햇, VM웨어 등 글로벌 IT 업체들이 참여하고 있으며, 동 프로젝트에서 개발 중인 스마트계약은 Chain Code이다. 하이퍼레저 프로젝트는 리눅스 재단의 공개 소스(Open Source)에 기반하여 블록체인 표준화 작업을 진행 중인데, 제조업과 공급망(Supply Chain), 사물인터넷 등 제조산업 전반에 걸쳐 신뢰할 수 있는 분산원장과 확장 가능성에 중점을 두면서 빠른 속도로 개선된 성능의 검증작업을 진행하고 있다. 하이퍼레저 프로젝트의 경우 허가된 사용자 간의 원장을 공유하고 참가자의 권한 관리 수행 기능을 추가하였으며, 무손실압축(Chain code) 알고리즘으로 코딩한 스마트계약으로 시스템을 구축하였다. 하이퍼레저는 세계적 기업을 중심으로 '범 산업용 분산원장 표준화 과제(cross-industry open standard for distributed ledgers)'로 총 149개 회원사 규모를 확보하며 성장하고 있다[12].

다. 센젠(Shenzhen) 컨소시엄

　　센젠 컨소시엄은 핑안은행, 텐센트 등 31개 중국기업으로 구성하여 증권거래, 무역거래, 디지털 자산관리 등 금융 관련 서비스 플랫폼에 관한 연구가 진행 중이다.

라. 국내 금융권 컨소시엄

〈표 4-3〉 금융권의 블록체인 기술의 활용

금융기관	블록체인 사업 내용	적용 기술
하나은행	GLN(글로벌 로열티 네트워크)	블록체인 지급결제망
	고려대 학생증 발급	분산원장 기술(학적부)
	블록체인 ID 인증 플랫폼	하이퍼레저 패브릭
신한은행	블록체인 자격 검증 시스템	분산원장 기술
	장외파생상품 거래 플랫폼	체결 정보 자동화
	골드인증서	블록체인 인증
	뱅크사인	블록체인 전자인증
	지역화폐	KT 네트워크 블록체인
	해외송금 무역금융 서비스	리플 xCurrent
우리은행	위비코인	암호화폐
	해외송금 무역금융 서비스	리플 xCurrent
	블록체인 ID 인증 플랫폼	하이퍼레저 패브릭
국민은행	디지털 화폐(마곡페이)	암호화폐
	디지털 자산 수탁 서비스	다자산 보안 컴퓨팅 기술
NH농협은행	P2P 금융 원리금 수취권 증서	분산원장 기록 공유
	계열사 간 협업 시스템	분산원장 기록 공유

국내의 경우 16개 은행이 참여하고 금융보안원, 금융결제원에서 자문 및 기술을 지원하는 금융권 공동 블록체인 컨소시엄을 구성하여 고객인증·전자문서 검증 등에 관한 연구가 진행 중이며, 금융투자업의 경우에는 인증제도·정보공유·청산절차 등을 연구 중이다[13].

7) 하이브리드 스마트계약

블록체인은 누구든 블록체인에 참여하거나 검증을 할 수 있는 퍼블릭 블록체인(Public Blockchain)과 허가된 기관만 권한이 부여되고 승인된 기관과 감독기관만이 검증이 가능한 프라이빗 블록체인(Private Blockchain)으로 구분할 수 있다.

그런데 금융기관에서 활용하기 위해서는 범용적인 퍼블릭 블록체인 방식을 활용해야 하는데, 여기에는 몇 가지 문제점이 지적되고 있다. 예컨대, 거래검증의 주체가 명확하지 못하다는 문제와 처리비용, 확장성, 프라이버시, 읽기와 쓰기 권한 부여, 익명성, 해킹위험 등과 같은 문제가 있어 상용화의 어려움이 있다. 또한, 기존에 디지털 통화를 유통하는 방식으로 활용되는 블록체인은 보안성과 효율성이 좋지 못하다는 평가와 함께 분산 저장 구조나 정보의 위·변조가 불가능하다는 점이 지적되면서 오히려 데이터베이스 관리 측면에서 접근하는 시도가 효율적이라는 주장이 제기되고 있다. 현재 금융권에서는 고객정보·거래내역 등 효율적인 데이터 관리방안과 신용평가·담보계약서·수출입 신용장 위조 확인·스마트계약 등에 활용 가능성을 주목하고 있다.

따라서 최근에는 제한된 범위 내에서 활용도가 높은 하이브리드(Hybrid) 블록체인 방식의 상용화 검증작업이 중심을 이루고 있다. 여기서 하이브리드 블록체인 방식은 블록체인의 거래기록에 대한 검증 권한을 제한하는 방식으로 프라이빗 블록체인의 장점을 유지하면서 처리속도와 효율성 측면에서 활용성을 높인 방식이다.

하이브리드 블록체인 방식의 상용화는 먼저 전문화된 기업이 다양한 용도에 맞는 표준계약(Contract Standardization)을 개발하고 이를 외부 감사기관이 알고리즘의 정밀검사와 필드 테스트 등의 검증과정을 거쳐야 비로소 서비스를 할 수 있게 된다.

1-3　블록체인 기술의 진화와 스마트계약

1) 블록체인 기술의 진화(블록체인 2.0)

　　블록체인은 P2P(Peer−to−Peer) 기반의 분산된 공유 원장 기술이다. 블록체인 기술의 진화는 암호화폐인 비트코인(Bitcoin)이 갖는 기술적 문제들을 개선하려는 의도에서 출발하여 결제 네트워크의 거래 수단을 확장하기 위한 용도로 개발되었다. 이러한 블록체인 기술은 2015년 7월 비탈릭 부테린(Vitalik Buterin)에 의해 개발된 이더리움(Ethereum)을 통하여 가상의 공간에서 계약체결과 이행이 자동으로 이루어지게 하는 스마트계약 개념을 탄생시켰다[14].

　　스마트계약은 기존 블록체인의 거래기록을 증명하는 방식을 확장하여 금융거래와 부동산거래 및 공증 등 다양한 형태의 계약을 체결하고 이행하기 위한 수단으로 활용될 수 있도록 고안되었기 때문에 '블록체인 2.0'이라 불리기도 한다. 특히, 이더리움은 탈중앙화(Decentralized) 분산 애플리케이션을 구현하는 플랫폼으로 결제 네트워크를 기반으로 모바일 기기에서 구동할 수 있는 다양한 분산앱(DApp)의 인터페이스를 제공하고 있다.

　　이러한 스마트계약은 주어진 조건문에 따라 계약이 이행되도록 설계할 수 있는 튜링 완전성을 갖고 있으며, 다양한 암호화 기술을 추가 적용함으로써 금전적 거래뿐만 아니라 계약 내용의 기록과 관리를 가능하게 한다. 따라서 거래 대상인 주식, 채권, 각종 파생상품을 포함한 금융계약, 거래소, 보험, 투표, 베팅, 특허관리, 데이터 저장, 각종 소유권 증명에 이용될 수 있게 되었다. 즉, 블록체인 기술이 네트워크에 참여하는 사용자 간의 상호 협의가 이루어지고 그러한 합의에 따라 계약이 자동으로 실행되는 형태로 발현된 것이다.

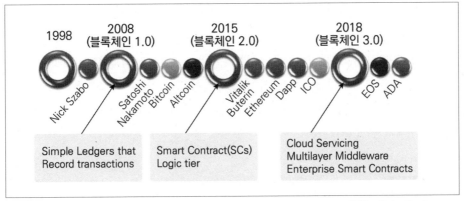

출처: Coin Desk news

[그림 4-3] 블록체인 기술의 진화와 스마트계약

　　이러한 블록체인 스마트계약이 주목받고 있는 것은 비트코인과 같은 암호화폐를 통해서 결제가 자동으로 이루어진다는 점과 위·변조가 불가능한 데이터와 기록으로 정보가 생성·보관되어 신뢰할 수 있는 장점 때문이다. 최근 블록체인 기술은 기존 암호화폐가 가지고 있는 탈중앙화 완전 분산형 블록체인(Public Blockchain)의 기능을 더욱 확장하여 참여자를 제한하고 적정한 협의를 통해 권한이 부여된 특정인만 블록생성이 가능한 허가형(Permissioned) 블록체인과 중개자가 단독으로 원장 조회와 기록의 통제권을 갖는 완전집중형(Privated) 블록체인을 중심으로 다양한 상용화가 논의되고 있다. 전자는 주로 금융기관을 중심으로 컨소시엄을 구성하여 하이브리드(Hybrid) 방식의 거래기록에 관한 권한을 특정하는 보안관리 시스템 영역에서 유리하며, 후자는 중앙통제가 필요하거나 보안성이 강하게 요구되는 영역에서 유용하다. 그밖에도 멀티체인 블록체인 프레임 방식과 프라이버시 보호를 위해 강화된 암호화 기술을 응용하는 방식 등으로 블록체인 기술은 계속 진화하고 있다.

2) 블록체인 기술의 발전과 산업의 변화

　　블록체인의 기본 원칙은 전체 네트워크상 모든 참가자가 트랜잭션(Transaction)을 대량 공동 작업으로 확인하고 이것이 수많은 컴퓨터에 지속해서 데이터베이스로 기록되어 유지·관리되는 것이다. 각각의 거래 명세는 하나의 블록(Block)으로 묶여 체인으로 함께 연결되고 디지털 지문의 일종인 해시(hash)가 블록의 유효성을 증명하며, 그 이후에는 변경할 수 없게 된다. 그리고 네트워크의 각 구성원은 언제든지 익명으로 현재 가치 소유자를 확인할 수 있고, 별도로 중개인에 의해 당사자의 신뢰를 보증할 필요가 없어지므로 거래 비용이 대폭 줄어드는 효과가 있다[15].

> 트랜잭션(Transaction)은 금융 분야에서는 모든 금융거래 자체를 의미하고 있으나, IT 분야에서는 보통 업무 처리 단위를 의미하며, 데이터베이스에서는 다시는 쪼갤 수 없는 최소한의 업무 처리 단위로 정의하고 있다. 이러한 단위가 블록체인에서는 거래내용 또는 트랜잭션이라는 용어로 혼재되어 사용되고 있는데, 트랜잭션에는 비트코인 거래에 관한 내용이 포함되어 있다.

이러한 블록체인 기술은 데이터의 위·변조 방지라는 무결성과 비용 절감효과의 장점이 주목되면서 다양한 산업 분야에서 새로운 경제적 효율성을 창출할 것으로 기대되고 있다. 이에 따라 세계 각국은 앞다투어 블록체인 기술의 발전을 장려하고 관련 제도의 정비에 박차를 가하면서 금융, 물류, 의료, 공공 분야 등 다양한 산업 분야와의 접목을 시도하고 있다. 특히, 미국을 중심으로 블록체인 기술에 대한 투자가 증가하는 추세이며, 세계적 기업인 IBM의 경우 100건 이상의 블록체인 프로젝트를 추진하고 있는 것으로 알려져 있다[16].

블록체인 기술의 진보는 압축보관(Archiving)[17], 확인, 인증, 라이선스 부여 및 정보 제공과 관련된 산업 분야를 근본적으로 변화시킬 수 있을 것으로 기대될 뿐만 아니라 기존의 생산 및 판매체인 그리고 기업조직에도 많은 변화를 가져다줄 것으로 예측된다. 특히, 스마트계약은 자동화된 계약처리 기능을 갖춘 솔루션으로 기존의 전자상거래 절차를 대폭 간소화함으로써 경제적 효율성을 높이는 수단으로 그 활용이 기대된다[18].

먼저 블록체인 스마트계약은 은행과 보험업 분야를 중심으로 국가 간 지급

결제나 증권 혹은 자산의 가치를 이전하는 거래수단으로 이미 그 가능성을 인정받고 있다. 예컨대, 네트워크를 통해 채권에 대한 이자의 지급을 정해진 날짜에 자동으로 지급되도록 설계된 스마트계약의 경우, 지급해야 할 금액을 미리 정의된 데이터로 프로그래밍할 수 있다. 또한, 파생금융상품 시장에서는 전자적으로 계약체결 및 이용자의 담보수준을 미리 조정할 수 있고, 동시에 계약해지에 따라 정산해야 할 금액도 사전에 프로그래밍할 수 있다. 이처럼 스마트계약은 계약의 체결, 이행, 종료에 따라 발생할 수 있는 모든 요소를 미리 프로그래밍함으로써 불필요한 법적 분쟁을 줄일 수 있게 된다. 또한, 블록체인은 회계 및 감사 업무와 관련해서는 통일된 표준을 설계하는데 유용할 수 있고, 금융거래에서 지급 증거로도 사용될 수 있다. 그밖에 제조업 공급망에서 블록체인 기술을 이용하면 유통단계를 축소할 수 있는데, 종래 유통과정에 존재하던 중개인, 도매업자 및 플랫폼이 블록체인으로 대체될 것이며, 에너지 산업 분야 등에서도 블록체인과 물리적 전달을 결합하려는 시도들이 나타나고 있다.

2장 스마트계약과 입법화 동향

해외 주요국의 블록체인 가상통화의 법적 쟁점과 법규 내용을 비롯하여 스마트계약의 특징과 입법화 동향을 살펴봄으로써 국내 블록체인 스마트계약의 법·정책적 적용 가능한 요소를 탐구하고 향후 스마트계약 상용화를 대비한 합리적인 입법 방향성을 수립해 보자.

2-1   블록체인 가상통화의 입법화 동향

1) 블록체인 가상통화의 법적 쟁점

블록체인 가상통화는 비트코인을 중심으로 주목을 받는 가운데 투자자의 투기를 목적으로 하는 폭발적인 거래는 여러 가지 부작용을 초래하였다. 그 대표적인 사건으로 미국의 경우 비트코인을 이용해 마약, 총기 등의 밀거래에 이용된 실크로드 사이트 폐쇄(2013.10.) 사건과 일본의 가상통화취급소인 마운트곡스(Mt Gox)가 해킹을 당해 파산에 이르게 된 사건(2014.2.) 그리고 국내의 경우 유사 디지털화폐를 발행하여 불법 다단계 방식으로 370억 원대 자금을 편취한 사건(2016.7.)이 있다.

이에 일본 정부는 소위 가상통화법을 의결(2016.5.)하고 개정(2019.5.)하기에 이르렀으며, 국제자금세탁방지기구(FATF)는 가상통화의 익명성을 이용한 자금세탁 문제를 규제하기 위한 가상통화지침(2019.6.)을 마련하고, 국제통화기금(IMF)은 디지털화폐의 부상을 발표(2019.7.)하며 가상통화를 디지털화폐에 포함하기도

하였다.

이러한 배경에서 가상통화에 관한 입법화 방향을 살펴보면 ① 가상통화의 법적 취급 ② 가상통화업의 허가 및 등록 ③ 가상통화에 대한 과세 여부 ④ 자금세탁 방지 ⑤ 가상통화 공개시장(ICO) 측면에서 명시적인 규제 정립 등에 초점이 맞춰진다.

최근 가상통화와 관련한 현행법상 위반 사례와 이에 따른 적용 법률을 살펴보면 <표 4-4>와 같다.

〈표 4-4〉 가상통화 위반 사례에 따른 적용 법률

위반 사례	적용 법률과 처분
마약대금 등 불법 자금이 가상통화취급소를 통해 국내에 반입하는 행위	• 조세 포탈 및 관세법 위반 • 자금세탁방지기구 지침 위반
가상통화 투자 명목으로 일반인들을 속여 투자자금을 모으는 행위	• 형법상 사기 • 유사수신행위법 위반
가상통화 채굴기 사업에 투자 명목 등으로 일반인들에게 자금을 모집하는 행위	• 형법상 사기 • 다단계 판매 관련 방문판매법 위반
가상화폐취급업체가 외부의 전산 해킹을 당하여 고객 자금을 지급할 수 없는 상황의 행위	• 형법상 사기 • 예금자보호법 위반

2) 해외 주요국의 가상통화에 관한 입법화 동향

가. 미국

미국은 연방 차원의 가상통화에 관한 포괄적인 규정은 없으나, 증권거래위원회, 국세청, 금융범죄단속반 등 관계기관의 내부지침이나 가이드라인을 통해 가상통화업에 관한 규제기준을 마련하고 있다. 미국은 주(州) 차원에서 가상통화법 규제를 위한 법률이나 규정을 마련하고 있는데 2019년 7월 말 기준으로 전체 50개 주 가운데 11개 주가 관련 법안을 제·개정하고 있다. 대표적으로 뉴욕주(州)의 경우 가상통화업에 대한 엄격한 인가와 허가에 관한 법을 제정하고 있지만, 와이오밍주(州)의 경우 가상통화업에 관한 규제 법률의 적용 배제 및 세금감면의 혜택 제공 등을 규정하면서 가상통화업체를 주(州) 내로 유인하거나 허용하기 위한 목적으로 법률을 제정하고 있다.

거의 모든 주에서는 가상통화를 활용한 송금에 있어서 엄격한 인허가를 요구하고 있는데 '송금사업에 관한 규칙(Money Transmitter Rules)'의 법률에 근거하여 각 주마다 적용 여부와 채택 수준에 차이가 있어 가상통화의 법적 효력에도 차이가 발생하는 특징을 갖는다. 뉴욕주에서는 「비트라이선스 규칙(BitLicense Regulations)」을 제정하고 모든 형태의 가상통화를 포함하여 실제 거래를 하려는 사업자는 관련 인허가 취득을 요건으로 하고 있으며, 가상통화 사업자에 대해서는 자금세탁방지, 고객확인, 사이버보안을 위한 위험방지 방안과 대책 프로그램을 마련하도록 요구하고, 수범자로서 상당한 규제준수의 비용부담을 의무적으로 규정하고 있다.

한편, 캘리포니아주(州)에서 규정하고 있는 송금사업자법은 아직까지 가상통화에 대해 취급을 인정하고 있지 않으며, 가상통화 적용 가능성에 관한 별도의 지침도 마련되지 않은 상황이다. 그러나 블록체인에 관한 입법과 관련하여 블록체인의 혜택, 위험성, 법적 함의를 조사하기 위한 목적의 '블록체인 워킹그룹'을 구성하고 현재 법안 발의는 진행 중인 상황이다. 이 법안에서는 블록체인을 "수학적으로 보증되고, 시간 순서대로 구성되며, 분산된 방식의 원장이나 데이터베이스"라고 정의하고 가상통화업을 영위하기 위해서는 반드시 관계 당국의 인허가를 취득할 것을 의무화하고 있다.

나. 유럽(EU)

EU에서는 가상통화의 법적 지위와 관련한 규정은 아직 없으나, 가상통화가 범죄수단에 악용되는 것을 방지하기 위한 「유럽의회 및 이사회 지침 2018/843」을 통해 가상통화업자는 가상통화와 명목화폐를 교환하는 서비스 제공 사업자이며, 가상통화지갑 제공업자는 가상통화를 보유, 저장, 이전하는데 필요한 개인 암호화 키의 보호 서비스를 제공하는 사업자로 규정하고 있다. 이들 사업자는 반드시 관계기관에 등록하여야 하며 고객확인, 기록 보관, 의심거래 보고 의무를 부과하고 있다. 이에 따라 EU 회원국들은 이 지침을 이행하기 위한 국내법 제정이 필요한 상황이다.

다. 영국

영국의 경우 가상통화업을 직접적으로 규제하는 법률은 없는 가운데 영국 중앙은행은 가상화폐가 자국의 법정화폐와 금융 안정성에 위험을 초래할 정도의 시장 규모가 크지 않다고 판단하고 있다. 다만, 영국 정부는 「EU 자금세탁방지지침」에 따라 가상통화의 교환 및 보관 활동에 확대 적용하기 위한 정책적 방향에 관해서는 미래 지향적 관점에서 논의가 진행 중인 상황이다. 이처럼 영국은 블록체인에 관한 명시적인 법률이 없는 가운데 가상통화 및 가상통화업체가 취급하는 금융상품, 증권, 지급결제, 전자머니, 자금세탁방지 등이 현재의 금융체계의 규제대상에 해당하는지 여부는 규제 당국의 지침이 없는 만큼 정확한 성격을 규명하기에 어려움이 있다. 다만, 영국의 금융행위감독청의 입장은 불확실하거나 공공정책상 잠재적 위험을 내재하고 있는 분야에 대해서는 규제 완화지대에서 관리하는 전략을 펼치고 있다.

라. 일본

일본은 2016년 「가상통화법」을 통하여 정보통신기술의 진전 등 환경변화에 대응하기 위한 은행법 일부를 개정하는 법률을 통과시키고, 가상통화와 관련한 법률인 「자금결제법」과 「범죄수익이전방지법」 등을 개정하였다. 자금결제법에서는 가상통화의 규율대상에 관한 개념과 적용범위를 명확히 하고, 자금결제서비스를 위한 운영조치와 이용자 보호조치를 규정하고 있다. 최근 일본은 「자금결제법」 개정(2019.5.)을 통하여 가상통화 명칭을 '암호자산'으로 변경하고 암호자산 관리업무와 관련하여 관리업자의 규제와 유출 방지를 위한 콜드월렛(Cold Wallet) 규제와 암호자산 변경에 대한 사전신고제 도입 및 과도한 광고 및 권유를 규제하고 있다. 여기서 콜드월렛은 인터넷에 연결되지 않은 하드웨어 지갑으로, 인터넷 해킹 피해를 막기 위한 용도로 사용한다. 또한, 가상통화 거래의 적정화를 위해 가상통화의 증거금거래에 관한 규정인 「금융상품거래법」 개정을 통하여 기업이 대규모 자금을 유치하기 위한 ICO(Initial Coin Offering) 발행을 허용하고 있다.

2-2   블록체인 스마트계약의 입법화 동향

1) 해외 주요국의 입법화 동향과 특징

해외 주요국의 세계적 기업들은 IT, 금융기관 등으로 구성된 다양한 협의체(컨소시엄)를 구성하여 위험부담을 줄이고 투자 비용은 절감하는 방식으로 블록체인 플랫폼을 개발하여 기업 업무를 신속하고 효율적으로 처리하는 스마트계약 시대를 준비하고 있다.

또한, 해외 주요국의 정부는 4차 산업혁명 시대의 신기술 적용에 따른 서비스와 거래 형태를 입법적으로 규제하기 위하여 활발한 논의를 진행하는 상황이다. 해외 주요국은 블록체인 기술이 국가의 미래 경쟁력을 좌우할 것으로 전망하고, 다양한 산업 분야에 응용하기 위한 촉진정책을 최우선으로 진행하기 위한 목적으로 컨소시엄 구성과 시범사업을 추진하고 있으며, 동시에 상용화에 따른 기존 법률의 이해 충돌 요소를 정비하거나 개정하는 방식으로 입법화를 진행하고 있다.

선진국의 블록체인 관련 입법 동향은 가상통화에 대한 규제에서 출발하여 최근에는 신기술을 정확히 이해하고 관련 산업의 활성화를 촉진하는 방안과 사용자를 보호하기 위한 목적에서 법적 근거와 적용 효과를 중심으로 입법화를 시도하고 있다.

즉, 블록체인 기반의 가상통화에 대한 입법 동향은 이용자를 보호하기 위한 목적에서 입법화가 진행되고 있는 반면에, 스마트계약과 관련해서는 기술에 대한 명시적인 정의를 규정하여 법적 근거를 마련하고 있는데, 스마트계약에 의한 거래내용과 기록에 관한 증명력을 인정하거나 법원의 증거자료로 채택되는 방안에 관하여 규정화하는 특징을 갖는다.

2) 미국의 입법화 동향과 특징

최근 미국 정부는 스마트계약에 관한 명시적인 정의 규정을 마련하고 블록체인에 기반을 둔 거래기록에 대하여 증명 책임을 부여하기 위한 입법안을 발의하는 등 스마트계약의 법적 근거를 규정하고 있다. 미국은 정부가 주도하고 공공서비스 영역에서 블록체인을 활용하기 위하여 연방정부 및 주 정부 차원에서 법률을 제정함으로써 블록체인 기록과 서명에 대하여 법적 효력을 부여함과 동시에 블록체인 거래에 대한 면세 정책을 마련하는 가장 적극적인 국가이다[19].

먼저 미국의 입법 동향은 2014년의 온라인 시장 보호법(Online Market Protection Act of 2014) SEC.3.(i)에서 스마트계약에 관한 최초의 정의를 규정하고 있다.

여기서 블록체인이란 "프로그램을 작성하는 알고리즘(Algorithm)에 관한 다양한 신기술의 개념 중 암호화된 알고리즘 체인"이라 정의하고 있으며 알고리즘(Algorithm), 암호화폐(Cryptocurrency), 다중서명거래(Multi-Signature Transactions), 암호화 에스크로(Cryptographic Escrow), 오라클(Oracles) 서비스(Service) 등에 관한 기술의 개념도 규정하고 있다. 이 법안에서 스마트계약은 "암호화로 인코딩된 계약(agreement)으로서 다중서명 기술(multi-signature technology)이 활용되어 사전에 결정된 변수가 충족될 때 자동화되어 다중 당사자에 대하여 실행되고 공공기록 또는 자산의 이전이 가능한 것"이라고 정의하고 있다[20].

가. 버몬트주(州)

버몬트주(州)에서는 2016년 7월 1일 블록체인 기술로 생성된 데이터의 검증(Authentication), 증거능력(admissibility), 추정력(presumptions) 등에 관한 내용을 담은 법안(H. 868)이 통과되었다. 즉, 블록체인은 "인터넷 상호작용, P2P 네트워크 또는 어떠한 다른 방법을 통해 유지되든 간에 수학적으로 안전하고 시간순으로 분산된 합의 장부 또는 데이터베이스"라고 정의하고 있다[21].

나. 애리조나주(州)

애리조나주(州)는 전자거래법(Arizona Electronic Transactions Act)을 개정하여 스마트계약에 대한 법적 근거를 마련함과 동시에 상거래에 있어서 스마트계약의 계약적 유효성을 인정하고 또 집행력을 인정하는 내용을 명시하였다[22].

스마트계약은 "분산 및 탈중앙화되고 공유하는 복제된 원장에서 작동하여 그 원장을 보존하고 자산 양도 및 지침 전송을 명령할 수 있는 이벤트 기반 프로그램(event-driven program)"이라고 정의함으로써 스마트계약에 관한 법적 근거를 마련하고 있다. 동법의 주요 내용을 살펴보면 "블록체인이란 분산형 장부기술로서 분산화되고 비집중화되며 공유 가능한 복제 장부이며, 이러한 분산형 장부는 공공 또는 사적으로 이용할 수 있고, 허가 또는 무허가로도 사용될 수 있으며, 장부의 데이터는 암호화되어 변조할 수 없고 쉽게 확인할 수 있으므로 별도의 검증이 요구되지 않는 정보"라고 규정하고 있다[23]. 그리고 스마트계약에 관해서는 "스마트계약이란 분산화, 비집중화, 공유되는 복제된 원장에서 실행되는 이벤트 기반의 프로그램으로서 원장에서 자산을 보관하고 그것의 이전을 지시할 수 있으며, 상거래 상에 존재하여 거래에 관한 계약적 효력과 유효성 또는 집행 가능성을 단독으로(solely) 배제할 수 없는 것"이라고 정의하고 있다[24].

애리조나주법의 입법은 블록체인 기술이 토큰화된 암호화 경제를 주도하고 있으므로 스마트계약에 관한 다양한 상용화 가능성에 초점을 두고 스마트계약에 관한 법적 근거와 유효성을 규정하고 있다는 점에서 의미가 있다.

다. 플로리다주(州)

최근 플로리다주(州) 의회에서도 스마트계약에 법적 근거를 부여하는 내용을 담은 법안(HB 1657)을 마련하고 있는데, 주요 내용을 살펴보면 블록체인에 기록된 데이터는 재판과정에서 유효 증거로 채용할 수 있다고 규정하고 있다[25].

이 법안은 블록체인에 기록된 데이터를 법적 증거자료로 사용할 수 있도록 허용하는 법안으로 블록체인 원장과 스마트계약에 기록된 내용을 증거자료로 채택할 수 있도록 함으로써 법적 유효성을 인정하고 있다. 다만, 스마트계약에 포함된 전자기록이 법률이나 규정에 위반되지 않을 때 한하여 적용할 수 있다는 단서 조항을 두어 기존 계약법이론과의 충돌을 최소화하려는 노력을 보인다. 동 법안이 갖는 의의는 블록체인 기술을 통해 확보된 기록 또는 계약은 전자적 형식의 기록으로 보고 블록체인에 기록된 서명을 유효한 전자서명으로 인정한다는 점이다. 또한, 동 법안에 의하면 누군가가 정보를 저장하기 위해 블록체인 장부를 사용했다면 그 정보는 합법성을 보장받을 수 있고, 정보가 저장된 원장은 보관 및 블록체인에 의한 자산 이전, 기록된 데이터의 법적 증거력이 인정된다는 점에서 스마트계약에 관한 보다 적극적인 입법안이라 할 수 있다[26].

그밖에 네바다주는 블록체인 지원법을 제정하여 블록체인 기반 거래에 지역세를 면세해 주고 있으며, 델라웨어주는 주식거래 및 명의개서에 있어서 블록체인 등록이 유효할 수 있도록 관련 법률을 개정하고 있다[27].

3) 영국 및 EU의 입법화 동향과 특징

영국 및 EU의 경우 스마트계약에 관한 입법을 위한 다양한 포럼을 운영하면서 폭넓은 의견 수렴을 하고 있다. 영국은 과학부를 중심으로 블록체인 활용 촉진을 위해 정부 서비스 분야에서 스마트계약에 관한 입법화를 검토하고 있는 단계이다. 주로 정부 문서의 위·변조 방지 시스템, 부정수급 방지 시스템 등 블록체인 규제에 관한 내용으로 기존 법률을 개정하는 방안으로 초점을 두고 있다. 이외에도 영국 정부는 블록체인 기술의 효용성 평가 및 실증사업 추진, 규제 개선, 실제 적용 가능 수준에서 최우선으로 기술력 확보에 중점을 둘 것을 각 부처에 권고하고 있는 것으로 알려져 있다[28]. 이처럼 영국은 아직 스마트계약에 관한 법적 근거 규정을 마련한 상황은 아니지만, 핀테크를 중심으로 신기술산업에 대한 규제샌드박스(Regulation sandbox)를 정책적으로 마련하여 규제를 완화해주는 제한된 구역을 설정하고 적극적인 기술 혁신을 촉진하고 있다.

최근 영국 사법기술연구원(Lawtech Delivery Panel)에서 발표한 보고서에서는 암호화폐 등 암호자산을 '거래할 수 있는 재산(tradable property)'으로 분류할 것을 권고하고 스마트계약을 '구속력 있는 합의(enforceable agreements)'로 규정할 것을 제시하고 있다. 또한, 영국 사업기술연구원은 "스마트계약은 당사자 사이에 계약을 자동으로 안전하고 효율적으로 이행하도록 처리하므로 그 유용성이 크며, 주택담보대출을 비롯하여 의학 연구, 재산의 소유권 이전과 등기 등 다양한 분야에서 계약과 합의 과정 전반에 걸쳐 중개인이 필요 없는 혁명적인 변화를 불러올 것이다."라고 밝히고 있다.

4) 기타국의 입법 동향과 특징

일본의 경우 가상화폐를 중심으로 규제 및 세금부과를 위한 입법 단계에 있으며, 스마트계약과 관련하여 일본의 경제산업성은 블록체인 기술을 활용한 시스템에 관한 평가 기준으로 품질, 보수 운용, 비용 등 세 가지 측면의 평가 요소를 발표하고 있다.

중국의 경우 가상화폐에 대한 폐해를 차단하려는 강력한 정책적 규제방안을 마련하고 있는데 궁극적으로 스마트계약 표준화와 플랫폼 추진을 위한 노력을 동시에 진행하고 있다.

중국은 블록체인을 '국가중점육성기술'로 선정(2016.12.)함으로써 핵심기술개발 및 시범사업을 추진하고 있고, 특히 항저우에 블록체인 산업단지를 조성함과 동시에 정부 주도로 블록체인 표준위원회를 구성하여 스마트계약, 가상화폐, 보안, 기록 관리 등 블록체인 핵심 분야에 대한 표준화 플랫폼 작업에 앞장서고 있다[29].

이외에도 블록체인 기반 디지털 시민권(estonia E-Residency)을 도입한 에스토니아는 모든 국민이 정부가 제공하는 다양한 공공서비스(계좌개설, 온라인 송금, EU 국가 내 결제)를 블록체인으로 이용할 수 있도록 시스템을 구축하였으며[30], 오랜 군부독재로 고통을 받은 온두라스에서는 군벌·토호세력에 의한 토지대장 등 조작 방지를 위해 부동산 기록 및 관리 분야에 블록체인 도입을 추진하고 있다[31].

2-3   국내 블록체인 스마트계약의 입법 방향성

　최근 블록체인 기반의 가상통화의 경우 익명성을 바탕으로 한 자금세탁, 마약, 무기밀매 등 불법거래로 악용하거나, 규제 사각지대에 있는 점을 노린 다단계 유사수신 범죄 등 문제의 심각성이 크게 지적되고 있다. 국내의 경우 현행 블록체인 기술에 대한 명시적인 정의와 적용규제에 관한 법률 규정은 없는 상황이나 전자금융거래법의 일부개정 법률안이 의원입법 형식으로 제안된 바 있는데, 동 개정의 내용을 살펴보면 가상통화에 대한 정의 규정과 가상통화 취급업의 인가 요건 및 인가의 신청 등에 관한 사항 그리고 가상통화이용자를 보호하기 위한 예치금제도 및 피해보상계약, 설명의무 부과 등의 내용을 담고 있다[32].

　이처럼 국내에는 블록체인과 스마트계약에 관한 법적 근거가 없는 상황에서 본격적인 블록체인 스마트계약의 상용화를 대비하기 위하여 건전하고 투명한 제도적 기반이 마련됨과 동시에 법적 규범성을 선행적으로 정립하여 입법화하는 방안을 마련하여야 한다.

　이러한 블록체인 스마트계약의 신기술과 관련한 입법적 방향은 기존의 전통적인 경제구조의 고착화에 따른 신기술의 역동적 성장을 견인하는 방안과 혁신적인 기술촉진을 위한 기존 규제의 완화 방안을 수용하는 정책적 합의가 필요하며, 동시에 거래의 안전을 확보할 수 있는 사용자 보호 방안도 함께 고려하는 입법화 전략이 필요하다.

　결국, 스마트계약에 관한 입법화 방향은 정부의 정책적 기술 혁신의 의지와 상거래 확대에 따른 명시적인 규정이 필요하며, 더 나아가 공개화된 프로그래밍 코드에 대한 표준화와 보안에 관한 문제를 사전적으로 규정하여야 한다.

① 정부의 블록체인 활성화를 위한 재정 및 R&D 투자 등 지속 가능한 연구와 투자가 선행되어야 한다. 그동안 중앙집중식의 금융규제 개혁 및 블록체인 기술 도입에 관하여 기존 개별법의 규제 완화 검토와 관계부처의 시범사업이 빠르게 진행되는 만큼 상용화를 대비한 추가적인 제도

적 장치와 투자가 필요하다.

② 스마트계약의 선행조사와 연구의 부재 속에 상용화 속도가 빠르게 진행되므로 상거래 상의 불법적인 계약 코드의 사용을 금지하고 계약 불이행의 위험을 해결하기 위한 명시적인 근거(정의)와 법적 성격 및 유효성에 관한 입법화가 필요하다.

③ 스마트계약은 공개 소스(Open Source)로 운영되므로 시스템의 무단 사용을 방지하거나 분쟁 발생 시 특정 시점의 권리를 주장할 수 있는 표준화된 계약 코드의 정립이 필요하며, 계약 코드의 법적 효력을 인정할 수 있는 규정이 마련되어야 한다.

④ 스마트계약이 프로그램 코딩으로 작성되는 만큼 본격적인 상용화에 따른 알고리즘의 기술적 오류와 보안수준을 평가할 수 있는 시스템 평가 기준이 필요하다.

3장 스마트계약의 법적 검토

블록체인 스마트계약의 활용 가능성을 비즈니스 관점에서 살펴보고, 스마트계약의 자동 실행에 따른 위험과 책임의 문제 그리고 스마트계약을 구동하는 알고리즘의 오류와 오작동에 따른 문제 등을 법적인 사고로 풀어보자.

3-1   블록체인 스마트계약의 활용 가능성

스마트계약은 미리 설정한 조건에 의해 계약이 자동으로 실행되도록 프로그래밍한 계약시스템으로 블록체인의 분산원장을 사용하면 비즈니스 계약을 자동으로 실행할 수 있게 된다. 즉, 스마트계약은 P2P 데이터베이스가 기관과 고객이 맺은 계약의 모든 조건을 파악하고, 분산된 노드(서버)에서 수집한 데이터를 이용하여 계약조건의 이행 여부와 지급 승인 등을 파악할 수 있다.

이러한 스마트계약은 중개 기관이 필요 없는 물품 계약이나, 부동산 소유권의 이전계약, 재산상속, 증여 등 다양한 계약 체결을 위한 시스템으로 활용할 수 있으며, 특히 주식, 채권, 보험, 복권, 토큰, 쿠폰, 투표, 기록, 에스크로(Escrow), 예측 시장(Prediction Market) 등에서 분산 애플리케이션을 활용하여 계약의 실행 기능을 대체할 수 있다.

그러나 현재 블록체인에 기반을 두고 기존 시스템을 대체하여 동일한 서비스를 제공하기에는 기반기술이 아직 초보적 개발수준에 불과하므로 스마트계약 시스템의 전면적인 활용 사례는 많지 않은 상황이다.

> **다국적 기업의 스마트계약을 활용한 보험상품 사례** ────
>
> 최근 AIG, Standard chartered Bank 등은 전략적 제휴를 통해 가장 복잡한 보험인 다국적 보험상품에 블록체인 기술을 적용하는 파일럿 프로젝트를 완료하고 본격적인 서비스를 제공하고 있다. 이들 회사는 미국, 케냐, 싱가폴 3국의 보험증권을 포함하는 주(主) 증권을 생성하고, 이를 블록체인 기술에 기반을 둔 스마트계약으로 실시간 증권 데이터와 문서 공유시스템을 설계하였다. 이처럼 공동의 데이터에 기반을 두고 비즈니스 의사결정을 내릴 수 있는 스마트계약 시스템은 모든 계약 당사자의 보험증권 및 지불 데이터와 문서에 대하여 단일화된 창구에서 처리할 수 있게 되었다.
>
> 출처: Reuters, AIG teams with IBM to use blockchain for smart insurance policy(https://www.reuters.com).

스마트계약이 범용적으로 활용되는 사례로는 금융산업에서 찾아볼 수 있는데 증권거래, 청산결제, 송금, 투자/대출, 상품거래소, 무역금융 등 경제적 효율성을 높일 수 있는 시스템으로 그 활용 가치가 높게 평가되고 있다.

> **나스닥(NASDAQ)의 스마트계약을 활용한 Private Market 거래 사례** ────
>
> 미국 나스닥(NASDAQ)의 Private Market 거래의 경우 분산된 장부를 통해 주식거래를 증명하고 별도의 중개 기관 없이 무명의 개인 투자자에게 주식을 이전하는 방식으로 스마트계약을 활용하고 있다. 이 방식은 기존의 주식 결제방식인 3일 결제방식의 처리과정(주문-결제-승인-펀드이체 및 디지털 서명-체결-정산)을 단 10분만에 처리할 수 있는 혁신적인 결제 시스템이다. 현재 상용화를 위한 테스트 작업을 통과하고 본격적인 플랫폼 운영이 진행되고 있다.
>
> 출처: Nasdaq(https://www.nasdaq.com)

스마트계약이 비금융 분야에 활용되는 사례로는 신원 관리, 공증, 소유권 증명, 투표, 수송, 유통 등과 같은 영역에서 기술개발과 활용이 기대되고 있다.

또한, 스마트계약이 제한된 범위에 국한하여 활용하는 사례도 있는데, 먼저 정부 주도의 활용 사례로는 덴마크의 자유동맹당(Liberal Alliance)이 스마트계약을 이용하여 내부 투표에 시범적으로 사용하였으며, 에스토니아의 경우 디지털 신원 확인을 위한 전자시민권 공증서비스를 시작하고, 영국의 디지털 서비스청은 기록물 유지관리를 위한 용도로 기록물 등록을 위한 메타정보에 스마트계약 방식을 채택하고 있다.

민간 기업에서 스마트계약을 활용한 사례로는 마이크로소프트사가 이더리움 블록체인 기술에 중점을 둔 ConsenSys 기업과 파트너 계약을 체결하고 증권거래에서 청산결제, 기업회계에 이르기까지 클라우드 기반의 서비스를 제공한 것으로 알려져 있다[33].

국내에서는 한국전력이 블록체인 기반 이웃 간 전력거래 및 전기차 충전서비스를 구축하여 시범사업을 진행하고 있으며[34], 교보생명의 경우 실손 의료보험금 자동청구 서비스에서 블록체인 기반의 인증과정에서 스마트계약을 활용하고 있으나 실제 서비스는 늦어질 전망이다[35].

3-2   블록체인 스마트계약의 법적 검토

1) 스마트계약의 법적 근거

통상적인 계약의 경우 당사자 간 의사표시가 내용상 합치함으로써 이루어지는 법률행위로 법적으로 청약과 승낙이라는 관계로 성립하게 된다[36]. 반면 스마트계약은 컴퓨터 프로그램 코딩으로 작성된 계약조건에 따라 네트워크상에서 계약의 이행과 의무가 자동으로 실행되고 모니터링하는 계약이다. 이처럼 스마트계약은 중개자의 개입 여부와 상관없이 컴퓨터 코드에 의해 자동 실행됨에 따라 체결된 계약 내용에 대하여 당사자 간의 의사 합치 요건이 충분히 반영되었는가에 관한 의문과 계약 이행이 부족한 경우에는 불완전계약의 문제가 발생한다. 이러한 문제는 스마트계약의 법적 지위와 성격을 어떻게 규명할 것인가에 대한 문제로 귀결된다.

스마트계약의 자동 실행에 따른 자율성을 부여하고 법적 근거를 인정하는 것은 입법화의 선행요건이며, 스마트계약의 법적 성격을 부여하는 것은 법률행위로 인한 권리와 책임의 문제로 연결된다.

이와 관련하여 스마트계약의 오작동이나 시스템 설계 오류, 불완전이행 시 개발자 또는 사업자의 책임 문제와 그 과실의 범위 등이 법적 쟁점으로 제기될 수 있다.

스마트계약의 법적 근거를 법이론의 관점에서 살펴보면 스마트계약은 전자적 보조 수단에 따른 거래실행의 결과이므로 스마트계약의 모든 행위는 이용자의 행위로 취급되어 항상 이용자를 구속하게 된다. 그런데 스마트계약이 사용자의 권한 범위 내에서 자동실행되는 과정에서 계약 내용의 일부만 실행되는 때에는 스마트계약의 불완전이행이 발생하게 된다. 이런 경우 이용자를 귀속하는 스마트계약의 알고리즘 코드를 구체적으로 조사해야 하므로 불필요한 부담이 가중되어 경제적 효율성 측면에서 적절치 못하게 된다. 따라서 스마트계약이 모든 이용자의 의사를 반하여 작동되거나, 시스템 설계 오류, 불완전실행이 될 때는 개발자나 사용자의 책임으로 귀속됨은 자명하다.

결국, 스마트계약의 법적 근거를 마련하기 위해서는 이론적 타당성과 실제 적용 필요성의 관점에서 조명되어야 하는데, 이러한 스마트계약에 대한 법적 근거를 마련하기 위해서는 먼저 스마트계약의 개념을 정의하고, 스마트계약으로 체결된 계약에 대해서 사용자를 구속할 수 있는 법적 성격이 명시적으로 규정되어야 하며 여기서 스마트계약은 도구적 수단으로 접근하여야 한다. 즉, 스마트계약은 코딩된 알고리즘이 이용자의 의사와 일치하여 구체화하고 완벽한 계약 실행의 작동 여부와 상관없이, 스마트계약은 단순히 이용자의 포괄적인 의사를 구체화하는 보조적 수단으로 보는 것이 타당하다.

2) 스마트계약 실행의 위험 배분과 책임소재

스마트계약은 미리 정해진 알고리즘에 기초하여 지정한 범위 내에서 판단과 결정을 통한 구체적인 계약조건을 실행하게 되는데, 만약 거래 상대방의 의사에 반하는 거래가 실행되거나, 이용자가 의도하지 않은 거래 결과를 가져다줄 때 법적인 문제가 발생하게 된다. 이처럼 스마트계약이 이용자의 의도에 반하여 거래가 형성되는 경우 거래의 효력을 어떻게 인정할 것인가에 대한 문제로 귀결된다. 따라서 스마트계약의 법적 지위는 컴퓨터로 작성된 알고리즘에 의해 자동으로 구현되는 전자적 장치의 거래행위이므로 이용자와 개발자 및 사업자의 책임을 묻는 위험 분배에 관한 법적 근거를 필요로 한다.

「전자거래기본법」 제7조 제1항에 따르면 "자동으로 처리하는 컴퓨터 프로그램이나 전자적 수단에 의한 의사표시는 작성자가 송신한 것으로 본다."라고 규정하고 있다. 전자적 수단은 스마트계약의 작성된 알고리즘에 의해 전자문서를 포함한 의사표시이므로 거래행위는 전적으로 이용자의 책임으로 귀속하게 된다. 이때, 이용자의 의사에 반하여 의사표시를 하게 되는 경우 스마트계약의 자동 실행을 어떻게 처리하느냐는 문제가 발생한다. 이처럼 스마트계약이 자동으로 처리되는 과정에서 거래 당사자의 의도와 다른 예측 결과가 반영되거나, 적당히 취해져야 할 조치(재조정)가 취해지지 않아 손해가 발생한다면 누가 책임을 지느냐는 문제로 귀결된다. 그리고 그 책임은 스마트계약 실행의 주체를 어느 범위까지 정하느냐에 따라 위험 배분의 문제도 발생하게 된다.

이러한 문제는 계약의 책임과 위험 배분에 관한 사항으로 알고리즘으로 작성된 스마트계약에 기초하여 이루어진 의사표시나 체결된 계약의 내용이 이용자의 의사에 반하여 진행되는 경우에는 스마트계약 사업자에게 책임을 귀속시키고, 유효한 계약이 성립되기 위한 적절한 통제장치를 마련할 필요가 있다. 그러나 사적자치의 원칙에 따른 계약 체결의 결과를 무조건 부정할 수 없으므로 이용자와 사업자 등 거래 관계자를 대상으로 적절한 위험을 배분할 필요가 있다.

위험의 적절한 배분 방법을 결정하는 기준에 관하여 최근 고전주의 법경제학 이론을 바탕에 두고 있는 '최소비용회피자의 원칙(the least-cost avoider principle)'에 따라 접근하는 것이 제안되고 있다. 즉, 최소 비용으로 위험을 회피할 수 있는 사람에게 위험을 배분하는 것이 효율적일 뿐 아니라 공정하다는 이론이다[37]. 이러한 이론은 경제학의 기회비용의 개념이 법률적으로 합치되어 합리적인 의사결정에 따른 손익을 산정함으로써 경제적 효율성을 극대화하고자 하는 의도에서 정립된 것이다. 결국, 스마트계약을 활용한 거래체결의 판단 기준은 이용자의 의사에 반하는 위험을 최소 비용으로 회피할 수 있는 자가 누구인가 판단하면서 스마트계약의 개발자와 운영자, 사업자 그리고 거래 상대방과의 관계를 종합적으로 고려하여 판단하여야 한다.

3) 스마트계약의 실행에 따른 책임

먼저 스마트계약은 컴퓨터 프로그램으로 코딩된 알고리즘으로 특정 입력을 수신하고 일련의 명령어를 실행하여 미리 정의된 많은 결과 중 하나에 도달하도록 설계한 것이다. 이러한 스마트계약이 진행되는 일련 과정에서는 계약 당사자 간 별도의 약속이나 고려사항이 존재하는지 또는 지시한 내용의 주제와 관련하여 진술할 수 있는지에 관한 조건 부여에 전혀 상관없이 자동으로 작동되는 특징을 갖는다. 결국, 그것이 계약 당사자의 의도된 내용인지 혹은 합법적인 절차 여부는 크게 관련성을 갖고 있지 않다. 다만, 스마트계약은 단순히 특정 코드 기반의 실행만을 보장한다.

따라서 스마트계약은 계약의 실행에 따른 책임을 부과할 수 있는 법률적 요소를 충분히 반영하여야 할 이유가 여기에 있다. 이처럼 스마트계약의 실행에 따른 책임을 규정하기 위해서는 다음과 같은 선결과제가 존재한다.

가. 스마트계약은 계약 의무에 관한 데이터베이스가 구축되어야 한다.

전통적인 방식의 계약은 둘 이상의 당사자가 상호 의무와 책임의 역할을 갖게 된다. 이것은 당사자 간의 특정 합의에 관한 협상 과정이 포함되어 있으며, 계약 당사자가 충분히 이해하거나 참조할 수 있는 언어로 명시되어 있다. 또한, 계약에서 당사자들이 동의했거나 동의하려는 내용을 결정하거나 수정을 요구하는 사항이 많게 된다. 그런데 계약실행 과정에서 계약 내용이 충분히 반영되지 못하거나 계약변경에 따른 계약위반이 발생할 때는 계약불이행 등 책임 소재의 문제가 발생한다. 따라서 스마트계약은 계약조건과 의무이행 그리고 관련된 적용규제와 입증, 손해 책임 등과 같은 법률적 요소에 기초한 데이터가 충분히 반영되어야 한다.

나. 스마트계약은 계약 당사자 간의 관계를 규제하여야 한다.

계약 법률은 계약 당사자 간의 관계를 규제하고 정당한 계약이 성립된 경우 법적 효력에 따라 계약 당사자의 의무를 강요할 수 있게 된다. 이러한 의미에서 법률은 도덕적 책임에서 시작하여 사회 전반에 의해 인정될 때 집행되는 의무를 규정함으로써 법적 집행력을 갖는다. 또한, 법률은 이행을 강제할 수 있으며, 위반행위에 대해서는 처벌 등의 조치를 하게 된다. 따라서 스마트계약은 거래 당사자가 추가 조항을 포함하여 변경하고자 할 때는 계약의 의무를 수정할 수 있는 조치가 취해져야 하며, 불법적인 사항이나 불이익이 발생할 때는 계약이 완전 무효가 될 수 있게 설계되어야 한다.

다. 스마트계약은 계약실행에 있어 일부분도 가능한 메커니즘을 제공하여야 한다.

계약에는 계약상 의무가 이행될 수 있는 다양한 요소가 포함될 수 있다. 따라서 계약 내용의 일부분도 실행할 수 있도록 다양한 계약조건을 모듈화하거나 세분화한 옵션의 형태로 설계되어야 한다.

결국, 스마트계약은 당사자 간 의사표시의 합치에 기초하여 법률적 요소를 충분히 반영하여 작동되도록 설계되지 않으면 그 가치를 상실하게 된다. 또한, 스마트계약은 기술적으로 스마트계약 알고리즘의 오류나 오작동 등으로 인하여 예기치 않은 극단적이고 결정적인 피해가 발생할 수 있으며, 알고리즘의 수정과 변경에 따른 계약 이행의 돌발적인 변수도 위험 요소로 제기되고 있는 만큼 책임에 관한 명확한 규정이 필요하다.

4) 스마트계약의 계약법적 접근

스마트계약은 블록체인 플랫폼에 구현된 소프트웨어 코드로서 미리 부여한 조건의 성취에 따라 블록체인에 담긴 자산에 대하여 계약이 자동으로 이행되는 것을 보장하는 것이다[38]. 즉, 스마트계약은 '스스로 이행이 되는 자동화된 약정(Automated self-enforced agreements)'으로 계약의 성립과 이행이라는 두 과정을 블록체인 기술에 의해 하나로 합친 개념이다39).

스마트계약의 기술적 개념은 거래기록이 분산되어 저장되고 탈중앙화하여 공유되며, 복제된 원장이 작동 및 보관됨과 동시에 다시 그 원장에 자산의 이전을 지시하는 사건에 따라 자동으로 실행하는 프로그램의 일종(event-driven program)이다.

여기서 스마트계약을 계약법 관점에서 살펴보면 ① 2명 이상의 당사자가 존재하고, ② 일방 당사자로부터 다른 당사자에게 자산의 이전이 이루어지고, ③ 그 이행(implementation)은 자동으로 이루어지며, ④ 일단 계약이 개시(initiated)된 이후에는 중개인이 개입되지 않는 계약개념이다40).

이러한 계약법적 접근에서 본다면 스마트계약은 단순한 알고리즘 계약의 일종으로 볼 수 있다. 알고리즘 계약에서는 일방 당사자 또는 쌍방 모두가 알고리즘을 이용하여 계약의 체결 여부 및 조건을 결정하기로 약속한다. 그러나 스마트계약은 '탈중앙화된 자율조직(DAO)'를 구성할 수 있다는 점에서 알고리즘 계약과 구분되는 특징을 갖는다41).

DAOs(Decentralized autonomous organizations)는 특정한 행동에 보상이 주어지는 프로그램 코드에 지정된 규약을 따르는 조직으로 인간 개입 없이 정해진 비즈니스 규칙에서 운영되는 일종의 회사 형태로서, 회사의 절차, 규칙, 정관이 암호화되어 스마트계약으로 자동 실행되는 새로운 형태의 조직이다. 현재로서는 법인격이 부여되지 않아 사용자 보호에 문제가 지적되고 있다

출처: Vitalik Buterin, DAOs, DACs, DAs and More: An Incomplete Terminology Guide.

따라서 스마트계약은 당사자 사이의 계약뿐 아니라 보다 넓은 영역인 법인조직, 펀드 등을 결성하기 위한 합동행위에 활용될 수 있고, 자동화된 시스템이 중앙집중식 관리를 대체하여 조직 운영과 관리의 실행을 수행할 수 있다. 그러나 현재로서는 아직 개발 초기 단계로서 전통적 회사의 지위를 대체하여 결정하

기에는 한계가 있다.

한편, 스마트계약은 인간의 개입 없이 자동으로 실행되므로 당사자의 신뢰 여부를 중시하지 않는다. 전통적인 계약의 경우에는 계약의 불이행 문제가 상대방의 신용에 크게 의존하고 있지만 스마트계약은 단순히 미리 작성된 프로그램의 조건 성취 여부에 따라 결정되므로 조건부 계약(conditional nature)의 하나로 볼 수 있다. 여기서 스마트계약을 조건부 계약으로 처리하는 경우에는 조건 성취 여부를 해석하고 판단하여 평가하는 것만이 법적으로 중요한 요소이다. 그러나 이러한 조건부 계약도 컴퓨터의 자동 실행으로 이루어진다는 점을 생각한다면 예외적으로 사후관리와 모니터링이 인간의 개입으로 진행되는 만큼 전형적이고 객관적 조건이 필요한 계약(보험계약, 금융 및 증권거래, 부동산거래 등)에서는 유용할 수 있다.

5) 알고리즘 오류에 따른 책임과 검증

스마트계약은 알고리즘에 따라 반복적인 작업을 수행하므로 인간 의사결정에 기초하는 지능형 프로세스의 자동화보다 속도와 신뢰 측면에서 월등한 기능이 있다. 특히, 비정형 데이터를 처리하고 복잡한 의사결정을 내려야 하는 프로세스의 자동화 작업은 비용절감 효과가 있고, 속도면에서도 신속 처리가 가능한 이점이 있다[42].

예를 들어, 파생금융상품거래를 스마트계약으로 구현할 경우, 계약의 자동 생성 단계에서 계약조건에 대한 컴퓨터의 영향 정도에 따라 프로세스 자동화 요소가 포함됨과 동시에 거기에 인간의 의사가 영향을 미치도록 설계될 수도 있다. 이러한 프로세스는 기술적으로 매우 복잡한 설계가 요구되는 반면에, 법적 측면에서는 구성 요소에 대한 제어보다는 책임 귀속의 문제가 발생한다. 통상 자동화된 프로그램으로 작동되는 프로세스 배후에 자연인이나 법인이 존재하게 되므로 자신들이 원하지 않는 거래이거나 혹은 불법적인 프로세스로 작동하게 되면 취소를 통해 이를 제어할 수 있다.

이처럼 스마트계약은 컴퓨터 프로그램으로 작성된 알고리즘으로 구동되는 만큼 알고리즘의 오류로 인한 손해의 위험이 발생하게 된다.

알고리즘 오류로 인한 사건으로는 2016년 5월 미국 플로리다에서 테슬라 자율주행차량의 센서가 사람을 제대로 인식하지 못하고 교통사고를 내면서 운전자가 사망한 사건과 2017년 1월 아마존의 알렉사가 TV 소리를 사람의 목소리로 인식하고 자동으로 물건을 주문한 사건이 있다.

출처: 연합뉴스

먼저 스마트계약의 알고리즘에 대한 위험의 유형은 ① 사용자 설정 오류와 ② 알고리즘 오작동 오류로 구분하여 설명할 수 있다. ① 사용자 설정 오류는 사용자가 설정한 규칙이 충분히 설정되지 못한 경우로 사용자가 데이터 입력 등 설정 작업을 진행할 때는 주의를 기울여야 하므로 사용자의 책임으로 귀속되며 개발자에게 별도의 책임을 물을 수 없다. ② 알고리즘의 오작동 오류는 개발자가 알고리즘의 프로그램 코딩 등 소프트웨어 작성과정에서 발생한 오류이므로 당연히 개발자에게 책임이 귀속된다. 추가하여 알고리즘의 오작동 또는 오류 등의 사유가 발생할 때는 즉각 시스템 중단과 같은 즉각적인 조치가 필요하다[43].

또한, 스마트계약 알고리즘은 프로그램 코딩의 원리와 방법에 있어서 고도의 기술 수준이 요구되므로 사용자가 충분히 이해하기 어려운 문제가 있어 설명 의무를 부여하거나 증명 책임의 문제도 지적할 수 있다.

6) 스마트계약의 설계 요건과 표준화

스마트계약이란 당사자의 의무를 이행할 수 있는 일관화된 지침이지만 법의 요구사항을 충족시키지 못하거나 계약 당사자가 합의한 의무를 반영하지 못할 때는 문제가 발생하게 되는데, 스마트계약이 계약 당사자가 합의한 계약조건을 성취할 수 없는 방식으로 설계된 경우에는 권리의 불일치가 발생하게 된다.

따라서 스마트계약은 무엇보다도 잘 설계(Well Designed)된 알고리즘 코드로 작성되어야 하며, 표준화된 계약 코드의 정립이 무엇보다도 중요하게 요구된다.

잘 설계된 스마트계약이 갖추어야 할 요건으로는 ① 적합한 알고리즘과 계약조건 프로세스의 매칭(Matching Algorithms and processes)과 ② 이용자 정보 및 제공 데이터(Customer and product data)의 정확성 ③ 선택 아키텍처(choice architecture)의 편리성이 충분하게 확보되어야 한다.

적합한 알고리즘과 프로세스의 매칭은 이용자가 스마트계약을 통해 계약조건의 순위를 선정하거나, 적합한 계약조건의 매칭이 최적화 서비스로 실행되어야 한다. 이처럼 알고리즘 적합도가 최적화된 모델이라면 프로그램 코드의 실행에 있어서 알고리즘과 프로세스의 매칭 능력은 충분한 검증을 필수요건으로 한다. 또한, 이용자 정보 확인 및 제공 데이터가 정확하여야 함은 물론이고 스마트계약의 모니터링 프로세스나 구성 방법 및 논리적인 요소로 구현되는 선택 아키텍처도 사용자에게 적합하고 편리하게 제시되어야 한다.

이처럼 잘 설계된 스마트계약의 선행요건에 관한 판단은 규제 정립을 위한 방향이며, 동시에 스마트계약을 평가하기 위한 수단으로 활용할 수 있다.

4장 스마트계약 활용 사례(부동산거래)

기존의 부동산거래에서 발생하는 불편한 요소를 해결하고 종이 없는 스마트사회를 만들기 위해 블록체인 스마트계약을 활용한 부동산거래의 실제 사례를 분석함으로써 다양한 영역에서 활용 가능한 스마트계약 비즈니스의 법적 · 기술적 적용방안을 탐구해 보자.

4-1 블록체인을 활용한 부동산거래

1) 블록체인의 부상과 부동산거래의 활용

블록체인 기술은 전통적인 비즈니스 관행과 산업 전반을 변화시킬 잠재력을 갖는 새로운 기술로 부상하고 있다. 지금까지 국내에서의 블록체인 기술은 비트코인으로 대변되는 암호화폐를 중심으로 상용화가 진행되었으나, 이제는 다양한 산업영역에서 응용 가능한 프로그램의 형태로 진화하고 있다.

블록체인 기술은 상태 등록 및 인증의 가상적 생성으로, 애플리케이션을 통한 단순한 지급 결제 기능에 머물지 않고 사용자별 조건이 반영된 계약 내용을 디지털 정보로 기록하고 계약의 성립 및 이행이 자동으로 실행되는 이른바 '스마트계약(Smart contract)'이라는 새로운 개념으로 발전하고 있다.

오늘날 비즈니스 네트워크에서는 각 참여자가 모든 이해관계자와의 모든 거래를 기록하여 원장에 보관하는 것이 일반적이다. 그런데 누군가가 이러한 거래기록 또는 원장을 위 · 변조하거나 이중원장을 작성할 위험이 있었기 때문에 제3자인 중앙기관의 개입과 보증이 있어야만 안전한 거래를 할 수 있었다.

하지만 온라인 커뮤니티에서 복수의 공개 사본이 작성되어 서로 다른 서버에 보관되는 블록체인에서는 사실상 위·변조가 불가능하여 중앙기관의 개입 없이도 정보의 무결성을 확보할 수 있게 된다. 이것이 바로 블록체인의 탈중앙화 시스템인데, 여기서는 네트워크상의 참가자가 언제 어디서든 조회할 수 있도록 거래내용을 분산거래원장(Distributed ledger technology, DLT)에 기록함으로써 재화 또는 용역이 더욱 효율적으로 이전할 수 있게 된다[44].

> **블록체인 기술의 잠재력과 활용 분야에 대한 기대**
>
> 시장조사 기업 포레스터(Forester)에 따르면 블록체인 기술은 아직 초기 단계로 도구와 서비스 측면에서 신뢰할 수 있는 꾸준한 진전이 예상되므로 적합성을 갖춘 블록체인이라면 무한한 성장 잠재력이 있다고 전망하고 있다.
>
> 또한, 세계경제포럼(WEF)은 블록체인 기술이 현재의 인터넷보다 훨씬 더 큰 변화와 혁신을 일으킬 것으로 예측하면서, 블록체인 기술이 사회에 가치를 창조하고 유례없이 많은 거래 기회를 만들어낼 수 있으며 전통적인 거래방식보다 획기적으로 비용을 절감할 수 있어서 다양한 산업영역에서의 상용화가 가능하다고 전망한다.
>
> 출처: Martha bemmett(2018). Forester Flash: Blockchain (https://go.forrester.com /Insights/blog): World Economic Forum(2018). Trade Tech – A New Age for Trade and Supply Chain Finance. with Bain & Company.

우리나라에서 블록체인 기술은 비트코인과 같은 암호화폐의 열풍과 함께 소개되었지만, 최근 암호화폐에 대한 투자자의 관심이 줄어든 반면에 비트코인의 근간이 되는 블록체인 기술 자체 및 기술의 다양한 활용에 대한 논의가 상대적으로 활발해지고 있다. 최근 과학기술정보통신부는 블록체인 기술의 활용과 확장을 통한 공공서비스 제공을 목적으로 블록체인과 관련한 다양한 시범사업을 진행하고 있다.

블록체인 시범사업의 하나인 '블록체인 부동산종합공부시스템'은 스마트계약에 기반을 두고 부동산거래 플랫폼을 구축하면 종이 없는 스마트거래가 가능하고 중장기적으로 계약체결과 소유권 이전까지도 확대될 것으로 전망한다.

아직 국내외적으로 스마트계약에 관한 통일된 정의가 확립된 것은 아니지만 스마트계약은 블록체인 기술에 기반한 것으로, 계약의 체결은 물론 이행이 자동화되어 불이행의 문제를 남기지 않는 신개념의 계약 형태로 비즈니스 적용 가능성이 무궁무진하다. 즉, 스마트계약은 비트코인이나 이더리움과 같은 암호화된 자산의 존재를 전제하여 확립된 개념으로 거래에서 실용화되기 위해서는 암호화된 자산에 대한 명확한 정의가 필요하지만, 실무적으로 상용화 가능성이 커진 만큼 스마트계약의 부동산거래에 활용은 그 기대가 크다.

2) 블록체인을 활용한 부동산거래

부동산거래에는 브로커, 부동산회사, 공인중개사, 공증인, 변호사, 감정평가사 그리고 부동산 등기소를 포함하여 많은 중간자의 개입이 불가피하고 그들의 활약 여부에 따라 거래 결과가 달라지는 특성이 있다. 이러한 폐단을 피하고자 현재 일부 부동산거래에서 계약체결과 승인 등 거래 과정을 실시간 네트워크를 통해 해결하고자 하는 움직임이 있지만, 이 경우에도 송달지연에 따른 거래지체 문제, 중개인의 개입에 따른 번거로움, 거래내용을 종이서류에 기록하여 처리해 야 하는 문제, 당사자 확인절차 등 비효율적인 요소는 그대로 남아 있다. 이처럼 종래 부동산거래 프로세스가 갖는 비효율성을 극복하고 보다 효율적이고 안정 적으로 부동산거래를 하려는 획기적 방법으로 블록체인 기술을 활용한 부동산 거래가 시도되고 있다.

부동산거래에서 블록체인을 활용할 경우, 먼저 거래 당사자의 동일성이 확 인되고 위·변조가 불가능한 사본을 유지하는 블록체인 분산원장 방식을 적용하 면 거래 당사자와 대상물에 대한 신뢰성이 확보되고 동시에 보안성이 확보된다. 또한, 많은 시간이 소요되는 부동산거래 과정을 블록체인으로 대체함으로써 거 래의 신속성 및 효율성을 동시에 충족시킬 수 있다.

이러한 장점 때문에 현재 국외에서는 블록체인을 활용하여 부동산 및 토지 레지스트리(Registry)를 분산된 원장에 데이터로 저장하고 거래의 자동실행이 가 능한 기술에 관한 연구가 활발하다[45]. 현재까지의 블록체인 기반 부동산 스마 트계약의 상용화 사례로는 부동산 임대료, 보증금, 수수료의 지급을 자동화하거 나, 부동산 에스크로(Escrow) 계정을 블록체인 스마트계약의 다중서명 지갑 (Multi-signature Wallets)으로 대체하는 방식 등이 있다. 그밖에도 단기적 부동산 임대료 지급방식에 활용하고 있으며, 블록체인 기반 레지스트리를 통해 트랜잭 션 시간을 줄이고, 중개인의 개입 없이 부동산을 P2P 자산 전송 방식으로 이전 하는 방식도 전개되고 있다. 이와 관련하여 골드만삭스사는 블록체인 기술을 부 동산 소유권 보험시장에 활용하게 되면 연간 약 20조~40조 달러의 비용 절감효 과가 기대된다고 전망한다[46].

이상과 같이 블록체인을 활용한 부동산거래는 부동산 등기, 거래, 중개영역 에 걸쳐 그 활용 가능성이 주목받는 가운데 먼저 부동산 매물 목록 공유 및 정 보 검증, 스마트계약, 토지대장과 등기사항증명 등 각종 공부시스템을 비롯하여 부동산 이력관리 분야에서 적용이 시도되고 있다. 그밖에도 부동산 감정평가 결 과 공유, 담보대출, 임대관리, 건물관리, 공사 하도급, 물류 관리, 세금징수 등 다양한 부동산 관련 분야에 블록체인 기술이 접목될 것으로 기대되고 있다.

4-2   부동산 스마트계약의 프레임워크와 자동실행

1) 부동산 스마트계약 트랜잭션(Transaction)

스마트계약은 분산된 구조 시스템에서 상호작용을 통하여 계약체결과 이행이 자동실행되는 프로그램의 일종이다. 따라서 프로그램 규칙과 메커니즘(Mechanism)을 기반으로 프로그래밍된 계약절차가 중간자의 개입 없이 자동으로 작동하는 시스템이다.

스마트계약의 작동 원리는 ① 프로그래밍 코드 작성 ② 코드 서명 ③ 블록체인 저장 ④ 거래실행 순으로 이루어진다. 여기서 실행되는 프로그램 코드와 그 결과는 트랜잭션에 포함되어 체인으로 연결된 블록(Block)에 데이터베이스 형태로 저장되어 모든 참여자가 거래정보를 공유하게 되며, 거래내역과 계약내용은 추가나 변경 없이 분산원장(Distributed Ledger)에 상호 독립적으로 보관된다[47]. 여기서 참여자들은 공개키 암호화 방식으로 만들어진 지갑 주소(Wallet address)를 블록체인과 연동하여 계약을 체결하고 전자서명을 하게 된다[48].

스마트계약 트랜잭션은 계약의 수행을 네트워크상에서 실행하거나 입증이 쉽고 편리하도록 만들어진 컴퓨터 프로토콜(Protocol)이다. 이러한 트랜잭션은 추적이 가능하지만, 거래기록을 이전의 상태로 되돌리거나 변경할 수 없는 불가역성을 갖고 있다. 그리고 스마트계약에 활용되는 전자문서는 전통적인 방식의 종이 계약서와 동일하진 않지만 적절한 조건이 충족되고 법적 근거가 마련된다면 종이 계약서를 대체하게 된다[49].

스마트계약은 전통적인 계약이라기보다 미리 정의된 조건이 충족될 것을 전제로 법률관계를 통제하거나 거래기록을 디지털화하여 기록하는 소프트웨어이다. 따라서 스마트계약에서는 네트워크상에서 거래 당사자가 조건을 충족하면 트랜잭션이 자동으로 체결 및 실행되므로 소프트웨어 자체가 모든 당사자에게 서비스 제공 여부를 확인할 수 있어야 한다. 즉, 계약의 내용은 외부 환경의 결과이지만 실행은 기계 장치를 통해서만 이루어지는 특수성을 갖는다[50].

이렇듯 자동화된 거래유형은 상업적 및 법적 트랜잭션을 포함하여 모든 응용 프로그램의 형태로 활용할 수 있는데, 예컨대 스마트 홈 시스템을 갖춘 가정에서 지능형 냉장고가 잔량이 낮은 식품을 자동으로 주문하기도 하고(B2C), 산업계에서는 기업 간 거래인증, 결제, 송금 등의 거래(B2B)에 활용할 수 있다. 특히, 부동산 임대차에서 임차료가 임대인의 계좌로 이체가 확인되면 출입문을 열 권한을 자동으로 부여하는 계약에 활용될 수 있을 것이다[51].

2) 블록체인 기술과 부동산 스마트계약의 프레임워크

블록체인 기술을 활용하여 부동산거래를 구현하기 위해서는 신원 솔루션, 디지털화된 기록, 다중 서명지갑, 블록체인 관련 기술, 정확한 데이터, 이해관계자, 전문 커뮤니티 교육 등 다양한 기술적 요소의 존재가 전제된다. 이러한 조건의 충족을 전제로, 블록체인을 활용한 부동산 레지스트리를 구성하는 방법은 여러 가지가 있을 수 있고, 기술의 결합방식에 따라 혁신적인 프레임워크도 얼마든지 설계할 수 있다. 세계은행(WBG)은 다음 <표 4-5>에서 보는 바와 같이 부동산거래에 있어서 블록체인 레지스트리 적용을 위한 프레임워크를 8단계로 나누어 제시하고 있다. 이들 가운데 현재 상용화가 시도되고 있는 분야는 부동산 기록저장, 스마트거래를 위한 진행상황 기록, 스마트 에스크로, 기록 승인권과 같이 소유권과 재산권을 디지털화하는 작업에 국한되고 있을 뿐, 아직까지 P2P 방식의 부동산자산거래 상호운용은 연구가 진행 중인 상황이다[52].

특히, 블록체인을 활용한 부동산 기록저장의 경우 디지털 지문 또는 고유의 식별자를 통하여 보안 문제를 해결하고 있는데, 거래공증을 위한 방법으로 비트코인 블록체인을 활용하거나 임대 등록만을 특화하여 블록체인 기술을 적용하는 사례가 있다[53].

다음 <표 4-5>는 블록체인 속성에 따른 레지스트리 채택 수준을 나타낸 것으로 4단계까지는 블록체인을 활용한 부동산거래의 일반적인 형태인 매매 및 리스(임대) 등의 유형이며, 5단계부터 블록체인을 활용한 블록생성의 권리를 분산하거나 소수의 권리이전 및 블록체인 간 상호운용이 가능한 유형으로 분류된다.

〈표 4-5〉 블록체인 속성 레지스트리 채택 수준

레벨	1	2	3	4	5	6	7	8
구분	블록체인 기록	스마트 워크프로우	스마트 에스크로	블록체인 승인	분해된 권리	소수 권리	P2P 거래	상호 운용성
기술	기록 문서의 공개 블록	거래 진행 상황을 기록	스마트 계약	중앙 DB의 허가된 블록체인	권리가 블록체인을 통해 분리	권한이 블록체인을 통해 조각화	4레벨에 기초한 중개인 없는 거래	다른 블록체인 레지스트리 병합 운용
사례	브라질, 조지아, 두바이	스웨덴, 두바이	Propy	두바이, 조지아	–	판게아[54]	–	–

예컨대, <표 4-5>에서 두바이(Dubai)는 부동산 임대 등록을 포함한 모든 부동산매물을 블록체인으로 기록하고, 부동산을 포함한 전기 및 물, 기관, 통신 시스템을 관련 암호화폐로 연결하여 스마트하고 안전한 데이터베이스를 활용한 블록체인 부동산거래 시스템을 도입하였다. 이러한 부동산 플랫폼은 ID카드 및 거주 비자의 유효성을 포함하여 개인 세입자의 데이터베이스를 통합하고, 수표를 발행하거나 서류를 인쇄할 필요 없이 암호화폐로 대금 지급이 가능한 시스템이다. 즉, 전체의 거래 프로세스가 관계기관을 방문할 필요 없이 세계 어느 곳에서나 몇 분 이내에 거래를 완료할 수 있도록 구성되어 있다[55].

3) 부동산 스마트계약의 자동실행

블록체인 스마트계약은 기존 비트코인의 단점인 거래 지연과 복잡한 거래 기록에 대한 전송의 불편함을 해소하는 방안의 하나로 고안된 것이다. 스마트계약에서는 일반 계약서의 내용을 디지털 형식으로 기록하고 이들 내용이 당사자 간에 수행되도록 하는 프로토콜을 포함하여 일련의 약속이 자동으로 실행되도록 설계된다[56].

기술적으로 스마트계약은 블록체인의 분산원장기술이라는 특성을 이용하여 다양한 형태의 계약을 중개자 없이 P2P 방식으로 간편하게 처리할 수 있도록 설계된 자동화 프로그램이다. 따라서 이러한 자동실행 프로그램은 사전 계약체결의 조건 충족에 따라 다음 단계가 자동으로 실행되도록 코딩되어야 하며, 자동화 코드 실행은 계약이행에 따른 데이터에 상응하는 가치 또는 대금도 동시에 이전할 수 있어야 한다.

일반적인 계약과 달리 스마트계약에서는 인간의 재량권을 제거하는 방식을 채택함으로써 당사자가 자의적으로 계약을 위반하거나 수정할 수 없으며, 중앙기관이나 감독 당국 또는 법원 등의 개입에 의해 이행이 중단될 수 없는 특징을 갖고 있다. Nick Szabo가 제안한 자동판매기 스마트계약 사례에서는 실제로 인간의 재량이 어느 정도 유지되기 때문에 좁은 의미의 스마트계약을 구현한 것으로 보아야 한다. 즉, 자동판매기(Vending machine)는 여전히 기술적으로 소유자의 통제 하에 놓여있어서 계약불이행 혹은 불완전이행에 대비한 최소한의 오프라인상 구제방법을 예정하고 있는 반면에 스마트계약에서는 그러한 절차가 마련되어 있지 않기 때문이다.

이처럼 스마트계약은 블록체인 네트워크상에서 작동되고 결합할 때만 완전한 효력을 발휘하게 되는데, 프로세스 과정에서 인간의 재량에 의해 공정을 방해하게 된다면 실행의 확실성이 절대적으로 보장될 수 없으므로 거래 당사자 간 이익 균형을 맞추기 위해서는 무엇보다도 실행의 자율성이 최대한 확보될 수 있어야 한다.

자동판매기에 이용자가 동전을 투입했음에도 제품이 품절되었거나 거스름돈이 부족하여 소비자에게 손해가 발생한 경우 자동판매기 소유자는 최소한 '어디로 연락해야 할지'를 남김으로써 계약의 자동이행에 따른 위험방지 대책을 세우고 있다. 그러나 스마트계약에서는 아직 이러한 문제를 어떻게 해결할 것인지에 대한 충분한 연구가 부족하여 그와 같은 보완책이 제시되기 전까지는 스마트계약이 B2B, C2C에서 주로 사용되고 당분간 B2C 거래에 적절하지 못하다는 의견도 있다

출처: 김제완(2018). 블록체인 기술의 계약법 적용상의 쟁점. p.180.

예컨대, 스마트계약에 의한 부동산거래의 경우 매수인이 대금결제를 이행하면 매도인의 소유권이 자동으로 매수인에게 이전되도록 설계되어야 하며, 만약 매수인이 채무를 불이행하게 되는 경우 소유권 이전이 중단되거나 매도인에게 소유권이 자동으로 복귀될 수 있도록 계약조건이 설정되어야 할 것이다.

4) 부동산 스마트계약 시스템

해외의 부동산거래 스마트계약 사례들은 공공기관의 증명이나 소유권 이전과 같은 권리이전 절차와는 다소 거리가 있고 오직 당사자 간의 거래기록을 증명하는 수준에 불과하다. 따라서 소유권을 이전하기 위해서는 서면으로 작성된 증서가 필요하며, 이를 제3자에게 통지하고 권리를 보호받기 위해 공공기관에 등록하여야 한다. 그러나 온전히 블록체인 기술을 활용한 부동산거래가 되기 위해서는 네트워크상에서 부동산 등 특정 자산이 전자기록으로 생성되고 거래가 기록될 수 있어야 하고, 별도의 중개자 개입 없이도 거래가 성사될 수 있어야 한다. 이렇게 되기 위해서는 먼저 소유권의 확실성과 정확성을 보증하는 트랜잭션이 마련되고 계약 실행단계에서의 유연성이 확보되어야 한다. 즉, 스마트계약에 의한 부동산거래가 효율적으로 구현되기 위해서는 모든 소유권 및 저당권 등이 블록체인을 활용한 데이터에 기록되어 당사자들이 다른 중간기관의 개입 없이 거래할 수 있어야 한다[57]. 이와 유사한 사례로는 스웨덴의 부동산거래 시스템이 있다. 스웨덴 등기청은 블록체인을 이용한 부동산 등록시스템을 도입하고 전용 및 분산된 형태의 블록체인 기반 부동산거래 시스템을 구축하여 시범사업을 시행하고 있는데, 동 시범사업에서 쟁점이 된 것은 스마트계약을 활용하여 등기 이전과 거래에 필요한 유럽연합 법률과 규정에 부합되는지 여부 및 강화된 개인정보보호법(GDPR)의 저촉 문제였다. 이러한 문제로 인해 아직 스웨덴에서는 실제 부동산거래 및 등록은 인간이 개입하여 수동적인 서류작업을 통하여 이루어지고 있다고 한다[58]. 여타 국가에서 부동산(토지)대장이 조작되는 것을 방지하기 위하여 블록체인 기록 작업을 도입 및 시행하고 있는 사례가 관찰되고 있으며, 두바이의 경우 임대기록을 포함한 모든 부동산거래 기록을 블록체인 시스템으로 구축하고 관리 및 운영되고 있음은 이미 살펴본 바와 같다.

각국이 블록체인 기반 부동산거래 시스템을 도입하는 목적은 거래 등록 및 명의이전 절차를 간소화하여 안전하고 효율적인 부동산거래를 가능케 하기 위해서이다. 기존 부동산거래에서는 부동산 등기부의 공신력 문제, 이중매매나 사문서의 위·변조 문제, 부동산 투기 및 탈세 문제 등이 수반되지만 블록체인 시스템에 의한 거래에서는 이러한 문제 중 다수가 해소될 수 있기 때문이다. 또한, 스마트계약에 의한 부동산거래는 실행 면에서 유리한 것들이 있다. 스마트계약에 의한 부동산거래에서도 매도인은 부동산 소유권을 보유하고 매수인은 매매대금의 지급을 조건으로 소유권을 이전받을 지위에 있게 된다. 그런데 자동화된 거래시스템에 의하면 미리 프로그래밍된 조건에 따라 대금 지급과 소유권 이전이 자동으로 이행되어 계약의 이행 및 불이행의 문제가 남지 않는 것이 특징이다. 그러나 이러한 거래 관계가 실현되기 위해서는 디지털 통화(암호화폐, 토큰), 디지털 부동산 자산(Asset), 유효한 매매계약이 있어야 한다. 여기서 디지털 통화는 시스템 참가자 각자가 통화 잔액을 갖고 원하는 만큼의 지급이 가능한 인터페이스를 갖춰야 하고, 부동산 자산의 권리는 디지털 자산으로 공신력 있는 기록과 자산에 대한 권리이전 수단이 갖춰져야 하며, 마지막으로 전자적 의사표시 및 알고리즘 계약에 관한 시스템이 확립되어야 한다.

5) 국내 블록체인 부동산종합공부시스템

정부(국토교통부)는 종이 없는 스마트계약 기반 부동산거래 플랫폼을 구축하는 시범사업을 시행하였다. 종래 부동산거래에서는 등기소를 방문하는 외에 등록세 및 취득세 납부를 위해 구청이나 국세청 등 관계기관을 방문해야 하는 번거로움이 있었다. 따라서 이러한 번거로움을 해소하기 위해 기존 부동산종합공부시스템에 블록체인 기술을 도입하여 금융권, 법무사, 공인중개사 등과 연계하는 부동산거래 원스톱 서비스를 제공하는 부동산 스마트거래 플랫폼사업이다[59].

종래 부동산거래 및 이에 필요한 담보대출을 받기 위해서는 다양한 부동산 관련 증명서를 요구하고 있어 사회적 비용이 소요되며, 종이 문서의 경우 위·변조 가능성이 남아 있었다. 그러나 블록체인 부동산종합공부시스템은 온라인에서 거래가 이루어지므로 부동산계약 시 요구되는 각종 증명서 발급 비용이 절약되고, 디지털 기록이 위·변조되기 쉬운 종이 문서를 대체함에 따라 사기의 위험도 최소한으로 줄일 수 있으며, 부동산거래의 허위매물 문제도 해결할 수 있는 장점이 있다.

지금까지는 부동산 매매·대출을 하는 경우 등기소나, 국세청, 은행 등에 종이로 된 부동산 증명서를 제출해왔는데 작년 한 해 약 190백만 건(약 1,292억) 정도의 부동산 증명서가 발급(열람)되고 있다(국토부 토지대장, 지적도, 토지이용계획 확인서 등 15개 정보 43백만 건(124억), 법원 토지·건축·집합건물 등기사항증명서 147백만 건(1,168억)에 해당).

출처: 국토교통부

허위매물과 관련하여 현재 부동산 등록을 관리하는 주체가 부동산 소유자, 중개업소, 부동산정보 사이트 관리자 등으로 구분되어 각각 별개의 데이터를 수동으로 등록함에 따라 발생하게 된다. 그러나 블록체인을 활용한 매물 등록제도가 확립되면 부동산 소유자의 서명을 거쳐 부동산 네트워크에 등록되어 매물의 진위를 가릴 수 있으며, 거래가 성사된 후에는 그 사실을 참여자 모두가 확인할 수 있으므로 이중매매의 위험도 현저히 줄어들게 된다. 또한, 블록체인 기반 스마트계약을 이용하는 부동산의 경우 임대인 관점에서 개인 전자지갑을 통해 건물 임대료 납부를 받을 수 있어서 편의성도 높일 수 있다.

국내 블록체인 부동산종합공부시스템은 아직 추가적인 기술 검증과 실사례 확보가 필요한 상황이지만 종이 증명서가 아닌 데이터 형식의 부동산정보를 구축함으로써 향후 다양한 부동산거래의 활용 가능성은 커질 것으로 전망한다.

4-3   부동산 스마트계약의 설계와 기술적 검증

1) 부동산 스마트계약 설계의 필요조건

부동산 스마트계약은 부동산(토지)에 대한 권리가 디지털 자산으로 표현될 수 있고, 부동산거래 대금의 지불수단으로 디지털화폐가 통용된다는 전제 하에 부동산거래도 단순히 스마트계약의 알고리즘만으로 계약이 자동 실행되는 시스템이 얼마든지 가능하다. 아직 부동산의 디지털 자산화에 따르는 제약이 존재하고, 부동산에 관한 우리나라의 특수한 사회적 관념이 존재하므로 부동산 스마트계약이 정착되기까지는 시간이 소요될 것으로 보인다. 그러나 블록체인 기술이 계속 발전하여 다양한 자산거래 영역에서 스마트계약의 상용화가 진행되면 부동산거래에 있어서 스마트계약의 적용 속도도 빨라질 전망이다.

이에 부동산거래 수단으로 블록체인 스마트계약을 활용하기 위해서는 먼저 풀어야 할 과제가 존재한다. 첫째, 블록체인은 거래기록에 대한 위·변조가 불가능한 것이 특징이므로 블록체인 스마트계약이 부동산거래에서도 정당한 권한을 가진 자에 대해 누구도 방해할 수 없다는 것을 보증할 수 있어야 한다. 그러나 실질적인 서명검증에 대한 신뢰성을 확보하기 위해서는 기록데이터의 공개키에 대한 정당성 증명이 확보되어야 한다. 둘째, 계약 내용과 거래기록이 과거에 소급되고, 존재했던 거래 및 증거를 말소하기 위한 조작이 불가능한 존재의 증명이 필요하다. 셋째, 거래나 기록이 중복되거나 이중지불 되지 않는 유일성의 합의가 이루어져야 한다. 넷째, 자동화되는 거래 과정을 실행하는 알고리즘은 규칙의 충분한 서술과 집행이 이루어져야 한다.

이상의 요건을 충족한 부동산 스마트계약의 본질은 대중화된 약속을 위한 고정 장치로 이해되는바, 감사나 감독 권한을 가진 주체에 의해 통제되지 않고 자율적으로 운용되는 형태인 점에서 자율적 통제가 잘되기 위해서는 결국 스마트계약이 얼마나 잘 설계(Well-designed)하느냐로 귀결된다.

부동산 스마트계약을 잘 설계하기 위한 필요조건으로는 ① 분산원장기술

② 스마트계약 ③ 프라이버시(Privacy) ④ 신뢰(Trust) 등 4가지 요소가 충분히 반영되어 설계되어야 한다[60]. 분산원장기술은 비즈니스 네트워크에서 작동되는 트랜잭션이 모든 참가자가 공유할 수 있는 형태로 구현되어야 하며, 거래참여자는 복제된 원장을 보유하고 허가된 거래 확인을 할 수 있어야 한다. 스마트계약은 충분한 비즈니스 규칙이 반영되고 트랜잭션과 함께 실행되어야 하며, 여기에는 반드시 자동화된 거래실행, 전자서명 등의 기술이 포함되어야 한다. 또한, 스마트계약은 프로그래밍 언어로 작성되어 있고 계약별 조건도 정의되어야 한다. 프라이버시 문제는 적절한 정보제공과 안전한 거래를 위한 인증제도를 수립하고 검증 가능한 것이어야 한다. 또한, 참가자의 하위 집합 간에는 적절한 기밀이 유지되어야 하며, 거래와 연결되지 않는 개인 정보를 보호하기 위한 인증시스템도 필요하다. 마지막 신뢰 문제는 보증의 주체가 누구인지를 명확히 할 수 있도록 설계되어야 하며, 승인된 거래는 기밀로서 원장에 추가되어야 한다. 특히, 거래대상인 자산의 검증은 추적 가능하여야 하며, 트랜잭션을 수정·변경·삽입할 수 없어야 하고, 블록생성의 합의 방식에 신뢰성이 확보될 수 있어야 한다.

2) 부동산 스마트계약의 기술적 검증과 연구

스마트계약은 실행단계에서 인간에 의한 개입이 최소화되는 특징을 갖고 있다. 그리고 스마트계약은 매우 엄격하여 약관이 수정할 수 없도록 코딩되고, 사건에 내재하는 변수와 돌발적 외생변수가 발생할 경우 코딩된 행위를 변경할 수 없음은 물론 인간만이 판단, 해석할 수 있는 요소를 조정할 수 없다는 기술적 한계를 갖고 있다. 그래서 스마트계약은 프로그래밍 단계에서 이러한 요소들을 적절히 반영하지 못한 채 매우 위험하거나 불공정한 계약으로 설계되더라도 이를 수정할 수 없는 단점이 있다. 그러나 이러한 단점이 보완되더라도 스마트계약을 구성하는 알고리즘 오류도 배제할 수 없다. 스마트계약의 알고리즘의 오류는 여타 프로그램 코드와 달리 패치를 적용할 수 없는 문제 및 작성된 프로그램이 일단 배포되고 난 후에는 오류를 수정 또는 정정할 수 없는 한계가 있고 또 이러한 오류는 스마트계약과 관련 다른 시스템에 영향을 미칠 수 있으므로 스마트계약의 상용화에 앞서 철저한 기술적 검증이 요구된다.

이상과 같이 스마트계약이 갖는 한계를 극복하기 위해서는 확률적 및 동적인 조건 최적화가 필요함은 물론 인공지능, 머신러닝, 빅데이터 분석 알고리즘 기술에 대한 연구개발을 지속하여야 한다. 왜냐하면 스마트계약의 본질은 계약이라기보다는 '거래의 기술'인 측면이 강하기 때문이다. 이러한 문제를 해결하기 위해 블록체인에 인공지능 기술을 결합한 '하이퍼스마트계약(Hyper-Smart contract)'이라는 새로운 융복합 기술도 등장하고 있다. 하이퍼스마트계약은 정보와 문서의 분산 관리 및 성공적인 거래실행에 의한 실시간 암호화폐 지급 처리를 포함하는 복잡한 비즈니스 거래를 최적화하고 자동화할 수 있다.

결국 블록체인 스마트계약은 잠재력이 큰 기술이므로 관계 당국을 비롯한 기업 및 비즈니스 리더들은 블록체인 기술을 도입할 때 발생할 수 있는 소프트웨어 버그나 양자 컴퓨팅 기술로 인한 리스크 등 다양한 위험 요소들을 충분히 고려하여야 한다.

이외에도 부동산 스마트계약의 실행은 자산의 디지털화가 수반되므로 디지털정보로 처리된 데이터가 충분히 보호되어야 한다. 또한 스마트계약에서는 원칙적으로 개인 정보는 보관되지 않고 ID 계정으로 처리되는 익명성을 갖지만[61], 현행법상 부동산거래에서는 실명제가 요구되고 있어서 현행법과 이해 상충이 발생하고, 특히 자산은닉이나 범죄 수단으로 부동산거래가 이루어지더라도 이를 차단하기 어려운 문제가 있다[62].

따라서 스마트계약에 의한 부동산거래가 정착되기 위해서는 혁신적 기술이 저해되지 않는 방향으로 다양한 규제기법을 활용한 거래의 법적 근거, 성격, 효력, 공법적 규제, 이용자 보호를 비롯하여 표준화 코드 정립 등을 위한 합리적인 입법적 개선방안이 필요한 시점이다.

미주

1) Gartner(2016). Identifies the Top 10 Strategic Technology Trends for 2018. (https://www.gartner.com): Ethereum Blockchains, Digital Assets, Smart Contracts, Decentralized Autonomous Organizations.

2) 금융보안원. 이더리움 소개 및 특징 분석(2016-009). 블록체인 기술과 보안 고려사항 (2017-031). (http://www.fsec.or.kr).

3) Jeff Reed. Smart Contracts. (http://bit.ly/jeffreedbooks). p. 6.

4) H.R.5892(113th) Online Market Protection Act of 2014 Sec 3. (i). (https://www.govtrack.us/congress/bills/113/hr5892/text).

5) Nick Szabo. Formalizing and Securing Relationships on Public Networks. (http://firstmonday.org/ojs/index.php/fm/article/view/548/469).

6) 크라우드펀딩은 자금수요자가 중개업자의 온라인 플랫폼에서 집단 지성(The Wisdom of Crowds)을 활용하여 다수의 소액투자자로부터 자금을 조달하는 행위이다. (https://www.crowdnet.or.kr/crowdfunding/system_overview.jsp).

7) 와타나베 이츠시(2017). 블록체인 애플리케이션 개발 실전 입문. 위키북스. 64면 이하.

8) 존 림 외 2인. 블록체인의 업그레이드. (https://www2.deloitte.com/content/dam/Deloitte/kr/Documents/insights/deloitte-anjin-review/07/kr_insights_deloitte-anjin-review-07_10.pdf).

9) 튜닝 안정성이란 일반적인 프로그램 언어인 C나 JAVA와 같이 반복문을 사용할 수 있고 그 단위가 세밀하게 분할되어 있으므로 다양한 프로그램의 효율적 개발이 가능하다(소프트웨어 정책연구소. 블록체인 기술의 산업적·사회적 활용 전망 및 시사점. SPRI 이슈 리포트(제2017-004호)).

10) Vitalik Buterin. A Next-Generation Smart Contract and Decentralized Application Platform. ethereum White Paper. pp. 10~11.

11) IBK경제연구소(2017). 블록체인의 이해와 금융업의 활용에 대한 고찰. 8~9면 (http://webcache.googleusercontent.com/search?q=cache:YP3UPvRadLMJ:research.ibk.co.kr/research/board/economy/download/201200/1+&cd=4&hl=ko&ct=clnk&gl=kr).

12) 소프트웨어정책연구소(2017). 블록체인 기술의 산업적, 사회적 활용 전망 및 시사점. 이슈리포트. 12~13면.

13) 금융위원회(2016.11.24.). 블록체인협의회 출범 및 금융권 공동 블록체인 컨소시엄 운영계획 발표.

14) Ethereum(2016). Blockchains, Digital Assets, Smart Contracts, Decentralized Autonomous Organizations.

15) Joerg Platzer(2014). Bitcoin - kurz & gu. p. 65.

16) 2018년 1월 특허청에서 조사한 세계 각국의 블록체인 특허출원 건수를 살펴보면 미국 497건, 중국 472건, 한국 99건, 일본 36건 등으로 집계되고 있다(과학기술정통부).

17) 압축보관(Archiving)이란 현재 운영 시스템에서 사용빈도가 낮은 데이터를 장기간 보관 가능한 형태로 옮기는 프로세스를 말한다.

18) Shermin Voshmgir(2016). Blockchains, Smart Contracts and Dezentrale Web. p. 17. (https://www.technologiestiftung－berlin.de/fileadmin/daten/media/publikationen/170130 _BlockchainStudie.pdf).

19) CFTP(Commodity Futures Trading Commission) Bitcoin(http://www.cftc.gov/bitcoin/).

20) 2015년 1월 2일 발의한 법안으로 아직 본 법안은 통과되지 못하고 의회에 계류 중인 상태이다.(U.S. Congress. Online Market Protection Act of 2014. H. R. 5892, 113th Congress) (https://www.congress.gov/bill/113th－congress/house－bill/5892/text?q＝%7B%22search %22%3A%5B%22%5C%22smart＋contracts%5C%22%22%5D%7D&r＝1).

21) The Vermont Bill (http://legislature.vermont.gov/assets/Documents/2016/Docs/ACTS/ACT157/ACT157%20A ct%20Summary.pdf, Sect I.1 Blockchain Technology).

22) Arizona Laws. H.R.5892(Title 44, Chapter 26, Article 5, Blockchain Technology).

23) Arizona Code. Title 44, chapter 26, article 5. 44－7061. E. 1.

24) Arizona Code. Title 44, chapter 26, article 5. 44－7061. E. 2, C.

25) CS/HB 1357: Information Technology GENERAL BILL by Oversight, Transparency and Administration Subcommittee; Grant, J.; Toledo; (CO－INTRODUCERS) Ahern.

26) The Florida Senate(https://www.flsenate.gov/Session/Bill/2018/1357).

27) The State of Nevada, Senate Bill No. 398－Senator Kicchefer. The state of Delaware, Senate Bill no. 69.

28) UK(2016). Distributed Ledger Technology: beyond block chain. (https://www.gov.uk/government/news/distributed－ledger－technology－beyond－bloc k－chain).

29) Coindesk(2020.04.16.). 화웨이. 텐센트 등 중국 블록체인위원회 참여. (https://www.coindeskkorea.com/news/articleView.html?idxno＝70731).

30) Republic of Estonia, e－resident(https://e－resident.gov.ee/become－an－e－resident/): Identity Documents Act (https://www.riigiteataja.ee/en/eli/513042015004/consolide/current).

31) 전자신문(2018.03.28.). 데이터 조작 확률 0.1%...납세 조작, 선거 공공업무까지 확산. (http://www.etnews.com/20180328000077?m＝1).

32) 전자금융거래법 일부개정법률안, 박용진의원 대표발의, 의안번호 8288. (http://likms.assembly.go.kr/bill/billDetail.do?billId＝PRC_Q1V7B0P7D3X1I1L4S3R6T0P6Q 4S1Q5).

33) 정보통신기술진흥센터(2017). 미래를 바꿀 기술 블록체인. (http://www.now.go.kr/ur/poliIsue/viewUrPoliIsue.do?poliIsueId＝ISUE_00000000000082 0&pageType＝OVER&currentHeadMenu＝2&currentMenu＝21).

34) 「소규모 신재생에너지발전전력 등의 거래에 관한 지침」 제19조(이웃 간 거래) 조항을 신설

하였다(발전설비용량 1,000kW 이하 태양에너지 발전설비 설치자는 생산한 전력 중 사용하고 남는 전력을 전기판매사업자의 중개를 통해 다른 전기소비자에게 공급할 수 있다.).

35) 전자신문(2019.11.25.). 교보생명 실손보험금 자동청구 병원 확보 늦어지며 제자리 걸음 (https://m.etnews.com/20191125000233).

36) 대법원판결 2001.03.23. 선고 2000다61650.

37) Giuseppe Dari−Mattiacci, Nuno Garoupa(2007). Least Cost Avoidance: The Tragedy of Common Safety. George Mason University School of Law and economics research paper series. p. 4(https://ssrn.com/abstract_id=560062).

38) Alexander Savelyev. Contract Law 2.0: «Smart» Contracts as the Beginning of the End of Classic Contract Law(Basic Research Program Working Papers, Series: Law wp brp 71/Law/2016). National Research University Higher School of Economics, Moscow, Russian Federation, p. 6: 김제완(2018). 블록체인 기술의 계약법 적용상의 쟁점. 「법조」 제67권 제1호. 법조협회. p. 156, 재인용.

39) Nick Szabo(1997). Formalizing and Securing Relationships on Public Networks. 2(9) First Monday.

40) 정경영 외(2017). 블록체인 기반의 스마트계약 관련 법제 연구. 한국법제연구원. p. 33.

41) Lauren Henry Scholz(2017). Algorithmic Contracts, 20 Stan. Tech. L. Rev. 101. p. 10: 김제완(2018). 블록체인 기술의 계약법 적용상의 쟁점. 「법조」 제67권 제1호. 법조협회. p. 161. 재인용.

42) Vitalik Buterin. A Next−Generation Smart Contract and Decentralized Application Platform, Ethereum White Paper(https://wiki.p2pfoundation.net/images/Ethereum_White_Paper_Korean.pdf). p. 14.

43) 현재 진행되는 로보어드바이저의 알고리즘 검증을 위한 테스트베드의 경우 알고리즘의 오류나 분석 로직의 변경, 포트폴리오 구성 원칙의 변경 등의 사유로 알고리즘의 오류가 발생하면 중단조치와 함께 재심사가 진행된다(금융위원회(2016.09.01.). 로보어드바이저 테스트베드 설명회 기본운영방안. 5면).

44) 이병욱(2018). 비트코인과 블록체인. 에이콘. pp. 62~65.

45) J. Michael Graglia, Christopher Mellon(2018). Land Governance in an interconnected world - blockchain and property in 2018: at the end of the beginning, World Bank. p. 8.

46) Goldman Sachs Group(2016). Profiles in Innovation: Blockchain − Putting Theory Into Practice.

47) 분산원장기술(Distributed Ledger Technology)은 기존원장처럼 중앙 집중화하지 않고, 독립된 컴퓨터를 사용하여 각 전자원장의 트랜잭션을 기록, 공유 및 동기화하는 기술이다 (WBG(World Bank Group)(2018). Blockchain & Distributed Ledger Technology(DLT). (https://www.worldbank.org/en/topic/financialsector/brief/blockchain−dlt).

48) Ethereum Homestead, Contracts and Transactions. (http://ethdocs.org/en/latest/contracts−and−transactions/index.html): Coindesk, How do Ethereum Smart Contracts Work?

(https://www.coindesk.com/information/ethereum-smart-contracts-work).

49) Shermin Voshmgir. op. cit. p. 14, 35.

50) Joachim Schrey(2017). Thomas Thalhofer, Rechtliche Aspekte der Blockchain. NJW. p. 1431.

51) Christoph Simmchen(2017). Blockchain (R) Evolution. MMR. p. 165.

52) J. Michael Graglia, Christopher Mellon(2018). Land Governance in an interconnected world - blockchain and property in 2018: at the end of the beginning, World Bank Group. p. 17.

53) 브라질과 조지아는 비트코인 블록체인을 활용한 부동산 기록을 위한 수단으로 시행하고 있다. 미국 사우스 벌링턴 시는 블록체인 기반 부동산거래를 처음으로 성공시키고 있어 귀추가 주목되고 있으며 중국의 건설은행은 '슝안신구'에서 블록체인을 이용한 부동산 임대 플랫폼을 운영하고 있다(Kotra, 해외시장뉴스 중국 블록체인 시장동향 (http://news.kotra.or.kr/kotranews/index.do)).

54) Andrew Keys(2018). How Ethereum Blockchain Technology Will Revolutionize Digital Asset Value. International Business Times. (http://www.ibtimes.com/how-ethereum-blockchain-technology-will-revolutionize-digital-asset-value-2642311).

55) Gulf News(2017). Dubai Land Department becomes world's first government entity to conduct all transactions through Blockchain network. (http://gulfnews.com/business/sectors/technology/dubai-land-department-becomes-world-s-first-government-entity-toconduct-all-transactions-through-blockchain-network-1.2102060).

56) Nick Szabo는 이러한 스마트계약 설계는 관찰(Observability) 가능하며, 검증(Verifiability) 할 수 있는 것이며, 비밀(Privity)을 보호하고 강제수행(Enforceability)의 원칙이 준수되어야 한다고 제시하고 있다(Nick Szabo, Nick Szabo. Formalizing and Securing Relationships on Public Networks.(http://firstmonday.org/ojs/index.php/fm/article/view/548/469).

57) University of Oxford Research. Proptech 3.0: the future of real estate. p. 32.

58) 현재 스웨덴에서 토지 등록 기관을 통해 테스트하고 있는 블록체인 부동산 기록은 모든 서류작업을 없앰으로써 사기 위험을 줄이고 안전한 거래를 보다 신속하게 수행함으로써 스웨덴의 납세자가 연간 1억 유로(약 1억 6천만 달러)를 절약할 수 있다고 전하고 있다 (Nasdaq(2018). Swedish Mapping Authority Pioneering Blockchain-Based Real Estate Sales(https://www.nasdaq.com/article): Coindesk(2018.06.18.). 스웨덴 정부, 블록체인으로 토지등기 시연(https://www.coindeskkorea.com).

59) 국토교통부(2018.10.30.). 종이증명서 없이 편리하게 ⋯ 블록체인 기술이 부동산거래도 바꾼다(http://www.molit.go.kr/USR/NEWS/m_71/dtl.jsp/dtl.jsp?lcmspage=1&id=95081499).

60) IBM. How does blockchain work?: How makes blockchain for business better for business?(https://www.ibm.com/blockchain/for-business).

61) Hofert, ZD 2017, p. 161; Franziska Boehm, Paulina Pesch, MMR 2014, p. 75.

62) 토지 또는 기타 등록 기관, 산업 재산권, 자동차 등록부 등의 신원 확인을 요구하는 경우에 해당한다(Joachim Schrey(2017). Thomas Thalhofer, Rechtliche Aspekte der Blockchain, NJW. p. 1431).

참고문헌

과학기술정보통신부(2018). 블록체인 기술 발전전략.

금융보안원(2017). 일본 경제산업성의 블록체인 기반 시스템 평가 기준 소개 및 시사점.

금융위원회(2017). 가상통화 관계기관 합동 TF 개최 - 가상통화 현황 및 대응방향.

김준영(2017). 블록체인 기술을 활용한 새로운 금융수단의 법률문제, ICT 발달과 사법의 대응. 한국비교사법학회 하계학술대회.

김제완(2018). 블록체인 기술의 계약법 적용상의 쟁점. 「법조」 제67권 제1호, 법조협회.

돈 탭스콧 알렉스 탭스콧 저, 박지훈 역(2017). 블록체인 혁명. 을유문화사.

마이클 J 조, 유현재, 김지연 옮김(2017). 비트코인 현상 블록체인 2.0. 미래의 창.

백명훈, 이규옥(2017). 블록체인을 활용한 ICO의 이해와 금융법상 쟁점. 「금융법연구」 제14권 제2호. 한국금융법학회.

송인방, 양영식(2018). 부동산거래에서 블록체인 스마트계약의 활용 가능성에 관한 연구. 「법학연구」 제18권 제4호. 한국법학회.

양영식, 송인방(2018). 블록체인 스마트계약의 상용화 대비를 위한 법적 과제. 「법학연구」 제18권 제2호. 한국법학회.

이병욱(2018). 비트코인과 블록체인. 에이콘.

정경영, 백명훈(2017). 블록체인 기반의 스마트계약 관련 법제 연구. 한국법제연구원.

오세현, 김종승(2017). 블록체인노믹스. 한국경제신문.

와타나베 아츠시외 저, 양현 역(2017). 블록체인. 위키북스.

윌리엄 무가야 저, 박지훈, 류희원 역(2017). 비즈니스 블록체인. 한빛미디어.

정승화(2016). 블록체인 기술 기반의 분산원장 도입을 위한 법적 과제 - 금융산업을 중심으로. 「금융법연구」 제13권 제2호. 한국금융법학회.

정경영, 백명훈(2017). 블록체인 기반의 스마트계약 관련 법제 연구. 한국법제연구원.

조수현 외(2017). 이더리움 베이직. 북스타.

아카하네 요시하루 아이케이 마나부 저, 양현 역(2017). 블록체인 구조와 이론. 위키북스.

오재청 외(2017). 블록체인 비즈니스와 법적이슈. 한국블록체인비즈니스연구회.

정보통신기술진흥센터. 미래를 바꿀 기술, 블록체인. 이슈분석.

Alexander Savelyev(2016). Contract Law 2.0: smart₂ Contracts As the Beginning of the End of Cla ssic Contract Law. Higher School of Economics Research Paper No. WPBRP 71/LAW.

Andrew Keys(2018). How Ethereum Blockchain Technology Will Revolutionize Digital Asset Value(2018). International Business Times.
http://www.ibtimes.com/how − ethereu
m − blockchain − technology − will − revolutionize − digital − asset − value − 2642311

Arizona Laws. H.R.5892(Title 44, Chapter 26, Article 5, Blockchain Technology).

Ali Breland(2017). Lawmakers introduce the Blockchain Caucus. The Hill.
http://thehill.com/policy/technology/318845 − lawmakers − introduce − the − block chaincaucus

Andy Robinson, Tom Hingley(2016). Smart Contracts: the Next Frontier?
https:/www.law.ox.ac.uk/business − law − blog/blog/2016/05/smart − contracts − n ext − frontier

Anton Badev, Matthew Chen. Bitcoin: Technical Background and Data Analysis. Federal Reserve Board, Divisions of Research & Statistics and Monetary Affairs.

California DBO(2015). DBO Commissioner Owen Clarifies Coinbase Exchange's Regulatory Status in California. Press Releases.
http://www.dbo.ca.gov/Press/press_releases/2015/Statement_on_Coinbase_Excha nge_Regulatory_Status_01 − 27 − 15.pdf

Chamber of Digital Commerce(2016). Smart Contracts: 12 Use Cases for Business & Beyond. white paper at Smart Contracts Symposium.

Cheng Lim, TJ Saw(2016). Smart Contracts: Bridging the Gap Between Expectation and Reality.
https://www.law.ox.ac.uk/business − law − blog/blog/2016/07/smart − contracts − bridging − gap − between − expectation − and − reality

Chris Dannen(2017). Introducing Ethereum and Solidity. Apress.

Christoph Simmchen(2017). Blockchain (R) Evolution. MMR.

Coindesk. Know about ethereum "How Do Ethereum Smart Contracts Work?".
https://www.coindesk.com/information/ethereum − smart − contracts − work

CS/HB 1357: Information Technology GENERAL BILL by Oversight, Transparency andAdministration Subcommittee; Grant, J.; Toledo; (CO − INTRODUCERS)

Ahern.

Daniel Reed(2017). Block Chain and Crypto Currency. CPSIA.

Ethereum. Ethereum Homestead Documentation.
http://ethdocs.org/en/latest/index.html

Florida Senate. CS/HB 1357: Information Technology, GENERAL BILL by Oversight, Transparency and Administration Subcommittee; Grant, J.; Toledo; (CO−INTRODUCERS) Ahern.
https://www.flsenate.gov/Session/Bill/2018/01357

George Walker(2017). Financial Technology Law A New Beginning and a New Future. International Lawyer.

Goldman Sachs Group(2016). Profiles in Innovation: Blockchain. Putting Theory Into Practice.

Henning Diedrich(2016). Ethereum: Blockchains, Digital Assets, Smart Contracts, Decentralized Autonomous Organizations. Wildfire Publishing.

Hofert, ZD 2017, p.161; Franziska Boehm, Paulina Pesch, MMR 2014.

IBM. How does blockchain work?: How makes blockchain for business better for business?
https://www.ibm.com/blockchain/for−business

Jeff Reed(2016). Smart Contracts. CPSIA.

J. Michael Graglia, Christopher Mellon. Land Governance in an interconnected world-blockchain and property in 2018: at the end of the beginning, World Bank, 2018.

Joachim Schrey, Thomas Thalhofer, Rechtliche Aspekte der Blockchain, NJW 2017.

Jörg Platzer(2014). Bitcoin kurz & gut.

Kristian Lauslahti, Juri Mattila, Timo Seppälä. Smart Contracts−How will Blockchain Technology Affect Contractual Practices?
https://www.etla.fi/wp−content/uploads/ETLA−Raportit−Reports−68.pdf

Martha bemmett(2018). Forester Flash: Blockchain.
https://go.forrester.com/Insights/blog

Max Raskin(2017). The Law and Legality of Smart Contracts. Georgetown Law Technology Review 304.

Manuel Schlegel, Liudmila Zavolokina, Gerhard Schwabe(2018). Blockchain

Technologies from the Consumers' Perspective: What Is There and Why Should Who Care? Proceedings of the 51st Hawaii International Conference on System Sciences.

Narayan Prusty(2017). Building Blockchain Projects. Packt Publish.

Nasdaq(2018). Swedish Mapping Authority Pioneering Blockchain−Based Real Estate Sales.

Nick Szabo, Nick Szabo. Formalizing and Securing Relationships on Public Networks.

　http://firstmonday.org/ojs/index.php/fm/article/view/548/469

Nick Szabo(1997). Formalizing and Securing Relationships on Public Networks. 2 (9) First Monday.

Nicola Atzei, Massimo Bartoletti, and Tiziana Cimoli. A survey of attacks on Ethereum smart contracts.

https://eprint.iacr.org/2016/1007.pdf

Nina Kilbride. Self−Driving Vehicles and Smart Contracts via the Blockchain. cyptocoinsnews.

https://www.cryptocoinsnews.com/self−driving−vehicles−and−smart−contracts−blockchain

OECD(2017). Proceedings of the 51st Hawaii International Conference on System Sciences. OECD Digital Economy Papers.

Sarah Green(2017). Smart Contracts.

　https://www.law.ox.ac.uk/business−law−blog/blog/2017/03/smart−contracts

Satoshi Nakamoto(2009). Bitcoin: A Peer−to−Peer Electronic Cash System.

SEC(2017). Investor Bulletin: Initial Coin Offerings.

　https://www.sec.gov/oiea/investor−alerts−and−bulletins/ ib_coinofferings

Shermin Voshmgir(2016). Blockchains, Smart Contracts and Dezentrale Web.

Stan Higgins(2017). Arizona Bill Would Make Blockchain Smart Contracts 'Legal'. Coindesk.

　https://www.coindesk.com/arizona−bill−blockchainsmart−contracts

Stuart D. Levi(2017). Blockchains Offer Revolutionary Potential in Fintech and Beyond. Practitioner Insights Commentaries, 2017 WL 954702.

The Florida Senate.

https://www.flsenate.gov/Session/Bill/2018/1357

The State of Nevada. Senate Bill No. 398 — Senator Kicchefer.

The State of Delaware. Senate Bill no. 69.

The Vermont Bill.

http://legislature.vermont.gov/assets/Documents/2016/Docs/ACTS/ACT157/ACT15
7%20Act%20Summary.pdf, Sect I.1 Blockchain Technology

UK(2016). Distributed Ledger Technology: beyond block chain.

https://www.gov.uk/government/news/distributed — ledger — technology — beyond
— block — chain

Vitalik Butain. Ethereum White paper. Ethereum Community.

https://github.com/ethereum/wiki/wiki/White — Paper

Vitalik Buterin. A Next — Generation Smart Contract and Decentralized Application
Platform, ethereum White Paper.

https://wiki.p2pfoundation.net/images/Ethereum_White_Paper

Victor Finch(2017). Smart Contracts, Auva press.

WBG(World Bank Group)(2018). Blockchain & Distributed Ledger Technology(DLT).

https://www.worldbank.org/en/topic/financialsector/brief/blockchain — dlt

WEF(World Economic Forum). Trade Tech-A New Age for Trade and Supply
Chain.

Finance(2018). with Bain & Company.

http://www3.weforum.org/docs/WEF_White_Paper_Tra de_Tech_.pdf

4부의 스마트계약은 저자가 한국법학회 「법학연구」 제18권 제2호(통권 제70호)에 발표한 '블록체인 스마트계약의 상용화 대비를 위한 법적 과제' 및 「법학연구」 제18권 제4호(통권 제72호)에 발표한 '부동산거래에서 블록체인 스마트계약의 활용 가능성에 관한 연구'를 중심으로 종전연구를 발췌·수정·보완한 것임을 밝혀둔다.

5부

교육 With 블록체인

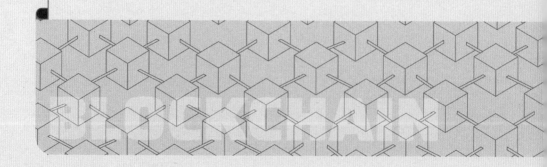

신종 코로나바이러스 감염증은 우리의 삶을 바꾸고 있다. 교육에 있어서도 기존 틀, 전체적인 패러다임을 확연히 바꾸고 있다. 최근 한 보고서[1]에 따르면 '교육하는 시대'에서 '학습하는 시대'가 될 것이라고 전망했다. 즉, 교육이 '의무'였던 시대에서 학습이 '권리'인 시대로 변화될 것으로 설명하고 있다. 1950년 문맹률 78%였던 우리나라는 의무교육 시행 등의 결과로 2020년 문해율 99%, 대학 진학률 70%, 성인 평생학습 참여율 40%를 넘어설 정도로 국민 수준이 크게 개선됐다. 이 같은 초고학력 시대에 코로나19가 확산하면서 우리나라 교육 역사상 처음으로 개학 연기와 온라인 개학을 했고, 이에 따른 비대면 수업이 실시되면서 제도권 교육과 학교의 본질을 다시 돌아보는 계기를 맞았다. 전통적인 교육 방식에 머물러 있던 학교 현장에서 코로나19를 계기로 IT 기술 등을 접목한 교육이 이뤄지면서 학습에 대한 주도적 참여가 매우 중요해 졌다.

그러나 한국교육학술정보원의 자료[2]에 따르면 우리나라에서 교사의 디지털 기기 활용 지수는 −0.563으로 OECD 7개국 가운데 가장 낮은 것으로 나타났다. 이러한 현상은 2020학년도 1학기에 실제로 온라인 개학, 원격 화상강의를 진행하면서 많은 어려움을 가져왔다. 준비되지 않은 채 개학이 미루어지고 대면 강의를 원격 비대면 강의로 진행하라는 정부와 대학, 학교의 방침이 교육 현장의 혼란과 불만을 만들어 왔다. 우리나라의 모든 공교육과 대학교육이 우수한 IT 기술을 교육에 효과적으로 반영하지 못하고 있다는 사실이 입증되었던 것이다. 가정에서 온라인상으로 수업을 듣는 학생들을 보는 학부모들의 눈에서, 학교에서 수업을 화면으로 진행하면서 학생들을 보는 교사들의 눈에는 낯설고 걱정되는 장면이 목격되었다.

with 블록체인

1장 블록체인 기술과 교육[3)]

교육은 어느새 예기치 않았던 상황으로 내몰렸고, 기존과 다른 방법, 다른 목적을 가진 교육적 패러다임을 요구하고 있다. 코로나19가 교육의 변형을 강력하게 요구시켰고, 이제는 '교육 시대'에서 '학습 시대'로 패러다임을 바꾸고 대비해야 하는 시대가 되었다. 우선, 학교와 교사의 역할 전환이 이루어지고 있다. 학생들이 모여있는 장소인 학교에서 학생들에게 지식을 전달하던 교사들의 역할은 화상(가상공간)으로 대체되고 있다. 그러나 언택트한 교육환경 속에서 신뢰로운 데이터(지식)를 전달하는 일은 교사와 학교를 통해서만 얻을 수 있는 것이 아니다. 어쩌면 데이터의 바다로 불리는 인터넷에서, 데이터로 홍수가 난 가상현실에서 학습자들은 어떤 지식, 어떤 데이터가 가치가 있는 것인지 구별해야 하는 시대가 되었다. 학습자 스스로 직접 다양한 데이터를 구별하고 활용해 보는 기간이 얼마 동안 지속될 것이다. 학습자들이 시행착오를 해보면서 효과적인 방법이 필요하다는 것을 느낄 때가 될 것이다. 그때 교육적 도움을 요청하게 될 것이다. 그 전에 교육관계자들은 세상 어디든 널려있는 데이터를 통해 신뢰로운 지식을 검증하고 활용할 수 있게 하는 새로운 교육적 패러다임을 준비해야 할 것이다.

인간 삶의 변화와 적응에 있어서 가장 근원적인 처방은 교육이다. 인류는 사회적 격변이 도래할 때마다 새로운 교육적 처방을 준비하여 대처해 왔다. 오늘날 우리는 4차 산업혁명이라는 사회적 변화를 맞이하고 있다. 그러나 교육 분야는 아직 변화하는 사회에 대한 교육적 처방을 내리지 못하고 있다. 그 이유는 지식의 전달과 평가 등 방법적 측면에서 전통적 교육에 집착하고 있기 때문이다. 이미 우리 곁에 와 있는 미래, 4차 산업혁명은 교육 분야에 결코 쉽지않은 도전적 화두를 던지고 있다. 지금까지와는 전혀 다른 형태의 변화에 어떻게 대처하고 적응해야 하는지 교육적 논의를 요청하고 있는 것이다.

'4차 산업혁명'이라는 용어는 2016년 세계경제포럼(World Economic Forum, WEF)에서 Klaus Schwab 회장이 처음 언급하면서 화제가 되었다. 그는 4차 산업혁명 시대가 도래함에 따라 로봇공학, 인공지능, 사물인터넷(Internet of Things,

IoT), 3D프린팅, 빅데이터 등 새로운 기술 발전에 의해 경제 및 사회구조가 급격하게 변화될 것으로 전망하였다[4].

4차 산업혁명의 기술들은 전 세계를 초연결사회(Hyper-connected Society)로 변화시키는 핵심 역할을 담당하고 있다. 초연결사회는 사람과 사람, 사람과 사물, 사물과 사물이 온라인과 오프라인을 넘나들며 다수 대 다수로 긴밀하게 연결되는 것이 기술적으로 가능해진 세상을 의미한다[5]. 초연결사회에서 특히, 블록체인은 미래를 바꿀 혁신 기술로서 그 파급력에 대한 관심이 증대되고 있을 뿐만 아니라 향후 인터넷 기술에 버금가는 변혁을 주도할 것으로 전망되고 있다[6].

블록체인은 데이터(DATA)를 중앙서버에 저장하지 않고, 네트워크 참여자가 데이터를 함께 기록·관리해 나가는 분산형 데이터 활용 기술을 말한다. 또한 암호화 기술을 적용하여 데이터의 위·변조를 원천적으로 불가능하게 하여 보안성을 높인 것을 특징으로 한다. 이러한 특성상 블록체인은 신뢰의 인터넷 또는 신뢰의 프로토콜(Trust Protocol)이라고 불린다[7]. 인터넷이 언제 어디서든 원하는 정보에 접근을 가능하게 했다면 블록체인은 정보 신뢰성을 높인 것이다. 블록체인 기술은 금융 분야의 암호화폐뿐만 아니라 공공·보안 분야, 산업응용 분야[8], 거래·결재 분야 등 다양한 분야에서 활용이 가능하다[9]. 이미 전 세계적으로 블록체인을 응용하는 많은 시스템이 연구, 개발되고 있다. 블록체인은 정보의 유효성과 부정방지 기능에 의해 금융산업 분야에 큰 영향을 줄 것이며, 의료부분뿐만 아니라 정부기관과 같은 공공 분야도 블록체인의 큰 이용자가 될 수 있다[10].

그러나 우리나라에서 블록체인은 가상화폐, 전자화폐, 암호화폐[11] 등 투기자산으로 알려지면서 정부의 규제[12] 등으로 위축되어 있는 상태이다. 실제로 정부는 암호화폐는 규제하지만 블록체인 기술은 개발, 지원하는 모순된 입장을 견지하고 있다. 이러한 블록체인에 대한 오해와 사회적 분위기에도 불구하고 블록체인 기술은 점차 다양한 분야로 확대되고 있다. 금융/자산거래, 암호화폐, 전자상거래/마케팅, 디바이스/에너지관리, 프로그램/디지털콘텐츠, 물류/상품/생산관리, 공공기관/기업관리 등에서 활용되고 있다. 특히, 2018년부터는 병원(약품관리, 의료정보공유 및 환자정보보호) 및 학교(학사정보관리), 에너지(송배전관리, 전력거래, 전기충전소 관리 및 탄소배출거래), 이동수단(공유자전거 관리, 교통관제 및 차량간 통신), 물류(배송추적, 운송관리 및 지점관리), 제품(거래인증, 위·변조 방지, 품질

평가) 및 생산(생산모니터링, 생산보안) 관리 등에도 블록체인 기술에 대한 특허가 출원되었다[13].

이처럼 다양한 분야에서 블록체인을 활용하여 삶의 변화를 실현하고 있다. 과연 교육 분야에는 블록체인이 어느 정도 활용되고 있을까? 여기에서는 교육 분야에서 블록체인을 활용하려면 어떤 기초적 이해가 필요한지 자료를 통해서 확인해 보자.

1-1 블록체인 기술에 대한 교육 분야 연구들

블록체인 기술에 대한 교육 분야 연구는 아직 부족한 실정이다. 먼저, 김기홍, 김동철(2018)의 연구는 학교 성적 관리 시스템에 블록체인 기술을 적용하여 학교 성적의 조작에 관한 문제를 해결하는 방안과 모델을 제시하였다. 일반적으로 학교에서 성적, 학생에 관한 상담 자료 및 졸업장 등에 관한 기록 및 관리 서비스들은 관리자의 정직성에 의존하기 마련이다. 이러한 시스템은 관리자가 정직하다는 가정 하에 운영되지만 악의적인 마음만 먹으면 내부적인 조작이 가능하다는 것이다. 이 연구에서는 관리자에 의한 중앙집중형 시스템에서 발생하는 문제점을 실제 사례를 통하여 분석하고, 이러한 문제점을 원초적으로 제거하는 블록체인 기술을 통한 새로운 모델을 제시하였다.

정승욱(2018)의 연구는 대학에서 제공하는 졸업장이나 성적증명서 발급 서비스에 프라이빗 블록체인(private blockchain) 기술을 활용하여 위·변조 문제와 개인 정보 노출 문제를 동시에 해결하는 시스템을 소개하였다. 이 연구에서는 기존의 졸업장 등에 적용된 블록체인 시스템은 퍼블릭 블록체인(public blockchain) 기반으로 누구나 졸업장 등을 조회할 수 있어 개인 정보 보호에 한계가 있고, 데이터의 용량이 커서 운용 상의 문제가 있었다. 이에 비해, HyperCerts는 최초로 프라이빗 블록체인(private blockchain) 기반으로 개발되어, 개인 정보를 보호하는 보완성을 향상시키고, 데이터 용량에 대한 문제도 해결하고 있는 것으로 설명하였다.

이정미(2018)의 연구는 4차 산업혁명, 특히 빅데이터와 블록체인 관점에서 산업수요에 실질적으로 대응할 수 있는 회계전문가 양성을 위한 회계교육방향과 회계교육과정을 제시하였다. 연구자는 미래 사회의 회계사는 전통적인 역할에서 벗어나 데이터 활용 능력과 분석적 능력을 갖춘 데이터 해석 및 분석가 역할이 필요하다고 보았다. 이를 위한 회계교육과정으로 전공지식역량, 분석적 및 데이터베이스 기술 역량, 정보통신 기술 역량을 함양시키는 통섭형 회계교육과정을 제시하였다.

성기정 등(2018)은 종이 투표와 전자 투표의 문제점을 블록체인 기술을 통해 극복한 시스템을 연구하였다. 종이 투표는 보안상의 문제가 있어 안전성과 편리성을 높인 전자투표가 도입되었다. 하지만 기존 전자투표는 상호의존성과 절차상의 보안상 결점으로 인해 대부분 국가에서 도입되지 못하는 단점이 있다. 이를 위해 기존 전자투표시스템에 블록체인 기술을 적용하여 위·변조를 방지하고, 무결성 및 투표결과에 대한 투명성을 확보한 교내 투표시스템을 제시하고 구현하였다.

김지윤, 이태욱(2018)의 연구는 블록체인 기반 소셜 미디어를 교육적으로 활용하는 방안을 논의하였다. 이 연구에서는 초등학교 5학년 교육과정을 블록체인 기반 소셜 미디어를 활용하는 융합교육 프로그램(15시간)으로 재구성하였다. 이 프로그램에서 학생들은 사회 문제 해결을 위한 공익광고를 제작하고, 공익광고를 소셜 미디어에 업로드 한다. 이를 통해 모금된 금액은 기부하거나 실천 활동비용으로 사용하게 하였다. 프로그램에서는 블록체인 기반 소셜 미디어를 교육에서 활용하기 위한 다른 방법으로 크라우드 펀딩(crowd funding)을 제시하였다. 크라우드 펀딩은 새로운 아이디어에 대한 소규모 후원이나 투자를 받는 것을 의미한다. 이때, 블록체인 기반 소셜 미디어를 통한 크라우드 펀딩은 내부 코인(암호화폐)을 통해 진행되며, 학생들이 올린 글에 투표를 받거나 다른 사용자에게 후원을 위한 코인을 송금 받아 진행되는 방식이다.

양준호 등(2018)의 연구에서는 캠퍼스 내에서 진행되는 투표를 위한 전자투표 시스템을 제작하고, 보안성을 강화하기 위해 블록체인 기술을 적용하였다. 이 연구에서는 기존의 블록체인이 분산원장 네트워크를 활용하는 방식과 달리,

소규모 투표에 적합하도록 개인 간의 가상화폐 거래과정을 활용한 투표시스템을 구축하였다. 이를 통해 기존의 블록체인 기술 기반 전자투표시스템의 단점인 초기 서버 구축비용의 소요를 감소시키는 효과를 기대하였다.

유준선, 이수상(2018)의 연구는 블록체인 기술을 활용한 새로운 학술유통 플랫폼을 제안하였다. 이 연구는 학술 활동을 위한 동료평가(peer review)를 비판적으로 접근하였다. 학술연구자 집단에서 각 연구자의 학술논문, 보고서, 발표에 대해 객관성과 신뢰도를 높이기 위해 각 분야의 전문가에게 관련 주제에 대한 평가를 의뢰하게 되고 피평가자에게 건설적인 비평 및 제안을 위해 동료평가가 사용되는 것이다. 그러나 전통적 동료평가에는 비효율성, 편향성 등이 발생하기 때문에 학술유통의 문제점으로 지적되어 왔다. 연구자들은 이러한 문제점을 극복하기 위해 블록체인 기술을 적용, 동료평가의 내재적 문제를 해결하는 학술유통 플랫폼을 제안하였다.

1-2   교육 분야의 블록체인 기술 활용 사례

블록체인 기술은 분산성(P2P 환경에서 거래 가능), 효율성(유지보수 비용 절감), 확장성(네트워크 참여자 누구나 구축, 연결 확장 가능), 투명성(모든 거래 기록에 공개적 접근 가능), 보안성(네트워크 참여자 모두 거래내역 장부를 공동으로 소유), 안정성(분산형 네트워크 구조), 불변성(블록체인 기록은 변경이 불가능) 등의 특성을 가지고 사회의 다양한 분야에 적용되고 있다[14]. 여기에서는 블록체인 기술의 특성을 교육 분야에 적용한 사례와 그에 대한 시사점을 확인해 본다.

1) 고등교육을 위한 블록체인 교육과정

먼저, 블록체인 기술이 인력양성을 위한 고등교육 분야에 활용되고 있는 사례이다. 고등교육 분야에서 블록체인 관련 교육과정이 정규화되고 있는 것이다. 미국의 스탠포드 대학, 카네기 멜런 대학, UC 버클리 대학, 예일대, 와튼 비즈니스 스쿨 등에서 정규과정 강좌로 개설되어 운영 중이다[15]. 최근 우리 정부에서도 블록체인 기술 발전전략을 통해 2022년까지 1만 명 규모의 인력양성 계획을 밝혔다. 이와 관련하여 고려대, 서강대, 동국대, 포스텍, 한양대, 중앙대, 연세대, 건국대 등에서 정보보호대학원이나 정보통신대학원 내 블록체인 전공을 신설, 개론부터 실무 응용까지 다양한 교과를 제공하고 있다[16]. 학부 과정에서는 유원대학교에서 2018년 학부과정 교양교과목으로 강좌가 개설되어 운영되고 있다. 2018년 기준, 우리나라의 대학별 블록체인 교육과정을 운영하는 현황은 <표 5-1>과 같다.

〈표 5-1〉 대학별 블록체인 교육과정 운영현황(2018년도)

대학명	과정 내용	정규과정(운영)
고려대	• 블록체인전략전문경영자과정 • 6개월 19주 과정, 수료증 발급 • 정보보호대학원+기술경영전문대학원 공동	
서강대	• 정보통신대학원 블록체인(핀테크)전공 • 블록체인 시스템 트랙과 핀테크 트랙으로 구성 • 30학점 이수 시 석사학위 취득	※ 대학원 정규과정
동국대	• 국제정보보호대학원 정보보호학과 블록체인 전공 • 핀테크 석박사 통합과정 운영	※ 대학원 정규과정
중앙대	• 2018년 대학ICT연구센터 지원사업 블록체인서비스 연구센터 선정	
포스텍	• 2018년 대학ICT연구센터 지원사업 블록체인서비스 연구센터 선정 • 정보통신대학원 내 블록체인 온라인 단기 석사과정 개설(강좌당 3학점, 최대6학점)	
한양대	한양블록체인연구원 및 연구원 기반 블록체인 학과 설립 예정	
연세대	미래교육원 최고전문가 과정 내 블록체인전문가과정 (15주 교육 후 수료패)	
건국대	• 정보통신대학원 정보보안학과 블록체인 전공 신설 • 현업 종사자 중심으로 커리큘럼 구성 예정	
유원대	2018년부터 학부교양과목(블록체인 기술의 이해) 운영	※ 학부 정규과정

출처: 황정훈, 이달우(2019)

아직은 블록체인 기술을 고등교육의 정규 교과로 채택하는 대학이 많지는 않지만, 사회 수요를 예측하고 전문 인력을 양성하는 고등교육 단계에서 정규 교육과정에 블록체인을 편입시키고 있다는 점에 주목할 필요가 있다. 한편, 공공기관에서 전문인력을 양성하는 사례를 살펴보자. 서울시는 '블록체인 산업 활성화 5개년(2018~2022년)계획'을 발표하였다(연합뉴스, 2018.10.04.). 이 계획에는 블록체인 전문가 760명을 양성하는 방안으로 '서울 블록체인 칼리지'를 운영하는 방안이 포함되어 있는 점도 주목할 필요가 있다. 이러한 현상은 블록체인 기술이 미래 사회의 인력들에게 중요한 직업적 전문능력으로 인정받고 있다는 점과 이를 요구하는 사회적 수요가 교육과정에 반영되고 있다는 것을 의미한다. 따라서 교육 분야에서는 블록체인 기술에 대한 직업역량, 진로교육 영역의 정책 수립 및 대학의 정규 교육과정 반영에 대한 체계적인 논의를 시작해야 할 것이다.

2) 교육절차 개선에 활용되는 블록체인

교육 당사자들의 학업활동, 학사 관리, 학업 성취도 평가 등 교육 프로세스를 개선시키기 위한 블록체인 활용 사례이다. 블록체인 상의 데이터는 분산 기록되고, 공개되기 때문에 내용을 변경하거나 위·변조하기 어렵다. 이러한 블록체인의 특성은 다양한 교육 장면에서 교육적 활동을 부분적이거나 통합적인 형태로 관리할 수 있게 한다. 공식적인 학습 맥락에서 학생들의 학업 내용, 성취 수준, 평가의 결과를 기록하는 것이 가능하며 비공식적 상황에서의 질문처리, 온라인 학습 관리, 학생의 개인적 관심사에 대한 정보 등을 선별하지 않고 모두 수용하고 처리, 저장할 수 있다. 결국, 블록체인 기술을 교육에 활용하여 학생들의 가정배경에 관한 정보, 교실에서의 학습 행동, 학습 프로젝트 경험, 사회봉사와 동아리 활동 등 교육과 관련된 모든 종류의 데이터를 학생의 고유ID와 일치시켜 관리할 수 있게 되는 것이다. 이미 대학과 교육기관에서는 블록체인 기술을 교육의 다양한 프로세스에 적용하고 있는데, 이들 중 대부분은 학위 관리와 학업 성취도 평가를 지원하기 위해 블록체인 기술을 사용하고 있다[17].

소니 글로벌 에듀케이션(Sony Global Education)[18]은 블록체인 기술을 활용하여 학위 정보를 저장하고 관리하는 글로벌 평가 플랫폼을 구축했고, 최근에는

'교육 데이터 인증·공유·권한 관리시스템'을 개발하였다[19]. 소니의 블록체인 기반 교육 관리 시스템은 디지털 교과서 등의 교육 콘텐츠를 공유하고 관련 학습내용의 관리 및 평가, 인증에 활용하고 있다.

MIT와 Learning Machine 회사는 블록체인 기반 디지털배지(digital badge)[20]를 활용하여 온라인 학습 평가 인증 시스템을 개발하였다. MIT미디어 랩 프로젝트에 참여한 학습자의 학업 수준, 학업성취도를 블록체인 네트워크에 저장시키는 방식으로 개인의 역량을 인증하는 원리이다[21].

우리나라에서도 블록체인 기술을 활용하여 융복합형 교육방법의 가능성을 보여주는 사례가 있다. 초등학교 5학년 교육과정을 블록체인 기반 소셜미디어와 크라우드 펀딩을 활용하여 융합교육 프로그램을 설계한 연구[22]이다. 이 연구는 블록체인을 활용하면 더 효과적인 융합교육이 가능하다는 점을 제시한 것으로 평가된다.

이러한 현상은 블록체인 기술이 교육의 모든 단계에서 발생되는 교육관련 활동을 교수자-학습자 상호 합의적인 절차를 거쳐 공식적으로 기록한다는 점과 개인 정보를 보호하면서 개별화된 교육적 수요에 다양한 분야를 통합적으로 지원가능하게 한다는 점에서 교육적 프로세스를 혁신적으로 개선시키는 시사점을 보여주는 것이다. 따라서 교육 분야에서는 생활지도와 상담, 교수 설계, 학업성취도 평가 및 인증 절차와 방법 등 다양한 교육 절차와 방법에 대한 개선을 위해 블록체인 기술을 활용하는 방안을 연구하고 논의해야 할 것이다.

3) 집단지성을 만들고 검증에 활용되는 블록체인

블록체인 기술을 통한 집단 지식의 형성과 협업 교육의 혁신적인 모델을 보여주는 사례이다. 블록체인은 네트워크에 참여하는 구성원들의 데이터를 공개적으로 공유하는 것을 특징으로 한다. 이는 블록체인 네트워크가 기본적으로 오픈 소스 소프트웨어를 형성하고 활용하는 기술을 교육적으로 응용하는 것이다. 대표적인 사례가 위키피디아 재단의 프로젝트인 위키버스티(Wikiversity)이다. 위키버스티 참가자들은 정해진 과정과 자료를 제공하기보다는 자신들이 배우고 싶은 것을 정하고, 위키버스티 커뮤니티에서 여러 언어로 협업하여 학습한다.

이러한 협동학습을 블록체인 기술이 지원하는 것이다. 교육에 참여하는 구성원들의 자발적이고 집단적인 자료를 모으는 절차와 과정, 결과에 이르기까지 블록체인을 통해 고안되고 완성된 지식을 공유한다. 교육과정에 블록체인 플랫폼을 도입하면 학생과의 교육적 협업과 관계적 지식의 형성을 지속적으로 모니터할 수 있다. 단순히 교수자의 지식을 전달받는 것이 아니라, 학생들은 데이터 공유를 통해 지식을 협력적으로 생산해 내는 경험을 얻을 수 있다. 이러한 현상은 블록체인이 교육에 참여하는 학생의 경로와 학습 진행 상황을 추적하는 역할을 보여주는 것이다. 교육적 상황에서 학생들과 교사들은 전 세계의 학생들과 만나고, 토론하고, 가상공간의 포럼이나 위키에 참여하는 커뮤니티를 형성시키게 된다. 또한, 교육당사자들이 공유된 지식을 발견하고, 새롭게 학습하며, 또 다른 지식으로 생산할 수 있는 환경이 블록체인 기술을 통해 만들어질 수 있다.

교육적 협업과 집단지식의 창출을 위해서는 블록체인 기술을 이해하고 활용할 수 있는 학습능력이 필요하다. 블록체인은 제2의 인터넷 또는 신뢰의 인터넷으로 언급되고 있다. 인터넷이 우리나라에 도입되었을 당시, 교육 분야에서는 인터넷의 활용에 대한 찬반논쟁이 크게 일어났었다. 게임중독, 유해동영상, 개인정보 유출 등 부정적 측면이 부각되어 인터넷의 수용과 교육적 활용에 소극적이었던 점을 상기할 필요가 있다. 당시에 인터넷을 교육적으로 활용하는 방법을 기존의 교육방법을 통해서는 가르치기 어려웠다. 실제 인터넷을 활용하게 함으로써 인터넷 활용 능력을 높인 것이다. 결국 인터넷을 가르치는 가장 좋은 방법은 인터넷 상에서 가르치는 것이었다. 마찬가지로 블록체인 기술을 가르치는 가장 좋은 방법은 블록체인 상에서 가르치는 것이라고 말할 수 있다. 이 말은 블록체인은 내용적으로 보면 지금까지 우리가 알고 있는 것과는 전혀 다른 것이기 때문에 전통적 방법으로 교수하는 것이 적합하지 않다는 것이다. 즉, 블록체인은 방법 그 자체가 새로운 방법이라는 의미이다. 따라서 블록체인을 효율적으로 가르치려면 교사, 강사 등 교수자들을 먼저 블록체인 상에서 교육하는 연수과정이 필요함을 시사한다.

1-3 교육 분야에서 블록체인 기술을 활용하기 위한 과제

어쩌면 인류 문명사는 새로운 기술의 발달로 인간의 삶이 변화된 결과라 할 수 있다. 4차 산업혁명은 다양한 첨단 기술로 사회의 모습을 이전과 완전히 다른 모습으로 바꾸고 있다. 이에 따라 교육도 변화된 사회에 필요한 처방을 준비해야 한다. 컴퓨터와 통신 기술(인터넷)의 발달로 가상공간이 형성되면서 교육에도 큰 변화가 촉발되었다. 전통적으로 교육은 기존의 가치, 지식, 태도 등을 다음 세대에게 전달하기 위해 복무해 왔으나, 이제 그와는 정반대로 다음 세대가 갖추어야 할 인재상을 기반으로 새로운 교육을 구현하라는 주문에 부응하고 있다[23].

인터넷을 교육 분야에 적용할 당시, 인터넷 기술 자체에 대한 이해보다 인터넷을 교육 분야에 타당하게 적용하려는 인문학적 접근이 필요했던 것을 상기해 볼 필요가 있다. 인터넷을 대하는 일선 교사들은 인터넷 자체에 대한 두려움뿐만 아니라 교육현장에서 한 번도 경험하지 못했던 새로운 매체를 자신의 수업과 어떻게 관련지어야 할지 막막해 하였다. 이처럼 인터넷이 교육현장에 도입될 초기 단계에 많은 교육자들은 혼란과 두려움을 경험했다[24]. 따라서 정부 차원에서 블록체인 기술을 교육에 효과적으로 활용하기 위해서는 다양한 논의와 준비가 필요하다. 블록체인에 대한 이해, 시설, 장비, 담당 인력의 양성 등 많은 노력이 시급하지만 실제 교육적 상황에 어떻게 적용할 수 있는지에 대한 논의와 연구, 실천이 중요한 과제가 되고 있는 시점이다. 블록체인 기술이 교육 분야에 효과적으로 적용되고 실제적인 교육 방법으로 활용되기 위해서는 블록체인의 특성을 올바르게 이해하는 것이 선행되어야 한다. 블록체인 기술을 교육 분야에 활용하기 위한 구체적이고 실현 가능한 정책적 지원도 필요하다. 교육 분야에서 블록체인 기술을 구체적이고 실용적으로 활용하기 위해서 해결해야 할 과제는 다음과 같다.

첫째, 블록체인 기술에 대한 직업역량, 진로교육 영역의 정책 수립과 대학(원)의 정규교육과정 반영에 대한 체계적인 논의가 필요하다. 미래 사회는 4차 산업혁명을 주도하는 기술에 대한 전문적 역량을 갖춘 인재를 필요로 할 것이다.

블록체인 기술은 4차 산업혁명을 주도하는 원천적인 기술 중 하나로 이미 고등교육 분야의 교육 콘텐츠로 선정되고 정규 교육과정이 편성되고 있다. 이러한 사회적 요구에 적합한 직업, 진로 정책 및 전문적인 교육과정 편성을 위한 교육정책적 지원이 요청되고 있다.

둘째, 생활지도와 상담, 교수 설계, 학업성취도 평가 및 인증 등 교육 절차와 방법을 개선하기 위한 블록체인 기술 활용 방안 연구가 필요하다. 블록체인 기술은 교육의 모든 단계에서 발생되는 교육관련 활동을 교수자-학습자 상호 합의적인 절차를 거쳐 공식적으로 기록할 수 있게 한다. 또한 교육 관련자들의 개인 정보를 보호하면서 개별화된 교육적 요청에 다양한 분야의 자료를 통합적으로 지원할 수 있게 하는 장점을 가지고 있다. 미래의 교육방법과 절차에 있어서 블록체인 기술의 도입은 선택이 아니라 필수이다.

셋째, 블록체인 기술을 통해 형성되는 '교육용 분산원장'을 사회적으로 활용하는 정책적 지원이 필요하다. 교육에 관한 기초적이고 다양한 데이터 관리 및 행정 분야에 블록체인 기술을 도입하는 것은 시대적 요청이다. 교육에 관련된 각종 공문과 졸업증, 학위증, 자격증, 성적증명서에 이르기까지 위·변조되거나 해킹되어서는 안 될 공적 기록들을 관리하기 위한 비용, 시간의 과중함을 블록체인의 적용을 통해 감소시킬 수 있다. 특허, 상표, 발명등록, 논문 등의 지적재산의 등록, 관리, 활용에 대한 보안 장비 및 중앙통제에 대한 곤란함도 시험출제, 채점, 성적부여, 출결상황, 리포트 검사, 학생상담, 진로지도 등에 이르는 교육 행위 전반에 대한 교육적 결과는 '교육용 분산 원장'을 통해 사회적인 활용도가 높아질 것이다.

넷째, 교육담당자들을 위한 블록체인 관련 직무능력 연수과정을 도입해야 한다. 미래 교육에 활용될 지식은 집단적 사고와 교육적 협업을 통해 형성되고, 재발견되는 과정을 통해 보완되는 경향을 가진다. 이미 중앙 통제적, 상하전달 방식으로 지식을 활용하던 전통적 교육모형은 의미를 잃고 있다. 교육의 혁신적인 모델은 교수자와 학습자, 모든 교육관계자들의 협업능력을 통해 형성될 수 있다. 블록체인을 이해하고 실제 블록체인 자체를 활용해 봄으로써 자연스럽게 만들어지게 되는 것이다. 이를 위한 시작은 교수자 집단의 연수를 통해서 가능할 것이다.

2장 블록체인 기반 학습이력관리시스템25)의 가능성

학습이력의 관리와 인증의 맥락에서 블록체인 기술은 인증기관이 더 이상 존재하지 않더라도 인증서의 위조방지, 인증서의 간편한 검증, 시간제한적 유효성의 모니터링 프로세스의 자동화를 가능하게 한다. 여기에서는 인증서의 발행, 검증 및 공유를 위한 실질적인 해결책으로 블록체인(분산원장)을 활용한 학습이력관리시스템의 가능성을 탐색해 보자.

2-1   학습이력관리시스템의 현실

교육기관에서 발행하는 각종 증명서는 학습자들의 학습결과를 확인하고 증명해 주는 기능을 한다. 교육기관 및 교육 시설들은 학습자들에게 학습의 결과를 성적증명서, 수료증, 졸업장, 자격증의 형태로 발행한다. 이러한 각종 발행 문서에는 교육에 대한 중요한 내용이 포함되어 있다. 세부적으로는 자격의 내용 및 등급, 발급기관장의 이름과 기관의 주소, 증명서의 내용을 인증한 인증자의 이름과 서명(도장), 학습자의 이름, 시험 날짜 등이다. 전통적으로 이러한 증명서는 대부분 종이 또는 물리적 형태로 제작되어 취득자들에게 배포되어 왔다. 특히, 종이로 된 증명서를 수령한 취득자들은 증명서를 쉽게 보관할 수 있고, 필요에 따라 어떤 사람에게든 이를 보여줄 수 있다. 그러나 제3자가 증명서를 검증하기 위해서는 주로 수동적인 절차에 따라 발급기관에 요청해야 하고, 발급기관에서는 이를 위해 장기간 인증서 발급(등록)부나 관련 데이터베이스를 유지해야 하는 등의 비용이 발생한다26).

종이 증명서의 단점을 개선한 대안은 암호화된 방식으로 발급하는 전자 인증서이다. 개인의 학습 이력을 전자 인증서로 발급하여 관리하는 예로, 평생학습계좌제를 들 수 있다. 평생학습계좌제는 학습 참여도를 제고시키고 자기주도적 학습 역량을 강화하기 위하여 도입된 국가 차원의 학습이력관리시스템이다[27]. 국가 차원에서 국민들의 학습이력관리를 지원하는 시스템을 구축함으로써 학습에 대한 능동적인 참여를 유도하는 한편, 학습 결과에 대한 사회적 인정 및 활용도를 높이고자 하는 것이다. 이는 학습자들이 학교교육과 같은 형식교육의 경험뿐만 아니라 다양한 형태의 학습 성과를 누적 관리하게 하고, 진로 개척 및 고용경쟁력 강화를 지원하는 것을 목표로 한다. 성인학습자가 자신에게 필요한 직무능력을 선택하여 단시간에 습득할 수 있도록 지원함으로써 평생학습을 보다 활성화하는데 그 목적이 있다. 그러나 이러한 유용성에도 불구하고 학습이력관리시스템의 경우 사용자들의 시스템 활용도가 저조한 편이며, 사용 만족도 및 사용 의지도 높지 않은 것으로 나타나고 있다[28]. 전자인증서 발급 형태를 통한 체계적인 학습이력관리를 위해서는 더 많은 장비와 예산 등이 필요하기 때문에 교육기관의 예산과 의지에 따라 활용도가 상이한 실정이다.

2-2 학습이력관리시스템에 관한 연구들

학습이력관리시스템에 있어서 e-포트폴리오에 대한 필요성이 점차 커지기 시작하면서 대학에서도 교과 및 비교과 영역에서의 학습 경험을 관리하기 위하여 자체적으로 e-포트폴리오 시스템을 개발하여 활용하고 있다. 여기에서는 그동안 이루어진 학습이력관리시스템에 관한 연구들을 분석해 본다.

조용개(2016)는 대학생의 학습 이력 및 경력을 통합적으로 관리하고자 학생들의 개인 정보를 연동하여 교과 및 비교과 활동, 성찰, 학생 지도 및 상담이 이루어질 수 있는 e-포트폴리오 시스템을 개발하였다. 또한, 이를 체계적으로 활용하기 위하여 대학에서는 학습자들의 참여를 유도하고자 교수의 교과 지도와 연계하여 자기소개서, 학습계획 등의 작성에 대한 지도 및 상담을 통한 자기 성찰을 유도하고, 우수사례를 선정하는 노력을 기울이고 있다. 권진희(2016)는 대학 차원에서의 요구 분석을 바탕으로 학습설계, 진로·학습통합 컨설팅, 학습성과 인증 및 활용의 학습 e-포트폴리오의 세 가지 기능 요소를 도출하고 시스템을 개발하였다. 이재진 외(2017)의 연구에서는 학습 e-포트폴리오가 대학의 단일 교과 내에서 교수-학습을 지원하기 위한 기능을 넘어서 교과 및 비교과 영역에서의 전반적 학습경험을 통해 학습자의 역량 변화 과정을 관리할 수 있는 통합형 e-포트폴리오의 기능과 시스템 구성요소를 제안하였다.

이와 같은 여러 시도들에도 불구하고 대학에서의 학습 e-포트폴리오의 활용은 그다지 많은 주목을 받지 못했다. 그 이유 중 하나는 대부분 대학 내에서 제공하고 있는 e-포트폴리오의 경우에 재학 기간에만 사용 가능하며, 대학을 졸업한 후에는 활용할 수 없다는 한계 때문이다. 또한 대학에서 의도하는 특정 목적에만 초점이 맞추어져 있어서 학습자의 다양한 경험들을 삶의 연속선 상에서 지원하는 데에 무리가 있기 때문이다. 이에, 학습자의 전 생애에 걸친 평생교육의 관점에서 학습 e-포트폴리오 시스템을 개발하고 활용도를 높이고자 하는 시도들이 나타나고 있다.

우영희 외(2014)는 평생교육의 관점에서 학습과 경력 관리를 효과적으로 연계하기 위한 e-포트폴리오의 설계 구성요소를 살펴보고, 델파이 조사연구를 통해 연령대별로 e-포트폴리오를 어떻게 활용할 수 있을 지에 대해 제안을 하였다. 학습자는 생애 주기별로 e-포트폴리오를 활용하는 목적이 다를 수 있기 때문에 각 연령대에서 효과적으로 e-포트폴리오를 활용할 수 있는 방안을 제시하였다.

권숙진 외(2015)는 학습자의 자기주도적인 학습 경험 설계를 지원하기 위한 e-포트폴리오 시스템의 발전 로드맵을 제시하였다. 구체적인 로드맵은 단기, 중기, 장기의 3단계로 나뉜다. 1단계 단기적 측면에서는 사용자 경험을 고려한 평생 포털 서비스 강화, 2단계 중기적 측면에서는 개인 포트폴리오 기반의 학습 진단·코칭 서비스 마련, 3단계 장기적 측면에서는 빅 데이터 기반의 맞춤형 학습관리서비스 도입을 제안하였다.

2-3 블록체인 기반 학습이력관리시스템의 가능성

1) 교육증명 발행에 활용되는 블록체인

블록체인 기술을 통한 '교육용 분산원장'으로 교육적 결과에 대한 사회적 신뢰를 높이는 방법이다. 개인의 학습 기록은 사람들의 직업 이력에 필수적이다. 따라서 이러한 기록은 장기간 사용할 수 있고 조작이 불가능한 원장에 보관하는 것이 중요하다[29]. 블록체인 기술은 학업활동을 공개적으로 기록하고, 평가의 과정과 결과를 변동없이 누적 관리할 수 있게 함으로써 교육과정에 대한 신뢰성 높은 데이터를 제공할 수 있다. 교육에 대한 신뢰성 높은 데이터는 사회적인 공증을 편리하고 효율적으로 획득시키는 중요한 근거가 된다. 교육과정에 참여한 사용자(학생)의 ID와 일치된 데이터는 블록체인 네트워크에 참여하는 분산 컴퓨터들에 의해 확인, 검증, 저장 및 유지된다. 블록체인 기술을 통해 완성된 '교육용 분산원장'은 사회적 인증 절차를 획기적으로 축소시킨다. 블록체인의 '교육용 분산원장'은 신분증, 졸업장, 학위증, 수료증, 학업증명서 등으로 활용가능하다.

실제로 블록체인 기술을 교육적 증명에 활용하는 사례를 살펴보자. Holberton School은 블록체인 기술로 학위를 저장한 최초의 기관으로 알려져 있다. 그리고 미국 MIT 공대에서는 블록서트 지갑(Blockcerts Wallet)을 개발하여 대학의 졸업장 또는 학위증을 수여하고 있다[30]. 호주의 공립대학교인 멜버른 대학교에서는 블록체인 기술을 활용하여 학업 증명서를 발급하고 있다[31].

또한, 블록체인 기술을 통해 완성된 '교육용 분산원장'은 학업 관련 각종 증명서의 위·변조를 방지하는 데 기여할 수 있다. 과거부터 현재까지 학력 및 학위 위조 사례는 많았다. 블록체인 기술을 응용한 학업 성취 증명 시스템이 사회적으로 활용된다면 학력 및 학위 위·변조 범죄가 감소하게 될 것이다. 우리나라에서도 블록체인 기술을 이용하여 학교문서 위·변조를 예방하는 연구(김기홍, 김동철, 2018)가 추진되었다. 또한, 블록체인 기술을 활용하여 대학 캠퍼스의 전자 투표 시스템을 구현하는 연구(성기정 외, 2018; 양준호 외, 2018), 블록체인은 교육비를 수납하는 것에도 사용될 수 있다. 2013년 세계 최초로 비트코인으로 등록금을 납부하도록 한 대학교는 지중해에 위치한 키프로스(Cyprus)의 니코시아(Nicosia) 대학교이며, 스위스의 루체른 응용과학대학에서도 대학의 등록금(수업료 등)을 블록체인 토큰으로 결제할 수 있다[32]. 효율성과 비용 절감은 많은 행정적 의사 결정의 원동력이 되기 때문에, 대학 등 다양한 교육기관은 자원을 절약하기 위해 블록체인 기술을 채택할 수 있을 것이다[33].

이러한 현상은 블록체인 기술이 교육적 결과에 높은 신뢰를 부여하고 사회적 비용을 현저하게 감소시키는 효과를 증명하는 것이다. 따라서 교육 분야에서는 개별단위 기관에서 교육 관련 공식적 기록을 확인하고, 증명서를 발급하던 전통적 방식을 지양하고, 교육 관계망을 통해 공유된 데이터를 '교육용 분산원장'으로 활용하는 방안을 논의해야 할 것이다.

2) 학습이력관리에 블록체인 적용 가능성

블록체인 상의 데이터는 분산 기록되고, 공개되기 때문에 내용을 변경하거나 위·변조하기 어렵다. 이러한 블록체인의 특성은 다양한 교육 장면에서 교육적 활동을 부분적이거나 통합적인 형태로 관리할 수 있게 한다. 공식적인 학습 맥락에서 학생들의 학업 내용, 성취 수준, 평가의 결과를 기록하는 것이 가능하다. 또한, 비공식적 상황에서의 질문처리, 온라인 학습 관리, 학생의 개인적 관심사에 대한 정보 등을 선별하지 않고 모두 수용하고 처리, 저장할 수 있다. 결국, 블록체인 기술을 교육에 활용하여 학생들의 가정 배경에 관한 정보, 교실에서의 학습 행동, 학습 프로젝트 경험, 사회봉사와 동아리 활동 등 교육과 관련된 모든 종류의 데이터를 학생의 고유ID와 일치시켜 관리할 수 있을 것이다.

블록체인 기술을 활용한 '교육용 분산원장'은 교육기관의 교육적 결과에 대한 사회적 신뢰를 높이기 위한 플랫폼이다. 블록체인 기술은 학업활동을 공개적으로 기록하고, 평가의 과정과 결과를 변동없이 누적 관리할 수 있게 함으로써 교육과정에 대한 신뢰성 높은 데이터를 제공할 수 있기 때문이다. 이러한 특성에 따라 블록체인 기반 '교육용 분산원장'은 신분증(학생증), 졸업장, 학위증, 수료증, 학업증명서 등으로 활용가능하다. 또한, 블록체인 기술을 통해 완성된 '교육용 분산원장'은 사회적 인증 절차를 획기적으로 축소시킨다. 개인의 학습 기록은 사람들의 직업 경력에 필수적이기 때문에 장기간 사용할 수 있고 조작이 불가능한 원장에 보관하는 것이 중요하다. 교육과정에 참여한 사용자(학생)의 ID와 일치된 데이터는 블록체인 네트워크에 참여하는 분산 컴퓨터들에 의해 확인, 검증, 저장 및 유지시킬 수 있게 된다.

결론적으로 블록체인 기술은 학습결과에 대한 인증서의 발행, 검증 및 공유를 가능하게 하는 교육용 분산원장의 기술로 활용 가능할 것으로 판단된다. 아직 우리나라에서는 종합적인 학습이력관리 시스템을 블록체인으로 구현한 사례는 없다. 부분적인 학습성과의 기록, 유지, 증명에 관한 형태가 존재할 뿐이다. 그렇기 때문에 한 개인의 전 생애에 걸친 종합적인 학습이력관리시스템에 대한 구조적 문제점이 있을 가능성도 있다. 또한 각 기관별 학습이력관리시스템의 사양에 따라 일부는 구현이 어려울 가능성이 있다. 더 많은 논의와 연구를 통해서 학습이력관리시스템을 발전시킬 필요가 있다.

3장 교육용 블록체인:
교육성적증명시스템(PESS)34)

현재 교육 분야의 이해관계자들은 블록체인이 가진 사회적 장점과 잠재력을 대부분 모르고 있다. 교육에 관한 기록을 블록체인에 저장하려는 아이디어는 수년 전부터 언론과 학술지에 소개되고 있다. 블록체인 기술이 교육에 활용되면 기존의 모든 교육 활동에 많은 변화를 가져올 것이다. 교육 분야에서 블록체인 기술을 적용할 수 있는 활동으로는 자격증 수여, 인허가 및 인가, 학생부 관리, 지적 재산 관리, 지급 등이 있다. 교육시스템에서는 교육 활동에 관한 기록이 무궁무진하며, 블록체인의 기술로 데이터를 기록할 경우 출석, 교육과정, 등록금 지급, 성적, 졸업장 등과 같은 분야에서 획기적인 개선이 가능해 질 것이다. 블록체인 상 기록들은 삭제할 수 없기 때문에 불변성이라는 점에서 데이터 위·변조 방지에 도움이 된다. 교육기관(학교)과 함께 학생에게도 소유권에 대한 권한이 부여될 수 있다. 여기에서는 고등교육 단계의 교육성적증명시스템(PESS: Proof of Education Script System35))이라고 불리는 블록체인 시스템을 확인해 보자.

3-1   교육성적증명을 위한 블록체인 시스템의 필요성

최근 코로나19는 대부분의 교육 기관들로 하여금 온라인 교육에 초점을 맞추게 하고 있다. 현행 교육 분야의 교육평가는 교육활동 결과의 사본 송부부터 결과 확정까지 모든 것을 수작업으로 처리하면서 비용과 시간이 많이 들 뿐 아니라 학습 결과의 불일치를 초래하는 등 공정하지 못한 것으로 언급되기도 한다. 교직원들은 필수 서류 정리에 오류를 범하기 쉬우며, 매우 중요한 시기에 졸업장을 잃어버리는 학생들이 발생하기도 한다. 그리고 어떤 이유로 서버가 고장 나거나 데이터가 완전히 지워진 학교의 학생들은 자신의 교육 증명을 발급받기 어려운 경우도 많다. 학교생활기록부 사본을 발급받는 데 다양한 장애가 있는 현행 시스템들은 블록체인을 기반으로 자격 등의 증명을 효율화할 수 있다. 교육 분야의 블록체인은 검증을 위해 공유 데이터베이스에서 세부사항에 접근함으로써 학교, 대학, 교육행정기관이 능률적으로 기능할 수 있도록 도울 수 있다. 수강생들은 과정을 마치면 스마트컨트랙트에 의해 추진되는 쉬운 자격증 발급 과정으로부터 혜택을 받을 수 있으며, 학위와 졸업장의 데이터 주권을 확보할 수 있다. 또한, 학생이 블록체인에 저장한 e-포트폴리오(e-Portfolio)는 은행에서 교육 비용(등록금)을 대출받을 때 신원 또는 학습결과를 검증하기 위한 과정을 단순화시킬 수 있다. 한편, 인재를 고용하려는 고용주들은 채용후보자(취업희망자)의 학업 이력 등에 대한 검증을 위해서 직접 e-포트폴리오에 접속해 확인할 수 있다.

교육 분야의 블록체인 기술은 학생과 교육평가 전 과정에 있어 매우 좋은 실행력을 창조해 낼 수 있다. 블록체인은 교육 데이터를 안전하고 쉽게 이용할 수 있을 뿐 아니라 비용을 절감하고 시간도 절약할 수 있다. 블록체인을 활용함으로써 학위(졸업장, 자격증) 인쇄, 검증, 보관과 관련된 모든 이슈를 투명하고 간편하게 하는 것이 가능해 진다. 첨단 스마트계약을 활용해 블록체인에 대한 학습 이력이 전송되고 검증이 완료된다. 교육기관과 e러닝 플랫폼이 블록체인에 대한 자격증 발급을 가능하도록 지원한다. 블록체인은 심사 과정을 간소화하는 데 많은 시간과 비용을 절감해 준다. 결론적으로 교육 분야에서 블록체인이 얻을 수 있는 주요 이점으로는 편향성 제거, 중개자 제거, 비용 및 서류 작업 감소 등이다.

3-2   교육 분야에서의 블록체인 시스템

교육은 여러 경로를 통해 지식과 기술을 교류시키는 것이다. 모든 관련 당사자들 사이에 신뢰가 있다면 그 과정이 더 효율적이다. 블록체인 기술은 탈중앙화와 불변성을 통해 고등교육 분야를 더 나은 방향으로 변화시킬 수 있는 잠재력을 가지고 있다[36]. 고등교육 분야에 적용 가능한 과제로는 졸업장 위·변조 방지, 일반적인 학력증명서, 스마트계약서, 분산형 강의실 활용, 장학금 투명성 등이 있다. 교육은 학생들이 미래의 직업을 준비하기 위해 다른 분야에 자신의 교육성과를 활용시켜야 하는 기본적인 분야이다. 취업 전과 취업 후, 직장생활을 하는 동안 학생들을 위해서 학업증명 시스템을 갖추는 것은 학력위조를 방지하고 맞춤형 학습의 문제를 해결하는 데도 도움이 될 수 있다. 궁극적으로 학생들에게 자신의 학습 경로와 직업 진로를 결정할 수 있도록 지원해 줄 수 있다. 전체 사회 측면에서 볼 때, 일반 근로자들이 평생 동안 획득한 공식적인 학습경험, 자격사항, 보유 기술을 안전하게 검증할 수 있는 시스템을 구축하는 것이다. 사회적으로 인증된 디지털 기록을 근로자 본인이 직접 확인 가능한 애플리케이션으로 언제든 사용할 수 있게 된다. 또한, 스마트컨트랙트를 이용함으로써, 블록체인 플랫폼은 이전의 성공이나 실패에 기초하여 제시된 맞춤형 콘텐츠를 학생들에게 제공한다. 사실 이러한 콘텐츠는 학생들이 개별 교육에 대해 효율적인 학습을 가능하게 하고 더 큰 통제력을 획득하게 하는 장점이 있다. 다음을 통해서 블록체인이 교육시스템에 적용되는 내용을 확인해 볼 수 있다.

- 블록체인 기술이 종이 기반 인증서 시스템의 종료를 빠르게 앞당긴다.
- 블록체인 기술은 사용자가 처음에 발급한 교육기관에 연락할 필요 없이 블록체인을 상대로 직접 인증서의 유효성을 자동으로 확인할 수 있도록 한다.
- 블록체인 기술은 이러한 데이터베이스를 관리하기 위한 중앙기관의 필요 없이 지식재산 관리에도 적용할 수 있다.

- 블록체인 기술은 이용자가 자신의 데이터에 대한 소유권과 통제를 늘리면 교육기관의 데이터 관리 비용은 물론, 데이터 관리 문제로 인한 책임에 노출되는 것을 크게 줄일 수 있는 데이터 관리 구조를 만들기 위해 적용한다.
- 블록체인 기술은 교육기관 내 결제가 용이하도록 블록체인을 기반으로 한 암호화폐가 활용될 가능성이 높은 것으로도 확인된다.

교육 분야에서 블록체인 메커니즘을 활용하게 되면 모든 사람이 최고 수준의 책임감을 갖도록 제도화한다. 이러한 특성은 블록체인이 학습결과의 조작 문제를 근본적으로 해결하는 기술이다. 분산형 네트워크로 내구성과 신뢰성, 투명성을 제공한다. 또한, 블록체인 기반 시스템에 입력되는 데이터는 불변한다. 따라서 모든 데이터의 기록이나 유통은 쉽게 조사할 수 있고, 감시할 수 있는 기능을 가진다. 교육은 이제 온라인과 세계의 어느 곳에서나 P2P 상호작용(관계자직접 연결)을 통해 이루어지게 될 것이다. 특히, 고등교육에서 교육 제공자들은 디지털 기술을 변혁의 도구로 활용하기 위해 많은 노력이 필요하다.

3-3   고등교육 단계에서의 블록체인 활용

여기에서 설명하고자 하는 것은 고등교육 분야의 정책 입안자, 교육자 및 연구자를 대상으로 한 것이다. 즉, 블록체인을 기반으로 한 고등교육 학습 솔루션으로 제안된 교육성적증명시스템(PESS)의 아키텍처를 개략적으로 설명한다. 블록체인 기술에 대한 교육기관의 관심 분야가 커지고 있다. 특히, 블록체인에 기반한 교육 분야의 이해 당사자들에게 개인 및 학습의 디지털 인증 가능성에 초점을 맞출 수 있다. 블록체인은 교육에 있어서 점점 강력한 기술이 될 것이다. 블록체인을 활용한 PESS 시스템의 가장 중요한 특징은 다음과 같다.

- 분산형: 제안된 시스템에서는 전체 네트워크의 권한을 가지고 있는 개인이나 그룹이 없다. 네트워크의 모든 사람이 분산원장 사본을 가지고 있지만, 누구도 스스로 수정할 수 없다. 블록체인의 이 독특한 특징은 투명성과 보안성을 가능케 하는 동시에 사용자에게 권한을 준다.

- P2P(Peer-to-Peer) 네트워크: 블록체인은 모든 네트워크 참여자가 동일한 거래 사본을 보유할 수 있는 P2P 프로토콜을 사용하여 기계적인 조사를 통한 승인이 가능하다.

- 불변: 블록체인의 불변적 속성은 블록체인에 한 번 기록된 어떤 데이터도 바꿀 수 없다는 것을 말한다. 일단 데이터가 처리되면 변경하거나 변경할 수 없다. 한 블록의 데이터를 변경하려 할 경우 블록마다 선행 블록의 해시를 저장하기 때문에 블록체인을 따라 전체 블록체인을 변경해야 한다. 따라서 블록체인에 저장된 데이터는 불변성으로 인해 변경이나 해커 공격이 감지되지 않는다.

- 위·변조 방지: 블록체인에 내재된 불변성의 속성으로, 어떠한 데이터도 위·변조하는 것을 탐지하는 것이 쉬워진다. 조작을 탐지하는 두 가지 주요 방법이 있는데, 바로 해시와 블록이다. 블록과 연관된 각 해시함수는 고유하다. 데이터의 어떤 변화도 해시함수의 변화로 이어질 것이다. 한 블록의 해시함수가 다음 블록과 연동되기 때문에 해커가 어떤 변경을 하기 위해서는 그 블록 이후 모든 블록의 해시를 변경해야 하는데, 이는 상당히 어려운 것이다.

교육성적증명(PESS) 플랫폼의 교육결과 처리 절차

1. 학생은 자신이 등록하고 싶은 교육 단체와 과정을 선택한다.
2. 유료 강좌가 개설되면 수강자는 교육 앱을 이용하여 수강료를 납부한다.
3. 교육단체는 그 후 납부대장에 기재된 지급 여부를 확인한다.
4. 과정 중 교육기관에서 과제물을 제공하고, 점수를 얻기 위해 학생이 이수해야 하는 시험을 시행한다.
5. 학생은 과제를 취득하여 완료한 후 서명된 솔루션을 교육단체에 다시 보낸다.
6. 이후 교육단체는 솔루션을 부분(개별)적으로 저장하고 성적, 자격증 등을 부

여한 후 솔루션의 해시(hash)로 점수를 블록체인에 전달한다.

7. 과정을 마치면 학생은 최종 점수를 취득하고, 이 최종 점수를 교육 조직의 블록체인에 추가한다.

8. 모집인은 공인대장(오픈된 블록체인 소스)에 추가된 점수와 증명서를 확인할 수 있다.

출처: Palanivel, K.(2019)

교육성적증명(PESS) 애플리케이션 모델은 교육기관과 학습자(학생)가 취득한 학점(인정)을 하나의 교육 블록체인 네트워크로 연결시킨 것이다. 학생과 발급기관이 동의하면 학점을 모집하고 평생 학점을 모아 증빙할 수 있게 된다. PESS는 이를 보장하기 위한 교육용 블록체인의 실제 도구이다. [그림 5−1]은 제안된 교육성적증명시스템 모델에서 다양한 행위자들의 위치와 역할을 나타낸다.

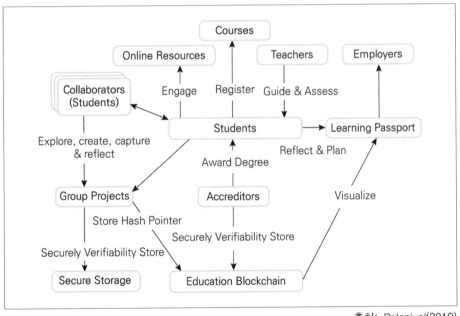

출처: Palanivel(2019)

[그림 5-1] Actors in the proposed PESS model

PESS 아키텍처는 민감한 데이터와 프라이빗 블록의 무결성과 신뢰성을 검증하는 데 필요한 정보인 퍼블릭 체인으로 구성된 프라이빗 체인을 포함한다. 제안된 블록체인 아키텍처의 핵심 실체는 [그림 5-2]에 제시되어 있다.

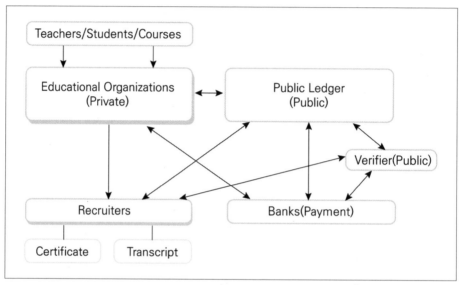

출처: Palanivel(2019)

[그림 5-2] Proposed PESS architectural model

교육에 종사하는 단체는 자영업자, 교사나 소규모 기관들을 위한 네트워크(연결)를 운영하는 주체가 될 수 있다. 이 사설(private) 블록체인은 각 교육 단체에 의해 유지되거나 다른 기관들과 독립적으로 유지된다. 이 사설 블록체인은 학생과 교육 기관 간의 상호 작용에 대한 개인화된 정보를 포함하고 있다. 과제 접수, 해결책(리포트) 제출, 교육평가 및 측정, 등급 부여 등 모든 상호 작용을 사설 블록체인에서 데이터 거래 방식으로 처리한다. 학생들은 웹 브라우저와 모바일 애플리케이션을 통해 플랫폼에 접근할 수 있다. 학생들은 애플리케이션을 사용하여 교육 기관을 선택하고 강좌에 등록한다. 강좌가 운영되는 기간에는 과제를 확인하고 해결방안을 탐색하여 리포트로 제출한다. 학생이 성공적으로 과정을 종료했는지에 대한 평가 점수와 기준은 교육 단체가 정한다.

교육 단체에서 활용하는 블록체인을 사설(프라이빗) 형태로 만드는 것은 교육자들이 그들의 블록체인 데이터를 조작할 가능성을 허용한다. 이를 극복하고 P2P 거래가 공개적으로 검증 가능하도록 하기 위해 공공(퍼블릭) 블록체인을 도입한다. 공공형 블록체인은 참여자가 증인으로서의 역할을 한다. 한편, 인력을 채용하려는 리크루터들은 교육기관의 학생들에 대한 자료를 수집하는 데 관심이 있다. 그들은 이 데이터를 안전한 데이터 공개 프로토콜을 사용하여 교육 단체로부터 공유한다. 각 당사자의 해당 거래와 행동도 퍼블릭 블록체인에 저장되기 때문에 증인도 모든 데이터 거래의 타당성과 보안을 보장한다. 수강 신청, 자격증 발급을 위해서 교육기관에서 '블록체인'에 기재한 항목은 종이 사본을 만드는 불편함을 없애고, 담당자들의 업무량을 현저히 줄일 수 있다. 또한, 어디에서든 발급된 자격증의 진위 여부를 즉시 확인할 수 있다.

고등교육기관을 위해 제안된 블록체인 아키텍처는 [그림 5-3]과 같다. 이 아키텍처에는 다양한 구성 요소가 포함되었으며, 데이터 소비자, 데이터 공급자, 데이터 포털, 블록체인 플랫폼, 데이터 스토리지, 데이터 엔진, 블록체인 액세스 등이 있다. 소개된 PESS 모델의 주요 구성 요소는 다음과 같다.

- 데이터 소비자는 특정 목적을 위해 데이터를 사용하고 데이터의 품질에 영향을 받을 수 있는 사용자를 말한다. 데이터를 사용하는 사용자 인터페이스, 시스템 또는 툴을 활용한다.
- 데이터 제공자는 조직과 관련된 데이터를 수집하는 존재이다. 이들은 사용자 인터페이스, 시스템 또는 장치를 활용한다.
- 데이터 포털: 데이터 제공자와 소비자가 데이터 공유(거래)를 위해 데이터를 게시하거나 구매를 위해 데이터를 체크아웃하는 데 사용하는 데이터 포털이다.
- 블록체인 플랫폼: 분산원장, 암호화 지원, 불변성 보장, 스마트계약 등 일부 핵심 기능을 지원하는 적절한 플랫폼이다. 생태계와 그 안에 있는 플레이어, 데이터의 민감도에 따라 사용자는 결국 허가된 블록체인을 선택하거나 허가를 덜 받을 수도 있다.
- 데이터 스토리지: 여기에서 많은 양의 정보가 교환되고 있으며, 볼륨, 다양

성, 데이터 위치 및 민감도 측면에서 스토리지를 고려해야 한다. 그것은 모든 실제 데이터를 체인 또는 오프체인 방식으로 저장한다. 빅데이터 스토리지 옵션을 활용하여 이러한 대규모 볼륨을 처리해야 한다. 또한, '변수' 요인은 어떤 스토리지 옵션이 정형 데이터인지 비정형 데이터인지를 결정할 수 있다.

• 데이터 엔진: 효과적으로 기능하기 위해 온체인 데이터와 오프체인 데이터의 연결은 모든 데이터셋에 걸쳐 통합된 보안, 거버넌스, 관리 및 가시성

출처: Palanivel(2019)

[그림 5-3] Proposed PESS architecture

을 제공하는 서비스 집합이 될 것이다. 이는 데이터 제공자와 소비자 모두가 쉽게 활용할 수 있는 원활하고 통합된 데이터 평면을 제시한다. 이 서비스에는 데이터 검색 가능성과 검색 기능을 여러 데이터 소스에 걸쳐 쉽게 만들 수 있는 데이터 카탈로그가 포함될 것이다.

• 블록체인 접속: 블록체인 플랫폼에 접속할 수 있는 프로토콜이나 메커니즘이 다수 존재한다. 애플리케이션 프로그래밍 인터페이스(API)와 같은 공통적인 것을 활용하는 공통 액세스 계층에서 표준화하면 이 이니셔티브를 둘러싼 개발자 커뮤니티가 쉽게 협력할 수 있다.

3-4   교육용 블록체인 PESS의 교육적 기여도

여기에서 소개된 블록체인 기반 교육성적증명서(PESS) 아키텍처는 블록체인이 주도하는 스마트 교육에 이상적 모델일지도 모른다. 데이터 개인 정보 보호 및 규제는 대체로 그러한 모델의 채택 또는 억제에 영향을 미칠 것이다. 블록체인이 교육 분야에 어떻게 기여[37]할 수 있는지 이해하기 위해 [그림 5-4]를 살펴보자.

학생/지원자는 학위 증명서와 과거 고용주로부터 온 직장 경력증명서를 서버에 업로드한다. 교육 기관과 이전 고용주들은 그 서류들을 검증할 수 있다. 이러한 검증된 문서는 분산형 파일 시스템(IPFS)[38]에 저장된다. 그것은 시간이 지남에 따라 파일을 저장하고 버전을 추적하는 버전 파일 시스템이다. IPFS에 문서가 저장되면 IPFS는 문서를 해시로 변환한다. 변환된 문서의 해시값은 스마트 컨트랙트를 이용해 블록체인에 저장할 수 있다. 채용자가 과거 고용주와 교육기관에서 발급한 서류에 접근할 때 데이터의 신빙성이 보장된다. 이러한 블록체인을 기반으로 한 검증 플랫폼은 검증된 구직희망자의 세부사항을 얻기 위해 고용주들이 수수료를 지불하게 된다. 블록체인을 기반으로 한 교육 애플리케이션은 학생들이 이전의 성공이나 실패와 성취도를 바탕으로 제안된 콘텐츠를 제공한다. 또한, 교육과정에 유연하게 접근할 수 있도록 함으로써 개별 교육에 대한 통제력을 높일 수 있는 능력을 제공할 수 있다.

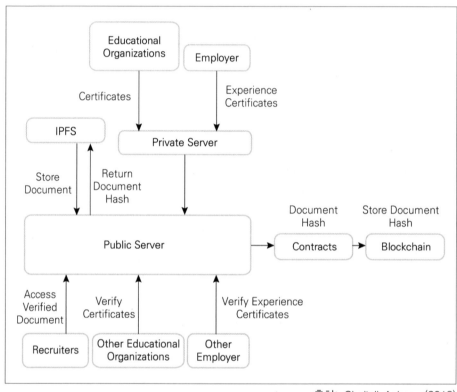

출처: Chaitali Acharya(2018)

[그림 5-4] Deployment view in the education sector

1) 교육용 블록체인 PESS의 효과

교육은 학생들이 미래의 직업을 준비하기 위해 서로 다른 시스템들에 적용해야 하는 다층적인 분야이다. 직장생활을 하기 전과 하는 동안 구직자의 학력을 기록하고 검증하는 시스템을 구축하는 것은 학력 및 자격증 위조를 예방하는데 도움이 될 뿐만 아니라 근무조건에 맞는 역량이 있는지에 대한 검증 문제를 해결하는 데도 도움이 될 수 있다. PESS 아키텍처는 근로자들이 평생동안 획득한 공식적인 자격, 경험 및 기술에 대한 안전하고 검증 가능한 디지털 기록을 관리할 수 있도록 한다.

2) 교육용 블록체인 PESS의 이익

교육에 블록체인 기술을 적용하면 얻을 수 있는 이점이 있다. 그들은 스마트계약과 학습 동기를 유발시켜 투명성과 책임성을 높일 수 있다는 점이다.

- 투명도 향상: 블록체인 기술은 실시간 교육에서 수행했던 교육적 이벤트를 시간별 리스트로 작성한다. 이것은 성적 증명서를 확인하고, 완전한 성적표를 보여주며, 학생들의 진도에 대해 정직하게 기록, 유지하는데 유용하다. 블록체인을 통해 학생에게 과제를 제출하도록 공지하면 과제가 실수로 지워졌다고 거짓말을 하거나, 제출했는데 관리를 잘못해서 교수자가 잃어버렸다고 핑계를 댈 수 없다.
- 스마트계약을 통한 책임: 교수자, 교육기관 관리자, 학생들이 곧 스마트계약에 참여할 수 있게 될 것이다. 예를 들어, 학생과 교수는 과제의 매개변수, 만기일, 채점 마감일을 명시한 디지털 협약을 체결할 수 있다. 스마트계약은 학자금 대출금 상환에도 활용할 수 있다.
- 학습의 인센티브 부여: 블록체인의 보상에 대한 토큰화는 블록체인의 주요한 측면이 됐다. 머지않아 학원들은 학생에게 학자금 융자를 제때 지급하도록 유도하고, 교수들은 일정 전공의 높은 수행이나 이수자에게 암호화폐를 수여함으로써 학생들에게 동기부여를 하도록 유도할 수 있을 것이다. 토큰화에 의해 만들어진 교육의 게임화는 학습동기 유발에 매우 좋은 결과를 가져올 것이다.

3) 교육용 블록체인 PESS의 단점

교육 분야에서 블록체인 기술을 적용함에 있어 잠재적인 단점이 있다는 것은 부인할 수 없는 사실이다.

- 복잡한 시스템으로서 일부 학습 행동 및 학습 성과에 대한 기록과 수업 (강의) 발표 등 주관적인 강사의 평가를 객관적으로 검토할 필요가 있다. 인간의 개입 없이 미리 프로그램된 스마트컨트랙트로 이런 학습 활동을 평가하기는 상당히 어렵다.
- 교육용 블록체인이 학교에서 활용되면 모든 학생의 교육 데이터가 블록체인의 장부로 통합될 것이다. 블록체인 기술의 불변성이 양날의 칼 역할을 할 것이다. 일부 학생의 정당한 이유로 교육 기록을 수정할 가능성을 없앤 것은 또 다른 문제를 만들 수도 있다.
- 고전적인 작업 증명 합의 모델은 에너지를 낭비하고 초당 다수의 거래에서 성과가 저조하여 추가 비용이 소요되며, 학교에서의 적용에 지장을 준다.

4) 교육용 블록체인 PESS의 활용 사례

블록체인은 개별 교육기관, 교육기관 그룹, 각종 교육기구 내에서 구현될 수 있다. 실제로 배지, 크레딧, 자격증 등을 안전하게 보관하고자 하는 사람이라면 누구나 블록체인 기술 사용을 고려할 수 있다. 블록체인이 교육에서 어떻게 구현되고 있는지에 대한 사용 사례나 예로는 블록서트(Blockcerts), APPII, 길가메쉬 플랫폼(Gilgamesh Platform), ODEM, 소니 글로벌 교육, 블록체인 교육 네트워크(Blockchain Education Network), 디시플리나(Disciplina), 파치먼트(Parchment), 비트디그리(BitDegree) 등이 있다[39].

4장 블록체인 기반 대학 입시정보 제공 시스템40)

아주 오래전부터 대학 운영의 위기를 표현한 문장이 있다. "대학, 죽느냐 사느냐"(한겨레21, 1995.11.30.)이다. 어쩌면 최근의 대학이 처한 상황을 적절하게 표현한 문장이라 할 수 있다. 이것은 모든 대학 관계자들이 인정하는 상황을 표현한 것일 수도 있다. 최근 코로나바이러스와 첨단 기술의 발달로 인터넷을 이용한 원격 강의가 보편화(머니투데이, 2020.04.14.)되면서, 대학의 입시 마케팅은 대학 생존이 달린 문제로 볼 수 있다. 여기에서는 대학의 입시 마케팅에 블록체인 기술을 활용한 국내 특허 등록 사례41)를 소개하고자 한다.

4-1 블록체인 기반 대학 입시정보 제공 시스템의 개요

여기에서 소개하는 것은 '블록체인 기반 대학 입시정보 제공 시스템, 상기 시스템에서 유저에게 코인을 공급하는 방법 및 공급된 코인을 활용하는 방법'에 관한 것이다. 구체적으로는 대학으로부터 제공된 광고가 표출된 플랫폼(Platform)에 유저(학생)가 접속하여 광고 청취, 대학 입시정보를 획득하기 위해 검색하는 활동 등 대학들이 제공하는 대학관련 정보를 검색하도록 하는 것이다. 이러한 활동을 기반으로, 활동을 단계별로 구분하되 단계에 따라 유저(학생들)에게 코인을 지급하여, 유저(학생들)로 하여금 대학 입시활동에 필요한 자원 혹은 가맹 업체에서 사용할 수 있는 자원을 인센티브 형태로 제공한다. 대학에 관한 정보를 검색하고 자신의 기본 정보를 제공하는 활동을 통해 보상 받은 코인은 개별적인 필요에 따라 활용할 수 있도록 하는 기술에 관한 것이다.

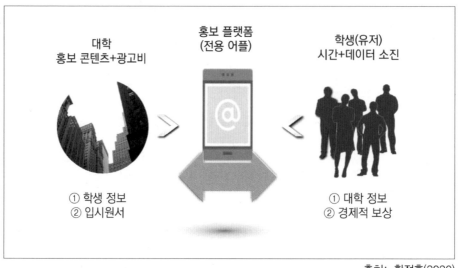

출처: 황정훈(2020)

[그림 5-5] 블록체인 기반 대학 입시정보 제공 시스템 개념도

4-2   블록체인 기반 대학 입시정보 제공 시스템의 배경 기술

블록체인은 블록에 데이터를 담아 체인 형태로 연결, 수많은 컴퓨터에 동시에 이를 복제해 저장하는 분산형 데이터 저장 기술이다. 공공 거래 장부라고도 부른다. 중앙집중형 서버에 거래 기록을 보관하지 않고 거래에 참여하는 모든 사용자에게 거래 내역을 보내 주며, 거래 때마다 모든 거래 참여자들이 정보를 공유하고 이를 대조해 데이터 위조나 변조를 할 수 없도록 되어 있다. 이러한 블록체인에 저장하는 정보는 다양하기 때문에 블록체인을 활용할 수 있는 분야도 매우 광범위하다. 대표적으로 암호화폐로 사용되는데, 이때는 블록에 금전 거래 내역을 저장해 거래에 참여하는 모든 사용자에게 거래 내역을 보내주며 거

래 때마다 이를 대조해 데이터 위조를 막는 방식을 사용한다. 이 밖에도 전자결제나 디지털 인증뿐만 아니라 화물 추적 시스템, P2P 대출, 원산지부터 유통까지 전 과정을 추적하거나 예술품의 진품 감정, 위조화폐 방지, 전자투표, 전자시민권 발급, 차량 공유, 부동산 등기부, 병원 간 공유되는 의료기록 관리 등 신뢰성이 요구되는 다양한 분야에 활용할 수 있다.

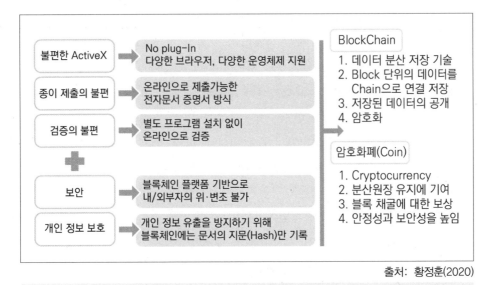

출처: 황정훈(2020)

[그림 5-6] 블록체인 기반 대학 입시정보 제공 시스템의 배경 기술

이 특허에서 제시된 내용은 프라이빗 블록체인을 이용하여 대학정보를 학생(유저)이 조회하거나 해당 플랫폼에 로딩된 광고를 청취하도록 함으로써, 해당 유저로 하여금 수익이 발생되도록 한다. 이때, 수익은 데이터를 검색하고 제공하는 활동에 대한 보상(인센티브) 방식이라고 할 수 있다. 수익 발생에 대한 다양한 방법을 블록체인 기반의 코인으로 공급되도록 하고, 발생된 수익을 통해 해당 대학에 원서를 접수할 때 사용하거나, 혹은 연계된 업체(가맹점)에서 현금 대신 사용할 수 있도록 하는 기술을 제시하였다. 또한, 광고를 시청함으로 발생하는 수익을 분배하는 기술에 관련해서는 공개 특허공보 제10-2018-0062994호를 참조할 수 있다. 즉, 동영상 콘텐츠의 광고 수익에 대한 공동투자시스템 및

이를 이용한 공동투자방법을 기초로 한다. 이 특허에 기재된 내용을 살펴보면 콘텐츠 제작자는 동영상 콘텐츠를 제작하여 공동투자 관리서버에 등록한다. 서버운영자는 동영상 콘텐츠를 동영상 공유플랫폼에 업로드하며, 동영상 공유플랫폼은 동영상 콘텐츠에 광고를 삽입하여 온라인상에 게시하는 것이다. 다수의 콘텐츠 이용자는 동영상 콘텐츠와 함께 광고를 시청하며 상기 동영상 공유플랫폼은 콘텐츠 이용자 단말기가 광고를 시청하는 시간과 조회 수에 대응하는 광고비를 상기 공동투자 관리서버에 지급하는 시스템으로 구성된다. 또한, 다수의 공동투자자는 동영상 콘텐츠로부터 기대되는 장래의 광고수익을 분배받을 수 있는 권리에 대해 투자금을 투자하도록 한다. 공동투자 관리서버는 투자금을 콘텐츠제작자와 서버운영자에게 지분에 따라 분배하게 되는 것이다. 일정 기간이 경과한 후 실제로 광고수익이 발생하면 공동투자 관리서버는 광고수익을 콘텐츠제작자, 서버운영자 및 공동투자자에게 지분에 따라 광고수익을 분배함으로써 콘텐츠제작자는 콘텐츠 제작비용을 조기에 회수하고, 서버운영자는 서버 운영비용을 안정적으로 확보하게 된다. 공동투자자는 기대한 광고수익과 실제로 실현한 광고수익 사이의 차액을 분배받아 투자수익을 얻을 뿐만 아니라 동영상 콘텐츠를 확산시키는 공유 활동에 적극적으로 참여하여 스스로 광고수익을 올리고 콘텐츠 제작자 또는 시연자의 명성을 높여서 참여자 모두에게 이익이 되도록 하는 것을 특징으로 한다. 동영상 콘텐츠의 광고수익에 대한 공유투자시스템과 이를 이용한 공유투자방법에 관한 것이다.

그러나 이와 같은 기술을 비롯한 대부분의 기술들은 광고 청취에 따른 수익을 광고의 게시자 또는 소스 제공자가 가져가는 것들이 대부분인데(예를 들면, 유튜브 등)이다. 이에 비해서 여기에서 설명하고 있는 대학입시 정보 제공 시스템 특허의 내용에는 광고를 제공한 자는 홍보의 목적을 달성하면 충분하고, 해당 광고를 청취한 자(유저)가 수익을 가져갈 수 있도록 하되, 해당 유저의 청취 활동에 기반하여 수익을 다르게 하거나, 광고의 게재를 광고 청취에 기반하여 가져갈 수 있는 수익이 종료되면, 게재 역시 종료될 수 있도록 하는 등의 방법을 제안하는데 있어서 그 목적상 종래 기술들과 차이가 있다.

4-3 블록체인 기반 대학 입시정보 제공 시스템이 해결하고자 하는 과제

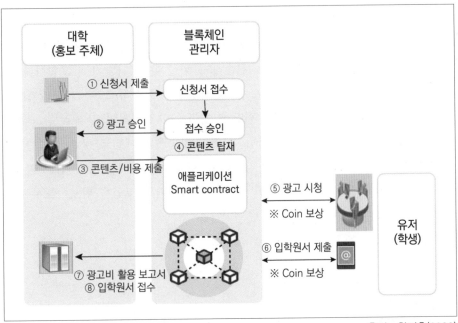

출처: 황정훈(2020)

[그림 5-7] 블록체인 기반 대학 입시정보 제공 시스템

이 특허의 목적은 대학으로부터 제공된 광고가 표출된 플랫폼(Platform)에 유저가 접속하여 활동(광고 청취, 대학 입시활동 등)하는 것을 기반으로, 활동을 단계별로 구분하되 단계에 따라 유저에게 코인을 지급하는 것이 가장 기본적인 아이디어이다. 또한, 학생들(유저)로 하여금 대학 입시 활동에 필요한 지원 신청금, 입학원서비 등이나 플랫폼 가맹점이나 연계 업체에서 획득된 코인을 사용할 수 있도록 함으로써 참여자들에게 동기를 부여하고 실질적인 인센티브를 제공하는 것이 주된 내용이다. 이것은 기존의 광고에서 제공자가 일방적으로 비용을 투자하여 불특정 다수에게 무선별적으로 콘텐츠를 뿌리는 방식과 크게 차이가 나는

것이다. 이러한 방식으로 대학의 이미지와 인지도는 올릴 수 있을지 모르지만, 대학으로 입학생을 유치해야 하는 목적으로 보면, 입학을 희망하려는 대학 입시생(고3, 재수생 등)을 특정하여 정보를 제공하는 방식에 비해서는 매우 비효율적인 단점을 가지고 있었다. 이에 블록체인 기반 대학 입시정보 제공 시스템을 활용하여 유저(참여자)에게 코인을 공급하는 방법 및 공급된 코인을 활용하는 방법을 제공하는 이 특허는 입학생 모집을 위한 대학 입시 광고에 매우 특화된 내용이라 볼 수 있다. 이와 같은 목적을 달성하기 위하여 구안된 이 특허의 내용에는 블록체인 플랫폼과, 플랫폼으로 접속하기 위한 유저 단말기를 포함한다. 또한 이 플랫폼은 광고정보, 대학정보 및 입시정보를 표출하고, 유저 단말기(스마트 폰 등)을 통해 접속한 학생들의 활동에 기반하여 절차적인 단계로 광고 제공 및 코인을 보상하는 활동을 전개한다. 이러한 활동을 단계별로 구분하되 단계에 기반하여 코인을 유저(학생들)에게 지급하여, 학생들로 하여금 대학 입시 활동에 필요한 다양한 활동을 하고, 관련된 보상으로 지급되는 코인을 확보하도록 하는 것을 특징으로 한다.

4-4 블록체인 기반 대학 입시정보 제공 시스템의 구성과 작동 방법

블록체인 기반 대학 입시정보 제공 시스템에서 유저에게 코인을 공급하는 방법 및 공급된 코인을 활용하는 방법을 부가적으로 포함하는 것을 특징으로 한다. 특허청에 등록된 등록특허 공보 명세서에 기재된 실시 예와 도면에 표시된 사항은 이 특허의 내용을 가장 바람직한 실시 예로 제시한 것에 불과할 뿐이고, 본 발명의 기술적 사상을 모두 대변하는 것은 아니므로 이들을 대체할 수 있는 다양한 균등물과 변형 예들이 있을 수 있음을 이해하여야 한다.

278

1) 블록체인 기반 대학 입시정보 제공 시스템의 구성

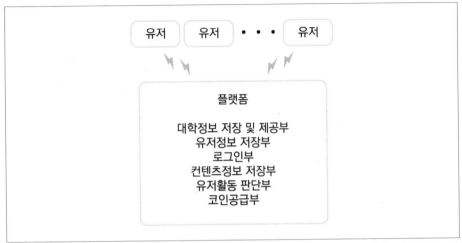

출처: 황건희(2020)

[그림 5-8] 블록체인 기반 대학 입시정보 제공 시스템 구성

　　[그림 5-8]은 특허 등록 공보에 따른 블록체인 기반 대학 입시정보 제공
시스템을 개략적으로 나타낸 것이다. 이 그림에 따른 블록체인 기반 대학 입시
정보 제공 시스템은 대학 입시정보와 광고 컨텐츠를 제공하면서 대학서버와 연
계되고 유저가 공급받은 코인을 사용할 수 있도록 구성된 플랫폼과 상기 플랫폼
으로 접근을 위한 유저단말기를 포함하여 구성된 것을 확인할 수 있다. 이때, 플
랫폼이 대학 서버와 연계됨에 따라 대학은 플랫폼으로부터 유저의 개인 정보를
공유받을 수 있고, 유저가 제출한 입학원서를 제공받을 수 있다. 또한, 유저단말
기란 유저가 사용하는 단말기로서 그 형태는 스마트폰, 데스크탑, 노트북 등에
한정하지 않고, 유/무선을 이용하여 플랫폼으로 접속할 수 있는 수단이면 무엇
이든지 가능하다. 또한, 플랫폼은 서버, 단말기용 응용프로그램 등으로 구현될
수 있으며, 최종적으로 본 명세서에 기재된 정보를 제공하고 기능할 수 있으면
충분하다. 플랫폼은 기능 구현을 위하여 대학정보 저장 및 제공부, 유저정보 저
장부, 로그인부, 컨텐츠정보 저장부, 유저활동 판단부 및 코인공급부로 구성되는
것이 특징이다.

가. 대학정보 저장 및 제공부

대학정보 저장 및 제공부는 플랫폼을 사용하는 해당 대학의 대학정보를 저장하고, 플랫폼에 접속한 유저에게 제공하는 기능을 한다. 이때, 대학정보란 대학정보, 입시정보, 학부정보 등 일반적으로 대학에 입학하기 위한 정보부터 대학 생활을 위한 모든 정보를 포함한다. 또한, 대학정보는 근래 유행하는 증강현실 또는 가상현실에 기반한 VR로 제공될 수도 있는데, 만약 이러한 VR 기반의 대학정보를 제공하는 경우에는 단계 분류에서 더 높은 단계로 분류되도록 할 수도 있을 것이다.

나. 유저정보 저장부

유저정보 저장부는 플랫폼에 접속하는 사용자의 정보를 저장하는 기능을 한다. 이때, 유저정보는 유저의 인적정보와 유저가 구매를 통하거나 보상을 통해 획득한 코인정보를 포함한다. 유저정보에 대상이 되는 유저를 예로 들면, 대학에 재학 중인 대학생, 대학에 입시지원하려는 고등학생 또는 고등학생의 학부모, 고등학교 관계자, 입시 관련자 등 플랫폼에 접속하는 다양한 대상일 수 있다.

다. 로그인부

로그인부는 위에서 설명한 유저정보 저장부에 저장된 유저정보를 기반으로 해당 유저가 로그인 또는 로그아웃을 할 수 있도록 인터페이스를 제공하는 기능과 로그인 또는 로그아웃을 수행할 수 있는 부분을 말한다.

라. 컨텐츠정보 저장부

컨텐츠정보 저장부는 플랫폼을 관리하는 관리자(대학 관리자 등)에 의해 업로드된 광고를 컨텐츠정보로 저장하고, 저장된 컨텐츠정보를 제공하는 기능을 한다. 이때, 컨텐츠정보는 단어로 구성된 광고 문구, 영상을 포함하는 동영상 광고 등으로 분류하여 저장할 수 있다. 즉, 플랫폼은 컨텐츠정보 저장부에 저장된 컨텐츠정보가 단어만 갖는지, 혹은 영상까지 포함하는지 판단할 수 있다. 한편,

위에서 말하는 광고는 대학광고 혹은 외부로부터 수주받은 광고 등을 포함할 수 있다. 여기서 말하는 콘텐츠란 상황에 따라 선택적으로 다양한 메시지를 포괄적으로 제공하는 의미체를 말한다.

마. 유저활동 판단부

　유저활동 판단부는 플랫폼에 로그인하여 접속한 유저의 활동유형을 판단하여 자체적으로 정해진 정책을 기반으로 활동유형별 단계를 분류하는 기능을 한다. 이때, 정해진 정책이란 유저의 활동유형에 따른 단계를 분류하기 위한 기준을 의미한다. 이러한 기준은 최초 설계 시 설계자와 관리자의 합의에 기반하여 이루어지는 것이므로 여기에서는 구체적인 설명을 생략한다. 따라서 단순히 이 특허의 내용에 관련된 프로그램으로 한정하지 않도록 하며, 통상의 기술자라면 이 특허의 내용을 이해하는데 어려움이 없을 것이다. 이러한 분류 단계는 예를 들면 5단계로 분류될 수 있으며, 활동유형에 기반하여 각 단계로 분류되도록 한다. 또한 활용유형의 판단은, 예를 들어 해당 유저가 플랫폼에 접속하여 게시판, 댓글, 문의 등의 게시물을 작성하였는지 판단하거나, 대학정보를 열람하였는지 판단하거나, 플랫폼에 게재된 광고를 청취하였는지 판단하거나, 대학에 원서접수를 수행하는지 판단하는 것을 말한다. 구체적으로는 게시물 작성의 판단은 해당 유저의 Log 기록을 기반으로 가능하고, 대학정보 또는 광고의 열람은 플랫폼에 접속한 유저 단말기와 통신하는 플랫폼이 유저 단말기로부터 클릭 신호를 공유하여 판단하거나, 유저의 Log 기록을 기반으로 판단할 수 있다.

　또한, 위에서 설명한 활동유형에는 유저들의 활동상태를 포함함과 동시에, 특정 활동유형에 따른 활동시간도 포함하도록 한다. 예를 들어, 대학정보 열람, 광고 청취 등과 같이 조회시간이 길수록 플랫폼 또는 관리자에게 이득이 되는 컨텐츠들의 경우, 유저의 Log 기록을 기반으로 해당 유저가 조회한 시간을 판단하도록 할 수 있다.

바. 코인공급부

코인공급부는 이 플랫폼에서 유저활동 판단부에 의해 판단된 활동유형별 단계에 기반하여 유저에게 코인을 공급하는 기능을 한다. 이를 위해 코인공급부는 코인산출 모듈을 포함하는데, 앞에서 설명한 활동유형별 단계에 기반하여 공급될 코인을 산출하도록 한다. 활동유형별 단계는 이 특허 내용에 한정되진 않지만, 보다 쉬운 이해를 위해서 활동시간을 기반으로 활동유형별 단계를 분류하는 경우에는 일정시간(예를 들어, 1분)을 초과할 때마다 단계가 상승하도록 하거나, 활동유형 중 활동상태가 광고 청취인 경우, 단어만 갖는 광고의 경우 1단계, 영상을 포함하는 광고의 경우 2단계, 광고를 끝까지 청취한 경우 3단계, 대학정보를 열람한 경우 2단계, 게시물 기재의 경우 1단계 등 정해진 정책을 기반으로 코인을 산출하는 것이다. 이때, 대학정보에 대한 활동을 하는 경우, 최초 열람시 2단계로 책정되었다가, 활동시간에 기반하여 점차적으로 단계가 상승하는 등의 단계 분류를 통해 코인이 산출될 수도 있다.

한편, 설계조건에 따라서 유저의 활동유형 판단 결과 유저가 광고를 청취한 것으로 판단되는 경우, 코인산출 모듈은 다음으로 정해진 정책에 따라 분류된 활동유형별 단계를 기반으로 지급될 코인을 산출하도록 할 수 있다. 예를 들어, 광고를 컨텐츠정보 저장부에 저장할 때, 유저에게 배분하는 방법을 광고기한이 만료된 뒤, 총 광고를 청취한 유저를 최초 책정된 광고비에 대하여 1/n으로 나누어 코인으로 지급하도록 할 수 있다. 이때, 코인은 암호화폐로써 실제 돈과 같은 개념으로 지급될 수도 있지만, 별도의 코인이라는 개념으로 지급되는 경우, 미리 설정된 비율에 따라 지급되고 사용되도록 할 수 있다.

2) 활동 유저에게 코인을 보상하는 절차

[그림 5-9]는 블록체인 기반 대학 입시정보 제공 시스템에서 유저에게 코인을 공급하는 방법을 흐름도로 나타낸 것이다. 관련된 내용을 단계별로 확인해 보자.

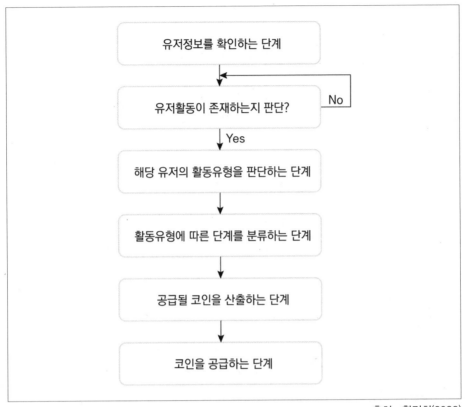

출처: 황건희(2020)

[그림 5-9] 코인을 공급하는 방법

1단계: 유저정보를 확인하는 단계

첫 번째는 유저정보를 확인하는 단계인데, 여기에서는 플랫폼에 접속한 유저의 정보를 확인하는 단계이다.

2단계: 유저활동을 판단하는 단계

두 번째는 유저활동을 판단하는 단계이다. 1단계, 유저정보를 확인하는 단계에서 확인된 유저정보에 따른 유저가 활동을 수행하는지에 대하여 판단하는 단계로써, 만약 활동이 판단되지 않으면 본 단계를 재 수행하도록 하고, 활동이 판단되면 다음 단계를 진행하도록 한다.

3단계: 해당 유저의 활동유형을 판단하는 단계

세 번째는 해당 유저의 활동유형을 판단하는 단계이다. 여기에서는 앞에서 유저활동을 판단하고 유저의 활동이 판단된 경우, 해당 활동에 대한 활동유형을 판단하는 단계이다.

4단계: 활동유형에 따른 단계를 분류하는 단계

네 번째 단계는 활동유형에 따른 단계를 분류하는 것이다. 앞서 유저의 활동유형을 판단하여 유저의 활동유형이 판단되면, 활동유형에 기반한 단계를 분류하는 단계이다.

5단계: 공급될 코인을 산출하는 단계

다섯 번째 단계는 공급될 코인을 산출하는 것이다. 앞서 활동유형에 따른 단계를 분류하는 단계에서 분류된 단계에 기반하여 해당 유저에게 공급될 코인을 산출하는 단계이다.

6단계: 코인을 공급하는 단계

마지막 단계는 코인을 공급하는 것이다. 앞서 공급될 코인을 산출하는 단계에서 산출된 코인만큼 해당 유저에게 코인을 공급하는 단계이다.

3) 보상된 코인을 활용하는 절차

[그림 5-10]은 이 특허 등록 공보 명세서에 제시된 공급된 코인을 유저가 활용하는 방법을 흐름도로 나타낸 것이다. 이에 대한 세부 내용을 단계별로 확인해 보자.

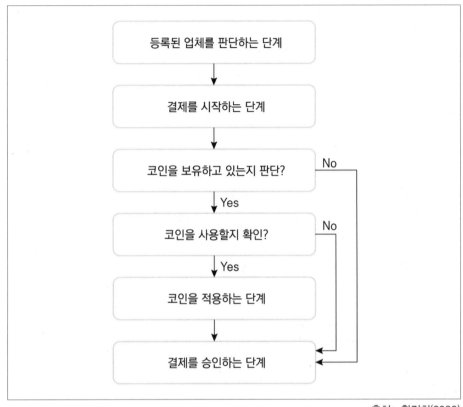

출처: 황건희(2020)

[그림 5-10] 공급된 코인을 활용하는 방법

1단계: 등록된 업체를 판단하는 단계

첫 번째, 보상된 코인을 사용할 수 있도록 사전에 가맹이 확인되고 플랫폼에 등록된 업체를 판단하는 단계이다. 플랫폼으로부터 공급받아 저장된 유저의 코인을 사용할 수 있는 등록된 업체를 판단하는 절차를 말한다. 이때, 등록된 업체란 기본적으로 대학 또는 대학 내 매점, 식당 등일 수도 있고, 보다 확대하여 지역사회의 제휴를 맺은 일반 업체일 수도 있을 것이다.

2단계: 결제를 시작하는 단계

두 번째 단계는 코인으로 결제를 시작하는 단계이다. 코인 사용이 가능하도록 등록된 업체에서 유저가 결제를 시작하는 단계이다. 플랫폼에서는 결제와 관련된 인터페이스가 제공되고, 유저는 코인을 통한 결제와 관련된 검색을 시작하는 행동을 하게 된다.

3단계: 코인을 보유하고 있는지 판단하는 단계

세 번째, 유저가 코인을 보유하고 있는지 판단하는 단계이다. 앞서 결제를 시작하는 단계 후에 결제를 시작하는 유저가 코인을 보유하고 있는지 판단해야 그 다음 단계가 실행가능하다. 이때, 보유하고 있는 코인이 없는 경우, 결제를 승인하는 단계를 수행하여 일반 결제만 이루어지도록 할 수 있다. 이때, 보유하고 있는 코인의 판단은 결제금액 만큼 전액을 코인으로 보유하고 있는지 판단하는 것일 수도 있고, 코인을 하나라도 보유하고 있는지 판단하도록 할 수 있다. 또한, 코인과 실제 현금의 비율은 본 발명을 사용하는 관리자의 재량에 따른다.

4단계: 코인을 사용할지 확인하는 단계

네 번째 단계는 코인을 사용할지 확인하는 내용이다. 앞서 코인을 보유하고 있는지 판단하는 단계에서 코인을 보유하고 있는 것으로 판단되는 경우 수행되는 단계이다. 이 단계에서는 보유한 코인을 사용할지 판단하는 것이 주된 기능이다. 이는 코인 적용 또는 코인 사용 등의 인터페이스를 구현하여, 입력된 양만큼의 코인이 사용되도록 하는 것이다. 이러한 코인을 사용할지 확인하는 단계에서 코인을 사용하지 않는 경우, 뒤에서 제시되는 결제를 승인하는 단계가 수행되도록 한다.

5단계: 코인을 적용하는 단계

다섯 번째 수행 단계는 코인을 적용하는 단계이다. 앞서 코인을 사용할지 확인하는 단계에서 코인 사용을 확인하는 경우, 입력된 코인만큼 결제 금액에

기 적용된 실제 현금과의 비율에 기반하여 적용하는 단계이다.

6단계: 결제를 승인하는 단계

마지막 단계는 결제를 승인하는 단계이다. 앞서 코인을 보유하고 있는지 판단하는 단계의 판단결과 코인을 보유하고 있지 않거나, 상기 코인을 사용할지 확인하는 단계에서 코인을 사용하지 않거나 또는 상기 코인을 적용하는 단계가 수행된 경우 중 어느 하나의 경우 후에 수행되는 단계로서, 결제를 승인하여 결제가 이루어지도록 하는 단계이다. 만약 최종적으로 결제를 승인하지 않으면 모든 기능은 취소되고, 처음부터 다시 시작하는 절차를 거친다.

4) 대학 입시정보 제공 시스템 실현을 위한 잠재적 기능의 추가

이 시스템에서 모든 광고비를 유저에게 배분하도록 설정하지 않고, 유저에게 공급될 코인에 따른 광고비가 한정적으로 설정된 경우에는 광고를 청취한 유저들에게 위에 기술된 정책을 기반으로 코인을 실시간 공급하고, 한정된 광고비가 코인에 의해 소진되면, 광고 등록이 중지되도록 할 수도 있다. 이를 위해 플랫폼은 컨텐츠정보 저장부에 저장된 광고에 대하여 한정된 광고비를 설정하는 '광고비설정부'를 더 포함하고, 광고등록을 자동으로 중지시키는 '광고철회부'를 더 포함하도록 할 수도 있다.

한편, 상술된 플랫폼의 컨텐츠정보 저장부를 통해 저장된 컨텐츠정보가 플랫폼을 통해 게재되는 것은 설계 조건에 따라서 다음과 같이 이루어질 수도 있다. 광고를 청취하는 유저들에게 공급될 코인을 미리 설정하여 업로드한 뒤, 해당 광고를 유저가 청취할 때마다, 청취한 유저에게 청취 시간에 대비하여 정해진 양만큼의 코인을 실시간으로 공급한다. 그리고 미리 설정된 코인이 없어지면, 해당 광고는 게재가 정지되어 청취가 불가능하도록 된다. 즉, 광고 게재와 종료의 자동화를 이루기 위함이다. 이때, 미리 설정된 코인이 없어짐에 따라 맨 마지막에 청취한 유저의 경우, 광고를 청취하던 중간에 광고 청취가 불가능해짐에 따라, 유저는 광고를 제대로 전달받지 못하는 아쉬움이 있을 수 있다. 이를 극복하기 위하여 광고의 게재가 종료됨과 동시에 플랫폼은 광고를 추가 청취할 것인지를 질의하는 인터페이스를 유저에게 제공하고, 유저가 동의한다면 유저가 보유하고 있는 코인을 차감하여 플랫폼에 제공함으로써, 플랫폼은 제공된 코인의 시간만큼 해당 광고를 추가 게재하도록 한다. 그리고 해당 유저는 광고를 추가 청취하면서 그에 따른 코인을 지급받는다. 이렇게 되면 유저는 광고에 대한 궁금증을 해소함과 더불어 자신의 코인을 가지고 추가 청취를 하여 다시 코인을 돌려받는 형식이기 때문에 광고의 추가 청취에도 손해가 발생되지 않는다. 이를 위해 플랫폼은 추가 청취 질의 인터페이스와 유저에게 코인을 회수하는 '코인회수부'를 더 포함할 수 있다.

미주

1) 연합뉴스(2020.06.07.). 코로나가 앞당긴 교육방식 변화… 교육시대에서 학습시대로 전환.
   https://www.yna.co.kr/view/AKR20200607011300061?input=1195m
2) 한국교육학술정보원(2018). OECD PISA 2018을 통해 본 한국의 교육정보화 수준과 시사점.
3) 이 부분의 전반적인 내용은 황정훈, 이달우(2019)에서 발췌 수정함.
4) Schwab(2016).
5) 진재현, 고금지(2018). 블록체인 기술 동향 및 보건복지 정보통계 분야 활용 방향. 보건복지
   포럼, 258, 96–106.
6) 정보통신기술진흥센터(2016). 미래를 바꿀 기술, 블록체인. 2016 ICT Spot Issue 2016–12,
   13–26.
7) Tapscott & Tapscott(2016)와 Chen, et al.,(2018)을 참조.
8) 이선미, 장성봉, 최정열(2012). 그린 데이터센터를 위한 스마트 에너지/탄소 관리시스템의 개
   발. 한국차세대컴퓨팅학회논문지, 8(2), 62–72.
9) 박찬정, 박기문(2018). 특허정보를 이용한 블록체인 기술의 활용분야 동향 분석. 한국차세대
   컴퓨팅학회 논문지, 14(2), 72–81.
10) Fanning, K. & D. P. Centers(2016). Blockchain and Its Coming Impact on Financial
    Services. Journal of Corporate Accounting & Finance, 27(5), 53–57.
11) 암호화폐라는 용어는 학문적으로 아직까지 합의되지 못하고 있으며, 경제 분야에서 보통 '가
    상화폐', '전자화폐'라는 명칭으로도 불린다. 세계적으로 통용되는 명칭은 '크립토커런시
    (Cryptocurrency)'인데, 이 단어를 의미상으로 번역하면 '암호화폐'가 가장 적합한 용어이다
    (황정훈, 2018). 따라서 여기에서는 '암호화폐'라는 명칭으로 사용한다.
12) 우리나라는 2017년 9월 29일, 암호화폐 ICO를 전면 금지한다고 발표하였으나 거래소는 유
    지함으로써 모순을 낳고 있다(전현주 외, 2018). 그러나 김동연 경제부총리 겸 기획재정부
    장관은 블록체인에 기반을 둔 암호 자산을 투자자들에게 판매해 자금을 확보하는 가상화폐
    공개(ICO)를 긍정적으로 보고 있다는 입장을 국정감사에서 표명했다(연합뉴스, 2018.10.19.
    일자).
13) 박찬정, 박기문(2018)는 블록체인 기술의 다양한 활용 분야를 위하여 특허정보를 분석하였
    다. 특허정보는 해당 기술의 동향을 쉽게 파악할 수 있으며, 향후 유망 기술 및 사업 분야를
    발굴할 수 있다.
14) 박찬정, 박기문(2018). 특허정보를 이용한 블록체인 기술의 활용 분야 동향 분석. 한국차세
    대컴퓨팅학회 논문지, 14(2), 72–81.
15) 글로벌 경제 신문(2017.11.07.). 미 아이비리그 명문대학들, 블록체인기술 강의 시작.
    http://www.getnews.co.kr/view.php?ud=BK071134063112d0a8833aad_16#06ne
16) 전자신문(2018.10.21.). 대학가 블록체인 전공 과정 개설 봇물…전문가 육성 물꼬 트나.
    http://www.etnews.com/20181019000122

17) Sharples, M. & Domingue, J.(2016). https://doi.org/10.1007/978-3-319-45153-4_48 그리고 Skiba, DJ. (2017). https://doi.org/10.1097/01.NEP.0000000000000190

18) Hoy, MB.(2017). https://doi.org/10.1080/02763869.2017.1332261

19) 핌뉴스(2018.10.16.). 소니, 블록체인 기술 활용한 저작권 관리 시스템 개발. http://www.newspim.com/news/view/20181016000432

20) 디지털배지는 모바일 연결사회에서 필요한 능력을 적절하게 갖추었는지를 광범위하고 정확하게 인증해주는 인적자본의 평가 기준이다(배예나, 안미리, 2018). 전통적으로 개인의 역량 또는 학업 수준 및 성취도에 관한 측정과 평가는 학위, 자격증이나 성적표 등으로 증명함으로써 공신력을 획득해 왔다.

21) Skiba, DJ.(2017). https://doi.org/10.1097/01.NEP.0000000000000190

22) 김지윤, 이태욱(2018). 블록체인 기반 소셜 미디어의 교육적 활용에 관한 연구. 2018년 한국 컴퓨터교육학회 동계 학술발표논문집, 22(1), 161-164.

23) 정민승(2007). 디지털 시대의 교육학의 자기변모: 그 특징과 한계. 교육학연구, 45(3), 53-81.

24) 최명숙(1999). 인터넷의 교육적 활용에 관한 고찰. 초등교육연구논총, 14, 235-251.

25) 이 부분은 황정훈(2019). 블록체인 기술을 활용한 학습이력관리시스템 가능성 탐색. 대한경영정보학회 2019 하계학술대회자료집, 85-88.을 참조하여 수정 보완하였음.

26) Alexander G. & Anthony F. C.(2017). Blockchain in Education. No. JRC108255. Joint Research Centre (Seville site).

27) 국가평생교육진흥원(2013). 학습이력관리시스템을 활용한 평생학습설계 로드맵 기초연구.

28) 우영희·정혜령·김용·남창우(2014). 평생교육기반 학습-경력관리 지원을 위한 이포트폴리오 구성요소 설계 및 연령대별 활용방안. 평생학습사회, 10(4), 217-239.

29) Gräther, W., Kolvenbach, S., Ruland, R., Schütte, J., Torres, C. & Wendland, F.(2018). https://hdl.handle.net/20.500.12015/3163

30) 네이버뉴스(2017.10.26.). 블록체인 증명서 시대 시작됐다. http://news.naver.com/main/read.nhn?mode=LSD&mid=sec&oid=092&aid=0002125221&sid1=001&lfrom=band

31) 호주 멜버른 대학교는 2017년 5월에 블록체인 기술에 대한 시범운영 후 학생들의 성적을 블록체인 상에 기록 및 발행하고 있다. 블록체인 타임즈(2017.10.13.) http://blog.naver.com/globalad8888/221115695952

32) 글로벌 경제신문(2017.10.19.). 스위스 대학, 비트코인으로 수업료 납부 허용. http://cnews.getnews.co.kr/view.php?ud=201710191243333907422467318f3_16

33) Rooksby, J. & Dimitrov, K.(2017). http://johnrooksby.org/papers/DAOworkshop_rooksby.pdf

34) 이 부분에 대한 내용은 Palanivel, K.(2019). Blockchain Architecture to Higher Education Systems. International Journal of Latest Technology in Engineering, Management & Applied Science(IJLTEMAS), 8(2), 124-138.의 내용을 참조하여 보완 및 재구성 하였음.

35) 원문에는 PETS라는 명칭으로 활용되고 있는데, 이 책에서는 Proof of Education Script System의 약칭을 그대로 적용하여 PESS로 표현하였다.

36) Blockchain News(2018). How will blockchain technology affect higher education in the future?

37) Chaitali Acharya(2018). How can Blockchain help in Background Check?. Harbinger Systems.

38) IPFS는 Inter Planetary File System의 약자이며, 탈중앙화 분산형 프로토콜이다. 스탠포드 대학 후안 베네(Juan Benet)박사가 2014년 5월 처음 제시하였고, 그 후 컨텐츠 어드레스 지정이 가능하고 버전 관리와 P2P 하이퍼미디어 구현이 가능한 분산 저장 및 전송 프로토콜이라고 할 수 있다. 오랫동안 사용해 온 http, https 프로토콜을 보완 또는 대체함으로써 더욱 빠르고 안전하며 자유로운 인터넷을 활용할 수 있게 하는 것을 목적으로 한다.

39) Sam Daley(2018). blockchain education companies earning straight A's.
https://builtin.com/blockchain/blockchain-in-education

40) 황정훈(2020). 대학 신입생 모집광고의 새로운 방법: 블록체인 기반 입시정보 제공 플랫폼. 한국정보기술응용학회·대한경영정보학회 2020하계 공동학술대회(2020.06.25.~27.) 자료집, 190-192.를 참조하여 수정 보완하였음.

41) 황건희(2020). 블록체인 기반 대학 입시정보 제공 시스템, 상기 시스템에서 유저에게 코인을 공급하는 방법 및 공급된 코인을 활용하는 방법. 특허청, 특허등록번호: 10-2086946.

참고문헌

국가평생교육진흥원(2013). 학습이력관리시스템을 활용한 평생학습설계 로드맵 기초 연구.

권숙진, 정효정, 조항철(2015). 학습자 중심 학습설계를 위한 e-포트폴리오 발전방향에 대한 연구. 학습자중심교과교육연구, 15(5), 275-295.

권진희(2016). 대학 차원의 학습계좌제 운영 사례 연구. 학습자중심교과교육연구, 16(11) 2016, 1237-1266.

김기홍, 김동철(2018). 블록체인 기술을 이용한 학교문서위조 예방모델의 연구. 중재연구, 28(2), 165-178.

김지윤, 이태욱(2018). 블록체인 기반 소셜 미디어의 교육적 활용에 관한 연구. 2018년 한국컴퓨터교육학회 동계 학술발표논문집, 22(1), 161-164.

박찬정, 박기문(2018). 특허정보를 이용한 블록체인 기술의 활용 분야 동향 분석. 한국차세대컴퓨팅학회 논문지, 14(2), 72-81.

성기정, 정채린, 조은아, 이종호, 김희영, 김영우, 이경현(2018). 블록체인 기반 교내 전자투표 시스템. 한국정보보호학회논문지, 28(4), 779-787.

양준호, 진민구, 이경희, 조정원(2018). 블록체인기술 기반 캠퍼스 e-투표 시스템. 한국컴퓨터교육학회 하계 학술발표대회논문집, 22(2), 67-70.

우영희, 정혜령, 김용, 남창우(2014). 평생교육기반 학습-경력관리 지원을 위한 이포트폴리오 구성요소 설계 및 연령대별 활용방안. 평생학습사회, 10(4), 217-239.

유준선, 이수상(2018). 블록체인기술을 활용한 새로운 학술유통 플랫폼의 제안. 한국도서관정보학회 하계 학술발표회, 2018(5), 93-105.

이선미, 장성봉, 최정열(2012). 그린 데이터센터를 위한 스마트 에너지/탄소 관리시스템의 개발. 한국차세대컴퓨팅학회논문지, 8(2), 62-72.

이정미(2018). 빅데이터와 블록체인 시대의 회계교육. 회계저널, 27(4), 1-30.

이재진, 김성욱, 이가영(2017). 역량·진로교육 지원을 위한 대학생 e포트폴리오 시스템 설계와 프로토타입 개발: S대학교 사례를 중심으로. 한국콘텐츠학회 논문지, 17(5), 552-564.

조용개(2016). 대학생의 학습이력 및 경력 관리를 위한 e-학생 포트폴리오 시스템 개발과 활성화 방안-S대학교 개발 사례를 중심으로-. 학습자중심교과교육연구, 16(11), 79-109.

정민승(2007). 디지털 시대의 교육학의 자기변모: 그 특징과 한계. 교육학연구, 45(3), 53－81.

정보통신기술진흥센터(2016). 미래를 바꿀 기술, 블록체인. 2016 ICT Spot Issue 2016－12. 13－26.

정승욱(2018). HyperCerts: 개인 정보를 고려한 OTP 기반 디지털 졸업장 블록체인 시스템. 정보보호학회논문지, 28(4), 987－997.

진재현, 고금지(2018). 블록체인 기술 동향 및 보건복지 정보통계 분야 활용 방향. 보건복지포럼, 258, 96－106.

최명숙(1999). 인터넷의 교육적 활용에 관한 고찰. 초등교육연구논총, 14, 235－251.

황건희(2020). 블록체인 기반 대학 입시정보 제공 시스템, 상기 시스템에서 유저에게 코인을 공급하는 방법 및 공급된 코인을 활용하는 방법. 특허청, 특허등록번호: 10－2086946.

황정훈(2019). 블록체인 기술을 활용한 학습이력관리시스템 가능성 탐색. 대한경영정보학회 2019 하계학술대회자료집, 85－88.

황정훈(2020). 대학 신입생 모집광고의 새로운 방법: 블록체인 기반 입시정보 제공 플랫폼. 한국정보기술응용학회·대한경영정보학회 2020하계 공동학술대회(2020.06.25.－27.) 자료집, 190－192.

황정훈, 이달우(2019). 블록체인 기술의 교육적 활용을 위한 시론적 연구. 교육문화, 25(2), 745－764.

Alexander G. & Anthony F. C.,(2017). Blockchain in Education. No. JRC108255. Joint Research Centre (Seville site).

Blockchain News(2018). How will blockchain technology affect higher education in the future?

Chen, G., Xu, B., Lu, M., & Chen NS.(2018). Exploring blockchain technology and its potential applications for education. Smart Learning Environments (2018)5:1, https://doi.org/10.1186/s40561－017－0050－x.

Fanning, K. & D. P. Centers(2016). Blockchain and Its Coming Impact on Financial Services. Journal of Corporate Accounting & Finance, 27(5), 53－57.

Gräther, W., Kolvenbach, S., Ruland, R., Schütte, J., Torres, C. & Wendland, F.(2018). Blockchain for Education: Lifelong Learning Passport. Reports of the European Society for Socially Embedded Technologies: 2(10).

https://hdl.handle.net/20.500.12015/3163

Hoy, MB.(2017). An introduction to the Blockchain and its implications for libraries and medicine. Med. Ref. Serv. Q. 36(3), 273-279. https://doi.org/10.1080/02763869.2017.1332261

Palanivel, K.(2019). Blockchain Architecture to Higher Education Systems. International Journal of Latest Technology in Engineering, Management & Applied Science(IJLTEMAS), 8(2), 124-138. ISSN 2278-2540.

Rooksby, J. & Dimitrov, K. (2017). Trustless education? A blockchain system for university grades. http://johnrooksby.org/papers/DAOworkshop_ rooksby.pdf

Sharples, M. & Domingue, J.(2016). in The Blockchain and Kudos: A Distributed System for Educational Record, Reputation and Reward. Adaptive and adaptable learning (Springer, Cham, 2016), 490-496. https://doi.org/10.1007/ 978-3-319-45153-4_48

Skiba, DJ. (2017). The potential of Blockchain in education and health care. Nurs. Educ. Perspect. 38(4), 220-221. https://doi.org/10.1097/01.NEP. 0000000000000190

Sam Daley(2018). blockchain education companies earning straight A's. https://builtin.com/blockchain/blockchain-in-education

Tapscott, D. & Tapscott, A.(2016). BLOCKCHAIN REVOLUTION, 박지훈 역(2017). 블록체인 혁명. 을유문화사.

6부

리브라 프로젝트 With 블록체인

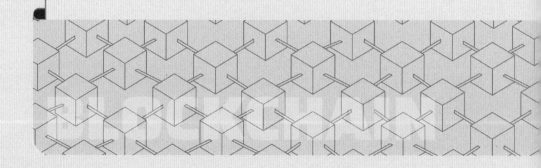

기술의 발전은 삶의 모습을 변화시킨다. 혁신적인 기술일수록 세상의 모든 분야에 적용되어 폭발적인 변화를 야기한다. 1769년에 특허를 받고 1776년에 첫 발명된 와트의 증기기관은 세상 모든 분야에 적용되었다. 철도, 선박을 포함한 교통 및 물류에 획기적인 변화가 있었고, 수요가 많았던 실, 천을 만드는 기계에도 적용되면서 인간의 단순 노동이 기계로 대체되어 효율이 폭발적으로 증가했다. 당시 동인도 회사와 서인도 회사로 상인자본주의의 정점을 찍은 네덜란드의 GDP를 19세기 중반에 영국이 역전하는 하나의 계기가 된다.

또한, 혁신적인 기술은 다음 혁신을 일으킬 수 있는 기회를 준다. 만유인력의 뉴턴도 본인이 더 멀리 볼 수 있었던 것은 거인들의 어깨 위에 올라섰기 때문이라고 당시의 선행 연구를 했던 많은 과학자에게 공을 돌렸다. 철강왕이라 불리던 앤드루 카네기는 핸리 베서머에 의해 개발된 혁신적인 제강법[1]을 도입하여 미국에서 강철의 대량 제조 및 유통을 실현시켰다. 여러 산업에 철강을 원활히 공급하면서 초고층 건물이 올라가고, 긴 다리가 생기는 등 도시의 모습을 완전히 바꾸었다. 카네기는 본인을 자기 자신보다 더 우수한 사람을 어떻게 다루어야 하는지 알았던 사람으로 평가한다.

한편, 요즘은 혁신적인 기술로 넘쳐나는 시대이기도 하다. 인공지능 기술의 발전은 모든 분야에 적용이 가능하여 인공지능을 도입한 회사와 그렇지 않은 회사에 차별을 가속화하고 있다. 자율주행 또한 인간을 운전이라는 긴 시간에서 해방시켜 주어, 상용화될 경우 삶의 모습 자체를 완전히 바꿀 것이라 예상할 수 있다. 마치 모두가 드라마 속 사장님처럼 개인 운전기사를 갖게 되는 것과도 같다. 가히 새로운 혁명의 시대라 할 수 있다.

금융 분야는 어떨까. 몇 년 사이에 스마트 뱅킹, 비대면 계좌 개설 등 점점 편리한 디지털 기술이 적용되고 있다. 카드 회사는 인공지능의 알고리즘으로 평소의 소비 패턴과 다른 경우에 도난을 의심하여 자동으로 카드를 차단하기도 한다.

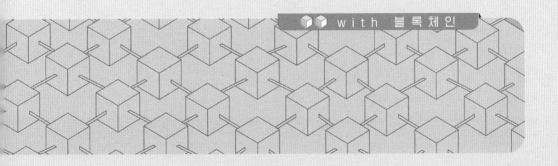

with 블록체인

그러나 지폐나 동전 같은 현금에 대해서는 재질 향상, 위조 방지 등의 물리적인 기술에는 많은 발전이 있었지만 현금 자체를 디지털화하는 작업의 역사는 길지 않다. 체크카드를 통한 계좌 연동 기반의 디지털 현금 결제의 역사는 약 20년이 되었지만, 계좌에 직접 연동되지 않고 마치 충전식 교통카드에 돈을 디지털로 담아서 물건을 살 때도 디지털 상태로 주고받는 토큰식[2] 결제 방식의 역사는 매우 짧다. 한국의 경우는 2018년부터 카카오페이가 QR 결제를 출시하면서 가맹점에 한해서는 토큰식 디지털 화폐와 유사한 형태의 기술이 구현됐다고 말할 수 있다. 그러나 더 나아가서 그 디지털화된 현금을 해외로 빠르고 쉽게 송금하는 기능은 필요로 하는 사람이 많음에도 불구하고 실현되고 있지 않다.

이때, 주목 받은 기술이 블록체인이다. 디지털 데이터의 특징은 무한대로 복사가 가능하다는 것이다. 컨트롤 씨(Ctrl+C)와 컨트롤 브이(Ctrl+V)만 있으면 무한대로 돈이 복사되고, 뒤에 0 하나만 붙이면 가치가 10배가 된다. 블록체인 기술을 이용하면 원천적으로 데이터의 위·변조가 불가하여 토큰식 디지털 현금이 해킹에 의해 복사되어 두 번 쓰이는 이중지불문제를 해결할 수 있게 된다. 물론 현재도 카카오페이가 해킹당했다는 이야기는 들어본 적 없지만 작정하고 덤비는 국제 해킹 조직에 의한 부정행위 가능성은 항상 존재한다고 말할 수 있다.

한편, 몇몇 나라에서는 중앙은행 주도로 디지털 화폐 발급을 추진하고 있지만, 대다수의 선진국에서는 관심이 없고 연구만 하는 수준이었다. 중앙은행 주도의 디지털 화폐란, 카카오페이와 결제 방식은 유사하지만 그 화폐에 대한 보장을 명목화폐처럼 국가가 하겠다는 개념이다.

그러던 중 미국, 유럽 등의 디지털 화폐에 대한 논의를 급속도로 앞당긴 사건이 있었다. 2019년 6월, 페이스북의 리브라 프로젝트가 등장한 것이다. 블록체인 기반의 빠르고 쉽고 안전한 세계 단일 디지털 화폐를 발행하여 금융 소외 계층에게 힘이 되겠다며 야심차게 등장했다. 그러나 화폐 발행이라는 국가의 고유 권한에 도전하는 인상을 주어 세계적인 비난과 우려가 있었고, 이에 세계의 우려를 반영하여 2020년 4월에 수정된 계획안을 발표하게 되었다.

블록체인이라는 새로운 기술의 등장이 과연 기존에 금융 분야에서 하지 못했던 것을 가능하게 해줄지는 미지수이다. 그러나 리브라 프로젝트의 등장이 금융 분야의 변화를 촉진하는 선구자의 역할을 하고 있는 것은 분명해 보인다. 여기에서 리브라 프로젝트를 살펴보고 금융 분야의 미래, 우리 일상생활의 변화를 짐작해 보도록 하자.

1장 리브라(libra)는 무엇인가?

2019년 6월에 첫 번째, 2020년 4월에 두 번째 백서를 내놓은 리브라는 아직 세상에 나오지 않았음에도 불구하고 세계적인 반향을 일으키고 있다. 리브라는 무엇이고, 왜 세계적으로 민감하게 반응하고 있을까?

1-1   리브라와 페이스북의 영향력

먼저 페이스북의 존재를 간단히 확인해 보자. 페이스북은 2004년에 설립한 미국의 유명한 소셜 네트워크 서비스 웹사이트다. 얼마나 유명한지는 [그림 6-1]과 [그림 6-2]를 보면 쉽게 알 수 있다. 참고로 WhatsApp과 인스타그램은 페이스북이 2014년과 2012년에 각각 인수한 기업이다.

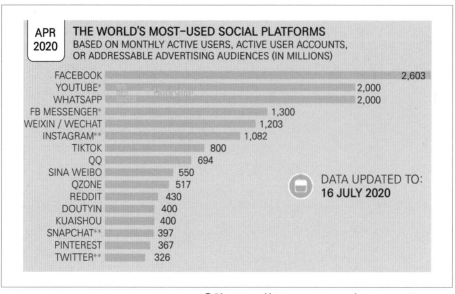

출처: https://datareportal.com/social-media-users

[그림 6-1] SNS별 사용 인구(적어도 한 달에 한 번은 활성화되는 유저)

SNS별 사용 인구를 보면 페이스북이 약 26억명, WhatsApp이 20억명, 인스타그램이 10억명의 사용자를 보유하고 있다는 것을 알 수 있다. 대다수가 중복 사용자겠지만 단순히 더해 보면 페이스북은 56억명의 가입자를 보유하고 있다. 페이스북은 부모 세대의 SNS라서 인스타그램을 한다는 젊은 세대도 있지만 결국 페이스북의 손안에 있는 상황이다. [그림 6-2]의 국가별로 주로 사용하는 메신저앱을 보더라도 페이스북의 앱들이 압도적으로 다수의 국가에서 사용되고 있는 것을 알 수 있다.(페이스북 메신저: 북미, 북아프리카, 호주 등을 포함한 74개국, WhatsApp: 러시아, 서유럽, 남미, 아프리카 등을 포함한 138개국)

상황이 이렇다보니 페이스북의 행보가 전 세계에 미칠 영향력은 상상을 초월한다. 그런 페이스북이 블록체인 기반의 국경을 초월한 금융 인프라를 구축하고자 한다. 페이스북의 영향력을 알기 때문에 G7을 포함한 주요 국가와 국제기구들은 매우 예민하게 반응하고 있다.

문득 블록체인 기술이 유망해서 페이스북이 리브라 프로젝트를 진행하는 건지, 아니면 페이스북이 블록체인 관련 프로젝트를 진행해서 블록체인이 유망

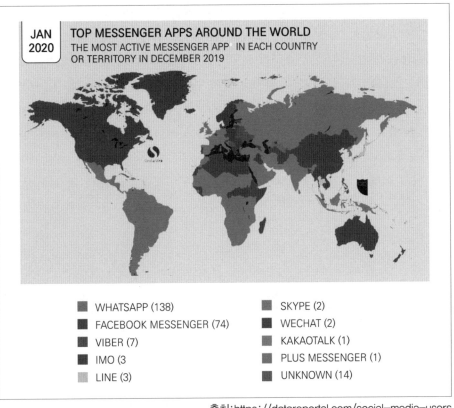

출처:https://datareportal.com/social−media−users

[그림 6-2] 국가별로 주로 사용하는 메신저앱

하게 될 것인지 궁금해진다. 페이스북이 꿈꾸는 블록체인 기반의 결제 시스템이 어떤 것인지, 왜 심한 반대에 부딪히는지도 알아보자.

본격적으로 리브라 프로젝트를 알아보기 전에 필자는 리브라 프로젝트를 아래와 같이 정리하고자 한다.

"리브라 프로젝트는 스마트폰은 사용하고 있으나 신용 부족으로 은행에 계좌가 없고 금융 서비스를 사용하지 못하는 전세계의 17억명을 위하여, 메신저로 대화하듯 간단하게 국경을 초월하여 금전적 가치를 주고받는 금융 인프라를 구축하는 프로젝트이다. 리브라의 모든 정책은 특정 조건을 만족하는 100개 이상의 기업이 참여한 컨소시엄 형태의 리브라 협회가 결정하며, 협회는 리브라 코인의 발급 권한을 갖는다. 기존의 컨소시엄 블록체인과 마찬가지로 기업들이 모두 리브라 코인의 사용 정보를 포함한 데이터를 검증 및 저장하고 위·변조나 이중지불을 방지하여 국제 송금을 포함한 금융 서비스를 편리하게 한다. 리브라 코인은 비트코인과 같은 가격 변동을 막기 위하여 달러, 유로 등의 기존 법정화폐들과 가격을 연동시켰다. 사용자가 원하면 언제든지 리브라를 법정화폐로 바꿔줄 수 있는 준비금으로써 리브라 리저브(Reserver)를 만들어서 현금성 자산을 상시 보유하고 있다.”

아직 이해가 잘 안 되는 부분이 있을 수도 있지만 하나하나 자세히 살펴보도록 하자.

1-2   리브라의 등장

2019년 6월 18일, 페이스북은 야심차게 암호화폐 기반의 리브라 프로젝트를 공개했다. 일 년 넘게 준비해 온 비밀스러운 작업들이 공개된 것이다. 페이스북 블록체인 프로젝트를 이끌었고 리브라의 자회사 노비(novi)의 CEO인 데이비드 마커스(David Marcus)는 “더 나은 시스템이 나올 시기인 것 같다. 전 세계에 뭔가 심오한 변화를 줄 것이다.”라고 인터뷰에서 말했다.

참고로 노비는 2020년 5월 26일에 칼리브라(Calibra)에서 이름이 변경되었다. 리브라 협회(Association)에 소속되어 있으며 리브라의 디지털 지갑을 제공하여 디지털 통화를 송금하고 보관할 수 있게 지원한다. 회사 이름은 ‘새로움’을 뜻하는 라틴어 ‘novus’와 ‘방법’이라는 뜻의 라틴어 ‘via’에서 유래했다. 노비는 WhatsApp 등의 메신저와도 연동이 가능하며 송금이 메시지 전송처럼 간편해진다. 노비의 모든 고객은 정부가 발급한 신분증으로 검증받게 되며 고객 관리팀을 24시간 운영할 계획이다.

페이스북이 꿈꾸는 리브라의 성격을 알 수 있는 몇 가지 상징적인 것들이 있다.

    먼저, 페이스북은 리브라 발표를 일주일 앞둔 주요 언론과의 첫 인터뷰 장소를 구(舊) 샌프란시스코 조폐국(Old San Francisco Mint) 건물로 정했다. 1874년에 지어진 건물이고, 골드러쉬의 영향으로 한때 미국이 보유한 금의 3분의 1이 저장되어 있던 곳이다. 페이스북 본사가 있는 실리콘밸리에서 50km나 떨어진 이곳에서 인터뷰를 한 이유는 무엇일까? 일본경제신문의 논설위원들이 집필한 리브라의 야망3)이라는 책에서는 신뢰받는 정식 통화라는 인상을 심어주고 싶었던 것으로 분석하고 있다. 또한, 한때 달러가 금본위제였을 때 금을 보관했던 이 장소는 마치 리브라의 가치를 현금성 자산으로 보장해 주는 리브라 리저브를 떠올리게 한다.

출처: https://en.wikipedia.org/wiki/San_Francisco_Mint

[그림 6-3] 샌프란시스코의 옛 조폐국 건물

    참고로 인터뷰에는 페이스북의 CEO인 마크 저커버그(Mark Zuckerberg)는 모습을 드러내지 않았다. 이는 리브라가 개인 정보 유출 문제가 있었던 페이스북만의 것이 아닌 리브라 협회에 의해 운영된다는 점을 암시했다고 해석된다.

    다음은 리브라 발행 주체인 리브라 협회 본부의 장소가 스위스의 제네바라는 점이다. 제네바는 1387년에 이미 돈을 빌려 주고 이자를 받을 권리를 부여받은 곳으로 금융의 역사가 깊다. 14, 15세기에는 유럽 무역의 중심이었고, 그때 거래하던 사람들이 은행가가 되었다. 17세기에도 네덜란드의 동인도 회사, 영국 왕립 은행, 그리고 많은 기업들을 인수하며 글로벌 무역 네트워크를 구축했다. 제네바의 은행가들은 왕과 장관들에게 조언을 해주기도 하면서 때로는 스스로 장관이 되기도 하였다4). 1857년 제네바에서 스위스의 첫 증권거래소가 문을 열면서 제네바는 금융도시로 명성을 널리 알렸다.

반면, 스위스에는 블록체인 기업들이 몰려 있어서 크립토밸리(Crypto Valley)라고 불리는 주크(Zug)시가 있다. 리브라 협회 본부의 위치가 주크가 아닌 전통적 금융의 중심인 제네바라는 점에서 리브라가 단순한 암호화폐가 아닌 블록체인 기술을 통해 기존의 금융 시스템에 지대한 영향을 미칠 것이라는 각오를 나타낸다고 분석할 수 있다5).

마지막으로 리브라 이름과 로고에서도 그 성격을 짐작해 볼 수 있다. [그림 6-4]에 리브라의 로고인 세 개의 물결 모양과 이름을 나타냈다.

출처: https://en.wikipedia.org/wiki/Libra_(digital_currency)
[그림 6-4] 리브라 로고

페이스북에 따르면 리브라의 유래는 3개가 있다고 한다. 첫 번째는 고대 로마 금속 화폐의 무게 단위이다. 이는 리브라가 돈으로써 실제 가치가 있다고 어필하는 것으로 보인다.

중세 유럽의 프랑크 왕국의 카를대제는 서기 800년쯤 리브라 화폐체제를 사용했다6). 당시 리브라는 순도 95%의 품질을 갖는 은궤 408g을 나타냈다. 1리브라의 은궤는 1.7g의 은화 240개가 주조 가능하여서 1리브라는 240테나리우스라는 환산 체계가 존재했다. 서기 312년에 유통시킨 솔리도스(4.5g)라는 금화 1장은 12장의 테나리우스와 등가였기 때문에 1리브라는 20솔리도스와 같았다.

그리고 이 통화 체계는 나폴레옹이 통화 표시를 십진법으로 바꾸기 전까지 약 1,000년간 유럽 각국에서 사용되었다. 그 흔적 또한 각국에 여전히 남아있다. 리라화(lira)는 현재의 터키의 화폐이름이기도 하고, 유로존 가입 전의 이탈리아의 화폐였기도 하다. 프랑스는 한때 리브레(livre) 화폐를 사용하였다. 영국은 통화 단위로 파운드를 사용하고 있지만 그 기호는 리브라에서 온 £이다. 화폐의 이름뿐만 아니라 무게 단위인 파운드의 표기를 lb라고 하는 것도 libra에서 유래하고 있다.

두 번째는 별자리 중 하나인 천칭자리를 뜻한다. 천칭자리의 천칭은 정의의 여신 아스트라이아가 가지고 다니던 것으로 알려져 있어서 정의, 공정을 상징한다.

세 번째는 리브라라는 발음이 프랑스어 등에 쓰이는 라틴계의 언어인 자유를 의미하는 Libre를 연상시킨다.

즉, 공정하고 정의롭고 자유로운 실체적 가치를 지닌 돈이라는 이미지를 의도하고 있다.

리브라의 로고는 세 개의 가로로 된 물결이다. 그 물결은 사람들 사이에 흐르는 에너지, 경계 없이 자유롭게 흐르는 물의 성질, 사람과 돈의 자유로운 이동을 상징한다.

언급한 첫 인터뷰 장소, 리브라 협회의 본사 위치, 로고와 이름의 상징에서 우리는 리브라 프로젝트의 원대한 목표를 엿볼 수 있다.

2장 리브라 백서 분석

리브라의 특징을 구체적으로 알기 위해서는 블록체인의 설계도에 해당하는 백서(whitepaper)를 봐야 한다. 백서 1.0은 2019년 6월 18일에 리브라 협회에서 발표했고, 2020년 4월 16일에는 백서2.0을 발표했다. 백서와 함께 소개된 기술서까지 합치면 총 100페이지가 넘는 분량이다. 그럼, 분야를 나눠서 백서의 내용을 이해해 보도록 하자. 백서 2.0을 기준으로 소개하면서 백서 1.0과의 차이점과 그 의도에 대해서도 같이 분석하였다.

2-1   리브라의 사명

백서의 시작을 알리는 리브라의 사명은 다음과 같다.

"리브라 협회의 사명은 간단한 글로벌 지불 시스템과 편리한 금융 인프라를 가능하게 하여 몇 십억 명의 사람들에게 힘을 실어주는 것이다."

구체적으로는 금융적 수용(Financial Inclusion)[7]을 강조하며 전 세계의 17억 명의 성인이 기존의 은행 시스템에 접근하지 못하고 금융 시스템의 밖에 놓여있기 때문에 이들에게 힘을 실어주고 싶다고 한다. 20년 전에 유럽에서 문자를 보내는데 평균 16센트(약 200원)라는 높은 비용이 들었지만 모두에게 같은 금액이 적용되었다. 그러나 현재는 돈이 적은 사람들은 금융 서비스를 사용하기 위해 더 많은 수수료를 내야 해서 그들이 힘들게 번 돈이 사라지고 있다고 지적한다.

여기서 금융적 수용이란 다른 말로 금융적 포용, 금융적 접근이라고 표현할 수 있으며, 개인과 기업들의 필요에 부합하는 금융 상품과 서비스를 접근 및 이용할 수 있는 기회를 나타낸다.

세계은행(World Bank)은 2017년에 보고서8)를 통해 전 세계의 17억 인구가 은행을 이용하지 못하고 있다고 밝혔다. 그 이유는 금융 기관이 너무 멀어서, 금융 서비스가 너무 비싸서, 필요한 서류가 없어서, 종교적 이유 때문에, 충분한 자금이 없어서, 다른 가족 중 누군가가 이미 계좌를 가지고 있어서, 금융 서비스가 필요 없어서 등으로 다양했다. [그림 6–5]에 국가별 비율이 나타나 있다. 중국(13%, 2.25억명), 인도(11%, 1.90억명) 등 주요 7개 나라가 17억 중 절반을 차지하고 있다. 특히, 이들 중 3분의 2는 핸드폰을 가지고 있어서 디지털 기술이 이들에게 기회를 줄 수 있다고 말하고 있다. 페이스북은 이 사실에 착안했다.

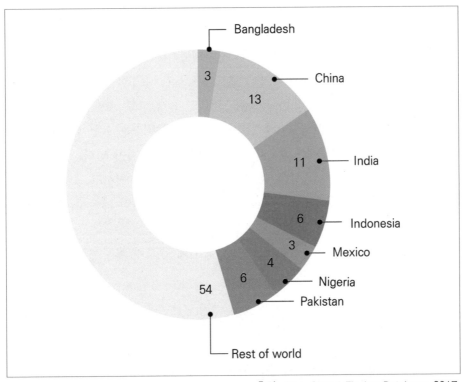

출처: The Global Findex Database 2017.

[그림 6-5] 금융에 소외된 국가별 인구 비율(단위 %, 17억명을 100%로 봄)

2-2   리브라 결제 시스템

"지금 이 세상은 '화폐의 인터넷'을 구현해 줄, 믿을 수 있고 어느 시스템에서나 사용 가능한(Interoperable) 지불 시스템이 필요하다. 핸드폰에 있는 당신의 금융 자산은 단순하면서도 직관적으로 보호되어야 한다. 당신이 어디의 누구든 소득이 얼마든 다른 나라로 돈을 보내는 것은 문자 메시지나 사진을 보내는 것만큼 쉽고, 저렴하면서 더 안전해야 한다. 물론 정당한 절차를 따라야 한다. 기술 혁신과 업계의 새로운 참가자들은 더 많은 사람들이 금융 서비스에 손쉽게 접근할 수 있게 장벽을 낮출 것이다."

리브라 결제 시스템의 소개에 나온 첫 문단이다. 백서 1.0에 비해 백서 2.0에서는 적법한 절차가 필요하다는 말이 추가되었다. 규제기관(Regulator)[9], 중앙은행, 국제기관[10]을 의식하여 백서의 세부 문구들을 수정한 것으로 보인다. 백서 1.0에 비해 전체적으로 표현이 조심스러워졌다. 참고로 제일 처음에 리브라의 사명을 소개할 때도 백서 1.0의 '단순한 글로벌 통화'라는 표현 대신 백서 2.0에서는 '단순한 글로벌 지불 시스템'이라는 표현으로 바뀌어 있다.

백서에서는 결국 이 세상은 새로운 디지털 인프라를 원하고, 그 화폐 또는 돈이 포함된 신뢰의 인터넷을 구축하기 위해서는 블록체인 기술이 필요하다는 것을 역설한다.

더욱 포용적인 금융 시스템으로 만들기 위해 리브라 프로젝트는 아래의 3가지로 구성된다.

- 안전하고, 확장 가능하며, 신뢰할 수 있는 블록체인(지불 시스템의 기술적 근간이다.)
- 리브라 리저브에 의해 뒷받침되는 리브라 코인(리저브의 자산은 현금, 현금 등가물, 초단기 국채로 이뤄져 있다.)
- 독립된 기관인 리브라 협회와 그 자회사인 리브라 네트워크에 의해 이루어지는 거버넌스[11](지불 시스템을 운영하고 발전시킨다.)

블록체인 기술은 암호화 및 분산 저장을 통하여 위·변조가 거의 불가하여 안전하고 신뢰할 수 있다. 또한 오픈소스[12]를 활용하여 누구나 리브라 블록체인을 활용할 수 있고, 누구나 이 디지털 지불 시스템 플랫폼에 기여할 수 있어서 무한한 확장 가능성이 있다. 리브라 블록체인 기술은 백서 1.0과 비교했을 때 변화가 많이 없는 편이다.

리브라 시스템에서 사용하는 리브라 코인은 주요국의 각 통화에 연동된 단일 통화 스테이블 코인(single-currency stablecoin)[13]이다. 즉, 특정 통화 하나와 가치가 1:1로 연동된 스테이블 코인이다. 예를 들면, ≈USD(미국의 달러와 가격이 연동된 USD 리브라 코인), ≈EUR(유로와 연동), ≈GBP(영국 파운드와 연동) 등으로 발행 예정이다. 그리고 위의 단일 통화 스테이블 코인들과 가치가 적절히 연동된 하나의 복수 통화 코인(multi-currency coin, ≈LBR)도 발행할 예정이고, 이 모두를 리브라 코인이라고 말한다.

사람들이 언제 어디서든 쉽게 이 리브라 코인들을 사용하고, 그 가치가 비교적 안정적으로 유지될 수 있게 리브라 리저브를 통해 각 단일 통화 스테이블 코인의 가치를 1:1로 뒷받침한다. 리브라 리저브는 코인이 연동된 나라의 현금성 자산으로 구성되어 있다. 복수 통화 코인인 ≈LBR의 경우는 1:1로 실제 가치가 뒷받침된 단일 통화 스테이블 코인들의 결합으로 이루어져서 가치의 안정성을 그대로 이어 받는다.

백서 1.0에서는 세계 단일 디지털 통화로써의 리브라 코인을 발급하려했고, 그 내용은 스테이블 코인으로써는 유례없이 규제기관, 중앙은행, 국제기관의 집중 포화를 받았다. 특정 국가에서는 자국의 화폐가 리브라로 점점 대체되면서 국가의 화폐주권(monetary sovereignty)[14]을 침해당할 수 있고, 테러 집단의 자금으로 활용될 수 있다는 점에서 세계적인 우려가 있었다.

그러한 우려로 리브라 프로젝트가 중단 위기에 놓이자 백서 2.0에서 절충안으로 단일 통화 스테이블 코인을 발행하기로 했다. 기존 통화와 공존하면서 법정화폐를 보완하겠다는 뜻이다. 그러나 단일 통화 스테이블 코인의 결합으로 이루어진 복수 통화 코인 ≈LBR의 존재가 있기 때문에 금융 시스템의 재구성을 노리는 리브라의 야심은 여전히 느껴진다.

리브라 협회는 독립된 기관으로 구성되어 있고 앞서 이야기한 바와 같이 본사를 스위스의 제네바에 두었다. 협회의 멤버들은 지리적으로 분산된 다양한 기업과 비영리기구로 이루어져 있다.

리브라 협회의 목적은 다음과 같다.
① 리브라 네트워크와 리브라 리저브에 대한 거버넌스
② 리브라 지불 시스템의 운영과 발전에 대한 감독
③ 안전하고 규정을 준수하는 리브라 블록체인 서비스 제공
④ 소셜 임팩트 사업을 위한 자금 조성

리브라 협회의 주된 기능은 리브라 네트워크와 리저브에 대한 경영 및 통제에 대한 의사 결정이다. 그 다음은 운영 감독이고, 안전하고 규정을 준수하는 방식으로 블록체인 위에 서비스를 제공하는 것이다. 그 예로는 제3자에 의한 새로운 스마트 컨트랙트를 승인하는 일이 포함된다. 소셜 임팩트 사업을 위한 자금은 금융적 수용을 높이는 것을 목표로 한다.

비록 페이스북이 리브라 협회와 리브라 블록체인을 만드는데 중요한 역할을 했지만 그들도 협회에서는 특별히 더 많은 권리가 없다고 강조하고 있다. 2019년 10월 14일, 첫 협회 멤버가 싸인을 하였고, 각 기업에서 한 명씩 참여한 평의회(Council)가 구성되었다. 평의회에서는 5명의 이사회를 뽑고 평상시의 운영을 맡긴다.

2-3 리브라 블록체인

리브라 블록체인은 지불 시스템의 기술적 중추 역할을 한다. 오픈소스로 이루어진 프로그래밍 가능한 분산원장으로, 수십억의 사람들을 위한 확장성에 중점을 두고 있다. 그러기 위해서는 아래의 요구사항을 만족해야 한다.

① 수십억 개의 계좌로 확장할 수 있어야 한다. 그러기 위해서는 높은 거래 처리량, 낮은 지연 시간, 효율적인 고용량 저장 시스템이 필요하다.

② 자금과 금융 데이터의 안전을 보증하는 고도의 보안이 필요하다.

③ 미래의 혁신이 가능한 유연성이 필요하다.

리브라 블록체인에 관한 3가지 주요 결정사항도 아래와 같이 소개하고 있다.

① 프로그래밍 언어 'Move'를 설계하고 활용하는 것

② 'Byzantine Fault Tolerant(BFT)' 합의 알고리즘[15]을 사용하는 것

③ 널리 채택된 블록체인의 데이터 구조를 채택하고 반복하는 것

프로그래밍 언어 Move에 대해서는 다음과 같이 백서에서 말하고 있다.

"Move는 트랜잭션(Transaction)[16] 로직과 스마트 컨트랙트를 리브라 블록체인에서 구동하기 위해 새로 개발한 프로그래밍 언어이다. 리브라의 목표는 언젠가 수십억 명의 사람들에게 서비스를 제공할 것이기 때문에, Move는 보안성과 안전성에 최고의 우선순위를 두었다. 지금까지 있었던 스마트 컨트랙트와 관련된 사고들을 참고로 설계했고 개발자의 의도를 쉽고 정확하게 표현할 수 있어서 예기치 못한 버그나 보안 사고를 줄여준다. Move는 실제 물리적인 자산과 마찬가지로 주인은 한 명이고 한 번만 사용할 수 있으며, 자산이 갑자기 어디서 생기지 않는다.

Move는 규제기관 등의 규정을 따르는 메커니즘을 리브라 블록체인에 넣을 예정이다. 스마트 컨트랙트에 대한 적절한 검토와 위험 제어를 위하여 리브라 협회가 승인하고 발표한 스마트 컨트랙트에 대해서만 리브라 지불 시스템에서 작동하게 될 것이다."

리브라 블록체인의 합의 알고리즘은 비잔틴 장애 허용(Byzantine Fault Tolerant, BFT) 방식을 기본으로 한 LibraBFT 합의 프로토콜[17]을 구축했다.

비잔틴 장애 허용 합의 알고리즘(BFT)이란, 모든 시스템의 참여자(리브라 블록체인에서는 검증자라고 함.)가 모두 같은 블록을 만들어서 저장하기 전에 어떤 내용을 블록에 담을지 합의할 때, 검증자들이 다수결로 3분의 2 이상이 동의를 하면 옳다고 믿는 알고리즘이다. 즉, 악의를 가진 검증자가 3분의 1이 넘으면 이

시스템은 기본 전제가 성립하지 않는다.

리브라 블록체인은 이미 리브라 협회라는 검증된 기관들이 블록체인의 검증자의 역할을 수행한다. 그중에 악의를 품고 다수결에서 부정행위를 시도할 검증자는 거의 없기 때문에 이 합의 알고리즘은 유효하다.

간혹 시스템 에러로 다수결에 참여하지 못하여 무효표가 나올 수는 있지만 참여 기업, 즉 검증 기관이 100개가 넘기 때문에 회사들의 서버가 순간적으로 33개 이상 에러 나기는 힘들 것이라 예상한다. 리브라 협회 회원이 늘수록 이 알고리즘은 더욱 강해질 것이다.

그러나 리브라의 블록체인 기술은 아직 정확하게 정립되지 않았다. 백서와 기술서에서는 아직 기술적으로 업데이트될 내용이 많다고 곳곳에 나와 있다. 페이스북은 리브라 프로젝트의 보안 문제를 해결하기 위해 2019년 8월에 버그 바운티(Bug Bounty) 프로그램을 실시한다고 블로그에 밝혔다. 버그 바운티란 기업의 서비스 및 제품의 취약점을 찾아내면 포상금을 주는 제도이다. 리브라의 버그 파운티 포상금은 문제의 심각도에 따라 결정적인 버그는 1만 달러(약 1,200만원), 높은 레벨의 버그는 5,000달러, 중간 레벨의 버그는 1,500달러, 낮은 레벨의 버그는 500달러 등이다. 2020년 6월 기준으로 총 상금은 3,200달러 지불되었다. 이런 식으로 대중들의 집단 지성도 동원하여 기술의 수준을 향상시키고 있다.

리브라 블록체인은 무에서 유를 창조한 게 아니라 기존의 블록체인들을 연구하고 그 장점들을 취지에 맞게 적용하고 있다.

먼저, 트랜잭션과 데이터들을 안전하게 저장하기 위해서 리브라 블록체인은 머클트리를 사용한다. 머클트리는 이미 이더리움 등 다른 많은 블록체인에서 사용하고 있다. 보통의 머클트리는 트랜잭션을 나란히 세워놓고 토너먼트 경기를 하듯이 두 트랜잭션씩 해시화하여 하나로 만들어 나간다. 토너먼트에서 우승자가 한 명인 것처럼 트랜잭션이 100개든 80개든 마지막에는 하나의 해시만을 남겨놓는 피라미드 형태의 계층 구조를 갖고 있다. 실제 토너먼트에는 승자와 패자가 생기지만 머클트리에서는 두 해시값이 합쳐져서 하나의 해시가 되므로 두 트랜잭션 중 한 글자만 바뀌어도 하나가 된 해시값은 달라진다. 예를 들어, 100개의 트랜잭션 중 어느 데이터 한 글자만 바뀌어도 한 개 남은 최종 해시값이 같이 변하기 때문에, 최종 해시값만 확인하면 데이터의 위·변조 여부를 쉽게 감지할 수 있는 장점이 있다. 토너먼트의 계층별 모든 해시값을 저장하고 있으면 어느 트랜잭션이 변했는지 구체적인 위치까지 알 수도 있다.

비트코인 등 다른 블록체인은 트랜잭션, 즉 거래 내역들을 여러 개 모아서 블록에 저장하는 형식이지만, 리브라 블록체인은 하나의 데이터 구조를 갖고 거기에 트랜잭션의 히스토리와 시간에 따른 사용자 계정들의 상태를 기록한다.

실제로 리브라 블록체인의 사용자가 트랜잭션을 생성하고 그 트랜잭션이 어떤 과정으로 처리되는지 나중에 자세히 알아보도록 하자.

2-4   스테이블 코인과 리브라 리저브

초기 계획과 다르게 리브라 프로젝트에서 사용될 코인은 단일 화폐와 연동된 스테이블 코인이다. 그럼 먼저 원래 계획이었던 단일 리브라 코인의 탄생 배경 및 특징을 살펴보자.

블록체인을 이용한 암호화폐의 원조는 비트코인이다. 이제는 많은 사람들이 비트코인은 화폐로 사용하기가 불가능하다는 것을 알고 있다. 바로 화폐의 3가지 기능 중 하나인 가치의 보존 기능이 담보되지 않고 가격 변동이 심하기 때문이다. 1비트코인으로 어제는 냉장고를 샀는데 다음날 피자 밖에 못 사게 된다면 화폐로 사용할 수 없다. 반면, 널리 사용되고 있는 종이돈과 같은 명목화폐는 그 실제적인 가치 변동이 없는 작은 종잇조각[18]에 불과하다. 사람들은 그 종이 자체의 가치가 상승할 것이라는 기대를 하지 않기 때문에 계산할 때 거리낌 없이 상대에게 건넨다(물론 신용 카드로 계산하면 이 종이조차 건네지 않아도 되니 더 이익 보는 기분이 들 수도 있다).

이에 많은 기업들이 암호화폐에 화폐로써의 기능을 부여하기 위하여 가격 변동이 적은 스테이블 코인을 제작했다. 주로 달러에 고정되어 달러와 동일한 가치를 갖게 되어 가격의 안정성을 도모했다. 특정한 무언가에 가치를 연동시키는 것은 1944년부터 1971년까지 시행됐던 금본위제나 미국 달러와 가치를 연동시킨 홍콩의 고정환율제와도 유사하다.

리브라는 거기서 한발 더 나아가 세계의 여러 통화들을 미리 정해 놓은 일정 비율로 따르는 단일 리브라 코인을 발급하고자 했다. 리브라가 2019년에 밝힌 통화의 종류와 비율은 미국 달러 50%, 유로 18%, 일본 엔 14%, 영국 파운드 11%, 싱가폴 달러 7%이다. 이렇게 적절한 가중치에 의해 선정되는 구성통화를 통화바스켓이라 표현한다. 리브라는 이 통화바스켓에 의해 가격이 안정된, 국경을 초월한 세계의 디지털 통화로 자리 잡으려 했다.

그러다보니 달러로 세계 패권을 장악하고 있는 미국에서 위협을 느꼈고 트럼프 대통령과 연방준비제도에서 리브라 프로젝트를 강렬히 반대하였다. 유럽연합은 이미 유로존의 여러 국가를 초월하여 유로 화폐를 사용하고 있기 때문에 같은 콘셉트지만 편리하고 사용하기 쉬운 국제 디지털 화폐를 강하게 반대했다.

이에 페이스북은 규제를 만족시켜야 리브라 프로젝트를 출시할 것이고, 만약 리브라 협회에서 독단적으로 출시를 할 경우 본인들은 협회를 탈퇴하겠다고 말했다.

백서 2.0에서는 규제 당국의 반응을 의식하여 기존의 스테이블 코인처럼 한 나라의 통화에만 연동시키기로 한다. 다만, 연동시키는 통화의 종류를 여러 개로 정하고 향후에 계속 늘려간다고 한다. 그 예로 든 통화는 미국의 달러, 유로화, 영국의 파운드, 싱가폴 달러 등이 있다. 아마 일본 엔도 포함될 가능성이 높지만 백서 2.0의 예시에는 빠져 있다.

그러나 단일 화폐 발행의 꿈을 버리진 않고 간접적으로 발행하려고 한다. 바로 단일 통화 스테이블 코인의 가격을 미리 비율을 정해놓고 연동시키는 방법이다. 얼핏 보기에는 기존의 바스켓 방식과 크게 차이가 없지만 기존은 각국의 법정통화에 직접 연동하는 것이라면 이번에는 단일 통화 스테이블 코인의 가치에 간접적으로 연동하여 가격을 정하는 방식이다. 예시로 든 스테이블 코인별 연동 비율은 ≈USD 50%, ≈EUR 18%, ≈GBP 11% 등이다. 이러한 개념은 IMF의 특별인출권[19]과 유사하다. 리브라 코인의 개념도를 [그림 6−6]에 나타냈다.

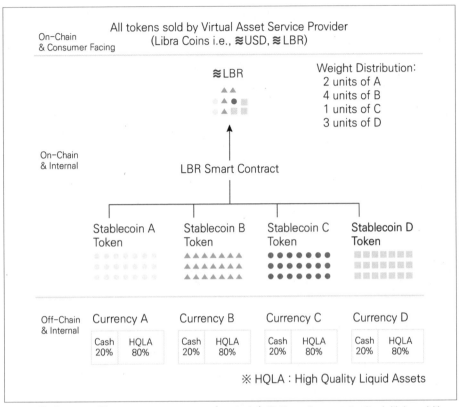

[그림 6-6] 리브라 리저브 자산, 스테이블 코인, ≈LBR의 개념도

[그림 6-6]은 바이낸스 연구소에서 작성된 보고서[20]의 그림을 빌려왔다. 예를 들면, 통화(Currency) A는 미국 달러를 나타내고, 그 단일 화폐 스테이블 코인을 뒷받침하는 현금 자산을 80%는 미국의 초단기 국채 등 현금으로 바꾸기 매우 쉬운 자산으로 보유하고 나머지 20%를 현금으로 보유하면서 리브라 코인의 가치를 백업한다는 계획을 나타내고 있다.

80%에 해당하는 자산의 가치가 급하락하는 것에 대한 안전장치로 신용등급이 S&P 기준으로 A+ 이상, 무디스 기준으로 A1 이상이어야 하고, 만기일은 최대 3개월이어야 한다. 즉, 돈이 안전해야 하고 빨리 현금화할 수 있어야 한다.

통화 A의 현금 등으로 가치가 뒷받침되는 단일 화폐 스테이블 코인 A를 블록체인 상에서 발행하고, 미리 정해 놓은 비율로 다른 단일 화폐 스테이블 코인들과 조합하여 리브라 코인으로 환전한다. 이 부분은 스마트 컨트랙트를 통하여 환전이 되어 의도적인 비율 조작이 불가능하다.

다만, 새로운 국가의 단일 화폐 스테이블 코인이 추가되거나 국가별 비율을 조절할 때는 리브라 협회가 승인 후 블록체인에 새롭게 스마트 컨트랙트가 작성 및 저장되어야 하는 번거로움이 있어 보인다. 왜냐하면 기존에 발행된 리브라 코인들과 가치를 뒷받침하는 단일 화폐 스테이블 코인의 종류와 비율이 바뀌기 때문에 완전히 다른 코인이 되어 버려서 회수를 하든 어떤 식으로든 처리해야 하기 때문이다.

실제로 백서에는 단일 화폐 스테이블 코인 발행 국가를 늘려나갈 계획이라고 한다. 그러나 바이낸스의 보고서에 의하면 S&P 기준으로 A+의 신용을 만족하는 나라는 193개국 중 37개국뿐이고 인구도 전 세계의 30%에 불과하여 크게 늘어나진 않을 수 있다.

백서에서는 신용이 부족하여 자국의 리브라 스테이블 코인이 발행되지 않는 나라에게는 복수 통화 연동 리브라 코인($\approx$LBR)의 사용을 권유하고 있다. 그렇게 되면 결국 세계의 70%에 해당하는 나라가 복수 통화 연동 리브라 코인을 사용하게 되어 초기의 세계 단일 통화에 대한 꿈이 실현될 수도 있을 것이다.

그럼 결국 미국이나 EU가 또 반대를 하지 않을까 걱정이 되지만, 그렇기 때문에 규제에 순응한다는 말을 백서 곳곳에 담아 놓았다. 심지어 복수 통화 연동 리브라 코인의 구성 비율도 규제 당국에서 제안해 달라고 하고 있다.

기축 통화를 발행하지 못하는 나라들은 언제나 외국인들이 자국 자금을 달러로 팔고 나가면서 자국 통화의 가치가 하락하는 위험을 안고 있다. 그중 특히나 신용이 약한 개발도상국은 자국 화폐의 가치가 폭락하는 하이퍼인플레이션을 겪을 우려가 있고 그럴 경우에는 자국 통화를 가치가 안정된 달러로 환전하려고 한다. 많은 양의 자국 통화가 달러로 환전되는 현상을 달러화라고 하며, 안 그래도 잃고 있는 자국 통화의 통제권, 즉 통화 주권을 더욱 상실하게 된다. 그러나 보통 시중에서 살 수 있는 달러가 한정되어 있어서 달러화가 많이 진행되진 않을 것이다. 비슷하게, 리브라 백서에는 개인 사용자가 리브라로 바꿀 수 있는 금액에 제한을 두기 때문에 특정 나라가 리브라화되어 통화 주권이 위협받을 일은 없을 것이라고 한다. 그래도 IMF 등의 기관들은 디지털 화폐가 개발도상국 통화 주권에 위협을 가할 수 있다[21]고 평가하기 때문에 백서는 그 우려를 불식시키기 위하여 필요한 규제를 만족시킬 것이라고 이야기하고 있다.

2-5   중앙은행디지털화폐(CBDC)와의 관계

더 나아가서 리브라는 중앙은행들이 발급할 중앙은행디지털화폐(Central Bank Digital Currency, CBDC)[22]를 리브라 네트워크에 직접 통합할 것을 희망하고 있다. 백서에서는 짧게 언급하고 있지만, 다르게 말하면 리브라의 특정 국가의 단일 통화 스테이블 코인과 그 나라의 CBDC는 발행 주체가 다를 뿐 성격과 기능이 같으니 리브라의 단일 통화 스테이블 코인을 CBDC로 대체하겠다는 말이다. 그리하여 이미 그 나라 정부가 보증하는 CBDC를 단일 통화 스테이블 코인 대신 사용하니, 가치 보증을 위해 존재하는 리브라 리저브를 그 나라의 화폐에 대해서는 운영하지 않아도 된다. [그림 6-6]으로 설명하자면 Stablecoin A Token 자리에 특정 나라의 CBDC가 오는 셈이다.

과연, 한 나라의 화폐(CBDC)를 사기업 집단인 리브라 협회의 편의에 맞게 리브라 네트워크에 연결해 줄까 의문이 든다. 그러나 그 나라는 자국의 CBDC를 리브라 네트워크를 통해서 다른 나라로 쉽게 송금하는 등의 장점이 있을 것이다. 현재의 국제 송금보다 비교도 안 되게 빠르고 적은 수수료로 송금이 가능해지는 것이다. 물론, 리브라 네트워크가 여러 국제기구의 규제 조건을 만족하는 것이 전제되어야 한다.

CBDC의 이해를 돕기 위하여 캄보디아의 이야기를 소개하고자 한다. 캄보디아 정부는 공식적으로 CBDC라고 말하지는 않았지만, 일본의 소라미츠[23]와 캄보디아 국립 은행이 협력하여 Hyperledger Iroha[24] 블록체인 기술을 이용하여 캄보디아의 바콩(Bakong)[25]이라는 디지털 통화를 구축하고 있다. 2016년부터 프로젝트를 시작하였고, 2019년 7월에는 시범 운용을 시작했다. 바콩의 모바일 결제는 가맹점수수료, 송금수수료, 결제수수료 등이 모두 무료라서 사람들의 접근성을 높였다.

바콩의 경우도 리브라 프로젝트처럼 첫 번째 목적은 자국민의 금융적 수용을 가능하게 하는 것이다. 캄보디아에서 은행 계좌를 가지고 있는 사람이 22% 밖에 안 되기 때문에 CBDC를 통하여 자국민의 계좌 개설을 촉진하려고 한다. 카카오뱅크나 케이뱅크처럼 스마트폰으로만 계좌를 개설할 수 있게 한다.

두 번째 목적은 자국 화폐인 리엘을 지키는 것이다. 현재는 자국민들도 달러 등의 외부 통화를 선호하기 때문에 화폐의 디지털화를 통하여 리엘화 사용을 독려하고자 한다. 중국이 디지털 위안화를 개발하여 일대일로 프로젝트와 엮어서 주변국에 화폐 영향력을 넓히려 하고 있기 때문에 이에 대한 방어책으로도 보인다. 또한, 리브라와 같은 민간 기업의 디지털 화폐에 대한 경계이고 다른 모든 디지털 화폐보다 먼저 자국민들에게 널리 사용하게 하려는, 마치 시장을 선점하려는 움직임이다.

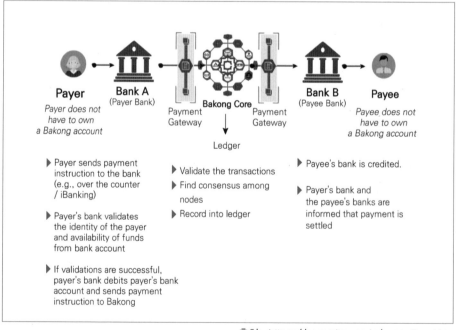

출처: https://soramitsu.co.jp/centralbanking

[그림 6-7] 바콩의 지불 흐름

[그림 6-7]에 바콩의 지불 흐름이 나타나 있다. 사용자끼리 앱으로 직접 거래도 가능하고 그림처럼 은행을 통해서도 가능하다. 은행 계좌가 없는 사람도 은행으로 가서 거래를 요청할 수 있다. 거래가 발생하면 블록체인 기반의 바콩 코어가 중간에서 거래에 대한 검증 및 기록을 하게 된다.

만약 리브라 협회가 캄보디아의 리엘화의 가치에 연동하는 리브라 단일 통화 스테이블 코인을 발급한다고 가정해 보자. 리브라 리저브는 리엘화 현금과 캄보디아의 단기 국채를 코인의 가치를 뒷받침하는 준비금으로 사야 하지만 국채의 신용 등급이 기준에 안 맞으면 단일 통화 스테이블 코인이 발급이 불가하다. 하지만 리엘화 가치에 연동된 바콩을 리브라 네트워크에 연동시키면 [그림 6-7]의 가운데 있는 바콩 코어가 리브라 블록체인으로 바뀌면서 국제 송금을 통해 다른 리브라 코인으로 변환이 가능해진다. 물론 바콩의 블록체인은 그대로 존재하고 이전과 같이 바콩과 리엘화의 가치를 연동시킬 것이다.

CBDC는 중앙은행이 직접 국민들에게 발행해도 된다. 특히, 캄보디아와 같이 사용자가 적은 곳에서는 더 효율적일 수 있다. 하지만 시중은행과 나라 전체의 금융 시스템의 발전을 위해서 일부러 시중은행을 하나의 대리점 또는 중개자처럼 활용하려고 한다. 실제 화폐의 경우도 중앙은행이 돈을 찍어내면 먼저 시중은행에게 빌려주고, 그 돈을 시중은행들이 기업이나 개인들에게 융통하는 구조이다. 이 같은 방법을 2중 계층(two-tiered) CBDC라고 부른다. 미국의 민간 비영리단체인 디지털달러재단에서도 2중 계층 구조의 미국 CBDC 모델을 제안[26]했고, 중국의 디지털 위안화인 DCEP(Digital Currency Electronic Payment)도 2중 계층 구조로 제공될 예정이다. 디지털 달러와 디지털 위안화의 개념도를 [그림 6-8]과 [그림 6-9]에 각각 나타내었다. 두 그림 모두 중간에 시중은행이라는 중개자를 통해서 민간에게 디지털 화폐를 공급하고 있다.

참고로 2020년 6월 17일 코인데스크에 따르면 미 연방준비제도의 제롬 파월 의장이 하원 금융위원회에서 "디지털 달러의 설계는 중앙은행이 해야 할 일이고 민간은 화폐의 공급에 관여할 수 없다."라고 말했다. 또한, 파월 의장은 국민들은 공익에 대해 책임질 의무가 없는 민간 직원들이 통화 공급에 참여하는 것을 받아들이지 않을 수 있다고 지적했다. 많은 국민들이 공감하는 말이다. 즉, 이는 디지털달러재단이 제안한 디지털 달러도, 리브라도 부정하는 말이어서 미국의 CBDC의 형태는 아직 짐작하기 어렵다. 그러나 연방준비제도에서는 과거 금리를 내리지 않는다고 말했다가 시장이 어려워지자 금리를 내리는 등 말과 행동이 다른 경우를 보였기 때문에 이번에는 어떨지 관심이 간다.

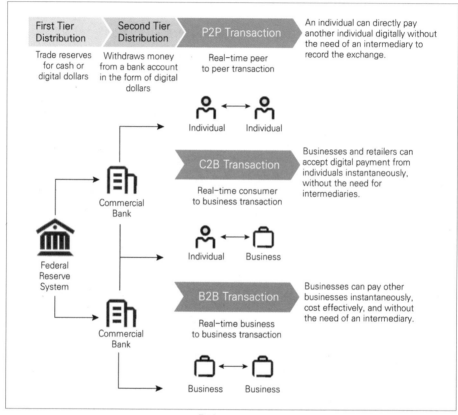

출처: Digital-Dollar-Project-Whitepaper_vF_6_10_20
(https://static1.squarespace.com/static/5e16627eb901b656f2c174ca/t/5ee11f91d21ce15f2
953bed7/1591811994197/Digital-Dollar-Project-Whitepaper_vF_6_10_20.pdf)

[그림 6-8] 디지털 달러 개념도

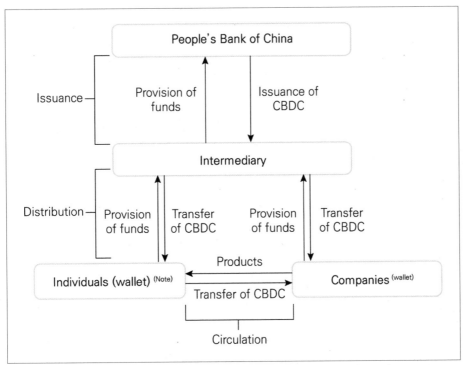

출처: https://www.rieti.go.jp/en/china/19122701.html
(Compiled by the author based on a speech made by Mu Changchun,
at the Third China Finance 40 Forum on August 10, 2019.)

[그림 6-9] 중국인민은행 DCEP 개념도

3장 리브라 참여자

여기에서는 리브라 네트워크의 참가자들을 살펴보고자 한다. 특히, 리브라 프로젝트 관리의 주체인 리브라 협회에 대해 자세히 살펴보겠다.

3-1   리브라 네트워크의 참가자들

리브라 네트워크 참가자들을 중개자 그룹, 코인을 발행하는 그룹, 사용자 그룹 등 다음과 같이 나눌 수 있다.

- 리브라 협회와 그 자회사
- 지정된 딜러(Designated Dealers)
- 규제된(Regulated) 가상자산사업자(Virtual Asset Service Provider, VASP)[27]
- 보증된(Certified) 가상자산사업자
- 언호스티드 월렛(Unhosted Wallet)
- 일반 사용자

먼저, 리브라 협회와 그 자회사는 리브라 네트워크의 핵심이고 네트워크의 운영 방침을 결정하고 리브라 코인을 발급한다. 리브라 협회는 외부 기관, 즉 스위스 규제 당국인 스위스 금융시장감독청(Financial Market Supervisory Authority, FINMA)의 감독 아래서 규제를 만족해야 한다. 현재 리브라 협회의 결제 네트워크 규제 승인을 FINMA에 신청하고 있다.

지정된 딜러는 CBDC의 시중은행처럼 리브라 코인 발행자와 다른 사업자들을 연결하는 중개자 역할을 하고, 환시장의 전문성을 가진 자금이 넉넉한 금융기관이어야 한다. 지정된 딜러는 거래량과 보유량에 제한이 없고 리브라 협회와 계약 관계이다. 리브라 협회 수준의 외부 규제를 만족해야 한다.

규제된 가상자산사업자는 지정된 딜러와 일반 대중들 사이에서 두 번째 중개자 역할을 한다. 국제자금세탁방지기구의 규제 조건을 만족해야 하고, 규제를 만족하기 때문에 거래량과 보유량에는 제한이 없다.

보증된 가상자산사업가는 규제된 가상자산사업자와 성격은 비슷하나 외부 기관의 규제가 아닌 리브라 협회의 내규를 만족하는 기관이다. 보증된 가상자산 사업자는 거래량과 보유량에 제한이 있다. 그러나 현재 기준으로는 아직 리브라 코인을 다룰 자격은 없다.

언호스티드 월렛은 검증되지 않은 제3기관에 의해 운영되는 지갑을 말한다. 검증되지 않은 만큼 거래량과 보유량에는 제한이 있다. 그러나 사용자의 신원도 보증되지 않기 때문에 규제를 피할 수 있는 위험한 지갑으로 분류되어 당장은 사용이 불가하다. 한마디로 누가 사용하는지 모르는 지갑이기 때문에 아무리 사용량을 제한한다고 해도 테러리스트나 자금 세탁을 원하는 사람들이 대량의 지갑을 생성해서 은밀한 거래를 할 수 있다.

그럼에도 불구하고 백서에서는 언호스티드 월렛을 24번이나 언급하면서 언호스티드 월렛이야 말로 금융 수용성을 개선할 수 있다고 역설한다. 금융에 접근하기 힘든 사람들에게 리브라 네트워크를 제공하여 안전하고 저렴하고 빠른 결제 시스템을 사용하게 하고, 자금 세탁과 테러리스트에 대한 우려는 기술로 해결을 할 것이라 말한다. 예를 들어, 리브라 협회에서 금융지능 기능(Financial Intelligence Function, FIU-function)을 운영하여 수상한 거래를 포착하고, 위험이 감지되면 리브라 네트워크 참여자, 관계 당국에게 바로 공유될 것이다.

위에서 설명한 리브라 네트워크의 개념도는 [그림 6-10]과 같다. 리브라 협회가 맨 위에서 스테이블 코인을 발급하고 있고 단계적으로 일반 사용자에게 까지 리브라 코인이 전달되는 모습을 나타낸다. [그림 6-11]에는 리브라의 거래가 이루어지는 모습을 나타내고 있다. 첫 번째 그림은 한국에서 카카오페이로 원화를 주고받듯이 미국 내에서 리브라 달러를 주고받는 모습이다. 두 번째 그림은 리브라 코인을 해외로 송금할 경우, 규제된 가상자산사업자에 의해 자동으로 100≈USD가 98≈LBR로 환전되어 송금되는 모습을 나타낸다. 세 번째 그림에서 가상자산사업가가 없을 경우에는 거래가 이루어지지 않는다는 것을 나타내고 있다.

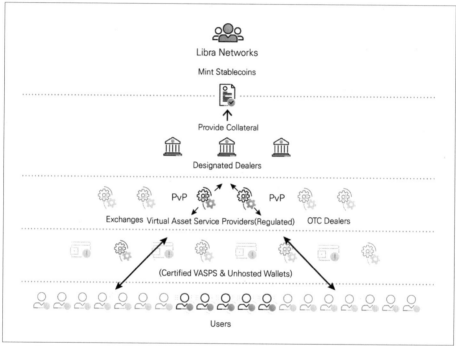

출처: https://research.binance.com/analysis/will-libra-live-up-to-its-initial-ambitions

[그림 6-10] 리브라 네트워크 구조 개념도

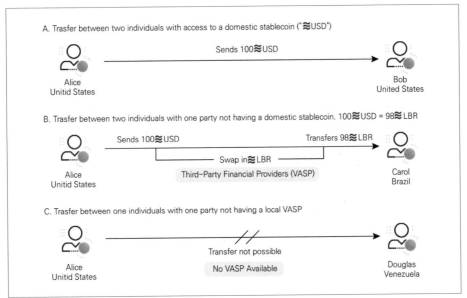

A. Trasfer between two individuals with access to a domestic stablecoin ("≈USD")

Sends 100≈USD

Alice
Unitid States

Bob
United States

B. Trasfer between two individuals with one party not having a domestic stablecoin. 100≈USD = 98≈LBR

Sends 100≈USD   Transfers 98≈LBR

Swap in≈LBR
Third-Party Financial Providers (VASP)

Alice
Unitid States

Carol
Brazil

C. Trasfer between one individuals with one party not having a local VASP

Transfer not possible
No VASP Available

Alice
Unitid States

Douglas
Venezuela

출처: https://research.binance.com/analysis/will-libra-live-up-to-its-initial-ambitions

[그림 6-11] 리브라 트랜잭션 타입 개념도

3-2   리브라 협회

리브라 블록체인은 여러 기업이 참여하는 허가형 컨소시엄 블록체인이다. 컨소시엄 블록체인은 이해관계가 상충할 수 있기 때문에 거버넌스 모델을 잘 설계하는 것이 중요하다. 여기서 거버넌스란 경영 구조나 지배 구조, 통치 및 관리 방식 등을 나타낸다. 한 기업이 의사결정권을 과반 이상 가질 경우 경쟁업체가 참여를 하여도 사업적으로 의사 결정에 제한이 있어서 참여 기업을 모집하기 힘들 수 있다. 실제로 세계 최대의 해운 회사인 머스크(Maersk)와 프라이빗 블록체인의 선두주자 IBM이 공동 개발한 트레이드렌즈(TradeLens) 플랫폼의 경우도 한때 난항을 겪었다고 알려져 있다.

리브라 협회의 거버넌스는 모든 참여 기업이 한 표씩을 행사할 수 있는 평등한 구조이다. 페이스북의 CEO인 마크 저커버거가 미국 청문회에서 강조했듯이 본인들도 리브라 협회의 한 회원으로 다른 멤버들과 같이 한 표의 의사 결정권만 있다.

홈페이지에서 밝힌 리브라 협회 멤버의 책임은 3가지이다. 리브라 네트워크와 리브라 리저브 운영에 대한 중요한 의사결정, 검증노드로서 블록체인에 참여, 장기적 계획 수립이다.

백서에서는 리브라가 원하는 길을 가기 위해서는 다양한 협력이 필요하고 그 역할은 독립적인 조직들로 이루어진 리브라 협회와 그 자회사인 리브라 네트워크가 맡는다고 한다. 둘 다 스위스 제네바에 본사를 두고 있다. 스위스는 금융 혁신에 대한 개방성, 금융 규제에 대한 노력, 국제기관의 허브로써의 역사가 있기 때문이다.

리브라 협회의 구성은 다음과 같다. 리브라 협회는 협회의 평의회(각 멤버당 한 명의 대표로 구성)에 의해 운영되고 각 평의회의 구성원들은 한 표의 투표권한이 있다. 현재, 멤버들은 세계 각지의 기업과 비영리 기구로 이루어져 있다. 평의회는 이사회와 임원진에게 평소 권한을 위임하고, 중요한 결정 사항에 대해서는 평의회의 3분의 2 이상의 찬성이 필요하기 때문에 권한을 행사한다. 이것은 LibraBFT의 합의 프로토콜에서 요구되는 조건과 같다. 2020년 6월 현재의 이사회 멤버는 5명, 임원진은 4명이다.

리브라 협회는 리브라 네트워크의 모회사이며, 리브라 네트워크는 직접적인 리브라 결제 시스템을 운영하는 책임을 갖고 있다. 결제 시스템의 운영이란 리브라 코인의 발급 및 소각을 뜻하며, 이를 위해서 스위스 금융시장감독청(FINMA)에 라이선스 신청을 진행 중이다. 라이선스가 발급되면 리브라 네트워크는 자연스럽게 FINMA의 감독하에 놓이게 된다. 리브라 코인은 앞서 설명한 지정된 딜러(Designated Dealer)가 달러 등의 법정화폐로 리브라 네트워크에게 리브라 코인을 구입할 때만 발행이 되고, 지정된 딜러가 리브라 코인을 팔 때 소각된다. 또한 리브라 네트워크는 리브라 결제 시스템이 필요한 규제를 만족하고 불순한 움직임을 포착하는 등 안전을 담당한다.

단기적으로 리브라 협회는 추가적인 역할을 해야 한다. 검증자 노드가 되어

줄 창립 멤버를 모으는 일, 인센티브 프로그램의 설계와 실행 그리고 창립 멤버에게 그 인센티브를 분배하는 일, 소셜 임팩트 사업을 위한 자금 조성 프로그램 확립 등이다.

장기적인 협회의 목표는 오픈 ID의 표준을 개발하고 추진하는 것이다. 백서에서는 분산된 휴대용 디지털 ID야 말로 금융 수용성과 경쟁력 향상을 위한 필수조건이라 말하고 있다. 오픈 ID가 있으면 앞에서 언급한 언호스티드 월렛(Unhosted Wallet) 사용에도 유용할 것이다.

리브라 협회는 리브라 서비스를 시작하기 전에 100개의 기업을 모으는 것을 목표로 하고 있고 현재 참여 기업은 27개이다. 백서 1.0에서는 리브라 협회의 창립 멤버 28개를 소개하였다. 그러나 전 세계적인 우려와 관계 당국의 규제 문제로 비자, 마스터카드, 보다폰 등 7개 기업은 탈퇴하기로 했다. 그러나 탈퇴한 회사들도 각자 블록체인 사업을 진행하는 등 블록체인 사업에 관심이 많고 리브라 프로젝트를 계속 주시하고 있어서 언제든지 다시 돌아올 수 있을 것이라 예상된다. 한편, 리브라 협회는 홈페이지를 통해 세 군데 기업이 추가로 합류했음을 밝혔고, 2020년 6월 현재의 회원들은 [그림 6-12]와 같다.

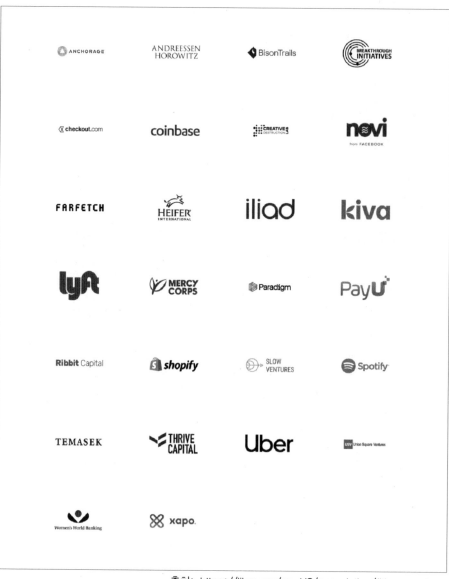

출처: https://libra.org/en-US/association/#the_members

[그림 6-12] 리브라 협회 멤버

27개의 기업 중에 페이스북의 이름이 보이지 않는다. 페이스북은 리브라 협회에 직접 참여하는 것이 아니라 앞에서 소개한 노비(novi)라는 자회사를 통해 간접적으로 참여하게 된다. 노비의 결제 시스템은 아직 개발 중이며, 이용 화면은 [그림 6-13]과 같을 것으로 예상하고 있다. 미국에서 100≈USD를 영국에 있는 사용자에게 보내면 81.9≈GBP로 자동 환전이 되어 송금이 되고 "Here's some money for the month! Take Care"이란 메시지도 같이 전송할 수 있다. 메신저로 이야기하듯 송금을 하겠다는 취지의 그림이다. 카카오페이와도 형태가 비슷하지만 카카오페이는 아직 한국 계좌에 연동된 계정에서만 주고받을 수 있다. 미국에 있는 친구에게 카카오페이를 보내도 결국 미국 친구의 한국 계좌로 원화의 형태로 찾아야 한다.

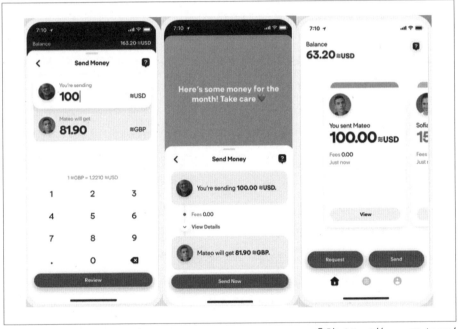

출처: https://www.novi.com/

[그림 6-13] 노비(novi) 지갑의 활용 예시

27개의 멤버 중에는 4개의 비영리기구가 있다. 머시콥스(Mercy Corps), 세계여성기금(Women's World Banking), 키바인터내셔널(Kiva International), 크리에이티브디스트럭션랩(Creative Destruction Lab) 4곳이다. 리브라 협회는 비영리기구를 통하여 금융 인프라에서 소외된 사람들에게 도움을 주고자 한다. 비영리기구들은 협회의 다른 멤버처럼 1천만 달러[28]의 초기 투자금을 지불하지 않아도 된다.

이 비영리기구들은 금융적 수용을 실현하기 위해 활동해 왔고 블록체인 기술에 관심을 갖고 있었다고 한다. 블록체인 기반의 디지털 화폐 시스템은 물리적으로 현금을 지원하기 힘들 때 도움이 되고 송금 기록이 남아 지원의 투명성도 보장된다. 특히, 빈곤층들은 금융 시스템의 수수료를 덜어주는 것만으로 큰 도움이 된다고 한다. 영리 기업들과 비영리기구들이 함께 일하면 이익만을 좇다가 발생하는 실수를 예방하는 데도 도움이 될 것이다.

그럼 리브라 협회에 기업들이 가입하면 얻는 장점을 생각해 보자.

먼저, 리브라 리저브의 이자 수익이다. 초기에는 리브라 리저브에 협회 가입자의 투자금만 있지만, 리브라가 본격적으로 운영되면 사용자의 현금이 들어오기 시작한다. 대충 계산해 볼 때, 페이스북 유저의 10%인 2.5억명이 일 년에 100달러씩 입금하면 250억달러(약 30조원)가 된다. 여기에 이자가 1%만 붙어도 2.5억달러가 되고 운영비와 관리비 등을 무시할 경우 100개의 기업이 각각 배당을 받게 될 이자 비용은 연간 250만 달러가 된다. 초기 투자금인 1000만 달러의 25%에 해당하는 금액이고 사용자가 많아질수록 늘어나게 될 것이다.

물론, 유럽과 일본은 최근 마이너스 금리이고 미국도 마이너스 금리 도입을 논의하고 있어서 이러한 이자 수익에 의문을 가질 수도 있다. 그러나 실제 마이너스 금리는 시중은행이 지급준비금 이상의 돈을 중앙은행에 맡겨 놓은 초과지급준비금에 대해서만 적용하고 있다[29]. 한편, 중국은 시골의 시장에서까지도 널리 사용하고 있는 알리페이와 위챗페이에 대해 2019년 1월부터 사용자가 입금한 돈은 100% 중국인민은행의 준비금으로 저장하는 것을 의무화했다. 리브라 리저브에 저장된 사용자의 자산도 어쩌면 시중은행과 마찬가지로 각국 중앙은행에 의무적으로 저장하게 될 수 있다. 물론, 현재도 리브라 리저브의 지급준비율은 100%라서 항상 고객의 인출 요구에 대응할 수 있지만 단기국채 등의 다른 투자도 가능한 상태이다. 향후 어떻게 바뀔지는 모르지만 현재로는 어느 정도

이자 수익은 확보할 수 있을 것이라 예상한다.

두 번째로 생각해 볼 수 있는 장점은 리브라 생태계를 형성하여 고객 유치와 정보 교류에 도움을 받을 수 있다는 점이다. 서로 다른 기업 100개가 참여하는 프로젝트에 있다는 것만으로 서로 다른 분야의 고객들에게 자동으로 홍보가 된다. 예를 들면, 공유 자동차 앱을 이용하기 위해서 리브라 코인을 구입했다가 할인 이벤트 중인 여행 관련 기업의 소식을 자연스럽게 접하고 이용하게 되는 경우가 생길 것이다.

리브라 협회의 밴쳐캐피탈 기업들이 유망한 밴쳐 기업에 투자할 때 리브라를 사용하게 되면 자연스럽게 밴쳐기업들도 리브라의 영향권에 들어오게 될 것으로 보인다. 또한, 요즘 같이 규제로 시끄러운 경우에는 노이즈마케팅 관점에서도 협회에 포함되어 있는 것이 홍보가 될 것이라 생각할 수 있다.

리브라 협회에 가입해서 장점이 생긴다는 말을 바꿔보면 협회에 가입하지 않을 경우 단점이 생길 수 있다는 말과 같다. 현재 공유 자동차 산업을 선도하는 우버와 리프트가 협회에 같이 들어와 있다. 우연일 수도 있지만 서로를 견제하며 같이 협회에 가입했을 수도 있다. 극단적인 경우 같은 업계에서 리브라 협회에 가입하지 않은 기업이 시장에서 도태될 가능성도 무시하지 못한다.

또한, 금융적 수용성을 높인다는 말을 상업적으로 하면 전 세계 17억명이 기다리고 있는 새로운 시장으로 진입한다고 표현할 수도 있다. 리브라 협회의 미션에 의하면 그들을 위해서 하는 일이지만 그 과정에서 경제적으로 수많은 가치가 발생할 테고 그것에 관심을 보이는 멤버들도 분명 있을 것이다.

마지막으로 기업들이 가장 관심이 있을 것이라 생각되는 장점은 고객의 데이터 확보이다. 리브라 결제 정보를 통해 얻게 될 고객의 활동 데이터와 고객의 성향 데이터는 데이터를 석유처럼 활용하는 요즘 시대의 큰 재산이 될 것이다.

상황이 이렇다보니 거대 데이터 독점 기업 연합의 탄생에 대한 우려도 나오고 있다. 19세기 말 미국의 석유왕 존 데이비슨 록펠러가 미국 석유의 95%를 손에 쥐고 있었던 것처럼 4차 산업혁명의 석유라고 불리는 데이터의 독점 기업이 탄생할 수도 있다. 한편, 항공업이나 해운업처럼 특정 산업에는 기업들의 동맹이 존재하여 이권을 공유하고 있다. 예를 들어, 대한항공은 스카이팀에 소속되어 있어서 대한항공 마일리지는 델타항공 등의 다른 스카이팀 소속 항공사와 공유된다. 이처럼 구글, 아마존, 애플 등을 대표로 하는 새로운 데이터 기업의 연합이 리브라 협회에 대응하여 탄생할 수 있다. 어쩌면 벌써 움직이고 있을 수도 있다.

4장 리브라 블록체인과 트랜잭션

여기에서는 리브라 블록체인의 기술적인 이해를 돕기 위하여 리브라 블록체인 트랜잭션의 실제 사용 예를 살펴보고자 한다. 여기에 소개된 내용은 대부분 리브라 홈페이지[30]를 참조하여 작성하였다.

4-1   트랜잭션과 상태

리브라 프로토콜의 핵심에는 트랜잭션(Transaction)과 상태(State)라는 두 가지 개념이 있다. 항상 어느 시점에서든 블록체인에는 상태가 있다. 상태(또는 원장 상태)는 블록체인에서 데이터의 현재 스냅 샷을 나타낸다. 트랜잭션을 실행하면 블록의 상태가 변하게 된다.

[그림 6-14]는 트랜잭션이 실행될 때 발생하는 리브라 블록체인의 상태 변화를 나타낸다. 예를 들어, 상태 S_{N-1}에서 Alice(그림에서는 A로 표현)는 110≈LBR의 잔고를 가지며 Bob(그림에서는 B로 표현)은 52≈LBR의 잔고를 갖는다[31]. 트랜잭션이 블록체인에 적용되면 새로운 상태가 생성된다. 상태 S_{N-1}에 대해 트랜잭션 T_N이 적용되면, 상태 S_{N-1}이 S_N으로 변환된다. 이로 인해 Alice의 잔액이 10≈LBR 감소하고 Bob의 잔액이 10≈LBR 증가된다. 이제, 새로운 상태 S_N은 이러한 업데이트된 잔고를 보여준다. [그림 6-14]의 구성에 대해 설명하면 아래와 같다.

- A와 B는 블록체인에서 Alice와 Bob의 계정을 나타낸다.
- S_{N-1}은 블록체인의 (N-1)번째 상태를 나타낸다.

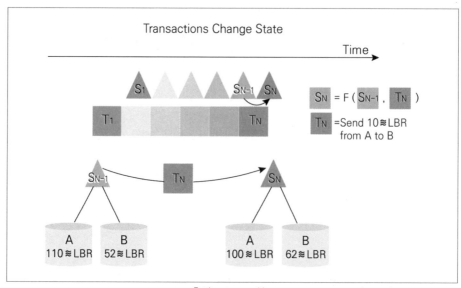

출처: https://developers.libra.org/docs/libra-protocol
[그림 6-14] 리브라 블록체인 트랜잭션의 상태 변화

- T_N은 블록체인에서 실행된 N번째 트랜잭션이다. 이 예에서 T_N은 "A의 계정에서 B의 계정으로 10≈LBR을 보낸다."이다.
- F는 결정적 함수[32]이다. F는 항상 특정 초기 상태 및 특정 트랜잭션에 대해 동일한 최종 상태를 반환한다. 블록체인의 현재 상태가 S_{N-1}이고 트랜잭션 T_N이 상태 S_{N-1}에서 실행되면 블록체인의 새로운 상태는 항상 S_N이다.
- S_N은 블록체인의 N번째 상태이다. S_N은 S_{N-1}과 T_N에 F를 적용한 결과이다.
- 리브라 프로토콜은 Move 언어를 사용하여 결정적 실행 함수 F를 구현한다.

리브라 블록체인의 고객은 트랜잭션(거래)을 제출하여 원장 상태에 대한 업데이트를 요청한다. 블록체인에 있는 발신자가 보냈다고 서명한 트랜잭션에는 다음이 포함된다.

- 발신자 주소: 트랜잭션 발신자의 계정 주소
- 발신자 공개키: 트랜잭션에 서명에 사용한 개인키에 해당하는 공개키

- 프로그램
  - : Move 바이트코드[33] 트랜잭션 스크립트
  - : 스크립트에 대한 입력값 목록(필요 시). 일반적인 개인 대 개인(P to P) 트랜잭션의 경우 입력값에는 수신자에 대한 정보와 수신자에게 전송된 금액이 포함
  - : 블록체인에 배포(publish)된 바이트코드 모듈 리스트(필요 시)
- 가스 가격(특정 통화 / 가스 단위): 발신자가 트랜잭션을 수행하기 위해 가스 단위당 지불할 금액. 가스는 계산 및 저장 비용에 해당. 가스 단위는 고유한 실제 값이 없는 추상적인 단위
- 최대 가스량: 트랜잭션이 사용할 수 있는 최대 가스량
- 시퀀스 번호: 발신자의 계정에 저장된 시퀀스 번호와 같아야 하는 부호 없는 정수
- 만료 시간: 트랜잭션이 유효한 시간
- 서명: 발신자의 디지털 서명

리브라 블록체인의 원장 상태(또는 글로벌 상태)는 블록체인의 모든 계정 상태의 조합으로 구성된다. 트랜잭션을 실행하려면 각 검증자(validator)가 최신 버전[34]의 블록체인 분산 데이터베이스의 글로벌 상태를 알아야 한다.

4-2   계정(Account)

리브라의 계정은 Move 모듈과 Move 리소스를 위한 컨테이너이다. 계정들은 계정 주소[35]로 식별된다. 이는 본질적으로 각 계정의 상태가 코드(Move 모듈)와 데이터(Move 리소스)로 구성됨을 의미한다.

- Move 모듈: 코드(타입 및 프로시져 선언)는 포함되지만 데이터는 포함되지 않는다. 모듈의 프로시져는 블록체인의 글로벌 상태를 업데이트하기 위한 규칙을 인코딩한다.
- Move 리소스: 데이터는 있지만 코드는 없다. 모든 리소스 값은 블록체인의 분산 데이터베이스에 배포(publish)된 모듈에 선언된 타입을 갖는다.

계정은 임의의 개수의 Move 모듈과 Move 리소스를 포함할 수 있다.

4-3   증명(Proof)

리브라 블록체인의 모든 데이터는 단일 버전의 분산 데이터베이스에 저장된다. 스토리지는 합의된 트랜잭션의 블록과 실행 결과를 보존하는 데 사용된다. 블록체인은 계속 증가하는 트랜잭션의 머클트리로 표현된다. 트랜잭션이 블록체인에서 실행되면 새로운 가지가 트리에 추가된다.

- 증명은 리브라 블록체인에서 데이터의 진실 여부를 확인하는 방법이다.
- 블록체인에 저장된 모든 작업은 암호화 방식으로 검증될 수 있으며, 결과의 증명은 데이터가 생략되지 않았음을 나타낸다. 예를 들어, 클라이언트가 계정에서 최신 n개의 트랜잭션을 문의(query)한 경우 그 응답에서 트랜잭션이 생략되지 않았는지 증명한다.

블록체인에서 클라이언트는 데이터를 수신하는 조직을 신뢰할 필요가 없다. 클라이언트는 계정 상태를 문의하고 특정 트랜잭션이 처리되었는지 여부만을 확인한다. 다른 머클트리와 마찬가지로 원장의 히스토리는 $O(\log n)$[36] 사이즈의 증명이다. 여기서 n은 처리된 총 트랜잭션 수이다.

4-4   트랜잭션의 여정

리브라 블록체인 트랜잭션의 작동 원리에 대해 더 깊이 이해하기 위해 트랜잭션이 리브라 검증자에게 처음 제출되는 시점부터 리브라 블록체인에 기록되기까지의 여정을 살펴보자. 그 다음에 검증자 안에 있는 논리적 구성 요소들의 상호 작용을 자세히 들여다보자.

클라이언트(고객)가 트랜잭션을 제출한 단계부터 살펴보자.

리브라의 클라이언트는 $10 \approx$ LBR을 Alice의 계정에서 Bob의 계정으로 보내기 위한 초기(원시) 트랜잭션(여기서는 T_5raw라고 부르겠다.)을 구성한다. 초기 트랜잭션에는 다음의 필드들이 포함된다.

- Alice의 계정 주소
- Alice를 대신하여 수행할 작업을 나타내는 프로그램
    : Move 바이트코드 P to P 트랜잭션 스크립트
    : 스크립트에 대한 입력값 목록(이 예제의 경우 Bob의 계정 주소 및 지불 금액)
- 가스 가격(마이크로 리브라 / 가스 단위): 거래를 실행하기 위해 Alice가 가스 단위당 지불할 의사가 있는 금액. 가스는 계산 및 저장 비용에 해당
- Alice가 이 트랜잭션에 기꺼이 지불할 최대 가스 금액
- 트랜잭션의 만료 시간
- 시퀀스 번호 − 5: 시퀀스 번호가 5인 트랜잭션은 시퀀스 번호가 5인 계정에만 적용가능

클라이언트는 Alice의 개인키로 T_5raw에 서명한다. 서명된 T_5에는 다음이 포함되어야 한다.
- 초기(원시) 트랜잭션
- Alice의 공개키

• Alice의 서명

이때, 트랜잭션 T₅의 여정을 설명하기 위해 다음과 같이 가정한다.

• Alice와 Bob은 리브라 블록체인에 계정을 가지고 있다.

• Alice의 계정에는 110≈LBR가 있다.

• Alice 계정의 현재 시퀀스 번호는 5이다(이는 Alice의 계정에서 5개의 트랜잭션이 이미 전송되었음을 나타낸다.).

• 네트워크에는 총 100명의 검증자들(validators)(V_1 ~ V_{100})이 있다.

• 클라이언트는 트랜잭션 T₅를 검증자 V_1에 제출한다.

• 검증자 V_1은 현재 라운드의 제안자/리더이다.

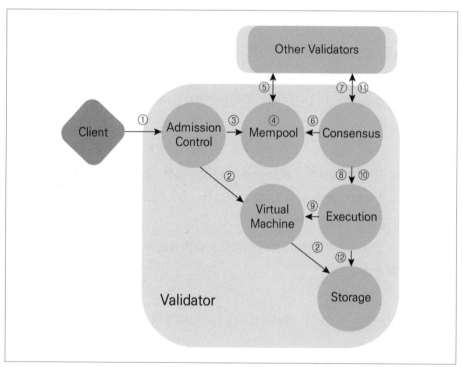

출처: https://developers.libra.org/docs/life-of-a-transaction
[그림 6-15] 트랜잭션의 여정

이제, 트랜잭션의 여정을 구체적으로 알아보자. [그림 6-15]에 트랜잭션의 여정을 나타냈다.

참고로 그림 상의 화살표는 해당 요소에서 동작을 시작해서 화살표 방향의 요소에서 종료됨을 나타내고, 데이터의 읽기, 쓰기, 반환을 나타내는 것이 아니다.

먼저, 리더 검증자가 트랜잭션을 받는 단계이다.

① 클라이언트는 검증자 V_1의 어드미션 컨트롤(AC)에게 트랜잭션 T_5를 제출한다.(클라이언트 → AC)

② AC는 가상 머신(VM)을 사용하여 서명 확인, Alice의 계정에 충분한 잔액이 있는지 확인, 트랜잭션 T_5가 두 번 사용된 게 아닌지 확인 등과 같은 유효성 검사를 수행한다.(AC → VM)

③ T_5가 유효성 검사를 통과하면 AC는 T_5를 V_1의 Mempool로 보낸다.(AC → Mempool)

다음은 다른 검증자들과 트랜잭션을 공유한다.

④ Mempool은 메모리 내 버퍼에 T_5를 저장하고 있다. Mempool에는 Alice의 주소에서 전송된 여러 트랜잭션이 이미 포함되어 있을 수도 있다.

⑤ 공유 Mempool 프로토콜을 사용하여 V_1은 Mempool의 트랜잭션(T_5 포함)을 다른 검증자들(V_2 ~ V_{100})과 공유하고 다른 검증자들은 받은 트랜잭션을 본인들의 Mempool에 넣는다.(Mempool → 다른 검증자들의 Mempool)

다음은 블록을 제안한다.

⑥ 검증자 V_1은 제안자/리더이므로 자신의 Mempool에서 트랜잭션의 블록을 가져와 Consensus를 통해 다른 검증자들에게 이 블록을 복제한다.(Consensus → Mempool)

⑦ V_1의 Consensus는 제안된 블록에서 트랜잭션 순서에 대한 모든 검증자들 간의 합의 조정을 담당한다.(Consensus → 다른 검증자들의 Consensus) 이때, 합의 프로토콜 LibraBFT가 적용된다.

다음은 블록을 실행하고 합의에 도달한다.

⑧ 합의에 도달하는 과정에서 트랜잭션 블록(T_5 포함)이 Execution으로 전달된다.(Consensus → Execution)

⑨ Execution은 가상 머신(VM)에 있는 트랜잭션의 실행을 관리한다. 이 실행은 블록의 트랜잭션이 합의되기 전에 추측적으로(잠정적으로, 하나의 제안으로) 발생한다.(Execution → VM)

⑩ 블록에서 트랜잭션을 실행한 후 Execution은 블록의 트랜잭션(T_5 포함)을 머클 축적기(Merkle accumulator)에 추가한다. 이것은 머클 축적기의 임시 버전이다. 이러한 트랜잭션을 실행한 (제안 / 추측적) 결과는 합의 구성 요소로 반환된다.(Consensus → Execution) 'Consensus'에서 'Execution'으로의 화살표는 트랜잭션 실행 요청이 Consensus에 의해 수행되었음을 나타낸다.

⑪ V_1(합의 리더)은 합의에 참여하는 다른 검증자들과 블록의 실행 결과에 대한 합의에 도달하려고 시도한다.(Consensus → 다른 검증자들)

다음은 블록을 제출(Commit)하는 단계이다.

⑫ 블록의 실행 결과가 대다수의 다른 검증자들의 동의와 서명이 있으면, 검증자 V_1의 Execution은 블록의 실행 결과를 추측적 실행 캐시(하나의 기억 장치)에서 읽어서 모든 블록의 트랜잭션을 영구 저장소로 제출한다.(Consensus → Execution), (Execution → Storage)

⑬ 이제 Alice계정의 ≈LBR는 100개가 되고 시퀀스 번호는 6이 된다. Bob이 T_5를 다시 실행하려고 하면 Alice의 계정의 시퀀스 번호 6이 실행하려는 트랜잭션의 시퀀스 번호 5보다 커서 거부된다. 즉, 같은 거래가 중복해서 일어날 일이 없어진다.

한 리브라 계정에서 다른 리브라 계정으로 디지털 자산이 이동하는 과정을 살펴보았다. 클라이언트가 스마트 컨트랙트의 실행을 요청하는 트랜잭션을 발생하여도 같은 원리가 적용된다. 리더 검증자에 의해 검증되고 다른 검증자들의 동의를 얻어서 스마트 컨트랙트를 실행하고 그 결과를 영구적으로 블록에 기록하여 모든 검증자들이 분산 저장하여 위·변조를 방지하게 된다.

미주

1) 1855년에 개발된 산소 바람으로 철 불순물을 일시에 제거하는 제강법. 철 가격을 약 8배 하락시켰다.

2) 실제 물리적 화폐와 구조와 쓰임이 같음. 즉, 실제로 금전적 가치가 사용자 간에 이동한다.

3) 藤井彰夫, 西村博之(2019). リブラの野望.

4) 앨버트 갤러틴(Albert Gallatin)은 1761년 스위스 제네바의 유복한 가정에서 태어나서 미국의 재무 장관이 된 후 1803년에 프랑스로부터 루이지애나를 인수하는데 활약했다.

5) 岡田仁志(2019). リブラ可能性, 脅威, 信頼.

6) 鹿野嘉昭(2010). 中近世欧州諸国における貨幣供給, 小額貨幣と経済発展.

7) UN 산하 기구인 1945년에 설립된 세계은행은 금융 수용성을 넓히면 UN의 지속 가능한 발전 목표 17개 중 7개를 가능하게 해준다고 한다. 지속 가능한 발전 목표는 UN이 2015년에 채택한 더 나은 미래를 향해 나아가기 위한 하나의 청사진이다. 빈곤 종식, 굶주림 종결, 건강과 웰빙, 질적인 교육, 성평등, 깨끗한 물과 위생, 깨끗한 에너지, 좋은 일과 경제적 성장, 산업/혁신/인프라, 불평등 감소, 지속 가능한 도시와 커뮤니티, 책임 있는 생산과 소비, 기후 행동, 수중 생물, 육지 생물, 평화/정의/강력한 제도, 목표 달성을 위한 파트너십 이렇게 17개이다.

8) World Bank(2017). The Global Findex Database.

9) 규제기관(Regulator)이란 단어는 백서 1.0에서는 4번 등장했으나, 백서 2.0에 40번 넘게 등장한다(백서의 양도 2배 증가하긴 했다). 이러한 단어 사용 횟수의 증가는 백서 1.0 발표 후 세계적으로 부정적인 반응이 많아서 규제기관에 대한 일종의 눈치 보기라고 생각된다. Regulator란, 은행이나 특정 산업의 활동을 규제하는 국가가 임명한 조직이나 사람을 뜻한다. 여기서는 규제기관이라 번역했다. 금융 관련 규제기관은 나라별로 다양하고, 한국의 경우는 금융위원회와 금융감독원, 일본의 경우는 금융청과 증권거래등감시위원회가 있다. 특히, 리브라에 부정적이었던 미국의 금융 규제 기관으로는 연방준비제도(FED, Federal Reserve System), 증권거래위원회(SEC, Securities and Exchange Commission) 등 다수가 있고, 미국 못지않게 리브라에 부정적이었던 EU의 경우도 유럽중앙은행(ECB, European Central Bank), 유럽은행감독기구(EBA, European Banking Authority) 등 다수가 있다. 금융 규제기관에 그 나라의 중앙은행이 포함된 국가도 많다.

10) 금융안정이사회(FSB), 국제결제은행(BIS), 국제통화기금(IMF), 경제협력개발기구(OECD), 국제증권관리위원회기구(IOSCO), 자금세탁방지 금융대책기구(FATF), G7 재무대신/중앙은행총재회의, G20 재무대신/중앙은행총재회의 등의 국제기관이 2019년, 2020년도에 암호자산과 스테이블 코인에 대한 보고서를 작성하였다.

11) 통제 및 경영 방식

12) 무상으로 공개된 소스코드 또는 소프트웨어. 소프트웨어의 설계도에 해당하는 소스코드를 인터넷 등을 통하여 무상으로 공개하여 누구나 그 소프트웨어를 개량하고, 이것을 재배포할 수 있도록 하는 것 또는 그런 소프트웨어를 말한다. 소스코드를 공개하여 유용한 기술을 공

유함으로써 전 세계의 누구나가 자유롭게 소프트웨어의 개발·개량에 참여할 수 있게 하는 것이 우수한 소프트웨어를 만드는 데 도움이 된다는 생각에 바탕을 두고 있다.(네이버 지식백과)

13) 가격 변동성을 최소화하도록 설계된 암호화폐. 보통 1코인이 1달러의 가치를 갖도록 설계된다. 테더(Tether, USDT) 코인이 대표적인 스테이블 코인이며, 이 외에도 HUSD, PAX, GUSD, USDC 등의 다양한 스테이블 코인이 발행됐다.(네이버 지식백과)

14) 디플레이션·실업·국제수지 불균형 등에 견뎌내기 위하여 화폐에 대한 독점적 법적 통제권을 행사할 수 있는 권한을 뜻함. 현재 미국 등의 자치적인 중앙은행을 보유한 국가는 높은 수준의 통화 주권이 있다고 말할 수 있다. EU의 국가들은 유럽중앙은행에 통화 주권을 많이 양도했다.

15) 블록체인은 원칙적으로는 중앙의 통제 없이 다수의 참여자가 같은 내용을 블록에 담아 각자 저장해야 하기 때문에 블록에 기록하기 전에 모두가 동의할 수 있는 내용임을 확인해야 한다. 그걸 합의라고 하고 그 방법을 합의 알고리즘이라고 하여 다양하게 쓰이고 있다. 대표적으로 비트코인은 Proof of Work(PoW) 합의 알고리즘을 사용하고 있어서, 컴퓨터로 약 10분에 한 번씩 풀 수 있는 정도의 단순 계산을 제일 먼저 하는 사람에게 보상과 함께 블록을 만들 수 있는(블록에 들어갈 내용을 적고 배포) 기회를 준다. 이렇게 보상을 받는 것을 채굴이라고 표현한다. 해커가 이전 블록의 거래내용을 고치려면 다음 블록이 만들어지는 10분 안에 그 전 10분 동안 누군가 열심히 수행한 단순 작업을 다시 해서 블록을 다시 만들고, 그 10분 안에 다음 블록까지 만들어서 모든 사람한테 사실 아까 블록은 가짜고 이게 진짜였다고 방금 만든 두 개의 블록을 묶어서 배포해야 한다. 다른 사람들이 10분 안에 블록을 평균한 개 만들 때 두 개를 만들어서 배포까지 해야 한다. 사실 꼭 10분 안이 아니더라도 20분 동안 다른 사람들이 두 개를 만들 때 본인은 그 이전 블록까지 총 세 개를 만들어서 이게 진짜라고 배포를 해도 된다. 결론적으로 채굴에 참여하고 있는 다른 사람들보다 조금이라도 성능이 좋은 컴퓨터를 써야 해킹이 가능해서 채굴 참여자가 많을수록 해킹에 안전해지고 자연스럽게 컴퓨터 파워(해시파워)가 많이 필요해진다. 이러한 PoW는 컴퓨터 사용량이 경쟁적으로 늘면서 에너지 소모와 발열 등의 문제가 생긴다.

16) 사전적으로는 거래를 뜻함. 블록체인에서는 거래 내역 등을 기록한 데이터의 집합을 의미하고, 일반적인 경우 트랜잭션을 여러 개 모아서 하나의 블록에 기록을 한다. 즉, 블록에 기록될, 위·변조가 일어나지 않아야 할 데이터의 집합이라고 볼 수 있다. 블록체인마다 트랜잭션에 담긴 내용이 다르다. 송금 내용이 담길 수도 있고, 스마트 컨트랙트의 실행 내용이 담길 수도 있다. 리브라 블록체인의 트랜잭션에는 트랜잭션을 보내는 사람의 주소, 보내는 사람의 공개키, 실행하고 싶은 코드(선택적으로 포함), 가스, 최대 가스량, 씨퀀스 넘버. 각 항목의 자세한 설명은 추후에 하도록 한다.

17) 컴퓨터 간에 정보를 주고 받을 때의 통신방법에 대한 규칙과 약속. 블록체인 상에서 주고받는 정보의 전달 방식, 자료 형식, 오류 검출 방식 등을 미리 정한 통신 규약이다.

18) 그러나 만약 지폐를 만든 재료가 두꺼운 금박지로 바뀌고 그 자체에 가치가 생겨서 액면 가치보다 실물 가치가 높아지게 되면 사람들은 사용을 꺼리게 된다. 게다가 가격이 더 오를 것 같다는 기대까지 있으면 그 지폐(금화라는 표현이 적합하다)는 시장에 돌아다니지 않고 화

폐로써 기능을 상실한다. 비트코인에도 금과 같은 가치가 있다는 말은 아니고 비슷한 기대로 화폐로써 기능을 상실했다고 말하고 싶다. 참고로, 영국에서 금화와 은화를 화폐로 같이 사용했을 때, 금화와 은화의 환전 비율은 고정했으나 수요와 공급으로 은이 더 귀해지자 시장에서는 은이 자취를 감춘 적이 있다. 그레샴의 법칙이라고도 하고 악화(惡貨)가 양화(良貨)를 구축(驅逐)한다고도 표현한다. 즉, 화폐의 실제 가치가 명목인인 액면 가치 보다 높은 양화는 자연스레 사람들의 장롱 속으로 들어가 깊은 잠을 자게 된다. 마치 작은 돈을 걸고 카드놀이를 할 때, 어떤 사람이 돈이 부족하다고 지갑 속에 1달러를 꺼내서 1000원처럼 계산하겠다고 카드놀이 판에 유통시키면, 실제론 달러가 약 1200원(2020년 6월 기준)의 가치가 있기 때문에 사람들이 1달러짜리 지폐를 손에 넣게 되면 본인이 돈을 지불할 때는 1000원짜리 지폐를 먼저 내고 1달러짜리 지폐는 마지막까지 손에 꼭 쥐고 있는 거와 같다. 반대로 환율이 내려가서 1달러가 800원이 되면, 1달러짜리 지폐를 서로 먼저 쓰려고 할 것이다.

19) 특별인출권(特別引出權, Special Drawing Rights, SDR)은 국제통화기금 가맹국이 국제 수지 악화 때 담보 없이 필요한 만큼의 외화를 인출할 수 있는 권리 또는 통화이다. 특별인출권의 가치는 IMF가 5년마다 정하는 표준 바스켓 방식(Standard Basket System)에 의해서 결정된다. 2016년 10월 3일 기준으로 바스켓은 미국 달러(41.73%), 유로(30.93%), 파운드(8.09%), 일본 엔(8.33%), 중국 위안화(10.92%) 5개의 통화로 구성되어 있다.(위키백과)

20) Binance Research(2020). Will Libra Live Up To Its Initial Ambitions?

21) IMF(2019). The Rise of Digital Money.

22) 실물 명목화폐를 대체하거나 보완하기 위해 각국 중앙은행이 발행한 디지털 화폐를 뜻한다. CBDC는 블록체인이나 분산원장기술 등을 이용해 전자적 형태로 저장한다는 점에서 암호화폐와 유사하지만, 중앙은행이 보증한다는 점에서 비트코인 등의 민간 암호화폐보다 안정성이 높다. CBDC는 전자적 형태로 발행되므로 현금과 달리 거래의 익명성을 제한할 수 있으며, 정책 목적에 따라 이자 지급·보유한도 설정·이용시간 조절이 가능하다는 장점이 있다. 한편, 2019년 페이스북의 암호화폐인 리브라가 공개되면서 이에 위기를 느낀 각국 중앙은행은 디지털 화폐 개발 경쟁에 본격적으로 뛰어들기 시작했다. 특히, 중국 중앙은행인 인민은행은 달러 중심의 국제 금융질서를 재편한다는 목적으로 2014년부터 디지털 화폐를 연구하기 시작해 이 분야에서 상당히 앞서 있으며, 스웨덴은 2020년부터 디지털 화폐 'e-크로나' 테스트를 본격 가동하고 있다. 여기에 유럽중앙은행(ECB)과 영란은행(BOE)·일본은행(BOJ)·캐나다은행·스웨덴 중앙은행·스위스국립은행은 2020년 1월 CBDC에 대해 공동으로 연구하는 그룹을 만들기로 한 바 있다. 특히, 2020년부터 전 세계로 확산된 코로나19 사태로 현금 사용이 줄고 온라인 결제가 급증하면서, 많은 국가들이 디지털 화폐 개발에 관심을 기울이는 추세이다.(네이버 지식백과)

23) 일본의 블록체인 기업으로, 인도네시아의 은행의 본인인증 시스템 개발, 러시아 증권거래소 그룹의 가상통화 등의 거래 이력을 관리하는 시스템을 구축한 이력이 있다.

24) 일본의 몇몇 기업이 개발한 오픈소스 기반의 비허가형 블록체인. 간단하고 고속이어서 모바일 애플리케이션에 유리하다. 파나소닉, 혼다, 라쿠텐, 히타치, 빅꾸카메라 등 일본 기업들이 많이 활용하고 있다. 참고로 이로하란 영어의 ABC 노래와 같이 일본어 히라가나를 이용한 이로하 노래의 처음 3구절을 뜻한다. 굉장히 일본적인 단어라고 할 수 있다.

25) 바콩은 881년 크메르 왕국 시절 만들어진 피라미드 형식 사원으로, 시엠레아프 앙코르 유적지에 있다. 중앙의 탑은 메루산(Meru: 힌두교의 신성한 산)을 표현하였다. 피라미드식 기단 위에 중앙 성소 탑이 세워져 있으며, 탑의 꼭대기는 연꽃 모양을 하고 있다. 기단 주변의 8개 사원은 시바(Shiva)신의 여덟 가지 변신을 의미한다.(네이버 지식백과)

26) Digital Dollar Foundation(2020). Digital Dollar Project Whitepaper.

27) 1989년에 OECD 산하기구로 설립된 국제자금세탁방지기구(Financial Action Task Force on Money Laundering, FATF)가 암호화폐를 가상자산으로, 암호화폐사업자를 VASP로 정의하였다. VASP는 자금 세탁과 테러리스트이 금융에 접근하는 것을 막을 의무가 있다. 암호화폐 거래소들은 가상자산사업자(VASP)로 신고하기 위해 여러 요건을 준수해야 한다. 그중 가장 지키기 어려운 룰로 꼽히는 것이 트래블 룰(Travel rule)이다. 즉, 은행과 같이 암호화폐의 송수신자 정보를 다 가지고 있어야 하는데, 암호화폐 특성상 자국에서 해외로 보내는 수신자의 신원정보를 알기 힘들기 때문이다.

28) 현재 리브라 홈페이지에서 보이지 않지만, 2019년 6월에 나온 The Libra Association 자료에 의하면, 평의회 참가자들은 기본적으로 1000만 달러(약 120억원) 이상의 투자금을 내서 Libra Investment Tokens을 받고, 의사결정에서 한 표를 행사할 수 있는 권리를 얻는다. 참여자들의 투자금으로 리브라 리저브를 운영하게 된다.

29) 은행은 고객의 예금을 받으면 더 비싼 이자로 기업에 대출을 해주면서, 예금이자와 대출이자 차이, 즉 예대마진 만큼 이익을 얻는다. 그러나 고객의 예금을 전부 빌려줘 버렸다가 고객들이 한 번에 와서 돈을 돌려달라고 하면 줄 돈이 없어져서 뱅크런이 발생한다. 그래서 예금 등에 대해 항상 정해진 비율만큼 의무적으로 중앙은행에 보관해야 한다. 이때의 비율을 지급준비율이라고 하고, 그 금액을 지급준비금이라고 한다. 지급준비율을 10%라고 하면, 고객의 예금이 100억이면 10억은 상시 보관하고 있어야 한다. 한편, 10억 이상을 중앙은행에 보관하는 돈은 초과지급준비금이라고 한다. 시중은행도 초과지급준비금에 대해 중앙은행으로부터 이자를 받을 수 있어서 코로나19 등으로 시장이 어려워져 기업에 대출해 주기 두려운 경우는 초과지급준비금 형태로 저장하여 안전하게 돈을 보관하기도 한다. 그러면 중앙은행의 의도와 다르게 시중에 돈이 줄어들게 되어 아무리 중앙은행이 돈을 찍어도 시중에 돈이 그대로 부족해진다. 이럴 경우 중앙은행은 초과지급준비금에 대해 마이너스 이자를 적용해서 시중은행에게 돈을 빼서 기업들에게 대출해 주라는 메시지를 줄 수 있다. 최근 일본 중앙은행과 유럽중앙은행의 모습이다. 그러나 코로나19 등으로 기업들이 어려운 시기에는 마이너스 금리 정책을 펼쳐도 시중은행이 기업들에게 대출을 하지 않고 국채를 사들이고 그 국채를 다시 중앙은행이 양적완화의 형태로 사주기를 바라는 경우가 생겨서 결국 시중에 자금이 공급이 안 돼서 중앙은행의 한계를 보이기도 한다.

30) https://developers.libra.org/docs/libra-protocol

31) 여기서는 편의상 두 개의 계정만 나타나있지만 수억 명의 계정 정보가 머클트리 형태로 저장될 예정이다. 그때 발생한 수억, 수조 개의 트랜잭션 정보도 머클트리 형태로 저장된다.

32) 결정적 함수는 데이터베이스의 상태가 같을 경우, 호출될 때마다 항상 동일한 결과를 반환한다. 비결정적 함수는 매번 다른 결과를 반환할 수 있다. 예를 들어, 평균을 구하는 함수는 같은 데이터에서 항상 동일한 결과를 반환하지만, 현재 날짜/시간 값을 반환하는 함수는 호

출한 시간마다 다른 결과를 반환하게 된다.

33) 특정 하드웨어가 아닌 가상 컴퓨터에서 돌아가는 실행 프로그램을 위한 이진 표현법이다.

34) 리브라 블록체인의 모든 데이터는 하나의 버전으로 분산되어 관리되어 최종 버전에서의 원장 상태에서 트랜잭션이 실행되게 해준다. 또한, 다른 사용자가 원장의 과거 기록을 물어보면 버전에 맞게 대답하게 된다.

35) Libra 계정의 주소는 16바이트 값이다. 사용자는 디지털 서명을 사용하여 주소의 소유권을 주장할 수 있다. 계정 주소는 서명 체계 식별자와 사용자의 공개키의 암호화 해시를 이용해서 구한다. Libra는 Ed25519 및 MultiEd25519(다중 서명 트랜잭션 용)의 두 가지 서명 체계를 지원한다. 자신의 계정 주소에서 전송된 트랜잭션에 서명하려면 사용자가 해당 계정에 해당하는 개인키를 사용해야 한다.(리브라 홈페이지)

36) 토너먼트식으로 트리가 분리되기 때문에 한 번 비교할 때마다 검색의 수가 반으로 줄어듦을 의미한다. 10개의 트랜잭션 중에 원하는 것을 찾기 위해서는 먼저 5보다 크고 작은지 보고, 크다면 7보다 크고 작은지를 보고, 또 크다면 9보다 크고 작은지를 묻는 식이다. 술자리에서 병뚜껑 속에 숫자를 맞추는 게임에 적용하면 쉽게 술자리를 지배할 수 있다.

참고문헌

리브라 협회(2019). Libra White Paper v1.

리브라 협회(2019). The Libra Association.

리브라 협회(2020). Libra White Paper v2.

리브라 협회(2020). The Libra Blockchain.

IMF(2019). The Rise of Digital Money.

Digital Dollar Foundation(2020). Digital Dollar Project Whitepaper.

World Bank(2017). The Global Findex Database.

Binance Research(2020). Will Libra Live Up To Its Initial Ambitions?

藤井彰夫, 西村博之(2019). リブラの野望.

リブラ研究会(2019). リブラの正体.

岡田仁志(2019). リブラ可能性, 脅威, 信頼.

鹿野嘉昭(2010). 中近世欧州諸国における貨幣供給, 小額貨幣と経済発展.

7부

지역화폐
With 블록체인

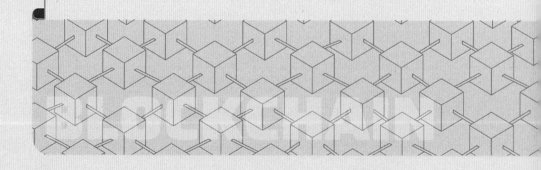

2019년 12월 발생한 코로나바이러스 감염증은 온 인류의 일상을 바꿔놓았다. 국내외 경제는 전례 없는 불확실성에 직면하게 되었고, 특히 경제 심리와 소비 활동이 위축되어 가계는 물론 소상공인과 자영업자의 어려움이 더욱 커지고 있다. 정부는 이러한 피해 상황을 극복하고자 긴급재난지원금을 제공하기에 이르렀다. 전 국민은 긴급재난지원금을 받게 되는 것은 물론 상황에 따라 지역별 재난소득을 받는 등 다양한 복지혜택을 받게 되었다. 그간 복지에 소극적이던 정치권과 국민들은 원하든 원치 않든 기본소득을 체험하게 되었다. 2020년 6월을 기준으로 지급 대상 2,171만 가구 중 99.5%가 지원금을 받는 등 반응도 뜨거웠다. 국민은 재난지원금을 통해 주로 생필품이나 식품을 사는 데 사용하고, 그동안 비싸서 사 먹기 어렵던 쇠고기를 소비하게 되면서 쇠고기 값이 연일 폭등하는 현상도 발생했다. 젊은 층은 그동안 위시리스트에 넣어두었던 스마트폰, 전자제품, 운동화 등을 구매하며 재난지원금으로 소비한 상품을 "플랙스 했다.[1]"라며 온라인에 공유하기도 했다. 국민들은 각기 저마다 재난지원소득을 필요한 사용처에 적극 소비하였다.

이러한 복지적 측면과 함께 지역화폐라는 키워드가 국민들에게 함께 다가왔다. 그동안 잘 알려지지 않거나 인식하지 못했던 지역화폐의 개념이 코로나19 사태로 인해 우리 곁에 성큼 다가온 것이다. 왜냐하면 행정안전부가 지정한 재난지원금의 지급수단에 지역사랑상품권과 함께 '지역'으로 사용처가 제한된 화폐를 국민들이 직접 경험했기 때문이다. 온라인에서는 "경기도에서 받은 재난지원금을 서울에서 쓸 수 없나요?"라면서 화폐의 사용 가능한 지역을 묻거나 결제 가능 매장이 어디인지를 묻고 찾아서 함께 공유하는 활동이 활발했다. 지역화폐나 지역사랑상품권을 제한 없이 어디서나 사용하지 못하는 것에 대한 불평불만이 제기되기는 하였으나, 대다수의 국민들은 활발한 정보 공유를 통해 스스로 사용처를 탐색하였고 소상공인들 역시 '재난지원금 사용 가능' 문구를 사업장에 게재하는 등 반응이 뜨거웠다.

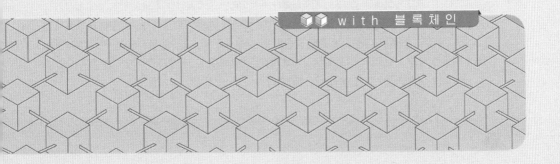

with 블록체인

〈표〉긴급재난지원금 지급수단별 특징

지급수단		지역제한	업종제한	온라인 사용
신용 · 체크카드		특 · 광역시, 도	아동돌봄쿠폰 제한업종 준용 ※ 백화점, 대형마트, 유흥업소 등	X
선불카드		광역 또는 기초 ※ 광역 단위 권고	아동돌봄쿠폰 또는 상품권	X
지역사랑 상품권	지류형	특 · 광역시, 시 · 군 ※ 기존 지역제한 유지	기존 업종제한 유지 ※ 백화점, 대형마트, 유흥업소 등	△ ※ 지자체별로 변동가능
	모바일형			
	카드형			

출처: 행정안전부(긴급재난지원금 홈페이지)

위와 같이 지역화폐는 이제 우리에게 낯설지 않은 존재가 되어가고 있다. 그렇지만 국민들 가운데 지역화폐의 의미를 정확하게 이해하는 사람은 많지 않아 보인다. 당장 주변을 둘러보아도 "지역화폐가 왜 필요해요?"라고 반문하여 지역화폐 자체를 부정적으로 바라보는 시선이 있는 것도 사실인데, 일견 수긍이 간다. 우리는 이미 원화라는 법정화폐를 갖고 있지 않은가? 적어도 그들이 보기에는 지역화폐에 들이는 세금이 아깝게만 여겨질 것이다. 또한, 지역화폐는 사용 편의성 측면에서도 불편하다. 차라리 재난지원금을 현금으로 받아서 아무 곳에서나 쉽게 결제할 수 있다면 얼마나 편리할까?

언뜻 보기에는 이처럼 지역화폐에는 아직 개선될 부분이 많아 보인다. 하지만 이는 지역화폐를 단편적으로만 이해하는 데서 연유하는 측면이 크다고 본다. 본래 지역화폐는 우리에게 익숙한 법정화폐와 다른 목적에서 시작되었고 이를 통해 달성코자 하는 지향점이 다른 '대안경제운동'이자 '대안화폐'의 일종이다. 따라서 지역화폐의 원리 및 연혁적 고찰을 통해 지역화폐가 왜 필요하게 되었고, 앞으로 어떠한 방향으로 발전하여 나가게 될 것인지에 대하여 학습하게 될 것이다. 아울러 지역화폐를 둘러싸고 제기되는 의구심 가운데 하나인 화폐로서의 무결성과 관련한 기술의 진보에 관하여 다룰 것이다. 이러한 기술 가운데, 블록체인 기술을 응용한 지역화폐의 발전에 대해 학습할 것인데, 이미 국내에서도 최초의 블록체인 기반 지역화폐 시스템을 도입한 노원구의 'NW(노원)'이 운영 중에 있고 조폐공사는 물론 KT, LG 등 대기업이 참여하여 개발한 블록체인 플랫폼에서 다양한 지역화폐가 개발되고 있으므로 이를 소개함으로써 이해를 돕게 될 것이다.

다만, 한 가지 주목해야 할 것은 지역화폐가 목적이라면 블록체인은 지역화폐의 목적 달성을 돕는 수단에 불과하다는 사실이다. 그러므로 우선 지역화폐를 설명하고 이어서 지역화폐가 블록체인 기술과 어떻게 결합되게 되는지에 관해 설명을 하는 순서를 택하고자 한다. 왜냐하면, 블록체인 기술이 아무리 새롭고 뛰어나더라도 지역화폐에 핵심요소로 작동될 수 없다거나 또 그만한 이유가 되지 못한다면 이는 과잉기술에 불과하기 때문이다.

1장 지역화폐운동으로 보는 지역화폐의 이해

이 장에서는 지역화폐의 원리 및 연혁적 고찰을 통해 지역화폐가 왜 필요하게 되었고, 앞으로 어떠한 방향으로 발전하여 나가게 될 것인지에 대하여 학습하게 될 것이다. 먼저, 화폐의 역사와 원리를 통해 법정화폐와 대안화폐의 차이를 이해하고 오늘날 지역화폐를 가능하게 한 지역화폐운동의 연혁적 고찰을 하게 될 것이다. 그리고 대표적인 지역화폐들인 레츠, 타임뱅크, 이타카 아워즈, 킴가우어에 대해 살펴보고, 국내에서의 지역화폐 발행 현황 및 작동 원리를 소개함으로써 앞으로 지역화폐가 나아가야 할 방향에 대해 생각해 보고자 한다.

1-1 화폐의 원리와 역사

지역화폐는 지역(Local)과 화폐(Currency)의 결합으로 이루어져 있다. 말 그대로 특정 지역에만 통용되는 화폐를 의미한다. 따라서 지역화폐를 이해하기 위해서는 화폐에 대해서 이해할 필요가 있는데, 일반적으로 '화폐'란 상품의 가치를 매기는 척도로써 상품이나 서비스를 교환하는 일반화된 수단을 말한다. 그러므로 화폐에는 거래의 지불 수단, 가치의 척도, 가치의 저축수단, 교환의 매개수단 등 4가지 기능이 있다. 경제학자 칼 폴라니는 이들 네 가지 기능 중 한 가지 기능만 충족해도 화폐라 할 수 있다고 하였으나 실제로 이들 기능 모두를 가진 화폐가 등장한 것은 인류가 문자를 사용하기 시작한 직후부터였다고 한다.

가치의 척도와 지불수단으로서의 화폐는 시대상황에 따라 다양한 방식으로 존재해왔는데, 고대에는 소금이나 동물의 가죽, 기름과 같은 것들이 화폐의 역할을 하였다. 특히, 소금은 역사적으로 중요한 화폐로 통용되었는데 현대와는 달리 소금의 제조와 채취가 어려웠고 생활에 필수적인 존재였기 때문이다. '월급쟁이'를 뜻하는 샐러리맨(salaried man)의 어원이 소금(salt)에서 유래한 것만 보더라도 당시 소금이 얼마나 중시되고 있었는지를 짐작하게 한다. 이처럼 법정화폐의 개념이 등장하기 전까지는 특정 물품이나 금속의 부피 혹은 중량이 누군가에 의한 가치보증 없이도 물건을 살 수 있는 가치의 척도가 되었던 것이다.

〈표 7-1〉 화폐의 4가지 기능

화폐의 기능	내용
지불 수단	거래의 최종결제 수단으로 활용
가치의 척도	다른 재화나 서비스의 경제적 가치를 측정하는 기준으로 역할
가치의 저축수단	구매력을 미래의 시점까지 저장하는 가치 저장의 역할
교환의 매개수단	거래를 쉽게 하는 교환의 매개수단

출처: 디지털통화와 비트코인 세미나 발표자료 - 한밭대학교 경제학과 조복현 교수(2013.12.19.)

그러나 시간이 지날수록 이러한 물품화폐에 문제점이 발견되기 시작하였다. 첫째, 물품화폐는 휴대와 보관이 불편하여 원활한 거래를 제약하였고 화폐의 운반이나 보관에 또 다른 노력이 요구되었다. 둘째, 물품화폐의 가치가 모든 지역에서 똑같이 통용되지 못했다는 점인데 이는 외부와의 교역을 어렵게 만드는 원인이 되었다. 그러나 가장 큰 문제는 물품화폐를 이용해서는 이익을 얻기 어렵다는 점에 있었다. 여기서의 '이익'이란 화폐를 사용함으로써 얻는 사용자의 효용을 의미하는 것이 아니라 화폐를 발행 및 운영하는 운영자 관점에서의 이익을 의미하는데, 물품화폐는 군주나 국가에 의한 통제가 어려워서 자신들의 권력을 유지하는 데도 효율적이지 못하다는 치명적 단점이 있었다.

이러한 연유로 말미암아 국가가 등장하고 기술이 발전함에 따라 국가에 의한 표준화된 화폐가 등장하게 되었고, 화폐에 대한 권력은 자연스럽게 국가나 군주들이 소유하게 된 것이다. 근대화폐 초기에는 물품화폐로 자주 사용되었던

금이나 은 등의 부피를 줄이기 위해 금속으로 만든 주화를 발행하게 되었지만, 시간이 지남에 따라 다른 국가와의 교역이 필요하게 되면서 지폐를 발행하게 되었다. 하지만 '지폐'는 단순한 종잇조각에 불과하여 실물가치가 액면가치에 훨씬 미치지 못했기 때문에 각 국가들은 지폐를 발행할 때 금과 같은 귀금속을 보관하고 그 증서로 지폐를 발행하는 방법인 이른바 금본위제를 택하는 경우가 있었다. 금본위제를 시행했던 1971년 이전에 미국에서 발행하는 달러에는 다음과 같은 문구가 적혀 있었는데, "달러를 가지고 와서 은행에 요구한다면 금화 한 닢을 주겠다."는 의미였다.

"in Gold Coin, Payable To The Bearer On Demand."

[그림 7-1]

그러나 국가 간 교역이 확대되자 화폐를 발행하기 위해 금을 조달하는 것이 점점 어려워졌다. 게다가 금의 채굴속도에 따라 국가의 통화 공급량을 조절하게 됨에 따라 안정적인 통화정책을 펼치는 것이 불가능하였다. 이에 따라 금본위제도는 모든 국가에서 폐지되기에 이르렀고 그 결과 금과 지폐의 1대 1의 관계는 사라지면서 금을 통한 보증과 무관하게 화폐를 발행할 수 있게 되었다. 1971년 이후 미국에서 발행한 화폐는 얼마의 금의 가치를 보장하는 게 아니라 국가가 법적으로 지급 가능한 화폐임을 보증하는 것으로 화폐가 갖는 의미가 달라지게 되었다.

"This note is legal tender for all debts, public and private."
이 지폐는 모든 공적 그리고 사적 채무에 지불가능한 법정화폐입니다.

[그림 7-2]

　　이렇듯 화폐는 물품화폐에서 시작하여 금속화폐, 금본위제도 화폐를 거쳐 현대는 신용화폐로서의 성격을 갖고 있다. 즉, 오늘날에는 화폐 그 자체는 아무런 가치가 없고 법률적으로 통용할 수는 일종의 권리와 강제력이 부여된 존재에 지나지 않는다. 마찬가지로 우리나라 법정통화 역시 한국은행법 제48조에 따라 한국은행이 발행한 은행권만이 대한민국의 유일한 '법화'로서 공사 일체의 거래에 무제한 통용되는 강제통용력을 갖는다. 또, 민법 400조도 민법상 금전채무의 이행으로 채권자가 은행권을 받으려하지 않는다면 채권자지체 효과가 발생하는 것으로 하여 그 강제통용력을 지지해 주고 있다.

〈표 7-2〉

한국은행법	제48조(한국은행권의 통용) 한국은행이 발행한 한국은행권은 법화(法貨)로서 모든 거래에 무제한 통용된다.
민법	제400조(채권자지체) 채권자가 이행을 받을 수 없거나 받지 아니한 때에는 이행의 제공있는 때로부터 지체책임이 있다.

　　이상에서 보는 바와 같이 화폐는 연혁적으로 실물가치로서 화폐의 가치를 나타냈던 물품화폐에서 시작하여 국가나 권력자들이 화폐에 대한 통제와 통치를 편리하게 하기 위한 수단으로서의 주화와 지폐 그리고 금본위제를 거쳐 금

보유량의 제약 없이 화폐를 발행지만 국가가 지급을 법적으로 보증하는 신용화폐로 발전하였다. 더 나아가 최근 디지털 기술의 발달에 따라 어디서든 컴퓨터나 스마트폰을 이용하여 편리하게 지급결제 등 모든 금융거래가 가능한 전자금융 시대를 맞이하고 있다. 그렇다고 하여 신용화폐의 본질적인 기능이 사라진 것은 아니다. 자신이 보유한 화폐의 가치는 금융기관 어딘가에 존재하며[2] 다만 금융기관이 거래를 디지털 상에서 대신 처리해 주는 것에 지나지 않는 것이다.

1-2 지역화폐와 지역화폐운동의 역사

지역화폐는 글자 그대로 '지역'에서 사용되는 화폐이다. 그러나 지역화폐는 한국은행법에 따라 발행되거나 국가에 의해 강제통용력을 보장받는 화폐가 아니기 때문에 법정통화라기보다 일종의 대안화폐에 지나지 않는다. 따라서 법적인 측면에서 무제한 통용력이 인정되지 않고 민법상 채권자지체와 같은 효과도 발생하지 않는다. 그 이유는 지역화폐가 정부나 지방자치단체와 같은 공공에 의해 시작된 것이 아니라 지역과 공동체에게 닥친 위기를 극복하기 위해 주도된 대안경제운동이자 공동체화폐에서 출발하였기 때문이다. 따라서 지역화폐는 세계 여러 국가와 지역의 공동체, 시민단체, 전문가 등에 의해 오랜 시간 연구되고 탄생한 역사를 가지고 있으며 현재도 이러한 노력이 세계 각지에서 이루어지고 있다. 이러한 활동을 지역화폐운동이라 하며, 주로 노동력이나 물품을 지역화폐를 매개로 교환하고 거래할 수 있도록 체계화하는 활동이었다.

현대 자본주의와 화폐경제는 인류의 눈부신 발전을 견인해 왔으나 그 뒤에는 늘 '인간소외'라는 어두운 그림자가 존재해 왔다. 거대한 산업화의 물결 속으로 빨려들어가듯 흘러가는 시장경제의 뒤안길에는 화폐로 계상되는 자본력이 약한 인간은 소외될 수밖에 없었던 것이다. 자본력이 없는 인간은 세상에 쓸모없는 존재일까? 자본이 없다면 아무 물건이나 서비스를 이용할 수 없을까? 지역화폐운동은 바로 이러한 의문을 던지며 시작되었다.

1) 레츠(LETS: Local Exchange & Trading System)

[그림 7-3]

현대적 의미의 지역화폐는 1983년 캐나다 코목스 밸리에서 마이클 린턴이 시작한 '레츠(LETS)' 운동이다. 레츠 운동이 시작된 1980년대 초반 코목스 밸리는 지역경제를 뒷받침하던 공군기지가 떠나고 대표 산업이었던 목재산업마저 침체되면서 마을에 큰 불황이 닥쳤다. 당시 마을의 실업률은 무려 18%에 이르렀고 실직자들은 현금이 없어 어려운 생활을 이어가야 했다. 오늘날과 같은 복지시스템이 생기지 않았던 당시로서는 이러한 문제를 해결할 방법은 두 가지 밖에 없었다. 첫째는 어떻게 해서든 노동을 통해서 소득을 발생시키는 것이고, 둘째는 사업을 해서 돈을 버는 것이다. 그러나 이미 대량 실직에 따른 경기침체로 지역의 소비가 완전히 위축된 상황이었기 때문에 사업이 잘될 리가 만무하였다.

지역경제 회생방법을 궁리하던 마이클 린턴(Michael Linton)이라는 컴퓨터 프로그래머는 지역화폐라는 아이디어를 고안했다. 일할 능력과 의지가 있는 사람들이 경제 불황으로 일자리를 구하지 못하여 어렵게 생활하는 것을 보면서 돈을 쓰지 않고도 경제활동에 참여할 방법이 있지 않을까 고민하다가 '현금을 쓰지 않고도 경제활동에 참여'할 수 있는 새로운 화폐시스템인 레츠(LETS: Local Exchange & Trading System)를 개발한 것이다. 린턴은 프로그래머였던 자신의 경험을 살려 녹색 달러라는 화폐를 만들어 주민들이 서로 노동과 물품을 교환할 수 있게 하였다. 즉, 레츠의 회원들이 사무국을 통해서 필요한 물품이나 서비스 혹은 공급 가능한 물품 목록을 정기적으로 사이트에 올리게 하여 1대 1간 거래가 이루어지게 하고, 동시에 거래내역이 컴퓨터 저장장치에 기록되어 회원들에게 정기적으로 공개함으로써 거래의 투명성을 확보했다. 레츠는 사람들과의 관계를 통해서 돈 없이도 물건과 서비스를 교환할 수 있는 시스템이라는 점에서 대안화폐의 가능성을 보여줬다.

2) 타임뱅크(Time Bank)

초기 지역화폐인 레츠는 아예 물리적인 형태의 화폐를 필요로 하지 않은 반면, 그 이후에는 물리적 화폐 형태를 가진 지역화폐들이 속속 등장하기 시작하였다. 대표적인 것이 1980년대 말, 에드가 칸(Edgar Cahn) 박사가 미국에서 시작한 타임뱅크 운동이다. 칸 박사는 병원에 입원해 있으면서 스스로 아무것도 할 수 없어서 주변 사람들로부터 도움을 받아야 했던 적이 있다. 이때, 그는 자신이 쓸모없는 사람이라며 비참해 하기도 하였는데, 수동적인 수혜자인 자신과 도움 제공자의 일방적인 관계를 극복할 수 있는 새로운 관계를 구축하기 위해 '타임뱅크 시스템'을 구상하게 되었다.

"모두의 1시간은 평등하다."
에드가 칸

출처: 서울특별시
(https://opengov.seoul.g
o.kr/press/16471591)

타임뱅크 시스템에서는 누군가를 위해 한 시간 동안 봉사나 노동을 하면 그 시간만큼 타임 달러로 저축되며, 이 타임 달러를 사용하여 다른 사람으로부터 봉사나 노동을 제공 받을 수 있게 된다. 이를테면 급한 일이 생겨서 아이를 돌볼 수 없는 상황에 부닥친 주부가 가정교사인 이웃에게 아이를 1시간 동안 맡겼다면 그 사람에게 1타임 달러를 적립해 주는 것이고, 타임 달러를 소지한 가정교사는 자신의 컴퓨터 수리를 위해 컴퓨터 수리공을 불러 컴퓨터 수리를 시키고 그 대가로 타임 달러를 지급할 수 있는 것이다. 물론, 타임 달러는 단순히 교환에만 사용할 수 있는 것이 아니라 다른 사람에게 선물하거나 단체에 기부하는 것도 가능하다.

타임 달러의 가장 큰 특징은 도움을 주고받는 사람들이 반드시 1대 1의 관계일 필요가 없다는 점이며, 모든 종류의 봉사와 노동이 동등하게 취급받고 인정받는다는 데에 있다. 어린아이를 돌봐주는 가정교사의 1시간과 법률상담을 도와주는 변호사의 1시간을 동등하게 인정한다는 것인데, 화폐경제에서는 상상하기 어려운 등가관계지만 서로가 서로를 위해 봉사하고 노동하며 혜택을 누리는 호혜성의 원리에 입각한다면 가능한 등가관계라 할 것이다. 에드가 칸 박사는 시장경제의 역사는 수백 년 밖에 되지 않았지만, 자식을 키우는데 어머니가 어떤 조건을 붙이지 않는 것처럼 둘 간의 비교가 무의미하며 사람들은 모두에게 서로가 필요하다고 설명한다.

3) 이타카 아워즈(ithaca hour)

"IN ITHACA WE TRUST"

출처: https://pastandpresent.com/2019/02/06/alternative-currencies-ithaca-hours/

[그림 7-4]

아워 시스템은 지역활동가인 폴 글로버(Paul Glover)에 의해 1991년 미국 뉴욕주의 카운티 이타카에서 시작되었다. 아워즈의 등장 배경 역시 당시 지역경제가 어렵다는 점에 있다. 이타카가 속한 미국 북동부 지역은 다른 지역으로 산업적 기반이 유출되면서 지역 내 고용이 불안정한 상황에 직면하였지만 미국 연방정부의 세수 감면 정책으로 지방 정부의 재정 부담이 증가하면서 시민을 위한 공공서비스는 오히려 감소하고 있었다. 폴 글로버는 초기 레츠 모형을 도입하여 이타카 지역에서 지역화폐운동을 시작하였으나 레츠의 폐쇄성 및 가시적인 화폐가 없고 거래가 불편하다는 레츠 모형의 한계로 말미암아 10개월 만에 포기하고 지폐형 지역화폐인 아워 시스템을 만들게 되었다.

> "아워즈는 사람들이 지역 내에서 고용되게 합니다. 달러가 지역을 벗어나지 않게 되죠. 대기업으로 흘러간 달러는 지역으로 다시 들어오지 않습니다. 우리는 미국 일부 도시들이 결과적으로 제3세계처럼 되어가는 것을 봅니다. 아워즈가 좋은 점은 은행에 쌓아두지 못한다는 것입니다. 사용해야 하니까 자본 집중이 일어나지 않죠."
>
> 출처: 이로운넷. 뉴욕의 시간은 공평해. 이타카아워즈. 조각보(2012.09.27.).

아워 시스템은 레츠와 기본적인 출발과 개념은 비슷하다. 하지만 레츠처럼 회원제를 기초로 계좌를 가지고 거래하는 것이 아니라 한 시간의 노동을 기준으로 '아워'라는 계산단위로 거래하고 가시적인 실물지폐가 존재한다. 그러나 아워즈도 공동체의 참여를 독려하기 위한 시스템을 보유하고 있는데, 먼저 아워즈에 참여하고 등록하면 2시간의 아워즈를 제공받으며, 또 참여의 대가로 매년 2시간의 아워즈를 신청할 수 있다. 이타카 아워즈는 현금과 합쳐 지급이 가능한데, 예를 들어 3달러짜리 물건을 구매한다고 가정할 경우 2.5달러 상당의 쿼터아워와 50센트를 합쳐 물건대금을 지급할 수 있다. 또한, 단순히 물품구매 용도뿐만이 아니라 뜨개질이나 춤, 언어 등 재능을 나누는 등 노동의 가치를 아워즈로 보상받을 수도 있고, 이렇게 보상받은 아워즈로 식품을 구매하거나 영화 관람, 기술상담, 도서구입, 헬스클럽 이용 등 서비스 이용에도 사용할 수 있다. 또한, 지역화폐라는 특성상 지역 20마일 이내에서만 발행 및 사용이 가능하기 때문에 지역 내에서 화폐가 순환됨으로써 수십만 달러 어치의 지역 거래를 활성화시키는 효과를 거둘 수 있었다. 지역 내 기관과의 협업 모델도 눈에 띠는데, 아워 시스템은 아타카시 상공회의소와 시 정부의 적극적인 지원을 받으면서 이타카 시청 구내식당에서 아워즈 사용이 권장되며, 지역 내 일부 은행은 직원의 봉급 일부나 은행 수수료를 아워즈로 지급하는 등 지역화폐 활성화에 동참하고 있다.

4) 킴가우어(Chiemgauer)

유럽의 지역화폐는 독일이나 오스트리아 같은 독일어권에서는 대안적 화폐의 전통이 매우 깊고 이미 1930년대부터 스탬프 화폐라는 지역화폐가 발달하였다. 스탬프 화폐는 독일의 경제학자이자 사회운동가인 실비오 게젤(Silvoio Sesell)의 아이디어에서 출발하였는데, 게젤은 이자 시스템이 사회에 부정적인 영향을 미친다고 보아 시간에 따라 화폐의 가치가 감소하는 마이너스 이자 개념의 스탬프 화폐인 '자유화폐'를 설계하였다. 이는 화폐의 저축을 방지하고 교환 기능을 극대화하기 위해 화폐의 사용을 사실상 강제하는 방식으로 스탬프 화폐를 유지하기 위해 정해진 기간에 액면 가치의 일정 비율에 해당하는 스탬프를 붙여 액면 가치를 주기적으로 감소시키는 방식이다. 스탬프 화폐의 아이디어를 원리로 한 대표적 지역화폐로 독일의 킴가우어(Chiemgauer)가 있다.

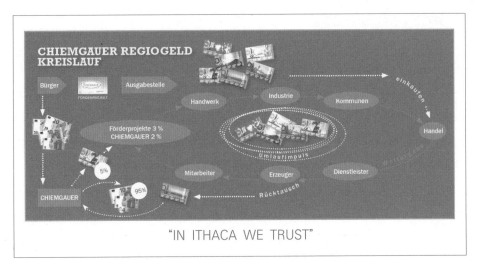

"IN ITHACA WE TRUST"

출처: 킴가우어의 지역 순환(https://www.chiemgauer.info/)

[그림 7-5]

킴가우어는 독일 바이에른주 헨 인근의 소도시들인 프리엔(Prien), 로젠하임 (Rosenheim), 트라운슈타인(Traunstein) 등에서 유통되는 지역화폐로, 2003년 1월 프리엔의 발도로프 학교의 학생들의 수업 프로젝트에서 시작되었다. 학생들과 선생님은 지역에서만 통용되는 화폐를 만든다면 지역경제를 활성화시키고 소상 공인을 도울 수 있다는 생각을 가지고 킴가우어 모델을 개발하기 시작하였는데, 놀랍게도 지역의 소상공인들에게 높은 관심을 끌게 되었다. 킴가우어는 스탬프 화폐의 원리를 채택하여 미사용 시 마이너스 이자가 발생하여 쓰지 않을수록 소 유자가 손해를 입는 구조였다. 이렇게 하여 킴가우어는 지역에서 지속적으로 순 환되면서 지역 내 소비를 촉진할 수 있었다.

킴가우어는 레츠(LETS)나 아워 시스템(ithaca hour)처럼 시간에 기반한 형식 이 아닌 국민화폐인 유로와의 교환을 통해 발행되었기 때문에 화폐를 받은 상점 은 지역 내에서 이를 사용하거나 아니면 유로화로 교환이 가능했다. 하지만 킴 가우어는 다양한 지역화폐 참여자들이 서로 이득을 볼 수 있는 관계 구축을 목 적으로 하였기 때문에 각 참여자별로 유로화와의 교환비율과 수수료가 다르게 설계되었다. 이는 다양한 혜택을 통해 참여자를 유인함으로써 킴가우어의 사용을 늘리기 위한 것이었다.

킴가우어는 소비자로 등록하는 개인에게 킴가우어로 결제할 수 있는 카드 (Regiocard)를 발행한다. 소비자가 가맹점을 이용하더라도 할인이나 포인트를 제공하지 않는다. 그러나 소비자는 자금지원 프로젝트라고 불리는 프로그램을 선택하여 구매에 사용한 금액의 3%를 프로젝트에 등록된 클럽에 적립할 수 있게 된다. 이들 클럽에는 양봉단체, 자선단체, 자연보호협회, 도서관, 아동보호협회, 유치원 등 300여 개가 있으며, 소비자는 킴가우어를 사용함으로써 지역공동체를 위한 다양한 프로젝트에 동참하는 효과를 거둘 수 있게 된다. 참고로 국내에서도 코로나19 사태로 위기를 맞은 지역경제를 보호하기 위해 2020년 5월부터 연말까지 '코로나 연대 기금' 프로젝트를 통해 소상공인 등을 지원하려는 움직임이 있다.

킴가우어에 참여하는 기업은 매출 100유로 당 지역기여금 1.25유로, 연간고정비 65센트 그리고 유통비용(Umlaufimpuls)으로 10센트 등 도합 2유로의 수수료를 납부해야 되지만 킴가우어의 교환에서 발생하는 매출 5%의 세액공제를 받을 수 있고, 지역과 공동체에 기여하는 기업 이미지를 획득할 수 있기 때문에 참여에 적극적이다. 킴가우어는 2020년 현재 4,000여명의 소비자, 500여명의 기업을 회원으로 확보함으로써 전 세계 지역화폐 가운데 가장 성공적인 사례로 평가받고 있다.

〈표 7-3〉 일반화폐와 지역화폐의 차이점

일반화폐	지역화폐
이윤창출의 관점에서 고려의 대상	지역 자원의 지역 내 교환을 장려하고 소기업을 지원
이윤 창출이 어려워지거나 작아질 때, 자본은 지역 사회를 버리고 새로운 대상을 찾음	지역 구성원에게 필요한 일자리를 창출하고 지역사회의 자립적인 삶 추구
세계화된 자본주의 경제체제 하의 지역사회는 경제적, 사회적으로 독립성과 주체성이 상실되고 수동적 존재가 됨	세계화된 자본주의 경제체제의 요동이 지역사회에 미치는 영향을 최소화하려는 것이 지역화폐운동의 목적 중 하나임

출처: 이창우(2013). 지역화폐를 활용한 서울시 마을공동체 강화방안. 서울연구원.

이외에도 영국의 브리스톨 파운드(Bristol Pound)에서부터 일본의 아톰통화 (Atom Community Currency) 등 다양한 목적을 가진 지역화폐가 세계의 여러 지역에서 창안되어 운영되어 왔다. 사례에서 보듯이 지역화폐는 지역화폐의 사용을 통한 자본의 역외 유출을 막아 지역경제를 보호하려는 목적과 함께 지역사회 문제 해결을 위한 연대 및 커뮤니티 회복이라는 공통점을 갖고 있다. 그러나 지금까지 창안된 많은 지역화폐가 그다지 성공적이지는 못하였다. 하지만 지금까지의 다양한 지역화폐 운동은 무한 경쟁 시대에서 지역공동체 보호와 인간성 회복을 추구하여 왔다는 점에서 그 가치를 결코 가볍게 볼 수 없을 것이다.

1-3   국내 지역화폐의 현황

세계의 다양한 지역화폐운동처럼 국내에서도 공동체와 지역을 회복하기 위한 시도들이 있어 왔다. 국내 지역화폐운동은 우리나라의 전통적인 공동체 협동문화인 두레, 품앗이, 계처럼 마을 공동체와 이웃들이 서로를 돕고 보살피는 문화에서 출발하였다는 특징이 있다. 공동체의 이러한 협동과 노력을 '다자간 품앗이 제도'라고 할 수 있다. 마을의 대소사를 의논하고 함께 헤쳐나가며 가진 게 많지 않아도 기쁨과 슬픔을 이웃과 함께 나누었던 따뜻한 전통이 지역화폐의 정신으로 재구성된 것이다.

국내에 지역화폐가 처음 소개된 이후 레츠기반의 지역화폐들이 속속 탄생하기 시작하였는데, 최초로 등장한 것이 '미래를 내다보는 사람들의 모임'이 도입한 미래머니이다. 미래머니를 위시한 레츠기반 지역화폐의 특징은 실물화폐의 매개 없이도 회원들 간에 경제생활이 가능하도록 지역통화체계를 구축한 것이다. 이후 민들레 교육통화에서부터 대전의 한밭레츠에 이르기까지 여러 지역에서 지역화폐운동이 시작되었다. 특히, 우리나라의 경우 1997년 외환위기 때 국민들은 철옹성 같던 국가경제와 기업 그리고 은행들이 힘없이 무너지는 것을 목도하면서 공동체의 협력 필요성을 자각하게 된 것이 다양한 지역화폐의 탄생에 일조하였다.

◇ 〈표 7-4〉 우리나라 지역화폐운동 현황

공동체화폐제도	운영단체	공동체화폐명	도입시기	특징
미내사 FM	미래를 내다보는 사람들의 모임	미래머니 (future money)	1988년 5월	비영리 민간단체
민들레 교육통화	출판사 '민들레'	민들레	1999년 1월	비영리 민간단체
서초품앗이	서초구청	그린머니 (green money)	1999년 2월	지방자치단체
작아장터	녹색연합 출판사	없음	1999년 3월	비영리 민간단체
송파품앗이	송파 자원봉사센터	송파머니	1999년 8월	구립민영지역 자원봉사센터
동작 자원봉사은행	동작구 자원봉사센터	없음	1999년 11월	지방자치단체
한밭레츠	주민	두루	2000년 2월	민간인
과천 품앗이	주민	아라	2000년 11월	민간인
안산 고잔품앗이	안산 고잔1동사무소	고잔머니(GM)	2002년 6월	민간인
구미 사랑고리은행	구미요한 선교센터	고리	2002년 8월	비영리 민간단체
지역품앗이 광명그루	광명시 평생학습원	그루	2004년 3월	지방자치단체
대구 지역화폐 늘품	대구 달서구 본동종합사회복지관	늘품	2005년 4월	지방자치단체

출처: 천경희(2007). 지역화폐운동의 실천적 의미와 향후 전망. 울산발전연구원.

우리나라에서 민간이 주도한 지역화폐 가운데 가장 활성화되었다고 평가받는 지역화폐가 대전의 한밭레츠이다. 한밭레츠는 지역주민이 주도하여 1999년

공동체화폐인 '두루'를 만들면서 시작되었다. 두루는 소지자가 보유하고 있는 노동과 물품을 필요로 하는 다른 이웃에게 제공하고 자기 자신도 다른 사람으로부터 필요한 노동과 물품을 받을 수 있도록 설계된 지역화폐이다. 물론, 한밭레츠가 처음 알려지기 시작할 무렵에는 많은 사람들이 공동체화폐에 대한 이해도는 매우 낮았다. 이를 뒷받침하는 다음과 같은 일화가 있다.

개인적으로 평소 친분관계를 맺고 있던 지역의 신문·방송 등 언론사의 기자와 PD 등에게도 보도자료를 제공하고 '한밭레츠'에 대한 개략적인 설명을 해주었다. 즉, "우리들이 사용하는 화폐명은 널리 또는 '두루두루 사용하다'라는 뜻이 담긴 순수 우리말인 '두루'이고, '두루'는 회원들의 혼란을 방지하기 위해 일반시민들이 사용하는 원화와 등가의 원칙을 적용해 1,000두루는 1,000원에 해당한다. 등록소에 가입 신청(가입비는 현금 10,000원, 실직자와 주부 등은 10,000두루)을 한 회원들이 원하는 것과 제공하고자 하는 물품과 서비스 목록을 알려주면, 그를 토대로 등록소에서는 게시판을 만들어 회원들에게 제공해준다. 이것을 보고 회원들이 전화를 하여 상호합의 아래 거래를 한 후 최종적으로 거래내역을 등록소에 통보해주면 등록소에서는 각 개인의 계정을 통합해서 관리하게 된다. 등록소의 운영은 매 거래 시마다 발생하는 거래액의 5%를 수수료로 공제해 사용하게 된다."라고 설명해 주었다. 이때, 그들이 보여준 반응은 대체로 "거참, 신기하군. 그것이 실제로 가능하냐."하는 것이었다.

출처: 한밭레츠–나눔과 보살핌의 공동체 실험(2001.09.01.). 녹색평론 통권 제60호. 박용남.

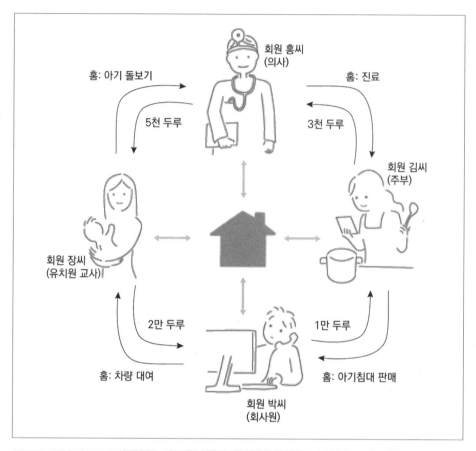

현원 홍씨
(의사)

홈: 아기 돌보기

홈: 진료

5천 두루

3천 두루

회원 김씨
(주부)

회원 장씨
(유치원 교사)

2만 두루

1만 두루

홈: 차량 대여

홈: 아기침대 판매

회원 박씨
(회사원)

[그림 7-6] 한밭레츠의 순환

한밭레츠는 당초 기대했던 거래성과가 나타나진 않았으나 2020년 6월 현재까지 존속하고 있는 지역화폐이다. 한밭레츠 공동체는 현재도 매월 '좋은 이웃 뉴스레터'를 발행하고 다양한 중고물품을 거래하며 공동체문화를 나누기 위한 다양한 품앗이 운동도 펼치고 있다.

민간 주도 지역화폐와 별개로 2000년대 중반부터 정부나 지방자치단체에 의해 지역경제활성화를 목표로 한 상품권 형태의 지역화폐들이 도입되기 시작하였다. 민간주도 지역화폐 실패 사례를 참조하여 정책적 차원에서 지역화폐가 도입된 것이다. 민간주도 지역화폐와 공공주도 지역화폐를 비교하면 <표 7-5>와 같다.

〈표 7-5〉 발행주체에 따른 지역화폐의 특징

항목	민간주도 지역화폐	공공주도 지역화폐
운영주체	지역공동체	지방자치단체
운영근거	규칙 및 구성원 간 상호신뢰	조례 등 제도적 근거
장점	• 공동체의 높은 참여율 • 호혜성의 원리에 따라 사회적 자본의 축적이 가능	• 예산 및 행정력 동원 가능 • 지역화폐 시스템의 지속을 담보함
단점	• 운영자금을 조달하기 어려움 • 공동체가 요구하는 수준의 재화 및 서비스의 공급이 어려움	• 공동체의 자발적 참여를 이끌기 어려움 • 사회적 자본의 축적이 어려움

앞서 소개한 지역화폐를 발행주체별로 분류해 보면 지역화폐운동 사례에서 살펴본 레츠, 타임뱅크, 아워 시스템, 킴가우어 등은 민간이 발행하고 운영하는 지역화폐들이다. 민간주도 지역화폐의 경우 상대적으로 공동체의 참여와 협조를 이끌어내기 용이한 반면, 예산, 행정력 등의 부족으로 말미암아 시스템이 지속되기 어렵다는 단점이 있다. 한편, 정부나 지방자치단체가 발행과 운영을 책임지는 공공주도 지역화폐는 현재 국내에서 운영되고 있는 대부분이 이에 해당한다. 주로 지방자치단체가 지역경제 활성화를 목표로 정책적으로 이용하는 것인데, 지방자치단체의 예산과 행정력을 활용하여 지역화폐 시스템을 제도적으로 안착시킬 수 있는 장점이 있는 반면, 공동체의 참여를 이끌어 내어 본연의 목표인 공동체 회복과 대안경제로서의 역할을 하는 데에는 한계가 있다.

2020년 현재 지역화폐를 발행하지 않은 지방자치단체를 찾기 어려울 만큼 다양한 지역화폐가 운영되고 있다. 행정안전부의 '지역사랑상품권 발행 지자체 현황(2020.3.6.)'에 따르면 2020년 전국 198개 지역에서 지역화폐를 발행하고 있으며, 지역화폐를 발행하지 않은 지방자치단체는 단 45곳에 불과하다고 한다. 그러나 이들 지자체들마저도 지역화폐 도입을 준비하고 있는 것으로 알려져 있어서 머지않아 대한민국 전역에 지역화폐가 존재할 것으로 예상된다. 하지만 지방자치단체들이 경쟁적으로 지역화폐를 발행하다보니 예산낭비가 심각하고 또화폐의 위·변조 문제나 시스템에 대한 해킹 위험이 상존하고 있는 것이 사실이다. 이에 따라 다음 장에서는 지역화폐가 직면한 이러한 문제에 대안으로 블록체인형 지역화폐가 대안이 될 수 있는지에 대해 살펴보고자 한다.

참고로 지역화폐가 어떻게 통용되어야 하는지에 대한 영국의 대안경제학자(Alternative Economies) 피터 노스(Peter North)가 제시한 네 가지의 지역화폐의 요소를 소개한다. 피터 노스는 영국은 물론, 세계 여러 지역의 지역화폐를 연구하면서 지역화폐가 통용되기 위해서는 다음 네 가지 관계를 분명히 해야 한다고 보았다. 지역화폐를 이해함에 있어서 참조할 만한 가치가 있어서 소개한다.

- 통화의 물리적 형태는 신뢰할 수 있고 이해할 수 있어야 한다.
- 또한 이를 수용하는 사람들을 어떻게 식별할 수 있는지 명확해야 한다.
- 계정(계좌) 관리 기준이 명시되어야 한다.
- 통화의 목표 대상 및 목표는 명확해야 한다.

자료: Peter North(2000), Complementary currencies and community economic development in an international perspective; Problems and how they might be overcome, Community Development Journal.

2장 블록체인과 지역화폐의 접목

이 장에서는 블록체인과 지역화폐의 접목에 대해서 살펴보기로 한다. 지역화폐는 일반적으로 지역 내 소비를 권장함으로써 지역소비 활성화를 촉진하고 지역자본의 역외유출을 방지하여 지역경제 활성화를 통한 지역공동체 부활이라는 두 가지 지향점을 갖고 있다.

먼저, 지역화폐는 지역경제의 선순환 구조를 만드는데 도움을 줄 수 있고 다음으로 지역화폐는 지역공동체의 발전에 기여하게 된다. 하지만 지방자치단체가 지역화폐를 발행하고 운영하는 데에는 막대한 예산이 소요되는 문제가 있고 화폐의 위조와 변조 위험이 상존한다. 이와 같은 문제를 해결하기 위해 신뢰기술로서의 블록체인을 접목하는 방안을 소개하였다.

2-1   지역화폐의 방향성

'왜 블록체인 기반 지역화폐인가?'라는 질문에 대한 답을 하기 전에 우선 지역화폐의 지향점에 대해 생각해 볼 필요가 있다. 지역화폐는 일반적으로 지역 내 소비를 권장함으로써 지역소비 활성화를 촉진하고, 지역자본의 역외유출을 방지하여 지역경제 활성화를 통한 지역공동체 활성화라는 두 가지 지향점을 갖고 있다.

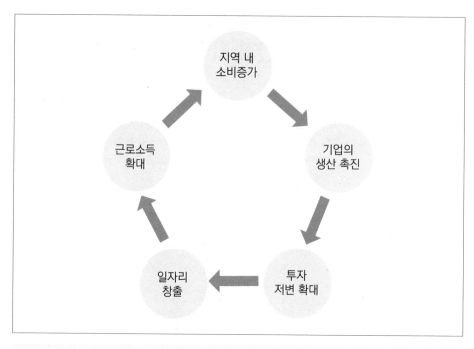

[그림 7-7] 지역경제의 선순환

우선, 지역경제 활성화 측면에서 지역화폐는 [그림 7−7]과 같이 지역경제
의 선순환 구조를 만드는데 도움을 줄 수 있다. 지역화폐를 통해 지역 내 소비
를 증가시키면 기업과 소상공인의 소득 창출로 이어져서 생산 활동이 촉진될 수
있다. 기업은 더 많은 시장기회를 갖게 되므로 자연스레 투자를 늘리게 되고, 그
결과 일자리가 늘고 근로소득이 증가하는 선순환이 일어나게 된다.

공동체 활성화 측면은 어떨까? 지역공동체는 주민들 스스로 주체가 되어 지
역사회 문제 해결을 위해 결성된다. 경제위기가 닥친 지역에서 실물화폐 없이도
공동체가 살아갈 수 있도록 고안된 레츠 사례나 이타카 아워즈 사례를 보면 결
국 지역화폐는 공동체 활성화를 위해 발행 및 운영되었다. 그래서 지역화폐는
하나의 사회적 자본3)으로 존재하여 왔고 지역공동체에 대한 신뢰가 높으면 높
을수록 성공 가능성이 높아지게 되는 특징을 갖고 있다.

결국, 지역화폐는 지역경제 및 지역공동체의 활성화를 통해 지역경제에 선
순환적으로 작동할 수 있어야 할 것이다. 이러한 측면에서 볼 때 현재의 지역화

폐는 몇 가지 문제점을 내포하고 있기 때문에 지역화폐의 방향성과 관련하여 다음의 문제들이 해소되어야 할 것이다.

1) 지역화폐를 발행하고 운영하는데 막대한 예산이 소모되고 있다.

현재 국내에서는 많은 지방자치단체들이 경쟁적으로 지역화폐를 도입하느라 많은 예산을 소모하고 있다. 대부분 지역화폐가 지류상품권(종이) 형태로 발행되고 있는데, 발행비용을 정확히 추산하기는 어렵지만 '온누리상품권'의 예만 보더라도 상품권을 발행하고 관리하는 비용은 물론, 진본여부를 검증하는 데까지 상당한 비용이 소요되는 것으로 알려지고 있다. 지역화폐의 발행 및 관리비용 외에도 지역화폐의 활성화를 위해 각 지방자치단체는 상품권을 할인 판매(지자체마다 차이가 있으나 통상 3%~7% 정도의 할인 가격으로 판매)하거나 캐시백과 같은 혜택을 주기 위해 상당한 예산을 투입하고 있다. 그러나 문제는 시간이 흐를수록 지방자치단체가 비용을 감당할 수 없게 되어 혜택을 조정하거나 아예 없애버릴 가능성이 높아 지역화폐가 외면당하게 될 수 있다는 우려가 있다.

그밖에도 지류상품권 형태의 지역화폐는 위·변조에 취약하고 소지자들이 이를 현금화하기 위해 할인을 받게 되어 오히려 가진 자들에 대한 부의 편중을 부추기거나 사행성 업종이나 유흥업소에서 사용하더라도 추적하기 어렵다는 것이 문제점으로 지적된다.

2) 공공이 주도함으로써 공동체 정신을 외면하는 문제가 있다.

현재 국내에서 발행되는 대부분의 지역화폐는 공공주도 형태가 많다. 하지만 이러한 공공주도 지역화폐의 경우 공동체 입장에서 보면 참여 권유 외에 참여 유인이 부족하다. 지역화폐가 공동체의 필요에 의해 발행된 것이라기보다 정부 또는 지방자치단체의 정책적 필요에 의해 발행된 것이기 때문이다. 물론, 지역화폐 중에는 지방자치단체 조례를 통해 운영주체에 주민대표나 공동체의 참여를 의무화한 경우도 찾아볼 수 있지만 공동체에 의해 자발적으로 생겨난 것이 아닌 이상 수동적 참여는 어쩌면 당연할지도 모른다. 앞선 연구에서는 사회적 자본, 즉 공동체의 신뢰 수준이 증가할수록 경제성장률도 올라간다는 분석이 있었다. 영국의 레가툼연구소(Legatum Institute)가 발표한 2019년 세계번영지수(Legatum Prosperity Index)에 따르면 우리나라는 사회자본 부분에서 전체 조사대상 167개국 중 142위에 랭크되어 사회적 자본이 취약한 것으로 나타났다. 취약한 사회적 신뢰를 회복하고 지역화폐를 효과적으로 운영하기 위해서는 무엇이 필요할까?

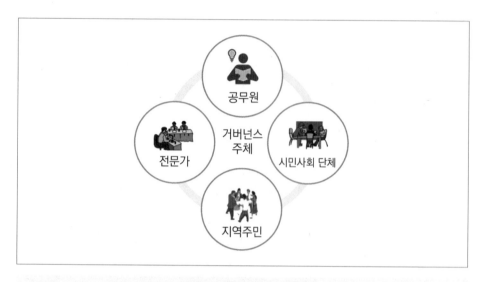

[그림 7-8] 거버넌스 주체

다양한 주체들이 지역화폐에 참여할 수 있도록 시스템을 구성하는 것이 필요할 것이다. 이는 지역주민은 지역화폐 사용자, 기업과 소상공인은 지역화폐 가맹점과 같은 단순한 관계를 넘어 공동체가 함께 지역화폐의 운영에 참여할 수 있도록 구성하는 것, 즉 거버넌스를 구축하여 지역화폐로 결집함으로써 공동체의 현안 문제에 대응할 수 있는 새로운 기술적 대안이 마련될 필요가 있다.

2-2   신뢰기술로서의 블록체인

블록체인 기반 지역화폐에 대해 살펴보기 전 우리가 먼저 생각해 봐야 할 키워드가 바로 '신뢰'이다. 누구를 신뢰할 수 있는가는 고대와 현대, 동서를 넘나들어 항상 중요한 문제였다. 특히, 거래에 있어 매우 중요하였다. 인간은 누구든지 거래나 계약을 함에 있어서 최대의 효용은 물론 안전한 거래를 추구한다. 따라서 물건을 사고파는 과정에서 판매자와 구매자 모두에게 신뢰는 매우 중요한 문제이다. 특히, 거래에 있어 신뢰 문제는 매우 근원적인 부분을 차지하게 되는데, 이른바 동기를 유발하는 요인이기도 하다. 온라인 쇼핑이 활성화된 오늘날 우리가 단골 스토어가 아니라면 상품 평가나 구매 후기를 유심히 살펴보는 이유가 바로 그것이다. 인간 대 인간에 대한 신뢰를 넘어 오늘날 거래의 수단으로 작용하는 화폐 역시 신뢰, 즉 믿을 수 있는 대상이 되어야 가치를 부여받을 수 있다. 하지만 '신뢰할 수 있는 화폐란 무엇인가?'라는 물음에 대해서는 단번에 대답하기가 곤란하다.

한편, 현대의 화폐시스템은 우리가 거래를 하거나 삶을 영위하는 데 있어 직접 화폐를 검증하거나 신뢰에 대한 문제 접근을 요구하지 않기 때문에 우리는 화폐를 신뢰하고 사용하게 된다. 정부나 중앙은행에서 화폐를 발행하고 법률로서 그 지위를 인정하는 이른바 법정화폐이기에 아무 의심 없이 화폐를 사용할 수 있는 것이다. 그러나 지역화폐라면 상황이 달라진다.

⬙ 〈표 7-6〉 지역화폐와 법정화폐의 주요 차이점

구분	(불태환)법정화폐	지역화폐
사용 범위	국가	지역, 커뮤니티, 중소기업 등
신뢰성 구독	법률	참여자 간 신뢰
태환	불태환	법정통화 교환비율 명시 혹은 교환 불가
발행량 관리	중앙은행	집단의사결정 혹은 발행규칙
통화량	은행 대출에 의한 신용창출	대출기관 유무, 이자율 등 다양한 설계
역사	1971년	1932년
형태	지폐, 동전, 계좌(은행)	지폐, 장부, 디지털 등 다양

출처: 황영순 · 오동하(2018). 지역화폐와 블록체인 기술의 접목 지역경제 활성화의 새로운 수단으로서의 가능성 모색. 부산발전연구원.

앞에서 살펴보았듯이 지역화폐는 법률적으로 보장된 법정통화가 아닌 대안 화폐이다. 현재 국내에서는 지역화폐의 발행과 운영을 위한 지방자치단체의 조례나 규칙 정도만 제정되어 있을 뿐, 지급과 결제에 대해서는 명확한 법률적 지위가 보장되어 있지 못하다. 그렇기 때문에 화폐의 발행과 사용에 있어 신뢰를 담보하기 어려운 것이 사실이며, 한국은행법과 정부의 철저한 계획으로 운영되고 보호받는 법정통화와 동등한 지위를 부여받을 수 없는 한계가 있다. 따라서 악의를 가진 제3자가 해킹이나 조작을 통해 지역화폐의 발행이나 거래에 개입한다면 선의의 피해자가 생길 우려가 상존한다. 더구나 정부기관인 중앙은행이나 거대 전자상거래업체와 달리 지역화폐 발행주체는 주로 지방자치단체 혹은 그로부터 업무위탁을 받은 업체인 경우가 많아 해킹이나 보안에 더 취약할 수밖에 없다. 이러한 점에서 지역화폐에 대한 신뢰를 확보할 수 있는 기술이 필요하게 되고 블록체인 기술과의 접목이 필요하지 않을까 한다.

1) 블록체인의 신뢰 시스템: 중앙집중원장 시스템 vs 분산원장 시스템

오늘날은 가족과 외식을 하러 가거나 운동화를 사기 위해 주머니 속에 현금을 넣어 들고 다닐 필요가 없는 세상이다. 우리는 실물화폐를 소지하지 않고도 얼마든지 물건을 사고 신용카드나 스마트폰으로 쉽게 결제를 할 수 있다. 우리가 이처럼 작은 플라스틱 카드를 소지하거나 스마트폰을 몇 번 터치함으로써 물건 값을 결제할 수 있는 것은 어떠한 시스템에 자신의 금융정보 및 결제권한을 위임했기 때문인데, 이러한 시스템이 바로 중앙집중원장 시스템이다. 금융거래에서는 주로 은행이 이러한 역할을 수행하며, 우리는 은행과 같은 중앙기관들이 우리 데이터를 알아서 잘 관리하리라 신뢰하고 있기 때문에 그 시스템을 이용하는 대가로서 수수료를 지불한다. 그러나 중앙집중원장 시스템에는 두 가지 문제가 있다.

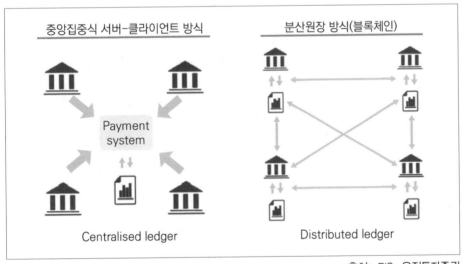

출처: BIS, 유진투자증권

[그림 7-9]

가. 거래비용의 발생 문제

중앙집중기관이 거래 원장을 독점하고 있음에도 불구하고 그 시스템 유지 및 관리에 필요한 비용이 이용자에게 청구되지만 이를 피할 방법은 없다. 현대 경제 활동에는 셀 수 없는 금융 및 결제거래가 불가피하지만 막대한 규모의 데이터베이스 시스템, 보안시스템 등의 관리 및 유지비용을 이용자가 부담하게 되는 것이다. 반면에, 중앙집중기관은 이용자의 데이터를 독점적으로 수집하고 관리함으로써 다양한 영리활동에 이를 이용하고 있지만 이러한 과정에서 수익이 발생하더라도 이를 이용자와 공유하지는 않는다. 또한, 중앙집중기관이 시스템을 운영 및 관리하는 과정에서 개인 정보를 유출하여 이용자가 피해를 입히더라도 제대로 된 보상이 이루어지지 못하는 문제도 있다.

나. 보안의 문제

중앙집중기관이 모든 거래원장을 보유하게 될 경우 이는 해커들의 주된 공격대상이 되기도 한다. 누군가가 오직 중앙집중기관의 데이터 시스템만 해킹한다면 모든 거래자의 기록을 볼 수 있고 또 시스템을 마비시킬 수도 있기 때문이다. 그런데 문제는 이러한 해킹사고가 발생하면 피해는 고스란히 사용자인 소비자에게 전가된다는 사실이다. 일례로 2011년 4월 북한의 소행으로 알려진 농협은행의 전산망 해킹사건이 있었다. 해커들은 7개월에 걸친 치밀한 계획과 준비를 통해 농협 회원의 계정을 연결하는 게이트웨이 서버의 절반을 파괴했고 고객들은 한동안 시스템을 이용할 수 없었다. 또한, 카드 거래 원장이 일부 손실되는 등의 피해가 발생하였지만 그 피해는 고스란히 이용자에게 전가되었다. 해커들의 공격 대상이 되는 것은 은행뿐만이 아니라 데이터를 가지고 있는 여타 중앙집중기관이 될 수도 있으며 현재도 해킹 시도는 끊임없이 시도되고 있다.

중앙집중원장방식과 달리 블록체인의 신용합의 메커니즘은 분산화되어 있다. 즉, 독립된 중앙집중기관이 모든 거래 데이터를 통제하는 것이 아니라 블록체인 시스템에서는 참여하는 개인들이 각자 원장을 보유하는 메커니즘이다. 이러한 네트워크의 참여자를 노드(Node)라 하며, 분산원장 시스템에서는 거래 당사자 두 명만 거래 원장을 기록하는 것이 아니라 참여하고 있는 다른 노드들도

이 거래 사실을 자신들의 원장에 기록하게 된다.

예를 들어, 5명이 사는 마을에서 A와 B 둘 사이에 거래가 발생하면, A와 B 는 자신들의 원장에 거래를 기록하는 것은 물론, 다른 노드인 C, D, E도 그 사 실을 원장에 기록하게 된다. B가 A에게 10만 원을 빌리는 상황을 가정해 보자. 먼저 최초의 거래는 아래와 같이 일어난다.

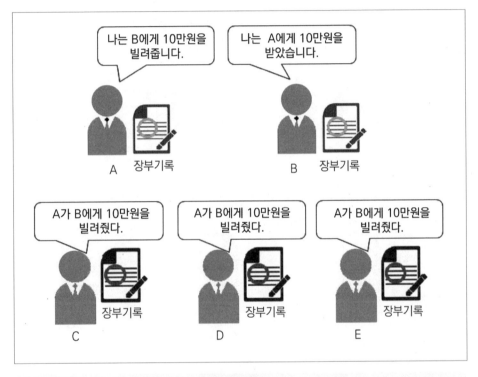

[그림 7-10]

며칠 뒤 A는 B에게 자신의 원장을 보여주며 빌려준 돈을 갚아달라고 요구한다. 그런데 B가 나쁜 마음을 품고 자기 장부를 조작하고 A에게 돈을 빌려 간 사실이 없다고 주장한다고 가정해 보자.

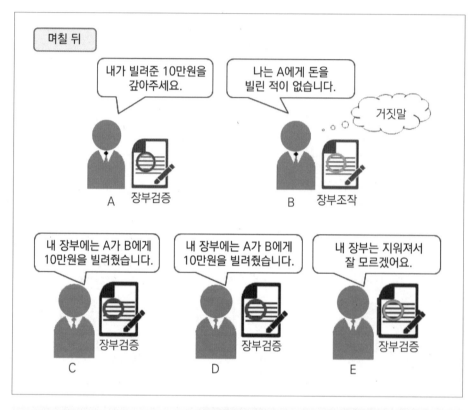

[그림 7-11]

이때, 노드 C, D, E는 A와 B 사이의 거래를 교차 검증하는 절차를 가진다. 당연히 이들의 장부에는 A가 B에게 돈을 빌려준 것이 확인될 것이다. 설사 E의 장부가 손상되어 확인할 수 없다고 하더라도 A, C, D 세 사람의 원장, 즉 과반의 원장이 동일하여 A의 장부가 진실이고 B의 장부는 거짓으로 밝혀지게 된다. 즉, 블록체인 시스템을 해킹하기 위해서는 교차검증에 약속된 노드(최소 51% 이상) 전체를 해킹하여 장부를 조작하여야 한다. 이는 참여하는 노드가 증가할수록 해킹을 하는 것이 극도로 어려워짐으로써 중앙집권 시스템에 비해 높은 보안성과 신뢰성을 가질 수 있게 된다. 또한, 분산원장 시스템은 기존의 중앙집권적 권력을 참여하는 노드가 골고루 나눠 갖는 효과도 있다. 즉, 모든 노드는 데이터의 생산자이면서 동시에 소비자가 될 수 있는 것이다.

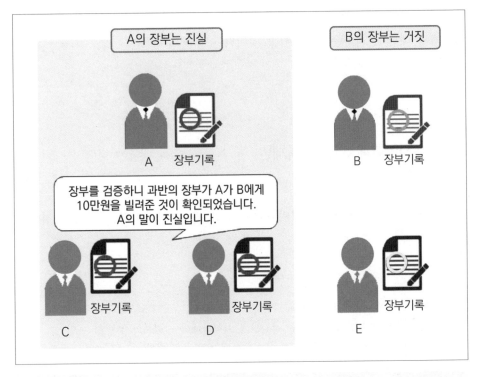

[그림 7-12]

이를 지역화폐 문제에 접목해 보자. 위의 사례와 마찬가지로 지역화폐도 제한된 공간 속에서 거래가 이루어지며, 지역화폐가 결제수단으로 기능을 수행하게 된다. 현재 국내 지역화폐의 대다수를 차지하고 있는 공공주도의 지역화폐는 공동체의 사회적 자본이 축적되어 공동체화폐로 작동할 수 있는 상황이 아니더라도 제한적으로나마 지역 주민들과 가맹점의 지역화폐 사용을 권장하기 위해 지역화폐를 정산하여 현금으로 바꿀 수 있도록 설계되어 있다. 그렇기 때문에 지역화폐가 해킹이나 위·변조로 인하여 허위 원장이 작성될 경우 신용질서를 어지럽히게 됨은 물론 지역화폐에 대한 신뢰성을 크게 떨어뜨릴 수 있다. 만일, 지역화폐 시스템에 블록체인 기술을 접목하여 화폐의 발행 및 거래내용을 분산원장에 기록하게 될 경우 화폐의 위·변조의 위험을 획기적으로 낮추고 보안성을 높은 수준으로 유지힐 수 있을 것으로 기대된다. 이러한 안정적인 시스템을 다시 온라인이나 모바일로 이식하여 거래 순간마다 내역을 증명할 수 있다면 지역화폐에 대한 신뢰성은 더욱 커질 것이다.

2-3   지역화폐 with 블록체인

블록체인 기술과 지역화폐의 접목 가능성을 지역화폐의 지향성 관점에서 탐색해 보자.

> **지역경제 활성화 with 블록체인**
> ① 블록체인 기술로 위·변조를 방지하여 지역화폐의 신뢰도와 보안성 높임
> ② 모바일, 온라인 결제와 연계하여 지역화폐 운영비용 절감
> ③ 거래 데이터를 모니터링함으로써 다양한 지역정책에 활용

지역화폐의 발행 및 운영 관리에 분산원장 신뢰 방식인 블록체인 기술을 활용하면 지역화폐의 위·변조를 방지할 수 있음은 물론 보안성을 높일 수 있다. 블록체인 시스템에 내재되어 있는 작업 증명 및 보안기능은 지역화폐가 온라인은 물론 모바일 결제시스템으로까지 확장하여 사용될 수 있는 길을 열어준다. 또한, 지방자치단체의 지류상품권 발행 및 관리에 소용되는 비용을 줄임으로써 지역화폐 운영에 지출되는 불필한 예산을 절감시켜 줄 것이다. 뿐만 아니라 중앙서버와 같은 별도의 인프라를 구축하지 않고도 사용자와 가맹점 모두 지

역화폐를 사용할 수 있으며, 특히 거래기록과 지역화폐를 투명하게 관리함으로써 지역주민과 소상공인들의 거래 성향 관련 데이터를 분석하여 지역민에게 적합한 정책입안 자료로도 활용될 수 있을 것이다.

공동체 활성화 with 블록체인

① 지역화폐 발행 및 운영에 다양한 공동체(기업, 소상공인, 시민단체 등) 참여 가능
② 공동체의 신뢰 구축 가능

지역화폐의 발행 및 운영 관리에서 전통적인 중앙집중식 관리를 탈피하여 분산원장 방식을 채택할 경우 지역화폐의 발행 및 운영관리를 자방자치단체가 일방적으로 주도하는 것을 탈피할 수 있다. 즉, 지역주민, 소상공인, 기업, 시민단체 등 다양한 운영주체들이 지역화폐 운동에 참여하게 됨으로써 지역화폐 활성화가 촉진됨은 물론 이러한 경험을 통해 지역사회에 어떠한 문제가 닥쳤을 때 공동체적 역량으로 대처할 수 있게 될 것이다. 물론, 공공이 주도하는 지역화폐 대부분은 법정통화로 태환이 가능하여야 하고 운영관리에 있어서 개인 정보보호법을 준수해야 하는 등 민간영역으로 대체하기 어려운 점이 있는 것은 사실이다. 하지만 개인 정보 관리나 지역화폐 발행과 관련된 부분은 중앙DB에서 처리하게 하고, 나머지 거래 데이터를 블록체인 참여 노드들과 함께 공유하도록 하는 방법도 가능할 것이다. 만약, 공동체가 이용하는 공동체화폐일 경우 참여자 모두가 노드가 될 수 있어서 참여자인 동시에 관리자가 될 수 있을 것이다. 이를 통해 공동체와의 결합과 민주적인 관리 시스템을 구축할 수 있음은 물론, 투명한 관리 시스템에 지역화폐 발행량과 거래기록을 공개함으로써 공동체 활성화 및 신뢰도 제고에 기여하게 될 것이다.

종합적으로 블록체인 기술이 지역화폐와 접목하였을 때 다음과 같은 효과를 기대할 수 있게 되는 것이다.

- 화폐시스템 운용비용 절감(발행, 유지관리가 종이화폐에 비해 저렴함)
- 투명한 시스템으로 사용자 신뢰 유지(발행량, 거래기록 공개)
- 모든 거래가 비가역적으로 기록되어 사후 모니터링이 용이
- 중앙서버 없는 P2P 거래로 인프라 투자 최소화(가맹점과 스마트폰으로 활용 가능)
- 화폐 수요 발생 시 신속한 발행 가능(원인 행위에 따른 신속한 생성 가능)

자료: 황영순·오동하(2018). 지역화폐와 블록체인 기술의 접목 지역경제 활성화의 새 로운 수단으로서의 가능성 모색. BDI 정책포커스(334). 부산발전연구원.

3장 우리나라 블록체인 지역화폐

이 장에서는 우리나라 블록체인 지역화폐를 소개한다. 우리나라 최초의 블록체인 기반 지역화폐라 할 수 있는 노원(NW) 사례를 통해 블록체인과 지역화폐의 운영 원리를 이해하며, 상호 신뢰를 기반으로 사회적 가치를 나누고 공유하는 행복한 마을공동체의 구현 그리고 지역 공동체의 회복과 지역경제 활성화를 추구하고자 하는 내용을 이해할 수 있다.

그밖에 현재까지 시도되고 있는 블록체인 기반 대안화폐들인 한국조폐공사의 'Chak'과 LG CNS가 운영하는 '모나체인(Monachain)' 블록체인 플랫폼, KT 지역화폐인 '착한페이'를 살펴보고 국내에서 운영 가능한 두 가지 블록체인 기반 지역화폐 모델을 소개한다.

3-1 블록체인 기반 지역화폐 사례

1) 블록체인 기반 지역화폐 '노원(NW)'

지역화폐 노원(NW)은 '돈 없이도 무엇을 살 수 있다.'라는 뜻의 NO – WON의 약자로서 지역공동체 실현을 목표로 만들어진 세계 최초의 블록체인 기반 지역화폐이다. 노원(NW)은 자원봉사나 기부와 같은 사회적 가치를 경제적 가치인 노원(NW)으로 전환함으로써 실물화폐 없이도 거래할 수 있는 공동체를 구축하는데 목적을 두고 있다. 이렇듯 행복한 마을 공동체를 만든다는 취지를 가진 지역화폐 노원에 대해 노원구의 조례는 이웃의 상호 신뢰를 기반으로 사회적 가치를 나누고 공유하는 행복한 마을공동체의 구현 그리고 지역공동체의 회복과 지역경제 활성화를 추구한다고 밝히고 있다.

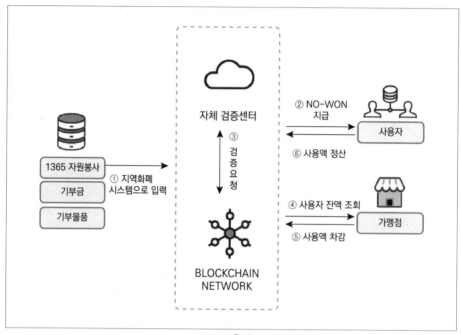

출처: K+TREND 주목! e-도시_노원구청 최기천

[그림 7-13] 블록체인을 기반으로 한 지역화폐 노원(NW)의 시스템 체계도

〈표 7-7〉 노원(NW)의 적립금액

구분	적립기준	적립금액	최대적립액
자원봉사	시간	700NW / 1h	• 50,000NW • 유효기간 3년 • 단, 기한 내 누구에게나 제공 가능
기부금품	원	기부액의 10%	
품	시간	700NW / 1h	
물품거래	원	실거래가	

출처: 지역화폐 NW 홈페이지(http://www.nowonpay.kr/)

노원(NW)은 개인이나 단체가 노원구 내에서 자원봉사와 기부 등과 같은 사회적 가치를 실천하면 창출되는 LEST의 원리로 설계된 공공주도 지역화폐이다. 노원은 자발적으로 시간과 노력을 제공할 경우 1시간에 700NW을 적립하고 헌혈 1회 참여 시 4시간을 인정하여 2,800NW을 적립할 수 있다. 또한, 이웃이나 단체를 위해 일정한 금액을 노원구청이나 노원교육복지재단을 통해 사회복지공동모금회에 제공할 경우 그 기부액의 10%가 적립되며, 돌봄, 배움지도, 수리, 제작 등 재능기부를 이웃에게 제공할 경우 1시간당 700NW이 적립된다. 또한, 마을공동체지원센터를 통해 회원 간 신뢰를 바탕으로 각종 물품을 거래할 경우 실거래가에 해당하는 NW이 제공된다. 노원은 공동체를 위해 봉사하고 기부하는 자원봉사자들이 가맹점에서 물건과 서비스를 구입할 때 사용 및 할인까지 받을 수 있어서 호평을 받고 있으며, 도입 초기 87개소에 불과했던 가맹점 수는 현재 282개소로 대폭 증가하여 안정적으로 발전하고 있다.

노원(NW)의 사례가 우리에게 시사하는 바는 매우 많지만 두 가지만 살펴보자. 첫째, 많은 지자체가 지역경제를 활성화하려는 목적으로 지역화폐를 발행하고 운영하느라 많은 예산을 낭비하였다. 그러나 지역화폐 노원은 이러한 비용절감은 물론 블록체인 시스템을 통해 화폐의 투명성과 안정성까지 확보할 수 있었다. 둘째, 지역화폐가 블록체인 기술을 통해 발행되고 운영되기 때문에 화폐의 생성과 사용 그리고 어디에 보관되고 있는지 감시할 필요가 없으며, 예산을 사용하는 근거가 블록체인 원장에 기록됨으로써, 앞으로 공공부문에 블록체인 기술이 도입될 경우 어떠한 방향성을 갖게 될 것인지를 예측할 수 있게 한다. 그러나 무엇보다도 노원(NW)은 LETS의 정신을 계승함으로써 지역공동체의 자발적인 참여에 의한 사회적 가치의 창출과 호혜 시장을 구축하였다는 점에서 모범적인 지역화폐 사례로 평가받고 있다.

2) 한국조폐공사 블록체인 플랫폼 'Chak'

[그림 7-14] 한국조폐공사 'Chak'

'Chak'은 한국조폐공사의 새로운 신뢰 플랫폼으로, 블록체인 플랫폼을 활용한 모바일 지역사랑상품권을 발행한다. Chak에서는 스마트폰 앱을 통해 지역화폐인 지역사랑상품권을 구입하고 이를 결제에 이용할 수 있다. 한국조폐공사는 노드에 데이터를 분산 저장함으로써 위·변조의 위험을 낮추고 모바일 환경에서도 안전하게 사용할 수 있도록 시스템을 구축하였으며 지역사랑상품권은 물론 지류상품권과 청년수당, 아동수당, 농어민수당 등 지자체의 다른 복지수당까지도 하나의 앱으로 빠르고 편리하게 이용할 수 있도록 한 것이 장점이다. 스마트폰만 있다면 고객은 Chak을 통해 언제 어디에서나 편리하게 지역상품권을 결제할 수 있어 지역 내 소비를 촉진할 수 있고, 이용자가 실시간 결제내역을 확인하고 알람을 받아 볼 수 있으며 상품권이 필요하면 Chak에서 바로 구매할 수 있다. 이때, 할인율이 적용된 지역상품권을 구입한다면 자동으로 할인된 금액으로 결제가 진행되며, 지자체가 Chak을 이용할 경우 지류상품권을 발행하고 관리하는 비용을 절약할 수 있음은 물론 가맹점에 대한 관리도 가능하다. 또한,

Chak은 거래수수료와 가맹점 수수료가 없어 가맹점들은 카드수수료 등을 부담할 필요가 없으며 언제든지 상품권을 현금화 할 수 있어서 편리하다.

2020년 6월 현재 Chak은 시흥시의 '시루', 성남시의 '성남사랑상품권', 군산시의 '군산사랑상품권' 등 8개 지역에서 도입되어 모바일 지역상품권 서비스를 제공하고 있다. 한국조폐공사에 따르면 2020년 상반기에 10개 이상의 지자체에 추가로 지역사랑상품권 서비스를 시작할 계획에 있으며, 하반기에는 카드형 지역상품권을 선보여 20개 지자체에 서비스를 제공할 계획이라고 한다. 특히, 코로나19로 인해 긴급재난지원금을 지급하는 지자체들의 추세에 맞춰 Chak을 도입하려는 문의와 관심이 높아지고 있어서 앞으로 많은 지역에서 Chak을 만나볼수 있게 될 전망이다.

> **Chak 도입 지역 및 상품권명**
>
> 시흥시(시루), 성남시(성남사랑상품권), 군산시(군산사랑상품권), 영주시(영주사랑상품권), 제천시(모바일모아), 서산시(서산사랑상품권), 서천군(서천사랑상품권), 계룡시(계룡사랑상품권) 등 경기지역

3) LG CNS 블록체인 플랫폼 '모나체인'

[그림 7-15]

모나체인(Monachain)은 LG CNS에서 개발한 기업용 블록체인 플랫폼으로 하이퍼레저 패브릭(Hyperledger Fabric)[4]을 기반으로 제작된 허가형 플랫폼이다.

모나체인은 하나의 플랫폼 안에서 커뮤니티와 비즈니스를 위한 다양한 서비스를 손쉽게 탑재하여 활용할 수 있도록 설계되어 있으며, 앞서 소개한 한국조폐 공사의 Chak의 전신이기도 하다. 모나체인은 지류상품권의 발행비용 및 진본성과 위조를 검증하는 비용을 줄였으며 사용자와 판매자 모두가 편리하고 안전하게 거래할 수 있는 시스템이다. 또한, 지류상품권 발행의 경우 거래 현황 및 내역을 실시간으로 파악할 수 없어서 재발행 및 정책을 수립하는데 어려움을 겪었던 것을 극복하고 거래의 내용을 실시간으로 파악할 수 있도록 하였다.

모나체인은 LG CNS 본사가 위치한 서울 강서구 마곡단지에 '마곡커뮤니티 화폐'를 구축하고 입주 가맹점 및 은행 등과 협업을 통해 시스템을 운영하고 있다. 모나체인은 블록체인 기반의 개념을 적용하여 참여자에게 신원증명을 활용한 혁신적인 신분증 화폐를 제공함으로써 거래가 간편하고, 운영사별로 복수의

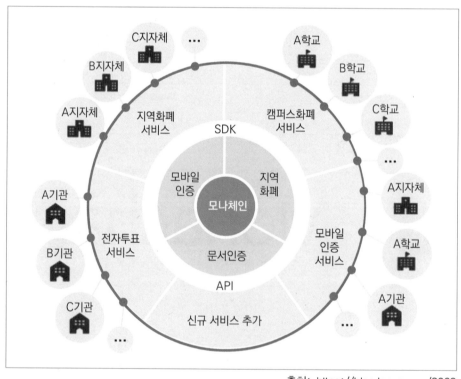

출처: https://blog.lgcns.com/2068

[그림 7-16] '신뢰 기반 공유 생태계의 Enabler' 블록체인 플랫폼 '모나체인'

결제수단을 발행할 수 있는 것이 특징이다. 또한, 투표기능을 탑재함으로써 맛집을 평가할 수 있음은 물론, 다른 디지털화폐나 포인트화폐와의 결합도 가능하다. 모나체인은 개방형 플랫폼화폐를 지향함으로써 누구든지 스마트폰만 가지고 있으면 참여가 가능하여 커뮤니티 플랫폼을 기반으로 지역사회와 상생을 도모할 수 있는 가능성을 보여주었다는 데 그 의의가 있다.

모나체인은 블록체인 기술을 활용하여 지불결제수단 신분증을 발행함으로써 ID 발급 및 관리에 들어가는 비용을 줄일 수 있으며, 가맹점 또한 모나체인을 마케팅 수단으로 활용하거나 이용수수료를 절약하게 됨에 따라 소비자에게 더 많은 할인 혜택 등을 제공할 수 있게 되었다.

4) KT 지역화폐 플랫폼 '착한페이'

[그림 7-17]

KT의 착한페이는 지류형 지역화폐의 단점을 보완하고자 만들어진 블록체인 기반 지역화폐 플랫폼이다. 경기도 김포시의 김포페이에 가장 먼저 적용되었는데, 착한페이 역시 블록체인 분산원장 기술이 적용된 모바일 지역화폐 서비스이다. 착한페이 사용자는 앱을 통해 간편하게 지역화폐를 충전하여 이를 가맹점에서 사용할 수 있고, 가맹점주 역시 거래 수수료를 부담하지 않기 때문에 아무런 부담 없이 결제된 내역을 관리하고 손쉽게 현금으로 환전하여 자신의 계좌로 입금할 수 있다. 특히, KT는 이미 소상공인 가맹점을 대상으로 한 제로페이 플랫폼 운영사업을 수탁운영하고 있기 때문에 기존 제로페이와의 연계를 통해 착한페이의 활용도를 높일 수 있을 것으로 기대된다. KT는 착한페이의 발행을 계기로 지역화폐 사용 관련 빅데이터를 수집 및 분석하여 지자체의 관광사업, 특산물 판매, 소상공인 활성화 등 다양한 사업과 연계한 솔루션을 개발함으로써 지역경제 활성화에 기여하겠다는 청사진을 밝히고 있으며 이를 바탕으로 해외시장으로 진출하려는 계획을 갖고 있다.

> **착한페이 도입 지역 및 상품권명**
>
> 경기도 김포시(김포페이), 충청남도 공주시(공주페이, 공주사랑상품권), 울산광역시(울산페이, 울산사랑상품권), 제로페이모바일상품권, 경상북도 칠곡군(칠곡사랑카드), 전라북도 익산시(익산다이로움)

3-2   블록체인 기반 지역화폐 모델

블록체인 기반 지역화폐 모델을 어떻게 구축할 것인가? 앞서 소개한 블록체인 기반 지역화폐들은 대기업 중심의 플랫폼을 지역에서 차용해서 쓰는 모델에 불과하여 진정한 지역화폐라 할 수 있을지 의문이다. 지역화폐 본연의 의미는 지역성에 기반을 두고 지역경제를 견인하는 역할을 하는 화폐여야 할 것이다. 이러한 의미에서 블록체인 기반 지역화폐 모델도 지역화폐로서의 기능적 작동을 할 수 있는 바탕 위에 기술인 편의성이 보장된 것이어야 할 것이다. 따라서 여기서는 이러한 관점에서 두 가지 블록체인 기반 지역화폐 모델을 소개한다.

1) 혁신도시형 지역화폐 모델

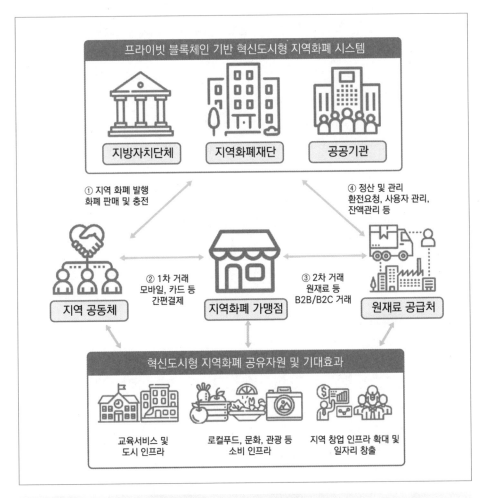

[그림 7-18] 혁신도시형 지역화폐 모델

　혁신도시형 지역화폐 모델은 지방으로 이전한 공공기관이 지역화폐의 운영과 활성화에 참여하는 것을 핵심으로 하고 있다. 지역의 균형 발전과 거점경제영역을 구축하는 혁신도시는 기업, 대학, 연구소와 함께 지방으로 이전된 공공기관이 긴밀하게 협력하여 혁신도시의 수준 높은 정주여건을 형성하는 것을 목표로 출범하였다. 그러나 실상은 그렇지 않아 보인다. 혁신도시 입주 공공기관 임직원들의 가족동반 이주율이 매우 낮고, 지역 내 소비도 49% 수준 밖에 되지 않아 공공기관의 지방이전 경제효과가 매우 미미한 것으로 알려지고 있다. 원인은 공공기관 임직원들이 원하는 정주, 소비인프라가 부족하여 원정소비를 하고 있는 실정이다. 또한, 혁신도시는 공공기관 임직원들의 이주는 낮지만 인근 지역보다 준수한 정주여건으로 인해 인근 도시의 인구를 흡수하는 문제를 유발하고 있다. 따라서 지역경제의 선순환 구조가 정상적으로 작동하지 않음은 물론 인근도시의 쇠퇴를 앞당기고 있다.

혁신도시형 지역화폐 모델은 [그림 7-18]에서 보는 바와 같이 혁신도시의 다양한 주체들이 참여하여 도시의 정주여건과 소비인프라를 개선할 수 있도록 지역화폐를 발행함으로써 혁신도시 입주기업 임직원들 수익 일부가 지역에서 소비될 수 있도록 유도하는 구조이다. 그밖에도 이 모델은 혁신도시에 부족한 문화나 소비 인프라를 모(母) 도시나 인근 지방자치단체와 공유할 수 있도록 상호보완해 줄 수 있고, 지역화폐를 통해 도시 밖으로 빠져나가는 지역소득의 역외 유출을 막음으로써 혁신도시의 정책적 성과를 높이는 데 기여하게 될 것이다.

2) 공동체 지역화폐 모델

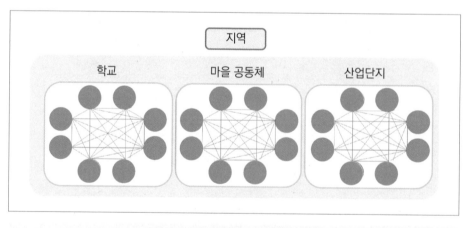

[그림 7-19] 공동체형 지역화폐 모델

블록체인 기술을 적용한다면 공동체 지역화폐 모델도 구상해 볼 수 있을 것이다. 이 모델의 궁극적 목적은 민간주도 지역화폐를 구현하는 것이다. 물론,

공동체가 운영하는 모델인 만큼 실물화폐와 대응되는 화폐를 만드는 것보다 타임뱅크 타임달러처럼 참여자들이 공동체에 봉사하고 지역에 이바지함으로써 생성되는 공동체화폐를 사용하는 것이 바람직할 것이다. 그러나 민간공동체가 블록체인 시스템을 구축하는 것은 매우 어렵기 때문에 공동체의 요구를 지방자치단체가 수용하여 공동체에 적합한 블록체인 지역화폐 시스템을 구축해 주는 방안이 유력하다. 이때, 중요한 것은 시스템에 참여하는 각 공동체들이 시스템에서 노드로 작동할 수 있어야 하고, 공동체는 지역화폐 운영 협의체를 구성하여 민주적으로 지역화폐를 관리할 수 있어야 한다.

공동체 지역화폐 모델은 기존의 민간주도 지역화폐들이 관리와 운영에 필요한 인력을 확보하지 못해 소멸되는 것을 방지할 수 있어 지역화폐의 지속가능한 발전에 기여하게 되는 것 외에 다음과 같은 장점이 있다. 먼저, 해당 지역에 공공주도 지역화폐를 도입하기 전 단계에서 공동체에게 공동체 지역화폐를 사전 도입함으로써 지역화폐의 체험 및 교육 기능을 수행할 수 있다. 이를 통해 공동체 내에서 신뢰관계가 구축되어 추후 지역화폐 도입에 대한 거부감을 줄일 수 있을 것이다. 지역공동체 외에도 각급 학교, 대학, 산업단지 등으로 그 대상을 넓혀갈 수 있을 것이다. 다음으로 이 시스템은 PC 한 대만 있다면 누구나 지역화폐에 참여할 수 있는 장점이 있기 때문에 운영하는 화폐시스템이 동일한 이웃 공동체와 연계 운영이 가능하여 지역화폐의 저변확대에도 기여할 것이다.

3-3 블록체인, 지역화폐를 넘어서

지역화폐의 본질적 목표인 지역경제 활성화와 공동체 활성화라는 두 가지 지향점과 블록체인이 어떻게 결합되는가 하는 것은 매우 중요한 문제이다. 그러나 사실 두 지향점에 더 효과적으로 도달할 수 있다면 어떠한 방식을 쓰던 크게 문제될 것은 아니라고 본다. 다만, 블록체인이라는 새로운 신뢰 시스템은 중앙집중식 관리 시스템을 탈피한 분산형 시스템으로써 많은 산업 분야에의 활용이 예상되고 있기 때문에 지역화폐에 대한 신뢰성 확보 및 이용도 제고라는 측면에서 블록체인 기반 지역화폐 모델을 소개한 것이다.

앞의 사례에서 살펴보았듯이 우리나라 법정화폐 제조를 업으로 하는 한국조폐공사가 블록체인 플랫폼 구축에 앞장서고 있는 것은 매우 낯선 상황이다. 그러나 현금 없는 사회의 도래로 말미암아 이제 국민들은 현금 결제보다는 카드나 모바일 결제를 선호하고 있어 화폐 제조를 통한 매출감소가 불가피한 상황에서 한국조폐공사는 블록체인 플랫폼 구축에 공을 들이지 않을 수 없었을 것이다. 이렇게 탄생한 Chak 역시 모바일 지역사랑상품권을 넘어 생체정보로서 간편하게 신분을 인증하는 모바일인증서비스, 문서의 위·변조를 방지하고 검증하는 문서인증 서비스, 모바일 플랫폼을 통해 ID를 통합관리하는 관리시스템, 전자투표 서비스처럼 다양한 신뢰검증 시스템에 블록체인 기술을 접목하기 위한 시도를 하고 있는 것으로 알려져 있다.

이렇듯 새로운 신뢰 시스템인 블록체인 기술은 지역화폐를 넘어 차세대 화폐로서도 역할을 할 것임에 틀림없다. 이미 중국은 법정화폐인 위완화의 지류 생산을 중단하고 완전한 디지털화폐 체제로 넘어갈 준비에 나서고 있다고 하는 아래의 기사는 우리에게 시사하는 바가 많다.

중국 인민은행은 안전과 통제, 혁신과 실용이라는 4대 원칙을 기준으로 디지털 위완화에 대한 연구를 이미 진행하고 있고, 시진핑 주석의 새로운 유토피아 건설이라고 불리는 신도시인 슝안신구 등 몇 개 지역에서 디지털화폐의 시범사용에 들어갈 계획이라고 한다. 물론, 디지털화폐에 블록체인 기술이 도입될지 여부는 명확하게 밝혀지지 않아 속단할 수 없는데, 아직 블록체인 기술에는 보완될 부분이 많기 때문이다. 다만, 기술적으로 중앙은행이 통화를 발행하는 DC기능 일부와 지불 기능인 EP 시스템 일부에서 블록체인 기술의 사용 가능성이 매우 높은 것으로 전망되고 있으며, 중국 내에서도 역시 디지털 위안화에 대한 연구와 실험을 오랫동안 추진하면서 블록체인 기술을 화폐에 접목하기 위한 시도를 꾸준히 시도해왔기 때문에 어쩌면 세계에서 가장 먼저 종이화폐 없는 국가를 건설하게 될지 모른다.

출처: 정인선(2020). 지금까지 드러난 디지털 위안의 모든 것. coindesk KOREA. (https://www.coindeskkorea.com/news/articleView.html? idxno=70806)

미주

1) 플렉스(Flex): 소비를 통해 자신의 성공이나 부를 뽐내거나 과시하는 행동의 신조어로 젊은 층을 중심으로 명품이나 물건을 구입 한 뒤 SNS를 통해 공유하는 트렌드

2) 실제로는 통화의 신용창조기능(지급준비제도)에 의해 시장에 유통되는 통화량이 중앙은행에서 찍어낸 화폐의 총량보다 훨씬 많다. 만약, 모든 은행 이용자가 예금을 찾는다면 은행은 파산해버린다.

3) 여기서 사회적 자본이란 한 개인이 가지고 있지는 않지만 그 개인이 참여하고 있는 사회적 관계를 통하여 다른 사람들의 자원을 동원할 수 있는 능력을 말한다.

4) 리눅스재단(The Linux Foundation)이 주도하여 만든 모듈형 아키텍쳐 기반의 블록체인 프레임워크이다. 정의된 멤버십에 접근권한을 부여하는 허가형 네트워크와 거래를 공개하거나 기밀로 유지할 수 있고 거래를 위해 별도의 채굴(mining)이 필요하지 않는 것을 특징으로 한다.

참고문헌

김영애(2017). 블록체인(Blockchain)과 디지털 경제 -비트코인 버블 논란과 블록체인
의 미래에 대한 생각. 유진투자증권.

이창우(2013). 지역화폐를 활용한 서울시 마을공동체 강화 방안. 서울연구원.

KT. 착한페이, 전국으로 확대할 것. https://www.blockmedia.co.kr/archives/ 84779?
print = print

정인선(2020). 지금까지 드러난 디지털 위안의 모든 것. coindesk KOREA. https://www.
coindeskkorea.com/news/articleView.html?idxno = 70806   지역화폐와 블록체인이 만
나다. https://www.knicc.re.kr/newsletter/201812/ pages/page_02.html   지역화폐의
도전과 실험. http://www.seoulmaeul.org/programs/user/board/ webzin/ webzin_re
ad.asp?index_pageno = &idx = 146&cover_idx = 23&searchVal = &pageno = &categ
ory

지역경제에 힘 실어주는 지역 화폐! 현황과 미래는? https://www.hyosungfms.com/
fms/promote/fms_news_view.do?id_boards = 13503

[부록1] 아실로마 인공지능 원칙(Asilomar AI Principles)

※ 원문(영문) 출처: https://futureoflife.org/ai-principles/
※ 원문(국문) 출처: https://futureoflife.org/ai-principles-korean/

인공지능은 전 세계 사람들이 매일 사용하는 유용한 도구를 이미 제공하고 있다. 다음과 같은 원칙에 따른, 인공지능의 지속적인 발전은 향후 몇 십 년, 몇 백 년 동안 사람들을 돕고 역량을 강화하기 위한 엄청난 기회를 제공할 것이다.

연구 이슈 (Research Issues)

1) 연구 목표: 인공 지능(AI) 연구의 목표는 지향하는 바가 없는 지능이 아니라 유익한 지능을 창출하는 것이다.

2) 연구비 지원: AI에 대한 투자에는 다음과 같이 컴퓨터 과학, 경제, 법, 윤리 및 사회 연구 등의 어려운 질문을 포함한, 유익한 사용을 보장하는 연구를 위한 기금이 동반되어야 한다.

   • 미래의 인공 지능 시스템이 오작동이나 해킹없이 우리가 원하는 것을 수행할 수 있도록 매우 탄탄하게 만들 수 있는 방안은 무엇인가?

   • 인류의 자원과 목적을 유지하면서 자동화를 통해 우리가 계속 번영할 수 있는 방안은 무엇인가?

   • AI와 보조를 맞추고 그와 관련된 위험을 관리하기 위해 법률 시스템을 보다 공정하고 효율적으로 업데이트 할 수 있는 방안은 무엇인가?

   • AI는 어떠한 가치들에 따라야 하며, 그것이 가져야 하는 법적, 윤리적 상태는 무엇인가?

3) 과학-정책 관계: AI의 연구자와 정책 입안자 간에 건설적이고 건전한 교류가 있어야 한다.

4) 연구 문화: AI의 연구자와 개발자 간에 협력, 신뢰, 투명성의 문화가 조성되어야 한다.

5) 경쟁 회피: AI 시스템을 개발하는 팀들은 안전 기준에 대한 질 낮은 해결책을 피하기 위해 적극적으로 협력해야 한다.

6) 안전: AI 시스템은 작동 수명 전반에 걸쳐 안전하고 안정적이어야 하며, 적용과 실현이 가능하다면 검증할 수 있어야 한다.

7) 오류 투명성: AI 시스템이 해를 입히는 경우 그 이유를 확인할 수 있어야 한다.

8) 사법의 투명성: 사법 결정에 있어 자동화된 시스템이 개입할 경우, 권한있는 인간 기관이 감사할 수 있는 충분한 설명을 제공해야 한다.

9) 책임성: 고급 AI 시스템의 설계자와 제조자는 그것의 사용, 오용 및 행위의 도덕적 함의에 있어서, 그것을 형성할 책임과 기회가 있는 이해관계자이다.

10) 가치의 준수: 고도로 자율적인 AI 시스템은 그것이 작동하는 동안 목표와 행동이 인간의 가치와 반드시 일치하도록 설계되어야 한다.

11) 인간의 가치: AI 시스템은 인간의 존엄성, 권리, 자유 및 문화 다양성의 이상과 양립할 수 있도록 설계되고 운영되어야 한다.

12) 개인 정보 보호: AI 시스템이 개인 정보 데이터를 분석하고 활용할 수 있는 경우, 사람들은 자신이 생성한 데이터에 접근해 관리 및 제어할 권리를 가져야 한다.

13) 자유와 개인 정보: 개인 정보에 대한 AI의 적용이 사람들의 실제 또는 인지된 자유를 부당하게 침해해서는 안된다.

14) 이익 공유: AI 기술은 가능한 많은 사람들에게 혜택을 주고 역량을 강화해야 한다.

15) 공동 번영: AI에 의해 만들어진 경제적 번영은 모든 인류에게 이익이 되도록 널리 공유되어야 한다.

16) 인간 통제: 인간은 인간이 선택한 목적를 달성하기 위해 의사 결정을 AI 시스템에 위임할 것인지 여부와 방법에 대해 선택할 수 있어야 한다.

17) 비전복: 고도로 발전된 AI 시스템의 통제를 통해 부여되는 권력은 건강한 사회가 의존하는 사회적 시민적 과정을 전복하기 보다, 존중하고 개선해야 한다.

18) AI 무기 경쟁: 치명적인 자동화 무기의 군비 경쟁은 피해야 한다.

19) 능력치에 대한 주의: 합의가 없으므로 미래 AI의 능력 상한선에 대한 강한 가정은 피해야 한다.

20) 중요성: 고급 AI는 지구 생명체의 역사에서 중대한 변화를 나타낼 수 있으며, 그에 상응하는 관심 및 자원을 통해 계획되고 관리되어야 한다.

21) 위험 요소: AI 시스템이 초래하는 위험, 특히 치명적인 또는 실존적 위험은 예상되는 영향에 상응하여 대비하고 완화 노력을 기울여야 한다.

22) 재귀적 자기 개선: 질과 양을 빠르게 증가시킬 수 있도록 스스로 개선 또는 복제할 수 있도록 설계된 AI 시스템은 엄격한 안전 및 통제 조치를 받아야 한다.

23) 공동선: 수퍼 인텔리전스는 광범위하게 공유되는 윤리적 이상에만 복무하도록, 그리고 한 국가 또는 조직보다는 모든 인류의 이익을 위해 개발되어야 한다.

[부록2] 세계의 블록체인 최신 동향

블록체인의 현재를 파악하고 미래를 내다보기 위해서는 세계 기업들의 구체적인 블록체인 활용 사례를 보아야 한다. 2020년 2월 19일, 경제 전문지 포브스(Forbes)는 블록체인으로 10억 달러 이상의 수익 또는 10억 달러 이상의 가치를 가진 50개의 기업을 선정했다[1]. 작년에 이어 두 번째 선정이다. 작년에 기업들이 이론적인 블록체인 수익으로 선정되었다면, 올해 기업들은 블록체인을 이용하여 실제 수익과 비용 절감으로 이어졌다고 평가되고 있다.

선정된 기업 반 이상이 뉴스에서 자주 들을 수 있는 유수의 글로벌 기업들이다. 아마존, 페이스북, IBM, Microsoft, JPMorgan 등이 포함되어 있고, 한국에서는 유일하게 삼성이 2년 연속 이름을 올렸다. 포보스에서 제공한 몇몇 기업들의 블록체인 활용 내용을 <표>에 소개한다. 더 자세한 내용은 각 기업의 홈페이지에서 확인 가능하다.

〈표〉 포브스 선정 블록체인 기업 50의 블록체인 활용 내용

회사명	아마존
회사 위치	시애틀, 워싱턴
블록체인	Hyperledger Fabric
활용내용	Amazon Web Services를 확장하기 위해 자체 구축을 원하지 않는 회사들에게 블록체인 툴을 제공한다. 호주의 Nestlé은 소비자가 커피 공급망 내부를 볼 수 있는 커피브랜드(Chain of Origin) 출시에 활용했다. 다른 사용 기업으로는 Sony Music Japan, BMW, Accenture[2], 한국의 Jinju Beer가 있다.

회사명	바이두
회사 위치	중국 베이징
블록체인	Hyperledger Fabric
활용내용	검색 대기업 Baidu는 지난 몇 년간 블록체인에 낙관적이었다. 자회사인 Duxiaoman Financial은 2018년에 Cryptokitties를 만들어서 수백만의 중국인들에게 귀여운 디지털 강아지를 입양하고 사고팔 수 있게 하였다. 또한, 성적을 검증한 학생들에게 대출하는 서비스도 제공하였다. Baidu 자체에서도 다양한 프로젝트를 수행하였고, 그중 XuperChain은 인공지능을 사용하여 저작권 침해 혐의를 분석하는 시간을 3개월에서 1주로 단축하였다.

회사명	BMW
회사 위치	뮌헨, 독일
블록체인	Hyperledger Fabric, Ethereum, Quorum, Corda 및 Tezos
활용내용	고급 자동차 제조업체 BMW는 현재 맥시코, 유럽, 미국에 공장이 있는 공급 업체와 시범 프로그램을 운영하고 있으며 공급망 전체의 자재, 구성 요소 및 부품을 추적하기 위해 블록체인을 사용하고 있다. BMW, Honda, Ford 등이 포함된 Mobile Open Blockchain Initiative(MOBI)에서는 2019년 7월, 자동차 업계 최초의 블록체인 차량 신원 표준을 출시하여 신차에 디지털 신원을 부여했다. 궁극적으로 이 기술로 자동차 수명 동안의 이벤트를 추적하고, 차량을 서로 연결하여 속도, 위치, 이동 방향, 제동 및 운전자 의도(차선 변경 등) 등의 정보를 공유하게 된다.

회사명	중국건설은행
회사 위치	중국 상하이
블록체인	Hyperchain, Hyperledger Fabric
활용내용	세계에서 두 번째로 큰 중국건설은행은 9개의 블록체인 프로젝트를 운영하고 있다. 그중 하나는 의약품의 출처를 추적하고, 다른 하나는 탄소 크레딧을 추적하고, 또 다른 하나는 정부 보조금이 어떻게 사용되나 보여준다. BCTrade는 중국 우편 저축 은행, 상하이 은행 및 통신 은행을 포함한 60개의 금융 기관을 무역과 관련된 3,000개의 제조업체 및 수출입 무역 회사와 연결하는 데 앞장서고 있다. 현재, 현금이 필요한 수출업자는 블록체인에 기록된 미래의 미수금 정보를 공유함으로써 몇 분 안에 대출을 받을 수 있다[3].

회사명	페이스북
회사 위치	멘로 파크, 캘리포니아
블록체인	Hotstuff[4]
활용내용	2019년 6월에 대담하게 libra에 대한 계획을 발표했다. libra는 미국 달러와 국채를 포함한 안정적인 자산으로 뒷받침되는 암호화폐이다. Visa, Mastercard를 포함한 많은 기업들이 컨소시엄에서 나갔지만, 규제 당국의 허가를 받으면 리브라 협회(블록체인 코드를 관리)는 2020년에 암호화폐를 출시할 예정이다.

회사명	General Electric
회사 위치	보스턴, 매사추세츠
블록체인	Microsoft Azure, Corda, Quorum, Hyperledger
활용내용	GE는 300억 달러 규모의 항공 자회사를 통해 블록체인을 적극적으로 탐색 중이다. 그 자회사는 항공기 엔진의 제조 공정의 중요한 사항과 유지보수 이력에 대한 세부 사항을 기록한 'back‒to‒birth'를 구축했다. 이 산업은 완전하고 쉽게 접근할 수 있는 기록이 생산성에 중요하기 때문에 (적절한 문서가 없는 항공 부품을 쉽게 사고 팔 수 없음.), GE의 블록체인 팀은 서류가 불완전한 엔진도 사용할 수 있게 디지털화된 종이 추적 장치를 만들었다.

회사명	구글
회사 위치	마운틴 뷰, 캘리포니아
블록체인	Chainlink, Bitcoin, Ethereum, Bitcoin Cash, Ethereum Classic, Litecoin, Zcash, Dogecoin, Dash
활용내용	2019년 6월 이 검색 대기업은 BigQuery[5]을 Chainlink[6]와 통합하여 외부 소스(실물 세계의 정보)의 데이터를 블록체인에 직접 구축된 애플리케이션에 사용할 수 있게 했다. 파트너십을 통해 미래의 계약을 처리하고, 투기적인 베팅을 해결하고, 거래를 보다 비공개로 만들 수 있다. 2019년 초 Google은 BigQuery에서 비트코인 및 7개의 다른 주요 암호화폐에 대한 블록체인 데이터를 완전히 검색할 수 있는 도구 모음을 출시했다.

회사명	IBM
회사 위치	아몽크, 뉴욕
블록체인	Stellar, Hyperledger Fabric, Burrow 및 Sovrin
활용내용	Big Blue(IBM의 별명)는 자사의 Hyperledger Fabric을 IBM Blockchain이라는 자신들만의 코드로 만들었다. 이 코드는 셋업 속도가 빠르고, 코드를 모르는 사람도 운영하기 편하다. IBM Food Trust는 복잡한 식품 공급망을 하나의 분산원장으로 바꾸었다. 2020년 1월 올리브유 거대 기업인 CHO는 2019년 11월 수확 이후 Food Trust 블록체인에서 Terra DeLyssa 오일을 추적하고 있다고 발표했다. 하루에 총 24,000병을 생산하는 CHO는 올리브가 자란 과수원, 올리브를 으깬 방앗간, 오일이 여과되고 병에 담는 작업 시설 등을 블록체인으로 추적하고 병의 QR 코드를 통해 액세스할 수 있게 했다. 마찬가지로 Food Trust는 17,000개의 제품에 대한 1,800만 건의 거래를 추적했다.

회사명	JPMorgan
회사 위치	뉴욕시, 뉴욕
블록체인	Quorum, Ethereum의 비공개 버전
활용내용	미국에서 가장 큰 은행인 JPMorgan은 2019년 2월에 발표한 디지털 통화 JPM 코인의 진행사항을 잘 들어내지 않고 있다. 그러나 현재 100개 기관이 새로운 은행 간 정보 네트워크(Interbank Information Network)를 사용한다고 밝혔다. 이 네트워크는 블록체인의 분산원장을 이용하여 은행 간 국경을 넘는 경우 지불 속도를 높여준다. 이전에는 국제 송금에 문제가 생길 경우 전화 및 이메일로 해결하는데 이틀에서 2주가 걸렸지만 JPMorgan은 이제 몇 분 안에 해결될 수 있다고 말한다.

회사명	마스터카드
회사 위치	펄쳐스, 뉴욕
블록체인	자체 플랫폼
활용내용	미국에서 두 번째로 큰 신용 카드 회사인 마스터카드는 116개의 블록체인 관련 특허를 신청했으며 여러 프로젝트가 진행 중이다. 도매 식품 구매자 Topco와 협력하여 소비자에게 식료품이 어디에서 왔는지 알 수 있게 한다. 또한, 은행보다 빠르고 투명한 국경을 넘는 결제 네트워크를 테스트하고 있다. 그리고 디지털 화폐를 발행하고자 하는 중앙은행들이 자신들의 기술을 사용하게끔 설득하고 있다.

회사명	마이크로소프트
회사 위치	레드몬드, 워싱턴
블록체인	Ethereum, Corda, Hyperledger Fabric
활용내용	소프트웨어 대기업인 마이크로소프트는 클라우드 컴퓨팅 부문인 Azure를 통해 서비스형 블록체인(blockchain as a service)을 제공한다. 2019년 9월, 기업이 자신의 디지털 자산(토큰)을 쉽게 발행할 수 있도록 설계된 새로운 제품을 출시했다. 마이크로소프트의 다른 제품과 마찬가지로, 새로운 토큰화 프레임워크는 주요 기업의 블록체인 진입 장벽을 낮추게 한다.

회사명	나스닥
회사 위치	뉴욕시, 뉴욕
블록체인	Assembly, Corda, Hyperledger Fabric, DAML 및 기타
활용내용	나스닥은 블록체인의 초기 사용자 중 하나로서, 시제품 및 개념 증명을 넘어 남아프리카의 증권중앙예탁기관[7]을 위한 전자 투표 도구를 포함한 자본 시장을 위해 설계된 여러 블록체인 제품을 출시했다. 이제는 금융 산업을 위해 개발한 솔루션이 다른 분야에 적용될 수 있음을 알게 된 후 보험 및 물류와 같은 다른 산업에 접근하고 있다. 또한, 광고주와 퍼블리셔, 미디어 구매자들이 온라인 광고를 사고팔 수 있는 NYIAX에 블록체인 기술을 사용했다.

회사명	로얄 더치 쉘
회사 위치	헤이그, 네덜란드
블록체인	Ethereum
활용내용	Shell은 현재 다양한 완성 단계에 있는 9개의 블록체인 프로젝트를 진행하고 있다. 2018년 11월에 출시된 브랜트 원유의 거래 시작부터 정산까지 처리하는 블록체인 플랫폼인 백트(Vakt)[8]의 창립 멤버이다. 백트는 아직 종이 서류에 의존하는 글로벌 원자재 산업을 공유 디지털 원장으로 옮겨서 단순화한다. 또한, Shell은 블록체인을 사용하여 안전이 중요한 공정 장비의 출처를 인증하고 검증하기 위해 시범 프로그램을 개발하고 있다. 2020년 2분기에 배포하는 것이 목표이다. Shell은 먼저 Shell의 플랜트에 사용되는 밸브에 중점을 두고 있다. 그러면서 기능을 펌프로 확장하는 동시에 시스템을 모든 유형의 장비나 장치에 맞게 일반화하는 것을 목표로 한다.

회사명	삼성
회사 위치	서울, 한국
블록체인	Nexledger, Ethereum
활용내용	삼성SDS의 블록체인 Nexledger는 계약 당사자가 자신의 신분을 증명하고 계약을 체결하도록 돕는다. 이 플랫폼은 이미 BankSign[9]에 포함된 한국의 18개 은행이 사용하고 있다. 이를 통해 고객들은 거래를 안 하는 은행을 방문해도 자신의 신원을 신속하게 확인할 수 있다. 2018년 8월에 시작된 이 시스템은 235,000명의 개인 사용자를 등록했다. 또한, 삼성 그룹의 정보 통신기술부서는 Nexledger를 사용하여 환자의 신원 증명을 도와 건강보험 청구 처리 시간을 단축시키고 있다.

회사명	국제 연맹
회사 위치	뉴욕시, 뉴욕
블록체인	Bitcoin, Ethereum
활용내용	설립한지 75년이 되었고 193개국을 연결하는 국제 연맹은 많은 블록체인 프로젝트를 계획하고 있다. 국제 연맹은 빼돌린 ID 카드를 사용하여 원조를 가로채는 반군과 싸우기 위해 지난 2년간 요르단의 시리아 난민 10만 명에게 ID 카드 대신 블록체인이 검증하는 홍채 스캔을 사용하여 자금을 지급했다.

한편, 2020년 6월 17일 세계경제포럼은 '올해의 기술선도기업' 100개[10]를 선정했다. 그중 블록체인 기업은 6개였다. 회사명과 보유하고 있는 기술의 간단한 특징은 다음과 같다.

- 라이트닝랩스(미국): 빠르고 저렴한 글로벌 디지털 결제 기술
- 엘립틱(영국): 암호화폐의 금융 범죄에 대한 보안 기술
- 체인링크(영국): 블록체인 스마트 컨트랙트와 실세계의 데이터를 연결하는 기술
- 메이커다오(덴마크): 암호화폐 담보 대출 기술
- 리피오(아르헨티나): 남미의 암호화폐 결제 게이트웨이
- 베르디움랩스(홍콩): 블록체인 기반 환경 자본 거래 관련 핀테크 기술

위의 기업들 외에도 여러 기업들이 블록체인 기술을 활용한 서비스를 출시하고 있다.

메신저 회사로는 카카오의 클레이튼(Klaytn), 독일의 메신저인 텔레그램의 텔레그램 오픈 네트워크(Telegram Open Network: TON)(미국증권거래위원회(SEC)의 제동으로 플랫폼 공개가 두 번 연기됨. TON에서 사용될 암호화폐인 그램(gram) 토큰도 SEC에 의해 미등록증권으로 분류되어 위법 판정)가 있다. 메신저들은 리브라처럼 암호화폐 등의 금전적 가치를 메신저에 싣고 보내는데 유리하다.

금융기관으로는 위에 나온 JP모건 외에도 독일 보험 금융 회사인 알리안츠(Allianz)는 국경 간 보험료 지불을 용이하게 하기 위해 블록체인 시스템을 개발 중이고 미국의 웰즈 파고(Wells Fargo) 은행도 웰즈 파고 디지털 캐시라는 이름으로 디지털 통화를 발행하려 하고 있다. 금융기관을 통하여 많은 고객들이 금전적 가치를 지니는 데이터를 주고받고 있기 때문에, 금융기관들은 안전하고 수수료가 적은 블록체인을 활용하려는 움직임을 보이고 있다.

1) https://www.forbes.com/sites/michaeldelcastillo/2020/02/19/blockchain-50/#56c443a47553
2) 미국의 다국적 경영 컨설팅 기업
3) 즉, 블록체인이 신용을 보증하게 된다.
4) Hotstuff는 페이스북이 차용한 하나의 합의 알고리즘이고, 블록체인 종류는 Libra Blockchain 이라고 하는 것이 더 적합하다.
5) 구글 클라우드 플랫폼에서 실행되는 데이터 분석 플랫폼, 페타바이트 단위의 데이터를 서버 관리 걱정 없이 쉽고 빠르게 분석 가능하다.
6) 블록체인 안에 실물 세계의 정보가 들어올 때의 신뢰 문제 해결을 위한 탈중앙형 네트워크이 다.
7) 혼합 보관할 수 있는 대체성 있는 증권을 실물 증권이나 무권화의 형태로 보관·관리하는 제 반 업무를 수행하는 기관이다.(네이버 사전)
8) 금융기관, 무역기업, 원유기업(BP, Shell, Equinor)들의 연합이다. 사우디아라비아의 국영석유 회사인 사우디아람코는 2020년 1월에 Vakt의 주식을 500만 달러어치 사들이기도 했다.
9) 블록체인(Blockchain) 기술을 기반으로 한 은행권 공동 인증서비스로, 기존 공인인증서를 대 체하는 시스템이다. 은행이 직접 발급하는 독자 서비스로, 2018년 8월 27일 공식 출범했다. (네이버 지식백과)
10) 100개 기업 중 한국 기업은 AI로 암을 정복하고자 하는 루닛 한 곳이었다.

색인

저자 소개

황정훈(1jhhwang@u1.ac.kr)

공주대학교 사범대학 교육학과를 졸업하고 교육학석사, 교육학박사 학위를 받았다. 현재는 유원대학교 교양융합학부에 재직하면서, 교원을 양성하는 교직과정을 담당하고 있다. 최근에는 미래사회에 필요한 실제 교육에 관심을 두고, 블록체인 관련 강의를 진행하고 있다. 국제 저명 학술지에 스마트 기반 교육 관련 우수 논문상을 수상하였다. 최근에는 블록체인 기반 집단방역관리시스템 연구·개발 프로젝트를 진행하였다. 주요 저서로 ≪암호화폐 설명서(2018)≫, ≪소논문작성 가즈아(2018)≫, ≪청소년교육론(2018)≫ 등이 있다.

서용모(seoym113@naver.com)

배재대학교에서 생화학으로 학사 및 석사학위를 받았으며, 한밭대학교에서 기술경영으로 경영학 석사를 취득했다. 충남대학교에서 마케팅을 강의했으며 대전대학교에서 경영컨설팅 박사학위를 받았다. 학문을 바라보는 관점을 다양하게 생각하면서 동양과 서양의 학문적 차이를 이해하기 위한 다양한 노력을 하고 있으며 이들의 결실을 주요 학술지에 등재하고 있다. 현재는 한남대학교 링크사업단에서 근무하면서 산학연 이슈에 대한 문제를 해결하고자 노력하고 있다. 최근에는 창업자들을 위한 멘토링 참여와 블록체인 등 4차 산업혁명에 대한 비즈니스 모델을 연구하고 적용하고자 노력하고 있다. 주요 저서로는 ≪청년창업 성공전략 학생용 워크북(2016)≫이 있다.

정승욱(swjung@konyang.ac.kr)

숭실대학교 전자공학 학사, 석사를 받았으며 독일 지겐대학교에서 정보보호로 박사학위를 받았다. 현재는 건양대학교 사이버보안공학과에서 미래 정보보호 인재를 양성하고 있으며, 학생들과 개발한 '블록체인 기반 디지털 인증서 시스템'으로 2017년 글로벌 SW 공모전에서 과학기술정보통신부 장관상을 수상하였으며, 2020년에는 학부생과 함께 작성한 「IPFS와 이더리움 기반의 사물인터넷 업데이트 방법」이라는 논문으로 한국정보통신학회 우수논문상을 수상하였다. 주요 연구 분야는 개인정보, 암호학, 네트워크 보안, 클라우드 컴퓨터 보안, IoT 보안, 블록체인 등이다.

양영식(ysyang@hanbat.ac.kr)

충남대학교 법과대학에서 법학학사, 법학석사, 법학박사 학위를 취득하고 현재는 한밭대학교 창업지원단과 창업경영학과에서 교수로 재직하고 있다. 과거 산업은행과 삼성증권에서 기술금융과 기업상장(IPO) 등 핀테크에 관한 업무를 담당하였으며, 인공지능 로보어드바이저의 유용성 판단과 알고리즘에 관한 연구를 수행하였다. 최근에는 과학기술정보통신부의 블록체인 규제 개선에 관한 연구와 한국연구재단의 인공지능 스마트계약 그리고 중소벤처기업부의 창업지원 국책사업 등 융·복합적 미래산업에 관한 연구를 수행하고 있다. 주요 연구 분야는 핀테크, 인공지능, 블록체인, 공유경제, 창업법 등이다.

홍진욱(shilmy@hotmail.com)

가고시마대학교 해양토목과를 졸업하고 교토대학교 대학원 공학연구과에서 석사학위를 받았다. 현재는 현대중공업 선박해양연구소 책임연구원으로 재직하고 있다. 주요 관심 분야는 SNS에서 활용되는 퍼블릭, 프라이빗, 하이브리드 및 컨소시엄 등의 블록체인 설계이다. 특히, 페이스북에서 추진 중인 리브라 프로젝트 관련 연구에 집중하면서 다양한 연구·개발 프로젝트에도 참여하고 있다. 최근에는 블록체인 기반 집단방역관리시스템 연구·개발 프로젝트를 진행하였다.

송인방(ibsong@gntech.ac.kr)

충남대학교에서 법과대학에서 학사, 석사, 박사학위를 취득하고 충남대학교 법학전문대학원 기금교수를 거쳐 경남과학기술대학교 창업대학원 교수로 재직하고 있다. 주로 기업법, 창업법규, 사회적경제 분야에 관한 연구를 해왔으나 최근에는 블록체인 스마트계약 등 미래 산업 관련 분야 법률 연구에 관심을 갖고 있다. 블록체인 관련 주제로 2018년 한국법학회 최우수 논문상을 수상하였으며, 최근 한국연구재단 과제공모에 4년 연속 선정되어 연구를 수행하고 있으며, 과학기술정보통신부 블록체인 규제개선 연구반원으로 활동한 바 있다. 주요 저서로는 ≪뉴스타일 상법(2020)≫, ≪법과 일상의 융합(2018)≫, ≪공학과 법률(2010)≫, ≪공정거래법(2014)≫ 등이 있다.

미래사회 with 블록체인

초판발행	2020년 9월 5일
지은이	황정훈·서용모·정승욱·양영식·홍진욱·송인방
펴낸이	안종만·안상준
편 집	김명희
기획/마케팅	정연환
표지디자인	이미연
제 작	우인도·고철민
펴낸곳	(주) **박영사**
	서울특별시 종로구 새문안로3길 36, 1601
	등록 1959. 3. 11. 제300-1959-1호(倫)
전 화	02)733-6771
f a x	02)736-4818
e-mail	pys@pybook.co.kr
homepage	www.pybook.co.kr
ISBN	979-11-303-1082-4 93300

정 가	22,000원